U0853131

21世纪普通高等教育
法学系列教材

医事法学（第三版）

刘 鑫 著

中国人民大学出版社
·北京·

作者简介

刘鑫，国家“2011 计划”司法文明协同创新中心教授，中国政法大学证据科学研究院教授，硕士研究生导师，《证据科学》和《中国法医学杂志》副主编兼编辑部主任，中国政法大学医药法律与伦理研究中心主任。主要研究方向：医事法学、证据法学。

主要兼职：北京大学法学院硕士研究生导师，昆明医科大学、广州医科大学兼职教授；中华医学会、北京市医学会医疗事故技术鉴定专家库成员，中国法医学会医疗损害鉴定专业委员会主任委员，中国法医学会法医学专家委员会副主任委员，中国研究型医院学会医药法律专业委员会副主任委员。

近年主要学术成果：

（1）著作有《中华人民共和国医师法理解与适用》《民法典时代医疗活动实务指南》《司法鉴定服务合同研究》《医疗损害技术鉴定研究》《医院投诉管理工作指南》《医疗利益纠纷——现状、问题与对策》《医疗损害赔偿诉讼实务》《侵权责任法“医疗损害责任”条文深度解读与案例剖析》《医疗侵权纠纷处理机制重建——现行〈医疗事故处理条例〉评述》《医事法学》等。

（2）论文有《医疗过错鉴定规则体系研究》《医疗损害鉴定之因果关系研究》《违背患者意愿的救治行为法律分析》《论我国患者隐私权的法律保护——以侵犯患者隐私权的民事责任为视角》《论我国医疗损害技术鉴定制度构建》《司法鉴定方法与技术准入制度研究》等。

修订及编写说明

长期以来，我国医事法学处于定义不清、界定不明的状态，常常有专家、学者将卫生法学与医事法学混为一谈，以至于有关医事法学、卫生法学的专著、教材、论文，在法律体系和理论内容上，雷同较多。事实上，医事法学应当是专门研究和探讨与医疗事务相关的法律体系、法律理论和法律制度的法律学科，而卫生法学概念的外延要远大于医事法学，其所涉及的内容不仅包含了医事法学，更包括一系列与人的健康相关的法律体系、法律理论和法律制度。本着这样的区别，本教材在写作过程中立足于我国的医疗实践，针对医疗执业过程中涉及的相关法律理论和法律问题进行探讨。当前，我国的医疗卫生事业发展较快，随之而出现的问题及需要法律规制的问题较多，相关法律制度的制定和更新速度较快，医事法律研究成果层出不穷，因此，需要对一些过时的内容加以整理、删除，及时收集、梳理和接纳新法律、新成果。

我国医事法学的发展尚处于起步阶段，而其他国家和地区在这个领域却有比较成熟的研究。他山之石，可以攻玉，我在写作本教材的过程中，特别注重对其他国家和地区的相关研究成果进行介绍和借鉴，以开阔学生的学习视野，启迪学生的科学思维。

法学从来都是一门实实在在与实践紧密联系的学科，法律规则从来都是建立在具体的社会实践基础之上的。脱离实际和实践研究法学，只会是空中楼阁、无源之水。而正在大学殿堂学习的法律专业、医学专业学生对医疗法律制度和医疗实践中产生的法律纠纷缺乏基本的感性认识。在这样的背景下学习医事法学这门课程会出现死读书、背死书的情况，即使学习成绩优秀，也不会将所学知识运用于实际工作。为此，我在写作过程中，还适当地将在医疗实践中发生的法律案例结合相关理论进行介绍，以期学生在理论学习中能够与实践相结合。

在习近平法治思想和以“人民至上、生命至上”为核心理念的“健康中国 2030 ”规划纲要的背景下，近五年我国医疗卫生立法显著提速，医疗卫生立法成果颇丰。在习近平法治思想的指引下，本次修订在 2015 年出版的《医事法学》（第二版）的基础上进行修改，删除了一些过时的内容，增加了近年来医事法律的新规定，吸收了近年来医事法学领域的新成果，故内容上改变比较大。全书的内容主要包括三大部分：第一部分为医事法学的学科概述（第一章）；第二部分为医事法学的基本理论（第二～十一章）；第三部分为医事法学相关纠纷的处理与解决（第十二～十六章）。具体各章的内容为：第一章概括性地介绍了医事法律、医事法学的概念、特点，尤其是医事法学这门课程的发展状况；第二章对医疗行为的概念及特点、内容进行了介绍；第三章着重讨论医疗执业资格的法律制度；第四章对医疗机构及医务人员的权利进行了介绍，并讨论了医方权利的维护；第五章对患者的各项主要权利进行了介绍；第六章对医疗执业义务——医疗注意义务进行了系统讨论；第七章对医疗执业规则体系进行了系统介绍，并具体介绍了诊断和治疗规则、告知与说明规则；第八章讨论了医疗文书的法律问题；第九章讨论了医疗技术准入法律制度；第十章对医学发展面临的法律问题进行了讨论；第十一章系统介绍了药品和医疗器械管理法律制度；第十二章系统全面地介绍了医疗损害技术鉴定制度；第十三章主要介绍了医疗服务合同纠纷及解决；第十四章讨论了医疗损害纠纷及解决；第十五章着重讨论了医事行政法律责任；第十六章分析和讨论了医事刑事法律责任。

本书在编著过程中，得到中国政法大学相关部门和领导的大力支持，北京大学法学院孙东东教授、中国政法大学证据科学研究院的王进喜教授对本书的写作提出了宝贵的指导性意见，特此致谢。

刘 鑫

2022年3月20日于北京

目　录

第一章 概述

医学是一门带有非常浓厚人文色彩的学科，医学的人文科学性质就是“以人为本”的性质[①]，这种面对人开展的专门技术活动，必然需要建立相应的规则予以规范。医疗行为的两面性——治病救人与侵袭损害，在给人们改善健康、延长寿命、提高生活质量的同时，也会意外地给人们的身体和健康带来负面影响，因而需要对医疗行为实施者、医疗行为实施过程等加以严格的规制和管束，以使医疗行为能够在严格的监督和管束之下进行，从而最大限度地减少不必要的医疗损害，最大限度地造福于患者。医事法律就是专门规制医疗行为方面的法律，医事法学就是专门研究医事法律基本理论的法律学科。本章将对医事法学的有关概念、原则及学科发展的现状进行介绍。

第一节 医事法律

一、医事法律的概念

医事法律即医事法，是由国家制定或认可，并由国家强制力保证实施的，旨在调整医疗服务活动中所形成的各种社会关系的法律规范的总和。

关于医事法律的概念，有多个定义。在德国和日本称之为医疗事务法（Medizinrecht）。[②]美国有法律医学（Legal Medicine）[③]、医学法学（Medical Law）[④] 等概念，所涉及的内容基本上都是与医疗执业相关的法律规范。从这些国家所建立的与医学、法律相关的法律部门的内容和体系来看，主要是医疗执业者对人体实施医疗行为的相关法律规则。

我国长期以来对该学科的概念在认识上是混乱的，甚至于长期把卫生法与医事法律等同。卫生法与医事法律是既有区别又有联系的两个概念。卫生法（Health Law）是指由国家制定或认可，并以国家强制力保障实施的，调整在保护人体生命健康活动中形成的各种社会关系的法律规范的总和。[⑤] 由此可见，卫生法的外延要比医事法律的外延大，二者应当是种属概念关系，卫生法是属概念，医事法律是种概念。

医事法律是我国社会主义法律体系中的一个法律部门，虽然对于该法律部门的定位及法律属性尚有一些争论，但是其作为一个法律部门的存在已经有了相应的基础。对于涉及医疗行为

---

① 参见张金钟：《关于医学的人文科学性质》，载《医学与哲学》，2003（12），15页。

② 参见［日］植木哲：《医疗法律学》，冷罗生、陶芸、江涛等译，5～7页，北京，法律出版社，2006。

③ 有人翻译为“医法学”，并强调有别于“法医学”（Forensic Medicine）。

④ 并建立有世界医学法学协会（World Association for Medical Law）。

⑤ 参见孙东东主编：《卫生法学》，4页，北京，高等教育出版社，2004。

和医疗服务活动相关的法律规则，无论是由于数量上的庞杂，还是由于内容上的特殊性，都已经难以用已有的法律部门来概括，我国现有任何一个法律部门都已经很难完全包容医事法律。近年来，在习近平法治思想指导下，我国依法治国的步伐明显加快。在人民至上、生命至上的民生理念指引下，为实现“健康中国 2030”规划纲要，医事法律的立法工作取得了很大的成就。截至 2021 年年底，共有医疗卫生相关的法律 15 部、行政法规 35 部、部门规章 90 部，此外，还有国家药监部门、医保部门等制定的规范性文件。

医事法律与医事法学的区别在于，前者是一个法律部门，而后者是专门对医事法律这个特定的法律对象及其规律展开研究的法律学科，除包括医事法律的规则和规范之外，还有大量的理论和学说，对于医事法律的制定，对医事法律的理解、贯彻、执行和运用，具有很好的指导和推进作用。

二、医事法律的特点

（一）医事法律是综合性法律

医事法律属于行政法下面卫生法中的一个分支。虽然它隶属于行政法，具有行政法的基本性质和特征，但由于医事法律所调整主要的法律关系——医患关系，是一种平等主体之间的关系，因而医事法律又兼具民事法律的性质和特征。实际上有时很难区别医事法律到底是行政法律还是民事法律。另外，在刑法中也会涉及医事法律关系。这也是该法律部门出现定位困难的一个重要原因。正是从这个角度来看，医事法律涉及多个法律部门，调整多种法律关系，因而是一门综合性的法律。

（二）医事法律是技术性法律

医事法律是法学与医学、卫生学、药物学等自然学科相结合的产物，其许多具体内容是依据基础医学、临床医学、预防医学和药物学、生物学的基本原理、研究成果制定的。医学及其他相关学科的技术成果是医事法律的立法依据，也是医事法律的实施手段和依据。随着医学的发展与进步，不断需要有更多的调整医疗事务法律关系的立法，如器官移植、脑死亡、基因诊断与治疗、生殖技术、个性化医疗①等。同时，随着医学技术的进步，原有的医事法律也需要不断修订和完善。医学科学在探索人类健康和生命的过程中，充满着难以预料的风险，需要一定的社会保证条件，其中包括法律对它的保护和导向作用。

医疗工作是一项科学技术性很强的工作，当前科技发展更使医学诊断和治疗过程日益复杂，而医事法律保护的是人体健康。这就要求将直接关系到个人健康的医疗方法、程序、操作规范、卫生标准等大量的技术规范法制化，把遵守技术法规确定为医疗机构及其医务人员的法定义务，确保公民健康权的实现。因此，众多医事法律文件中，都包含着大量的操作规程、技术常规和卫生标准。如《药品管理法》第 28 条规定：“药品应当符合国家药品标准……国务院药品监督管理部门颁布的《中华人民共和国药典》和药品标准为国家药品标准。”这里所说的《中华人民共和国药典》和药品标准即属于技术规范，决定着药品的名称、成分、制作工艺等。这种技术性规范和卫生标准的规定和要求几乎在各种医事法律、法规中都有体现。这些广泛用于医疗卫生工作中的规定，既具有科技性，又具有法律性，构成了医事法律的重要内容。这在绝大多数非医事法律规范文件中是没有的。医事法律与医学等自然科学紧密联系、相互促进、互为依存的关系是其他众多法律所难以比拟的，因而成为医事法律的基本特征之一。

① See Maxwell Lewis Neal and Roy Kerckhoffs, “Current Progress in Patient-specific Modeling”, 11 *Brief Bioinform*, 111 - 126 (2010).

（三）医事法律是具有一定国际性的国内法

医事法律的根本任务是预防和消灭疾病，改善人们劳动和生活环境的卫生条件，保护人体健康。这是全人类根本利益、长远利益所在。虽然医事法律同其他法律一样具有鲜明的阶级性，在本质上属于国内法，然而疾病的流行并没有地域、国界和人群的限制，疾病防治的措施、方法和手段也不会因国家社会制度的不同而不能互相借鉴。在全球积极探索解决人人享有健康保障的今天，各国政府都重视医疗事务的立法工作，把一些具有共同性的医疗原则、诊疗标准、卫生要求等载入本国法律，并注重借鉴和吸收各国通行的医疗规则。另外，国际范围的医事法律立法工作也在有序开展，并且已经制定了一些具有国际性质的医事法律，这些国际组织制定的医事法律可以有效指导国内医事法律的制定，这些具有国际性质的医事法律一旦取得我国立法机关认可，即可以转化为国内法，消除了我国在开展疾病防控的国际合作中可能存在的障碍，使我国的医事法律的立法工作更为便捷。因而医事法律具有一定的国际性。

三、医事法律的内容

医事法律的内容就是指医事法律体系的内容，虽然在学界医事法律体系构建的观点比较多，认识分歧也比较大，比如日本学者植木哲就认为，医事法学分为六个方面。① 但笔者认为这种划分并不能充分反映医事法律的主要内容，也难以为他人学习和掌握。笔者主张将医事法律体系的内容划分为医疗主体立法、医疗行为立法、医疗用品管理立法、医疗争议处理立法等四个方面。

（一）医疗主体立法

医疗行为主体包括医疗机构和医务人员。根据我国相关法律规定，医疗机构包括临床、预防和保健机构三大类，具体来说包括医院、卫生院、疗养院、门诊部、诊所、卫生所（室）急救站以及个体诊所等。有关立法的内容包括医疗机构设立的基本条件、医疗机构审批的程序和要求、医疗机构执业的基本规则、医疗机构的权利和义务、行政监管以及违法违规的处罚等。医务人员主要是指医师、药师、护士及医疗辅助人员。有关立法的内容包括各类具体医务人员执业资格获得的基本条件、申请注册的程序要求、执业的基本原则、权利和义务、行政监管以及违法违规的处罚等。

不过，目前我国的医疗主体的立法不多，对医疗从业人员的法律规制存在明显不足。对医师和护士的管理相对比较严格，对药剂人员和其他医技人员的管理，从法律层面上看存在明显不足。另外，对医师队伍的管理也明显缺乏类别化和精细化，这都是今后医疗主体立法中需要进一步加强的工作。

（二）医疗行为立法

医疗行为的规范和监管，应当是医事法律的主体内容。医疗行为具有内容多、范围广、技术含量高、更新快等特点，医疗行为的技术性特点都会体现在医疗行为立法上。由于医疗行为的多样性和技术性，一般的立法程序、修改程序都难以满足要求，因此，涉及医疗行为的立法，除国家的医疗卫生管理法律、法规和部门规章之外，更多的应当是各行业协会制定和发布的技术规范、诊疗标准、实施指南、操作规程等技术性法律文件，这些技术性文件应当属于技术法规的范畴，也是医事法律的构成部分。

医疗行为技术规范属于技术法规的范畴。何谓技术法规，如何对其定义呢？ISO/IEC 指南

① 植木哲认为，医事法学包括：（1）医疗事务法的课题和方法；（2）医疗事务法和公法；（3）医疗事务法和民事法；（4）医疗纠纷和裁判、庭外和解；（5）医疗纠纷的预防和对策；（6）医疗事务法的医学、医疗。参见［日］植木哲：《医疗法律学》，23～25 页，北京，法律出版社，2006。

2：2004 对技术法规的定义是："规定技术要求的法规，它或者直接规定技术要求，或者通过引用标准、技术规范或规程来规定技术要求，或者将标准、技术规范或规程的内容纳入法规中。"[①] 这个定义对技术法规的构成形态提出了三个层面的含义：一是直接规定技术要求，二是通过引用标准来实现技术法规的要求，三是直接将标准的内容纳入技术法规中。目前我国学者一般认为，技术法规是保障国家安全、人身健康和安全等权益、保护动植物和环境的重要法律形式。[②] 由于医疗服务活动关系到人身健康和安全，当然属于技术规范规制的范围。

医疗实践技术规范，也称为诊疗技术规范或诊疗规范，是指医疗机构及其医务人员在对患者实施诊疗活动的过程中必须予以遵守的用于规制诊断和治疗行为的基本要求和行为准则，是从医学技术的角度出发，对医务人员的诊疗活动进行规制，其内容上应当涉及一系列的与诊断和治疗有关的原则、方法、技术、要求、步骤等。

医疗实践技术规范属于规范技术工作中带有一定强制性的法律文件，属于技术法规（technical regulation）的范畴。医疗实践技术规范较临床实践指南、操作规程具有更大的强制性，如果医务人员在诊疗活动过程中有违反，即可以认定违反诊疗义务，属于违法行为。因此，医疗实践技术规范应当由国家权力部门制定，并由有关权力部门以正式的方式予以发布，相关部门和单位对医疗实践技术规范应当予以贯彻和执行。不过，遗憾的是，目前我国尚没有建立规范的医疗实践技术规范制定和发布程序，也没有制定系统的医疗实践技术规范，我国医疗实践技术规范尚处于空白状态。目前我国在临床实践指南、专家共识方面，无论是制定的主体，还是程序，都很不规范，版本多，内容甚至有矛盾，在临床实践中仅具有参考价值。

（三）医疗用品管理立法

医疗行为是医务人员在对患者的诊疗过程中所实施的专业行为，医务人员在实施这些专业行为的时候，往往要借助其他的专业性物品，这些物品被称为医疗用品，包括药品、血液及血液制品、试剂、医疗器械、医疗耗材、消毒制剂等。对于这些医疗物品的生产、流通、保存和使用，都应当有严格的程序和规范，这样才能保障医疗物品的产品质量和卫生质量，才能够保障患者使用中的安全，从而保障患者的合法权益。

（四）医疗争议处理立法

自从有了人类社会，纠纷随之就产生了，纠纷是人们开展社会活动的副产品，因此，纠纷不可能被消灭。由于医疗行为具有很大的风险性和机会性，出现医疗争议的可能性也增大。尤其当前在我国医疗机构、患者及其家属以及其他的参与者，在医疗服务过程中都有利益需求，只要各方利益需求不能兼容，只要各方价值取向不一样，就容易发生医疗纠纷。医疗纠纷不可避免，只是当前的医疗纠纷频发和不按法律规则进行处理的现象不正常。医疗纠纷是与医疗行为相伴相随的一对孪生兄弟，有了纠纷就必须要解决，因此，医疗争议和纠纷的解决，一直都是各国医事法律的重要组成部分。虽然有的国家没有一部具体的医疗争议解决的法律，但是在司法实践中都有具体的医疗争议解决的具体评判标准和原则。

在我国，由于医疗机构具有社会福利的特殊性，不属于完全的市场经济主体，对其所实施的医疗行为也不能完全用市场行为来衡量，由此引发的医疗争议，在处理上就应当恰当权衡医患双方的利益，制定出既能够保护患者的合法权益，又能够保护医者的合法权益，也不影响医疗机构生存和发展的基本原则。

---

① ISO/IEC Guide 2：2004 Standardization and Related Activities—General Vocabulary，at http：//www. iso. org/iso/catalogue _ detail?csnumber=39976，2014-02-11.

② 参见杨辉：《技术法规与标准的定位及我国技术法规体系的建设》，载《航天标准化》，2011（2），1～11页。

第二节　医事法学

一、医事法学的概念

医事法学（Medical Jurisprudence）是研究医事法律这一社会现象及其发展规律的一门法律学科。医事法学是医学等自然科学与法学的结合，并随着传统生物医学模式向“生物—心理—社会医学”模式的转变而进一步发展的一门新兴的交叉学科，兼具医学、法学等两个以上学科的特点，并受到多个学科的发展影响。

二、医事法学的研究对象

医事法学以医事法律及其发展规律作为研究对象，注重学科理论的研究和学科体系的建设。研究的主要内容包括：医事法律产生及发展规律，医事法律的特征、渊源、调整对象，医事法律的基本原则，医事法律主体的权利和义务，医事法律规范的制定和表现形式，医事法律关系，我国现行的医事法律制度，医疗争议解决的方法和原则，国家医事立法的理论与实践，以及如何运用医事法律的理论来解决我国医疗体制改革和医学高科技发展中出现的新情况和新问题，等等。

三、我国医事法学研究现状

我国对医事法学的研究，最早是放在卫生法学的学科框架之下进行的。从 20 世纪 80 年代开始，随着卫生事业不断改革，市场经济的确立，出现了大量的、突出的、涉及医法交叉的法律边缘问题。从事卫生法学教学的理论工作者和从事卫生管理工作的实际工作者，开始思考并着手研究卫生领域的法律问题，在理论和实际工作中都取得了很大的成就，对于卫生立法和执法，对于司法审判都发挥了重大的作用。

从 20 世纪 80 年代开始，我国已经陆续出版多部卫生法学的专著、教材，其中代表性的有 1988 年王镭主编的《中国卫生法学》（高等医药院校教材），由中国人民大学出版社出版；1989 年陈明光主编的《医学法学导论》（大学后教育书系——医师必读丛书）和邓公平主编的《医药卫生法学》，分别由中国科学技术出版社、上海科学技术出版社出版；1997 年刘革新主编的《医与法》，由中国政法大学出版社出版。近年来，在医事法学领域的成果比较多，研究已经由单纯的医患关系、医疗纠纷转向了医疗实践领域的新问题。

医事法学的主要专业刊物有《中国卫生法制》（1993 年创刊）、《法律与医学杂志》（1994 年创刊）。这两种刊物的出版极大地鼓舞了医事法学研究人员的研究热情，为我国医学法学的研究成果的展示和出版提供了平台，对我国医事法学研究起到了重要的推动作用。

在科研的基础上，学科建设也得到了长足的发展，医事法学的教育教学工作进入了良性循环，全国各大医学院校均开设了医事法学课程，部分医学、法学高等院校还相继开设了医事法学专业的本、专科以及研究生学历教育。很多综合性大学都设立了卫生法研究中心、医事法研究中心。

1993 年，中国卫生法学会成立，医事法学成为该学会的重要研究范畴，这标志着我国的医事法学研究进入快速发展时期，其拥有的会员分布在我国与医药卫生工作有关的各种行业中，对于医事法制建设、法律实施发挥了重要的作用。很多医药专业学会、协会都成立了医事法学相关的专业委员会，比如中国研究型医院学会医药法律专业委员会，将法律与医药相结合，为我国医事法学的发展搭建了非常好的学术平台。

目前互联网也成为医事法学研究的重要平台，一些有识之士通过建立网站和网页，进行法制宣传，交流研究成果，为关心医事法制建设的各界提供了大量的信息、资料。通过一些专门网站，可以搜索到一些重要的医事法学文献和资料，尤其是通过中国裁判文书网，可以检索到医事相关的司法裁判文书，对于开展医事法学研究，具有非常重要的意义。

尽管取得了一些成果，但是也应当看到：我国的医事法学的研究尚处于初级阶段，研究的主要课题和出版的专著都比较集中在社会反响比较大且急需解决的问题上，缺乏深层次和系统性的理论研究，在学科体系建设上也还不完善，还有待医事法学专业人员继续努力。

四、医事法学与医学伦理学的关系

近年来，伦理学的重要性日益凸显，尤其在科技领域，更是如此。现代医学技术在给人类健康带来福祉的同时，也带来越来越多的风险和隐患，在涉及人类遗传物质的探查、干预等方面，更是会从根本上改变人类的遗传信息，给人类社会带来更大的不确定性风险。2019 年 7 月 24 日召开的中央全面深化改革委员会第九次会议通过了《国家科技伦理委员会组建方案》。随后国家科技部成立了国家科技伦理委员会。国家卫生健康委员会之前成立了医学伦理专家委员会，加强医学伦理政策和规范的制定，强化了涉及人的医学研究、临床试验的伦理审查。党中央、国务院高度重视科技伦理治理工作，经 2021 年 12 月 17 日中央全面深化改革委员会第 23 次会议审议通过，中共中央办公厅、国务院办公厅印发了《关于加强科技伦理治理的意见》，对新时代我国科技伦理治理工作作出了全面、系统的部署，提出了一系列的重大任务和举措。需要注意的是，伦理与道德并非同一个概念，“伦理”与“道德”是伦理学或道德哲学中的两个核心概念。道德指行为应该如何的规范和规范在人们身上形成的心理自我之品德；伦理则是指行为事实如何的规律和行为应该如何的规范。尧新瑜对这两个概念作了汉语言文化、英语文化、中西文化的比较后认为，当代“伦理”概念蕴含着西方文化的理性、科学、公共意志等属性，“道德”概念蕴含着更多的东方文化的情性、人文、个人修养等色彩。“西学东渐”以来，中西“伦理”与“道德”概念经过碰撞、竞争和融合，目前二者的界限与范畴日益清晰，即“伦理”是伦理学中的一级概念，而“道德”是“伦理”概念下的二级概念。① 二者不能相互替代，它们有着各自的概念范畴和使用区域。

在医疗卫生领域，伦理和法律越来越受到人们的重视。伦理规范和法律规范都是调整人们行为的基本准则，只不过法律规范更强调国家的意志和国家强制力的保障；伦理规范则是经过一定时期人们自发形成的共同认可的价值理念。伦理规范与法律规范的区别，不在于是否依靠“强制力量”，而在于是否依靠一种特殊的强制——权力。权力是管理者拥有且被社会承认的迫使被管理者服从的强制力量。法律规范是权力规范；伦理规范则是非权力规范。在医疗卫生科研和服务领域的基本伦理原则包括尊重（自主）、不伤害、有利（行善）、公正四项原则。② 在医疗卫生科研和服务中，伦理法治化现象越来越受到人们的重视。③ 一方面，很多调整人们行为的规范既是伦理规范，也是法律规范，比如保障患者知情同意权、保护患者隐私的规范，会

① 参见尧新瑜：《“伦理”与“道德”概念的三重比较义》，载《伦理学研究》，2006（4），21～25 页。

② See Gillon R.，“Medical Ethics：Four Principles plus Attention to scope”，BMJ.，1994，309（6948）：184－188.

③ Jackson E.，“The Relationship between Medical Law and Good Medical Ethics”，*Journal of Medical Ethics*，2015，41：95－98.

分别出现在医学伦理文件和法律文件中。另一方面，伦理强调人们的自觉履行、自我约束，但在医疗卫生科研和服务工作中，单凭自觉自愿仍然难以避免可能面临的各种风险，因此，通过制定强化伦理审查的法律规范，来保障伦理审查、伦理规范在实践中落实。

思考题

1. 简述医事法律的概念及特征。
2. 简述医事法律部门的主要内容。
3. 医事法学的概念是什么？简述它和医事法律的区别与联系。
4. 简述医疗卫生科研和服务领域的伦理法治化现象。

第二章 医疗行为

医疗行为是医事法律的核心，也是处理医疗损害赔偿案件的关键。什么样的行为属于医疗行为，什么样的行为不属于医疗行为，直接关系到医疗活动的行政监管和医疗损害赔偿的法律适用以及案件裁判。本章围绕医疗行为的概念、特点和内容等进行讨论。

第一节 医疗行为的概念

一、我国关于医疗及医疗行为的界定

从“医”这个字来解释，从匚，从矢，矢亦声。《说文解字》载：“盛弓弩矢器也。”“醫”，会意，从“殹”。“殹”，治病时的叩击声。“酉”，用以医疗的酒。二字各有本义。今用“医”为简体字，本义：治病的人。而从“疗”来解释，本义：医治，含有对症下药之意。《广雅·释诂》载：疗，治也。相关的词汇有：疗治（治疗，调治）、疗疾（疗病：治疗疾病）、疗视（诊察治疗）、疗护（治疗救护）、疗妒（治疗嫉妒的病症）、疗病（治病）。可见，医疗的中心内容是一致的，集中体现在医治疾病上。

医疗行为在我国自古有之。早在石器时代，我们的祖先就已知道用砭石作为按摩工具来治疗疾病。火、砭石及骨针的应用，形成了早期的针灸疗法。以诊治疾病为目的，后来人们逐渐摸索、发明了各种各样的治疗方法，并且在医疗实践过程中对诊疗经验进行总结，形成医书并加以传播，产生了系统的医学理论。医疗行为最早是人们在日常生活中逐渐摸索、总结而产生的。我们的祖先在寻找食物过程中逐步发现某些食物具有治疗作用，从而积累了最早的医药知识，故有“医食同源”“药食同源”之说。因此，医疗行为，尤其是传统医学中的医疗行为，往往难以与非医疗行为准确界定和区别。但是，由于医疗活动实施的目的直接关系到人的生命和健康，医疗活动实施的成败也直接影响人的生命和健康，尤其是现代医疗活动，隐藏着更大的风险性，不由训练有素的专门人员按照规范要求来实施，必然增加医疗行为的风险。

在我国立法与实践中有多种与医疗行为相关的名词、术语，比如医疗活动、诊疗活动、诊疗行为、医疗执业活动、医疗服务、诊疗服务等，无论用什么术语，其核心的意思和内容是相同的，就是什么样的行为应当被纳入医疗事务管理的范畴加以严格管控。为了便于研究和实践，本书建议统一使用医疗行为的概念。

龚赛红认为，医疗行为是若欠缺医师的医学判断及技术，则对人体会有危害的行为。①

① 参见龚赛红：《医疗损害赔偿立法研究》，7页，北京，法律出版社，2001。

柳经纬等认为，医疗行为是指医务人员对患者疾病的诊断、治疗、预后判断及疗养指导等具有综合性内容的行为。柳经纬等将医疗行为依目的不同分为诊疗目的性医疗行为和非诊疗目的性医疗行为，非诊疗目的性医疗行为可分为实验性医疗行为和非纯粹实验性而兼有治疗目的的医疗行为，在进一步分析了非诊疗目的性医疗行为后认为，只有以诊疗为目的的医疗行为和非纯粹实验性而兼有治疗目的性的医疗行为才能够称为医疗行为。① 按照学界的一般理解，医疗行为是指以疾病的预防、患者身体状况的把握、疾病原因与障害的发现、病情和障害治疗，以及由疾病引起的痛苦的减轻、患者身体及精神状况的改善等为目的对身心所做的诊查治疗行为。② 简而言之，医疗行为就是以治疗疾病为目的的诊断治疗行为。③

我国法律中没有医疗及医疗行为等概念。在1998年6月26日颁布的《中华人民共和国执业医师法》（以下简称《执业医师法》）中使用了“医师执业活动”，但该法也没有对“医师执业活动”作出明确界定，这就给医疗卫生行政管理和我国医疗损害赔偿诉讼带来很大的障碍。根据《执业医师法》有关条文，可以将医师执业活动归纳为“防病治病、救死扶伤、保障健康”三个方面。在1994年2月26日颁布的《医疗机构管理条例》中针对“医疗机构”使用了“从事疾病诊断、治疗活动”的描述。1994年8月29日卫生部制定的《医疗机构管理条例实施细则》第88条对“诊疗活动”的概念进行了明确的界定：是指通过各种检查，使用药物、器械及手术等方法，对疾病作出判断和消除疾病、缓解病情、减轻痛苦、改善功能、延长生命、帮助患者恢复健康的活动。这是迄今为止我们能够获得的最权威、最贴近“医疗行为”含义的概念，也可以作为我国医疗行为的定义。

由《医疗机构管理条例实施细则》对“诊疗活动”的定义，可以从以下三个方面予以把握，要求同时具备这三个要件，即可以判断为医疗行为。概言之，对是否为医疗行为的判断，应当以医疗行为的目的、医疗行为的依据、医疗行为方式等三方面要件为依据。

第一，医疗行为的目的，在于“对疾病作出判断和消除疾病、缓解病情、减轻痛苦、改善功能、延长生命、帮助患者恢复健康”。这里给出了医疗行为的七个目的，某一行为要被界定为医疗行为，须具备这七大目的中的任意一个。

第二，医疗行为的依据。医疗行为的实施，需要以医学理论、知识、技术、经验为基础，无须医学理论、知识、技术、经验即可以实施的行为，或者不具备医学理论、知识、技术、经验而实施的行为，即可以被认为不是医疗行为。

第三，医疗行为方式，包括“各种检查，使用药物、器械及手术等方法”。虽然采用列举的方式罗列了四种医疗行为方法，但应该认为没有穷尽，因为定义表述为“等方法”，医疗实践中确实还有其他方法，比如穴位按摩。医疗行为方式是医疗行为的最重要的要件，它是医疗行为的外在表现形式，也是医疗行为直接管控的对象，因此，对医疗行为方式应该进一步准确界定。基于此理由，我认为列举的方法显然不理想，应该采用模糊界定法。医疗行为方式应当是通过侵害性、危险性和不确定性的方法对患者的身体实施干预。侵害性是指对身体组织器官完整性的破坏，比如针刺、切开等。危险性，是指实施的行为会直接影响患者的生命或健康，如穴位按压，虽然没有破坏组织器官完整性，但是直接影响到患者的生命或者健康状态。一般的足疗，不会直接影响患者的健康，只会间接影响人的健康，就不是医疗行为。不确定性是指

① 参见柳经纬、李茂年：《医患关系法论》，14～27页，北京，中信出版社，2002。

② 参见［日］立明、中井美雄编：《医疗过误法》，31页，东京，青林书院，1996。

③ 参见龚赛红：《医疗损害赔偿立法研究》，1～2页，北京，法律出版社，2001。

医疗行为实施的结果，充满着不确定性，既有疾病诊疗的不确定性，也有对健康和生命影响的不确定性，还有存在各种风险的不确定性。某项行为具有这三性中任何之一者，即可以认为是医疗行为方式。

文身是否属于医疗行为，值得讨论。近年来，文身现象越来越多，甚至成为有的年轻人的时髦、前卫、流行的符号。很多国家将文身纳入医疗行为进行执业许可管理，我国卫生行政部门明确规定文身不属于医疗行为，但清洗文身属于医疗行为。在美国，各州对文身的管理有所不同，但大多数州对此都有严格的管理规范。[①] 在我国文身处于相对无管束状态，有的文身店为了利益，甚至未经未成年人监护人同意而给未成年人文身。

案例 2－1

检察机关对给未成年人文身者提起公益民事诉讼[②]

2017 年至 2020 年，被告章某在沭阳县某文身馆，先后为史某等四十余名不特定未成年人文身，文身图案为“一生苏北”、“一生戮战”、艺妓画臂、满背等，同时还为 7 名未成年人清洗文身。被告章某在从事上述文身经营活动时，未进行工商注册登记，未取得卫生许可证，明知服务对象为未成年人，且未告知未成年人父母等法定代理人。当地检察机关提起公益民事诉讼。法院经过审理，最终判决被告章某立即停止向未成年人提供文身服务的行为，在国家级公开媒体向社会公众书面赔礼道歉。

请问：被告章某的行为是否属于医疗行为？如何保护未成年人的合法权益？

案例 2－2

药店为患者测血压、尿糖是否违法

2014 年 7 月某日，长春市绿园区卫生局卫生监督所监督人员对位于青欣路丰和林苑小区的一家大药房进行现场检查时，发现该药店在未取得“医疗机构执业许可证”的情况下擅自开展诊疗活动，当场为患者测量血压。监督人员责令立即停止非法诊疗活动并下达了意见书，罚款 500 元。

类似的案例近年来在全国各地时有发生，江苏、上海、济南等地明确规定此种行为违法，一经发现必予以查处。但是，2009 年 4 月 1 日北京市卫生局在《北京市药品监督管理局关于零售药店配备血压计体重计的通知》中明确规定，北京市零售药店应配备血压计、体重计，为首都居民提供免费健康服务。

请问：药品零售企业在推销其商品过程中，免费为患者查体温、测血压、测尿糖等，是否属于医疗行为？

二、日本关于医疗行为的法律界定

在日本，关于医疗主要有两个概念，即医疗行为和医行为，二者的区别在于：医疗行为以“诊疗”为目的，医行为则并不以“诊疗目的”为要件。

（一）学者对医疗行为的定义

日本学者松仓丰治认为，医疗行为是指有关疾病之诊断治疗、疾病之预防、畸形矫正、助

---

① Carlson V. P., Lehman E. J., Armstrong M., “Tattooing Regulations in U. S. States”, *J. Environ Health*, 2012, 75 (3): 30－37.

② 江苏省宿迁市中级人民法院（2021）苏 13 民初 303 号民事判决书。

产、堕胎及各种基于治疗目的及增进医学技术之实验行为。① 这显然是广义的医疗行为。

（二）行政法上的医疗行为

行政法上的医疗行为，包括不以诊疗为目的的一切医疗活动，统称为医行为。日本通说认为，医行为是指若欠缺医师的医学判断及技术，则对人体会有危害的行为，即行为必须基于医师之专业判断和技术操作能力而为，否则会有人体危害产生。如果是否具备医师的专业判断和技术操作能力，都不会影响该行为对人体的危害可能性，一般认为该行为并不具有较高的危害可能性，不属于医行为范畴。医行为强调行为导致危害发生的可能性依赖医师的专业判断和技术操作能力。医政实务上医疗行为的定义，实质上就是医业，主要是指行政许可的医疗执业资格，以医疗行为为业进行活动。日本《医师法》第 17 条规定："如果不是医师，不得从事医业。"

（三）医学上的医疗行为

医学上的医疗行为必须考虑"医学的适应性"和"医疗技术的正当性"。所谓医学的适应性是指医疗技术适应被允许的性质，一般包括疾病的治疗和减轻，疾病的预防，畸形的矫正，助产和医术的堕胎，为医疗目的的对患者的试验，为医学进步的试验等。医疗技术的正当性是指医疗行为符合医疗技术的性质，虽然在实施过程中对人体造成侵害，但行为本身是出于治疗疾病的需要。

第二节　医疗行为的特点

医疗行为具有道德性、不确定性、专门性、侵害性和适法性。正是医疗行为这些特点，才使医疗损害诉讼变得错综复杂，具有其他民事诉讼所不具备的特殊性。

一、道德性

医疗行为的道德性是一个传统的经典问题。医学伦理具有极其悠久的历史，从《希波克拉底誓言》到《赫尔辛基宣言》，从医师自我约束的典章到各国立法，都充分体现了医学伦理原则。人的生老病死毫无疑问都与医疗行为有着极为密切的关系，医疗行为在维系人的生命和健康方面发挥作用的特殊性，使得救死扶伤、治病救人成为医疗行为的核心内容。

所谓医疗行为的道德性，就是指医疗行为具有救死扶伤、治病救人的特性，医师的医疗行为必须受到道德或医学伦理的规范。我国《医师法》第 3 条明确规定：医师应当坚持人民至上、生命至上，发扬人道主义精神，弘扬敬佑生命、救死扶伤、甘于奉献、大爱无疆的崇高职业精神，恪守职业道德，遵守执业规范，提高执业水平，履行防病治病、保护人民健康的神圣职责。

生命之危机和健康之威胁，可能发生在任何时候，或者没有任何可以借助的医疗条件，或者受到威胁的患者没有任何经济支付能力，或者没有具备国家认可的执业医师可以提供帮助，等等。但是，危机和威胁并没有因为这些特殊境遇而缓解或者暂停，而是继续恶化、发展。这时患者需要医师无条件的帮助。

① 参见［日］松仓丰治：《医师から见た法律》，载［日］大阪医师会主编：《医疗と法律》，17 页，大阪，自版，1984。

我国最近几年医患纠纷日益增多，矛盾日益尖锐，加上医疗体制中存在的种种弊端，出现了多起医院见死不救，甚至恶意遗弃病人的现象。《道路交通安全法》第75条规定：医疗机构对交通事故中的受伤人员应当及时抢救，不得因抢救费用未及时支付而拖延救治。《民法典》第184条、《医师法》第27条也规定：国家鼓励医师积极参与公共交通工具等公共场所急救服务；医师因自愿实施急救造成受助人损害的，不承担民事责任。

另外，医学新问题和新技术的出现，如安乐死、脑死亡、试管婴儿、器官移植等，一方面对传统医学理论提出了挑战，另一方面也对医学和医师提出了新的医学伦理要求。

二、不确定性

（一）人体的不确定性

生物多样性不仅体现在生物种群之间，在同种生物个体之间也具有明显的差别。就人而言，不同个体之间也具有其特殊性，表现在基因差别、性格差别、体质差别、解剖变异等方面。疾病在发生、发展和演变过程中，在不同个体上的表现也有明显差异。正是个体差别的特殊性导致医师对每个病人的处置措施不同，治疗的结果也可能千差万别。

近年来，在医疗纠纷诉讼中，对于医师对疾病的认识、医师采取的医疗措施以及治疗结果等，有采用机械的认定模式的趋向。照搬照套教科书来认定医疗过错和失误，从而判定医院承担赔偿责任的做法时有发生。

（二）疾病本身的不可预测性

疾病发生、发展和演变，有其自身的规律，不确定因素太多，除受患者个人特殊体质的影响之外，还会受到其生活环境、治疗时机、治疗方式、生活习惯等多种因素影响。因此，疾病的最终转归可能难以准确预测。虽然现代医学对于很多疾病在群体统计中有比较可靠的预后估计，甚至有明确的统计学概率，但是对于个体本身，却难以作出准确的结局预测。

另外，医师的诊断和治疗需要患者的积极配合，但是文化素质水平的差异、个体体质差异导致患者对疾病的感受不同，最后患者对医师的病情陈述可能会影响医师的判断和治疗方案的调整，这在很大程度上影响疾病治疗的效果。

（三）医学发展的局限性

医学是经验科学，临床医师高超的诊疗水平建立在医学理论和丰富的临床经验基础上。但是医学本身的发展，尤其是现代医学学科体系的建立，还是近几十年的事情。学科研究手段、研究对象的局限性，导致学科理论建立的局限性，至今医学科学仍有大量没有搞清的问题，包括疾病现象的认识、治疗手段的短缺、昂贵药物成本的降低等，尤其是具体医师在对待具体病人上如何控制个体中的不确定因素导致的个体差别，仍然存在很大的困难，医学科学的局限性显而易见，不能解决的医疗问题大量存在。这决定了很多患者的疾病难以明确诊断；即使作出诊断也缺乏充分有效的治疗措施；即使有充分有效的治疗措施，由于个体差别而难以达到理想的治疗结果；等等。

（四）医疗行为因果关系的不确定性

医疗行为因果关系的不确定性是指医疗行为与不良后果之间的因果关系不容易确定。这种因果关系的不确定性，导致医师在给病人检查和诊断时，难以找到疾病发生的原因，从而不能采取有效的阻断病因的治疗手段，疾病反复发生，难以控制。

因果关系的不确定性的另一个负面影响就是医疗纠纷诉讼。一般来讲，我们将医疗损害赔偿纳入侵权赔偿的范畴，涉及侵权构成的四个要件，其中医疗行为与不良后果之间的因果关系是一个重要的构成要件，法官在作出裁判之前必须搞清楚。由于医学科学的局限性，目前还有很多医学问题没有搞清楚，包括很多疾病的发生、并发症和不良后果的出现等，没有从发生机理上作出令人信服的解释。因此，对于医疗行为因果关系的举证责任，无论由原告承担，还是由被告承担，都是极其残酷而不合理的。解决这个问题不能简单地采用举证责任分担的方式来处理，而是应从立法上，从立案和承担责任的条件上加以控制和调整。

三、专门性

医疗行为的专门性是指医疗行为本身具有极强的专业特点，实施医疗行为的人，必须经过专门的专业训练，掌握专门的诊疗知识和技术，在实施医疗行为时，要充分使用其已经掌握的专业技术和专业设备，在实施医疗行为过程中，还要充分使用其专门的医学经验进行判断和调整。因此，国家在医疗行为的实施主体上采取严格的许可制度，不但在程序上严格控制，实行考试、考核、登记和许可，还在审查过程中通过考试内容的把握、申请执业的条件进行严格筛查。

另外，由于医学科学发展的日新月异，新的医疗技术不断涌现，医学分科也越来越细。国家在新技术、新药物的临床使用上采取严格的准入制度，对于具体医疗行为，尤其是专科性极强的治疗行为、手术，也采取了资格准入制度。国家卫生健康委员会于 2018 年 8 月 13 日发布了修改后的《医疗技术临床应用管理办法》，对规范我国医疗新技术的临床准入具有重要意义。

四、侵害性

任何医疗行为在实施过程中，一方面可以给人带来缓解和治愈疾病的快乐和希望，另一方面会对人体、健康造成损害。这主要体现在以下三个方面。

（一）药物本身具有毒副作用

一方面是药物剂量的问题，药物与毒品之间没有绝对的界限，任何药品只要达到一定的剂量，都可能成为毒品。另一方面是药物固有的药理作用。药物的作用可能是多方面的，即使是具有特定作用、特殊靶细胞的药物，同样存在其他的作用。其在发挥药物作用时，可以对病理组织发生作用，调整异常功能，但也可能损害正常组织，干扰正常生理机能。因此，在药物使用中需要严格控制药物剂量，或者是在检测人体生物机能的前提下使用药物，并且要严防药物毒副作用出现，或者使用拮抗药物，避免毒副作用发生，或者减轻毒副作用产生的危害。

（二）手术等治疗手段需要损害正常组织

目前医学上采取的很多治疗手段都要损害一定的正常组织，最典型的就是外科手术。手术的实施需要在正常、完整的组织上做切口，使手术野充分暴露，便于开展手术。手术切口无疑是一种伤害，手术切口还可能引发感染、延期愈合等，这是手术并发症，也是一种损害。另外，手术中需要切除的病灶如果没有办法与正常组织分离，或者无法保全正常组织，就需要将正常组织的部分或者全部予以一并切除，可能使人体器官缺失，功能受限，终生需要辅助药物维持。

（三）医疗行为具有冒险的特点

由于人体构造的复杂性和疾病情况的多变性，很多治疗具有不确定性。如果不治疗，病人的病情永远不可能缓解，甚至可能恶化而危及生命；如果治疗，治疗手段本身可能伤及正常器官，可能在治疗过程中出现危及健康和生命的情况；或者经过治疗，疗效仍不能确定，达不到预期效果。显然，很多时候，这样的手术非做不可，在医师向患方作了病情交代后，告知了手术风险，如果患方明确表示同意手术，医师便可以冒险手术。

五、适法性

虽然各国法律都明确规定，人的生命健康权神圣不可侵犯，任何非法损害他人健康、剥夺他人生命的行为都应当受到法律的追究，但是，医疗行为本身在治疗疾病的同时，还会对人的健康造成危害，甚至可能因此而剥夺患者的生命，然而，这种医疗行为不受法律追究。这就是我们所说的医疗行为的适法性。

我国《刑法》和《医师法》目前虽然没有直接规定医疗行为的适法性，但是《医师法》在第 22 条“医师的权利”中规定：在注册的执业范围内，按照有关规范进行医学诊查、疾病调查、医学处置、出具相应的医学证明文件，选择合理的医疗、预防、保健方案。《医疗事故处理条例》第 33 条也规定：在紧急情况下为抢救垂危患者生命而采取紧急医学措施造成不良后果的，不属于医疗事故。

在学术上，关于医疗行为的适法性主要有以下几种学说。

（一）业务上正当行为说

这主要是德国学者的观点。19 世纪德国学者曾就医师为了挽救怀孕妇女生命所为的堕胎行为，认为可以基于业务上的义务而承认医师行为的正当性。德国刑法典公布之后，又在违法或责任阻却事由中，举出了业务权，而对业务权的解释，又以医师业务权（aerztliches berufs-recht）为中心地位。日本学者町野朔认为：正当业务权不构成犯罪是以其正当业务为适法理由；而非正当业务关系之正当行为也应承认其适法性，因此未受许可之医疗行为，尽管可以依据相关法规予以取缔，但也不构成伤害犯罪。

（二）社会相当性说

这是从社会公认和接受程度来认识的。根据这一学说，医疗行为是医学上一般所承认的妥当手段，且医师所选择的医疗手段被认为具有合理性，其对患者身体侵害的本身，虽然从形式上、外观上来看，符合伤害的一般概念，但从行为无价值的观点来看，当然认为是社会观点之正当行为而欠缺违法性。

（三）共同生活目的说

共同目的说认为，行为人是为了达成国家所承认的共同生活目的之适当手段者，可以阻却违法性。根据这种学说，医疗行为被认为是正当行为而阻却违法，是由于医疗是对个人健康之维持，阻止疾病发展，恢复患者健康。因此，无论医疗行为是否属于基于业务需要而实施，只要行为人具有：（1）一般被承认的医学知识和技术；（2）医学方法、手段在医学专门领域中一般是被承认的；（3）在行为之时，非紧急情况下得到患者或其家属同意；（4）具有明确的医疗目的。实施相应的医疗行为，即使造成患者死亡的后果，医师也不会被追究法律责任。①

案例 2－3

在媒体上公开药方是否属于医疗行为

2012 年 10 月 21 日，四川省戴某亮相江苏卫视相亲节目《非诚勿扰》，结果遭全体女嘉宾灭灯。值得注意的是，戴某在相亲节目里说自己曾学过中医，用自己琢磨出来的偏方，治好了自己的荨麻疹。虽然没有牵手成功，但他还是一夜走红。从节目播出后的第二天开始，戴某每天电话不断、邮件不停，就连凌晨时分都有人打电话给他，还有人电话打到了他单位，希望能找到他。不过，这些电话并不是来征婚的，而是来向他讨要治疗荨麻疹的偏方的。由于讨要偏

① 参见黄丁全：《医事法》，75 页，北京，法律出版社，2003。

方的人太多，几天后，戴某向社会公布了他的荨麻疹偏方，该偏方在网上传得很热。

戴某公布了他的荨麻疹药方，有两个方子，各针对风热型荨麻疹和风寒型荨麻疹。

请问：戴某在媒体上公开药方的行为，是否属于医疗行为？如果给患者造成了不良后果，戴某及媒体是否应当承担责任？

第三节 医疗行为的内容

医疗行为具体包含哪些内容？这在理论上和实务中都是非常有意义的。并不是所有在医疗场所实施的行为都是医疗行为，也并非由医师实施的行为都是医疗行为。[①] 我国对医疗行为没有作精细的区分，甚至护理行为、医技行为，由于都在医疗执业许可范畴之内，因而都属于广义的医疗行为。

一、医疗行为分类

（一）广义医疗行为与狭义医疗行为

关于医疗行为的广义与狭义的划分，源自我国台湾地区学术界。作这样的划分的主要原因在于，医疗行为这一概念已经根深蒂固，但无论是“医”还是“疗”，无论是“诊”还是“治”，都会涉及具体的疾病，而在目前的医疗实践中，医务人员处理了大量的非疾病的专业业务，比如，产妇的保健、接生，医学美容整形，康复功能锻炼，体检，创伤诊治，等等。

狭义医疗行为是指以治疗、矫正或预防人体疾病、伤害残缺或保健为直接目的所为之诊察、诊断及治疗，或基于诊察、诊断结果，以治疗为目的行为之处方或用药等行为之一部或全部之总称。[②] 广义医疗行为是指包括疾病、伤害之诊断、治疗、治后情况之判定，以及疗养指导等具有综合性的行为内涵的法律事实，就目前医院或诊所的惯行，上述医疗行为的具体内涵，包括属于诊断方面之问诊、听诊及检查，属于治疗方面之注射、给药、敷涂（外伤药物）、手术、复健，属于治疗情况判定之追踪、检证等。[③] 因此，广义的医疗行为包含了目前医政管理上采取执业许可方可开展的一切以诊断、治疗、康复、矫形、体检、保养、安宁疗护等在内的一切医疗业务活动。我国《基本医疗卫生与健康促进法》即采纳了广义医疗行为的概念。

（二）临床医疗行为与辅助医疗行为

何谓临床？医学上称为病人诊断和治疗疾病。原以诊治必临病床，故名。医疗场所开展的医疗活动是以患者的病症诊治为核心的，因此，由医务人员实施的诊疗活动属于临床医疗行为，由其他不具有临床医疗资格但有严格资质限制的非医务人员所实施的辅助医师诊疗开展的活动为辅助性医疗行为，或者称为准医疗行为。

临床医疗行为由临床科室为之。临床科室是承担病人的系统诊断、治疗任务，负责收治病人住院的科室。临床科室的种类因医院规模不同而有所不同。一般医院有内、外、妇、儿、五官科等。而大型医院则会将这些临床分科设为大的临床部门，在这些大的临床部门之下设有二级科室，如内科之下设有心血管、消化、泌尿、呼吸、神经、血液病等科室，外科下设有普外、泌尿、脑外、心

① 目前其他学科也在引入和借鉴临床医学的一些名词、术语，比如气象学中的气候诊断，工程学中的故障诊断，法学中的法律诊所等。

② 参见李圣隆：《医护法规概论》，54页，台北，华杏出版股份有限公司，1993。

③ 参见吴建梁：《医师与病患“医疗关系”之法律分析》，东吴大学1994年硕士学位论文，10页。

脏、胸外、小儿外、骨科、烧伤成形、肛肠等，妇科下设妇科、产科、生殖医学，儿科下设新生儿、遗传性疾病等。需要说明的是，在我国麻醉科和放射科都属于临床科室。[①]

辅助医疗行为由非临床科室即医技科室完成。医技科室过去又称为附属科室，非临床科室，是指配合临床科进行诊断、治疗的科室，如检验、放射、药剂、心电图、脑电图、B超、内窥镜、针灸、理疗等。

（三）医疗行为与替代医疗行为

虽然目前提到医疗行为泛指西医医疗行为、中医医疗行为、公共卫生医疗行为、牙科医疗行为等，但是，在国外还有一种分类方法，即医疗行为仅指西医医疗行为，而其他民族传统的医疗行为均归为替代医疗行为范畴。在西方发达国家，我国的传统中医学往往被划入“补充和替代医学”（Complementary and Alternative Medicine，CAM）的行列。补充和替代医学不仅包括传统中国医学，还包括印度医学、阿拉伯医学等，甚至还囊括了“自然疗法”“整骨疗法”“顺势疗法”等非西医的治疗方法。[②]

按照美国医学会对补充和替代医学的定义，其是指不属于标准的北美健康照护和疾病预防生物医学体系，而旨在改善、维持和促进健康和福祉，预防疾病或治疗疾病的干预措施。[③]2007年2月27日，美国食品药品管理局（FDA）新发布了一项与中国中医药密切相关的指导性文件草案：《补充和替代医学产品及FDA管理指南》（Guidance of Industry on Complementary and Alternative Medicine Products and Their Regulation by the Food and Drug Administration Draft）。这是FDA继2004年6月发布《植物药产品指南》之后的又一新文件[④]，是顺应近年来美国国内补充和替代医学快速发展的需要而实施的政府行为。

我国医疗行为管理中不使用补充和替代医学的概念，但是从世界范围内看，这是一个值得关注的现象。许多国家都有与现代医学不一样的传统医学，即使是在我国，除了中医，还有蒙医、藏医、壮医等民族医学，并且都被纳入国家中医药管理局进行规范管理，而且在对这些传统医学的管理模式中，我国承认以师承方式取得传统医学技能的渠道。因此，为了规范我国的传统医学管理，使之能够真正发扬光大，不至于被西医淹没，当务之急必须从补充和替代医学的角度思考相应对策。

二、医疗行为的组成

我们在讨论医疗行为时，经常会面临一个问题，即：护理行为是否属于医疗行为？对护士与医师采用相对独立的管理模式，各有相应的法律和操作规范。但是，护理活动又往往被纳入医疗活动进行管理，成为医疗质量、医疗安全、医疗事故乃至医疗侵权的一个考察方面。其实，现代医疗强调集体协作，除一些常见病、简单病症的诊治之外，一般排斥个人实施医疗行为。现代医疗活动往往由多部门、多环节、多个体协作共同完成。

医疗行为是医疗执业主体依据自己的医学知识、经验和技能，针对患者的主诉和症状，通过必要的检查方法进一步揭示患者的症状和生理、病理指标，在此基础上作出最恰当或者最可

---

① 卫生部在1989年5月3日发布《关于将麻醉科改为临床科室的通知》，将麻醉科定为临床科室。1990年4月25日，卫生部医政司发布《关于将具备一定条件的放射科改为临床科室的通知》，统一名称为介入放射科。

② 参见赵西巨：《医事法研究》，26页，北京，法律出版社，2008。

③ American Medical Association，*Cultural Competence Compendium*（Section V：Complementary and Spiritual Practices），Chicago：Amer. Medical Assn.，1999，p. 246.

④ 参见《美国FDA新发布〈补充和替代医学产品及FDA管理指南〉草案》，载《美中医学》，2007（6），63～64页。

能的疾病诊断，从而提出相应的治疗方案并加以实施的全部活动。由此可以看出，医疗行为实际上不是单个的行为，也不是一个人的行为，而是以保障患者的疾病诊治为目的，由接诊的医务人员根据医疗理论和经验，提出相应的检查方案，完成诊断和治疗，最终达到为患者祛除疾病、维系健康和生命的目的。

任何医疗行为的实施，除需要辅助部门的辅助工作之外，为了完成对患者的疾病诊治，至少要由医疗部门、护理部门、医技部门、药事部门等部门共同完成。这些部门中又包含亚分科。比如：医疗部门，由于患者疾病复杂，可能涉及多个临床科室的会诊；为了完成疾病诊断，需要实施多个检查，因而需要多个医技部门配合完成。在这些部门中，医疗部门与护理部门配合最为紧密。一般来说，除手术或者需要特殊操作的医疗行为之外，在对患者的疾病诊治上，医师只是医疗行为的启动者，护士则是医疗行为的实施者。医师一般负责下医嘱，护士负责执行医嘱。医嘱执行效果如何，患者的病情发生什么变化，都是通过护士观察后反映给医师的，医师根据护士反映的情况再调整医嘱。医疗行为的完成，往往是医师与护士配合的结果，没有护士执行医嘱的行为，医师的诊治思路只能是摆设。

医护关系，有五种。[①] 在医学发展的历史过程中，护理工作曾经被视为医疗工作的附属，护士从属于医师，护士只是机械地执行医嘱。这是一种典型的、以疾病为中心的“医主、护辅”的医护模式。第一次世界大战以后，护理事业得到较快发展，医师和护士在专业地位、人格平等方面发生着变化。医疗和护理是医院工作不可缺少的两个重要组成部分，在处理具体的医、护关系时只有遵循互相配合、互相尊重、平等合作的原则，才能建立互相协作、互相信任的新型、和谐的医护关系，只有这样才能充分发挥医师和护士的工作积极性，才能提高医疗和护理服务质量，发挥现代医院的整体效应，构建整体医疗与整体护理的协作关系。[②] 从这个角度说，护理行为是医疗行为的一个有机组成部分，与医疗行为密不可分，但又有别于医疗行为。医疗行为与护理行为互为表里关系：医师启动在前，护士执行在后；医师思考在前，护士行为在后；医师的行为是医疗行为的实质内容，护士的行为是医疗行为的外在表现。因此，医护之间应当是一种平等的合作关系。

三、医疗行为的具体内容

为了对医疗行为作出准确界定，我们把在医疗场所的工作分为五种：医疗行为、医疗附属行为、医疗辅助行为、医疗配合行为和医疗管理行为。医疗行为、医疗附属行为、医疗辅助行为与患者的诊治工作有着密切关系，因而属于核心医疗工作；医疗配合行为则是为了保证核心医疗工作的完成而实施的衔接性、支持性工作；医疗管理行为是全面协调、规范和控制医疗机构内部医疗活动的行为。详见下页图 2－1。

（一）医疗行为

医疗行为是医疗工作的核心，是医务人员在直接接触患者的过程中实施的专业性、技术性和目的性行为，包含了密不可分的医疗和护理两个部分，具体包括问诊、检查、诊断、会诊、

① 医护关系有如下五种类型：（1）医主护辅型：医师权威，下达指令，护士执行医嘱，配合医师完成医疗护理任务；（2）合作关系型：相互尊重、权利对等、相互合作，共同协商护理病人方案，在医嘱开错的情况下，护士能发现并及时报告给医师；（3）师生关系型：医师或护士均可以成为对方的老师；（4）友善的陌生人关系：正式交流信息、但保持一定的距离，就如公寓中的互相面熟的邻居，没有过多的交流；（5）敌对关系型：医护之间存在口头辱骂、指责、威胁。

② 参见向月应、王庆林：《试论整体医疗与整体护理的相互关系》，载《南方护理学报》，2004（6），3～4 页。

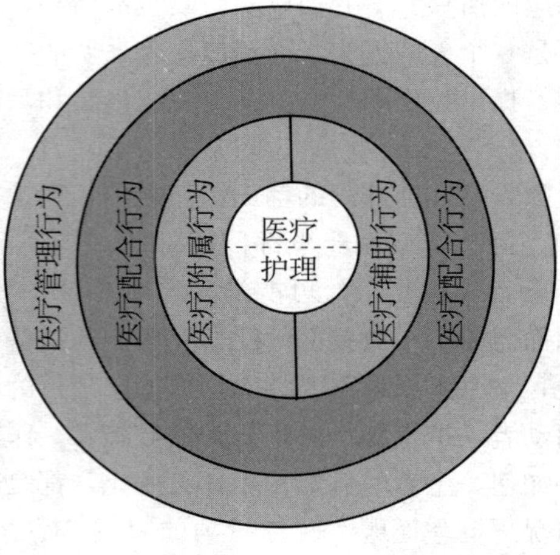

图 2－1　医疗有关诸行为及其相互关系图

治疗、转诊等环节。

（二）医疗附属行为

医疗附属行为的行为主体仍然是医务人员，是医务人员在实施医疗行为过程中必须同时完成的工作，包括医疗方案、医疗风险的告知与说明，健康教育、医疗文书的书写等。医疗附属行为依附于医疗行为存在，虽然客观上可以与医疗行为分离，即不实施医疗附属行为，不影响医疗行为的实施，但是它是医疗行为实施中必须要履行的执业义务，只有在实施医疗行为的过程中实施医疗附属行为，才能保障医疗行为的质量和效果，医疗机构才能算完成医疗合同义务。

（三）医疗辅助行为

医疗辅助行为是指为了完成对患者疾病的诊治工作，由其他部门、其他主体实施的，旨在辅助医疗目的实现的行为，这里主要指医技科室、药事部门的行为。这些部门不直接参与患者疾病诊治，但是配合了医务人员对患者疾病诊治。我们之所以将其分列为与医疗行为、医疗附属行为相区别的医疗辅助行为，除因为行为主体不是医务人员之外，原因还在于这些部门可以不是医疗机构的自有部门，医疗机构可以借助外单位的相应部门，比如药事部门来完成。患者完全可以持医师的处方到其他医院或者药店购买药品。

（四）医疗配合行为

医疗配合行为是指医疗机构内由后勤保障服务部门完成的行为，这些行为在医疗行为实施过程中仅仅起到衔接、支持等功能，包括挂号行为、收费行为、收入院行为、病历管理行为、营养支持行为等。

思考题

1. 医疗行为的概念是什么？
2. 医疗行为的特点是什么？
3. 判断某一行为是否属于医疗行为的意义是什么？
4. 简述医疗行为的属性包含哪些内容。
5. 简述医疗行为的分类。
6. 阐述西方国家补充和替代医学概念的含义及在我国医政管理中的意义。
7. 医疗行为的内容包括哪些？各行为之间的相互关系怎样？

第三章
医疗执业资格

医学已经发展成为一个具有丰富内容的庞大知识体系，在医疗执业活动中，医学学科中的科学理论体系在诊疗工作中发挥着更为重要的作用，同时，医疗执业人员的个人经验和能力非常重要。① 进入 20 世纪以来，医学的分科越来越细，专业领域的专业化程度越来越高，因而应当设立准入门槛，建立资格准入制度。世界各国均有医疗执业主体资格准入制度，像美国还有更细的专科医师准入制度。本章针对医疗执业主体——医疗机构、医师、护士、药师的资格要求进行介绍。

第一节　医疗执业资格概述

一、执业资格的概念

执业资格制度是国家对某些承担较大责任，关系国家、社会和公众利益的重要专业岗位实行的一项管理制度。它是指政府对某些责任较大、社会通用性较强、关系公共利益的专业或工种实行准入控制，是专业技术人员依法独立开业或独立从事某种专业技术工作学识、技术和能力的形式保障。这项制度在发达国家已实行了近百年，对保证执业人员素质、促进市场经济有序发展具有重要作用。执业资格制度虽然是国际上对专业技术人员进行管理、实行市场准入的通行做法，但不同的国家和地区根据各自的实际情况在具体做法上也不尽相同。我国在改革开放后，逐步在一些专业技术领域实施执业资格制度。1986 年，我国颁布《注册会计师条例》，建立起第一项专业技术执业资格制度。1994 年，我国开始制定各类职业的资格标准和录用标准，实行学历文凭和职业资格两种证书制度，在涉及国家和人民生命、财产安全及公共利益的专业技术领域，积极稳妥、有步骤地推行专业技术执业资格制度。特殊专业领域的资格准入属于行政许可范畴，是具体行政行为，受行政法调整。

执业资格制度就是对申请进入某一专业领域的专业技术人员实施准入管理，由政府相关职能部门颁发专业执业资格，该执业资格即是经国家认定的具有法律效力的可以从事某项具体专业工作的资格。它是政府为规范职业秩序，事前对从事与公共利益有关的、技术性强的，有的

① 从循证医学的定义变化足以看出这一点。循证医学的主要创始人、国际著名临床流行病学家大卫·萨基特（David Sackett）曾将循证医学定义为“慎重、准确和明智地应用所能获得的最好研究证据来确定患者治疗措施”。最近，萨基特教授本人修正了循证医学的定义，使之更为全面，更令人信服。循证医学的最新定义为：“慎重、准确和明智地应用目前可获取的最佳研究证据，同时结合临床医师个人的专业技能和长期临床经验，考虑患者的价值观和意愿，完美地将三者结合在一起，制定出具体的治疗方案。”［Thoma A.，Eaves FF Ⅲ，A Brief History of Evidence-based Medicine（EBM）and the Contributions of Dr. David Sackett，Aesthet Surg J.，2015，35（8）：NP261-NP263.］

甚至具有危险性的专业实行的人员准入资格控制，是从事某种专业工作的必备条件。参照国际上的成熟做法，我国执业资格制度主要由资格考试制度、资格注册制度、执业人员继续教育制度、执业人员教育评估制度、社会信用制度等五项制度组成。

二、医疗执业资格的概念

（一）医疗执业资格的定义

我国对从事医疗行为的主体同样实行严格的资格准入制度。医疗执业资格是指经过国家认定，能够从事医疗行为的资格。医疗执业资格是国家卫生行政部门对医疗执业主体所实施的一种资格准入管理的形式，卫生行政部门通过给行政管理相对人颁发医疗执业资格的方式，允许其在特定时间、特定区域、特定领域从事医疗执业活动。未获得卫生行政部门颁发的医疗执业资格而从事医疗活动的，无论是个人还是机构，即视为非法行医。

（二）医疗执业资格的种类

1. 医疗机构执业资格

医疗机构根据《医疗机构管理条例》及其实施细则的规定进行设置和登记，既要符合当地的医疗机构设置规划和国家卫生健康委员会制定的医疗机构基本标准等实体法规定，又要履行法定的设立程序，包括取得设置医疗机构批准证书、履行等级手续、领取“医疗机构执业许可证”。

2. 医疗技术人员执业资格

医疗技术人员是指受过高等或中等医药卫生教育或培训，掌握医药卫生知识，经卫生行政部门审查合格，从事医疗、预防、保健、药剂、护理、医技、卫生技术管理等工作的技术人员。我国医疗技术人员按其业务性质分为四类：（1）医疗防疫人员，包括从事中医、西医、卫生防疫、寄生虫、地方病防治、工业卫生、妇幼保健等医疗防疫工作的人员。（2）药剂人员，包括从事中药、西药配剂、发放等工作的各级工作人员。（3）护理人员。（4）其他技术人员，包括从事检验、理疗、病理、口腔技工、同位素、放射、营养、生物制品生产等各项医疗技术工作的人员。不过，已经实施严格执业资格准入管理的主要是医疗防疫人员和护理人员。

三、医疗执业的特征

（一）医疗执业主体资格受规制性

资格规制的目的是课以医疗执业主体更严格的责任。如《医师法》第 3 条规定：“医师应当坚持人民至上、生命至上，发扬人道主义精神，弘扬敬佑生命、救死扶伤、甘于奉献、大爱无疆的崇高职业精神，恪守职业道德，遵守执业规范，提高执业水平，履行防病治病、保护人民健康的神圣职责。”这种责任对医疗服务接受者而言是信赖医疗执业主体的法定依据，对医疗执业主体而言是对医疗服务接受者尽最高的注意义务，为之谋求最大的健康利益。同时，资格规制通过排除非专业资格人员进入专业领域，维持专业领域工作秩序，达到保护医疗服务接受者的健康的目的。

（二）医疗执业是高技术、高难度的专业行为

医疗执业的专业性和技术性是医疗执业的重要特征，也是医疗执业区别于其他行为的重要标志。医疗纠纷处理难，难就难在它专业性太强。国家规定了医疗技术人员的执业应具备的专业知识和技能要求，并颁发了各种医疗技术规范，作为医疗技术人员在医疗工作中必须遵循的准则，这充分说明具有较高专业知识和医疗技能在医疗执业中的作用和地位。

（三）医疗执业活动具有创新性

由于个体的差异性，即使是同样的病症，在不同患者身上，表现的症状和体征不同，诊断难度也不一样；即使是同一种病症，在不同患者身上实施相同的治疗方案，具体实施的方式、时机，药物配伍情况等也不一样。世界上就没有完全相同的两个患者，也没有完全相同的两个治疗方法。因此，医疗技术人员对每一位患者的诊治都是一次创新活动。

（四）医疗执业创造了人的健康价值

健康包括生理健康和心理健康。医疗执业的目的不局限于疾病的诊疗和康复，已成为学界共识。医疗执业从根本上说是医师个体或群体对于健康价值的充满人道主义及主动精神的创造，是医师本质力量的生动体现。而健康价值本身可以作为医疗执业效果的判断依据。人们对医疗执业效果的价值判断，并不以是否治好疾病为标准，而是以患方在医疗前后的健康状况作为判断依据。社会学家认为，人能安适于社会是指一个人具有正常的社会角色功能，具有执行其社会角色和义务的最佳活动状态。无论是治疗疾病还是非疾病治疗行为，患方总要对医疗前后自身的健康状况作出评估，从而对医疗执业的效果作出评价。将健康价值的创造作为医疗执业的目的，能充分体现现代参与型的医患关系模式。

第二节　医疗机构

一、医疗机构的概念

（一）医疗机构的定义

医疗机构是指按照《医疗机构管理条例》的规定取得“医疗机构执业许可证”或者《诊所备案证书》的，以救死扶伤、防病治病、保护公民健康为宗旨的，从事疾病诊断、治疗、康复活动的机构。从形式意义上来说，医疗机构是指为患者提供诊断治疗的场所。从实体意义上来说，医疗机构是获得医疗执业许可的单位。

（二）医疗机构的特点

1. 医疗机构必须依法成立

医疗机构必须根据《医疗机构管理条例》及其实施细则的规定进行设置和登记或者备案。既要符合当地的医疗机构设置规划和国家卫生健康委员会制定的医疗机构基本标准等实体法规定，又要履行法定的设立程序，包括取得设置医疗机构批准证书、履行等级手续、领取“医疗机构执业许可证”或者《诊所备案证书》等。

2. 医疗机构主要从事疾病诊疗活动

医疗机构主要从事的活动是疾病诊断和治疗。这就与以开展卫生防疫、疾病预防和控制活动为主的疾病预防机构等其他卫生机构区别开来。

二、医疗机构的分类

《基本医疗卫生与健康促进法》第 39 条规定，国家对医疗机构实行分类管理。要深入了解医疗机构，我们还需要掌握医疗机构的类型。目前，关于医疗机构的比较重要的分类主要有三种。

（一）法定分类

《医疗机构管理条例实施细则》第 3 条规定，医疗机构可以按名称与业务范围分为以下 14

类：（1）综合医院、中医医院、中西医结合医院、民族医医院、专科医院、康复医院；（2）妇幼保健院、妇幼保健计划生育服务中心；（3）社区卫生服务中心、社区卫生服务站；（4）中心卫生院、乡（镇）卫生院、街道卫生院；（5）疗养院；（6）综合门诊部、专科门诊部、中医门诊部、中西医结合门诊部、民族医门诊部；（7）诊所、中医诊所、民族医诊所、卫生所、医务室、卫生保健所、卫生站；（8）村卫生室（所）；（9）急救中心、急救站；（10）临床检验中心；（11）专科疾病防治院、专科疾病防治所、专科疾病防治站；（12）护理院、护理站；（13）医学检验实验室、病理诊断中心、医学影像诊断中心、血液透析中心、安宁疗护中心；（14）其他诊疗机构。

（二）按所有制性质与主办单位分类

按所有制性质与主办单位，传统意义上的医疗机构可以分为以下几类：（1）全民所有制的医疗机构；（2）集体所有制的医疗机构，如农村合作医疗，实行合作医疗的生产大队所建立合作医疗站（卫生所）；（3）中外合资、合作医疗机构；（4）社会医疗机构，即由社会团体、民主党派、大专院校、机关、部队、企事业单位、集体组织或个人自筹资金举办的各类医院、疗养院、门诊部、诊所等医疗机构；（5）对社会开放的机关、部队和企事业单位的医疗机构；（6）各类医疗机构设立的分院和医疗协作联合体。《基本医疗卫生与健康促进法》将医疗机构分为政府举办的医疗机构和社会力量举办的医疗机构，并强化了政府举办的医疗机构的性质和禁止营利的要求。政府举办的医疗机构应当坚持公益性质，所有收支均纳入预算管理，按照医疗卫生服务体系规划合理设置并控制规模。国家鼓励政府举办的医疗机构与社会力量举办非营利性医疗机构。政府举办的医疗机构不得与其他组织投资设立不具有独立法人资格的医疗机构，不得与社会资本合作举办营利性医疗机构。

国家采取多种措施，鼓励和引导社会力量依法举办医疗机构，支持和规范社会力量举办的医疗机构与政府举办的医疗机构开展多种类型的医疗业务、学科建设、人才培养等合作。社会力量举办的医疗机构在基本医疗保险定点、重点专科建设、科研教学、等级评审、特定医疗技术准入、医疗卫生人员职称评定等方面享有与政府举办的医疗机构同等的权利。社会力量可以选择设立非营利性或者营利性医疗机构。社会力量举办的非营利性医疗机构按照规定享受与政府举办的医疗机构同等的税收、财政补助、用地、用水、用电、用气、用热等政策，并依法接受监督管理。

中外合资、合作医疗机构是我国政府在改革开放后举办医疗机构的新生事物。根据2000年5月15日卫生部与对外经济贸易部联合发布的《中外合资、合作医疗机构管理暂行办法》的规定，在我国可依法设立中外合资、合作医疗机构。所谓中外合资、合作医疗机构是指外国医疗机构、公司、企业和其他经济组织，按照平等互利的原则，经中国政府主管部门批准，在中国境内（香港、澳门及台湾地区除外）与中国的医疗机构、公司、企业和其他组织以合资或者合作形式设立的医疗机构。长期以来，我国不允许设立外资独资医院，但是2014年7月25日，国家卫生和计划生育委员会和商务部联合下发《关于开展设立外资独资医院试点工作的通知》，允许境外投资者通过新设或并购的方式在北京市、天津市、上海市、江苏省、福建省、广东省、海南省设立外资独资医院。此次试点标志着境内医疗市场的进一步开放。

（三）按照医疗机构是否营利划分

按照是否营利，医疗机构可以划分为非营利性医疗机构和营利性医疗机构。这是对非营利性和营利性医疗机构所作的整体划分。根据卫生部、国家中医药管理局、财政部、国家计划委员会于2000年7月18日颁布、同年9月1日实施的《关于城镇医疗机构分类管理的实施意见》（卫医发［2000］233号）的要求，其划分的主要依据是医疗机构的经营目的、服务任务，以及执行的财政、税收、价格政策和财务会计制度的不同。《基本医疗卫生与健康促进法》第 39 条规定，医疗卫生服务体系坚持以非营利性医疗机构为主体、营利性医疗机构为补充。政府举办非营利性医疗机构，在基本医疗卫生事业中发挥主导作用，保障基本医疗卫生服务公平可及。以政府资金、捐赠资产举办或者参与举办的医疗机构不得设立为营利性医疗机构。医疗机构不得对外出租、承包医疗科室。非营利性医疗机构不得向出资人、举办者分配或者变相分配收益。

案例 3-1

模拟医院是否合法

某医科大学在校园内设立了与面向社会提供医疗卫生保健服务的医院完全一样的医疗机构，除未获得所在地卫生行政部门的执业许可外，其他要素与正规医院无异，故命名为模拟医院。在模拟医院内，有和社会医院一样的行政管理部门，有专业科室和诊室，有实施医疗服务的“医师”和“护士”，担任“医师”和“护士”的主要是本校临床学习的医学生，尚未取得医疗执业资格。患者主要是本校的在校学生，是真正的患者。患者就医须经历挂号、分诊、就诊、检查、交费、治疗等环节。

请问：模拟医院是否合法？如果是为了保障在校医学生的实习，应当如何规范运作？

三、设立医疗机构的条件

（一）医疗机构设立的条件

依据《医疗机构管理条例》的规定，申请医疗机构执业登记，应具备六项条件：(1) 按照规定应当办理设置医疗机构批准书的，已取得设置医疗机构批准书；(2) 符合医疗机构的基本标准；(3) 有适合的名称、组织机构和场所；(4) 有与其开展的业务相适应的经费、设施、设备和专业卫生技术人员；(5) 有相应的规章制度；(6) 能够独立承担民事责任。

（二）医疗机构的名称

1. 医疗机构名称的组成

根据《医疗机构管理条例实施细则》第 40 条的规定，医疗机构的名称由识别名称和通用名称依次组成。医疗机构的通用名称为：医院、中心卫生院、卫生院、疗养院、妇幼保健院、门诊部、诊所、卫生所、卫生站、卫生室、医务室、卫生保健所、急救中心、急救站、临床检验中心、防治院、防治所、护理院、护理站、中心以及国家卫生计生委规定或者认可的其他名称；医疗机构可以下列名称作为识别名称；地名、单位名称、个人姓名、医学学科名称、医学专业和专科名称、诊疗科目名称和核准机关批准使用的名称。

2. 医疗机构命名的原则

根据《医疗机构管理条例实施细则》第 41 条的规定，医疗机构的命名必须符合以下原则：(1) 医疗机构的通用名称以该实施细则第 40 条第 2 款所列的名称为限；(2) 该实施细则第 40 条第 3 款所列的医疗机构的识别名称可以合并使用；(3) 名称必须名副其实；(4) 名称必须与医疗机构类别或者诊疗科目相适应；(5) 各级地方人民政府设置的医疗机构的识别名称中应当含有省、市、县区、街道、乡、镇、村等行政区划名称，其他医疗机构的识别名称中不得含有行政区划名称；(6) 国家机关、企业和事业单位、社会团体或者个人设置的医疗机构的名称中应当含有设置单位名称或者个人的姓名。

3. 医疗机构不得使用的名称

根据《医疗机构管理条例实施细则》第 42 条的规定，医疗机构不得使用下列名称：

(1) 有损国家、社会或者公共利益的名称；(2) 侵犯他人利益的名称；(3) 以外文字母、汉语拼音组成的名称；(4) 以医疗仪器、药品、医用产品命名的名称；(5) 含有“疑难病”“专治”“专家”“名医”或者同类含义文字的名称以及其他宣传或者暗示诊疗效果的名称；(6) 超出登记的诊疗科目范围的名称；(7) 省级以上卫生行政部门规定不得使用的名称。

4. 医疗机构名称审批机构

根据《医疗机构管理条例实施细则》的规定，以下医疗机构名称由国务院卫生行政部门核准，属于中医、中西医结合和民族医医疗机构的，由国家中医药管理局核准：(1) 含有外国国家（地区）名称及其简称、国际组织名称的；(2) 含有“中国”“全国”“中华”“国家”等字样以及跨省地域名称的；(3) 各级地方人民政府设置的医疗机构的识别名称中不含有行政区划名称的。

以“中心”作为医疗机构通用名称的医疗机构名称，由省级以上卫生行政部门核准；在识别名称中含有“中心”字样的医疗机构名称的核准，由省、自治区、直辖市卫生行政部门规定。含有“中心”字样的医疗机构名称必须同时含有行政区划名称或者地名。除专科疾病防治机构以外，医疗机构不得以具体疾病名称作为识别名称，确有需要的由省、自治区、直辖市卫生行政部门核准。

（三）个体医疗机构设立的条件

申请个体开业的医师，必须按照《医师法》第20条规定的条件，即医师个体行医应当依法办理审批或者备案手续。执业医师个体行医，须经注册后在医疗机构中执业满5年；但是，依照《医师法》第11条第2款规定取得中医医师资格的人员（以师承方式学习中医，或者经多年实践医术确有专长的），按照考核内容进行执业注册后，即可在注册的执业范围内个体行医。

《中医诊所备案管理暂行办法》规定，报拟举办中医诊所所在地县级中医药主管部门备案后，中医诊所即可开展执业活动。中医诊所，是在中医药理论指导下，运用中药和针灸、拔罐、推拿等非药物疗法开展诊疗服务，以及中药调剂、汤剂煎煮等中药药事服务的诊所。不符合上述规定的服务范围或者存在不可控的医疗安全隐患和风险的，不适用该办法。

关于行政备案，现行立法中分为许可性备案、确认性备案、监督性备案、告知性备案等不同类型。[①] 综合考察中医诊所备案的规定和实践要求，其应当属于许可性备案，在形式上与行政许可差别不大，仅在审查要求和时间上予以简化。

案例3-2

中医诊所超备案范围应予处罚[②]

大连市某中医诊所取得营业执照和“中医诊所备案证”，载明诊疗范围是中医科。2019年11月29日，当地卫生执法机构的执法人员在对该中医诊所进行卫生监督检查时发现，该单位2层理疗室放有一台三氧发生器及相关医疗器具，现场见该诊所的员工王韶华在执业，无患者。现场发现患者登记本一本，执法人员作出《证据先行登记保存决定书》，将该患者登记本作为证据异地封存。执法人员陈述：三氧治疗是抽出患者静脉血100～200毫升与三氧发生器中三氧相结合，再置于振荡器上摇晃3～5分钟后，回输到患者体内。自2019年4月至今共有162人次的患者，每次收费190元，并确认登记本上记载的记录真实。随后执法

① 参见朱最新、曹延亮：《行政备案的法理界说》，载《法学杂志》，2010（4），60～64页。

② 辽宁省大连市中级人民法院（2020）辽02行终622号行政判决书。

人员责令该诊所停止违法行为，对该诊所作出没收违法所得7 030元，并罚款2万元整的处罚。法院经审理认为，据该诊所所述，案涉“三氧自体血”诊疗活动系从德国引进，不属于中医的诊疗范围，也即其超出了中医诊所中医科的备案范围，依照前述规定，备案为中医科的中医诊所亦不得从事案涉“三氧自体血”诊疗活动。任何单位或者个人，未取得“医疗机构执业许可证”，不得开展案涉“三氧自体血”诊疗活动。法院最终作出支持卫生执法处罚的判决。

（四）设立医疗机构的基本标准

依据1994年卫生部制定的《医疗机构基本标准（试行）》（卫医发［1994］第30号）的规定，医疗机构基本标准为医疗机构执业必须达到的最低标准，是卫生行政部门核发“医疗机构执业许可证”的依据。少数地区执行本标准确有困难的，可由省、自治区、直辖市卫生行政部门根据实际情况调整某些指标，作为地方标准，报卫生部核准备案后施行。尚未列入该标准的医疗机构，可比照同类医疗机构基本标准执行。民族医院基本标准由省、自治区、直辖市卫生行政部门制定。

《医疗机构基本标准（试行）》从床位数、科室设置、人员、房屋、设备（含基本设备、病房每床单元设备、与开展的诊疗科目相应的其他设备）、规章制度（制定各项规章制度、人员岗位责任制，有国家制定或认可的医疗护理技术操作规程，并成册可用）、注册资金（已到位，数额由各省、自治区、直辖市卫生行政部门确定）等七个方面，对十类医疗机构设立的基本标准进行了逐一规定。

2010年8月2日，原卫生部发布《诊所基本标准》《护理院基本标准（2011版）》对《医疗机构基本标准（试行）》中的诊所、卫生所（室）、医务室、口腔诊所、美容整形外科诊所、精神卫生诊所、护理院的基本标准进行修订。专科医院的标准，适用2011年12月9日发布的《卫生部关于专科医院设置审批管理有关规定的通知》（卫医政发〔2011〕87号）的要求，《医疗机构基本标准（试行）》中“目前我国不设二级心血管病、血液病、皮肤病和整形外科医院的规定”不再适用。

四、医疗机构的规划与设置

1. 医疗机构规划布局

医疗机构设置规划是区域卫生规划的重要组成部分，它是以卫生区域内居民实际医疗服务需求为依据，以合理配置、利用医疗卫生资源及公平地向全体公民提供高质量的基本医疗服务为目的，将不同隶属关系、不同所有制形式的医疗机构统一规划设置和布局。

2. 申请设置医疗机构的条件

医疗机构不分类别、所有制形式、隶属关系、服务对象，其设置必须符合国家和当地的医疗机构设置规划和国家医疗机构基本标准。此外，中外合资、合作医疗机构的设置还必须符合有关法律法规和管理办法的规定。

根据《医疗机构管理条例实施细则》的规定，有下列情形之一的，不得申请设置医疗机构：（1）不能独立承担民事责任的单位；（2）正在服刑或者不具有完全民事行为能力的个人；（3）发生二级以上医疗事故未满5年的医务人员；（4）因违反有关法律、法规和规章，已被吊销执业证书的医务人员；（5）被吊销“医疗机构执业许可证”的医疗机构法定代表人或者主要负责人；（6）省、自治区、直辖市政府卫生行政部门规定的其他情形。

在城市设置诊所的个人，必须同时具备下列条件：（1）经医师执业技术考核合格，取得

“医师执业证书”，执业医师、以师承方式学习中医取得中医医师资格、经多年实践医术确有专长取得的中医医师资格，可以申请个体执业，执业助理医师不得申请个体执业；（2）取得“医师执业证书”或者医师职称后，从事5年以上同一专业的临床工作；（3）省、自治区、直辖市卫生行政部门规定的其他条件。在乡镇和村设置诊所的个人的条件，由省、自治区、直辖市卫生行政部门规定。

案例 3－3

某医师因申请个体执业未获批准起诉卫生局不作为

阮某自称已从医30年，自2012年开始，他与中国人民解放军第二军医大学合作研究开发治疗骨关节炎中药新药无炎胶囊，于是从供职的医院辞职，打算开办一家私人诊所。但是他多次前往××市卫生局申办，均被告知不符合《××市医疗机构设置规划（2011—2015年）》（以下简称《医疗规划》）。这份由××市人民政府于2011年12月10日颁发的《医疗规划》规定：“不再重复增设普通个体诊所，鼓励发展特色专科诊所。”不得已，阮某只好改为申办特色诊所，但××市卫生局以书面形式通知他申请材料不全，不符合申办条件，必须补齐“有关机构鉴定或认定的疑难病技能的证明材料”方可办理。至于这个证明材料究竟由哪一级机构鉴定或出具，××市卫生局称并不清楚。为此，阮某以××市卫生局违反《行政许可法》和卫生部的相关规定，向法院状告该卫生局行政不作为。

请问：卫生局拒绝为阮某审批个体诊所的理由是否成立？

五、医疗机构的登记

医疗机构执业，必须向人民政府的卫生行政部门申请进行登记，领取“医疗机构执业许可证”。

申请医疗机构执业登记，应当具备下列条件：（1）按照规定应办理设置医疗机构批准书的，已取得医疗机构批准书；（2）符合医疗机构的基本标准；（3）有适合的名称、组织机构和场所；（4）有与其开展的业务相适应的经费、设施、设备和专业卫生技术人员；（5）有相应的规章制度；（6）能够独立承担民事责任。

申请医疗机构执业登记有下列情形之一的，不予登记：（1）不符合设置医疗机构批准书核准的事项；（2）不符合《医疗机构基本标准》；（3）投资不到位；（4）医疗机构用房不能满足诊疗服务功能；（5）通信、供电、上下水道等公共设施不能满足医疗机构正常运转；（6）医疗机构规章制度不符合要求；（7）消毒、隔离和无菌操作等基本知识和技能的现场抽查考核不合格；（8）省、自治区、直辖市卫生行政部门规定的其他情形。

医疗机构改变名称、场所、主要负责人、诊疗科目、床位等涉及医疗机构需要登记的事项的，必须向原登记机关办理变更登记。机关、企业和事业单位设置的为内部职工服务的医疗机构向社会开放，也必须按规定申请办理变更登记。

医疗机构歇业，必须向原登记机关办理注销登记。经登记机关核准后，收缴“医疗机构执业许可证”。医疗机构非因改建、扩建、迁建原因停业超过1年的，视为歇业。

根据《医疗机构管理条例》第21条的规定，床位不满100张的医疗机构，其“医疗机构执业许可证”每年校验1次；床位在100张以上的医疗机构，其“医疗机构执业许可证”每3年校验1次。校验由原登记机关办理。医疗机构应于校验期满前3个月向登记机关申请办理校验手续。医疗机构有下列情形之一的，登记机关可以根据情况，给予1至6个月的暂缓校验期：（1）不符合《医疗机构基本标准》；（2）限期改正期间；（3）省、自治区、直辖市卫生行政部门规定的其他情形。不设床位的医疗机构在暂缓校验期内不得执业。暂缓校验期满仍不能通过校验的，由登记机关注销其“医疗机构执业许可证”。

从 2022 年 5 月 1 日开始，开办诊所无须注册登记，医疗机构到所在地卫生行政部门备案，领取“诊所备案证”即可以开展医疗活动。

六、医疗机构的执业

在医疗服务领域，我国采取医疗机构执业制，而非医师个人执业制。即便医师申请个体执业，也须申请个体诊所的执业许可证或者备案证。医疗机构经过登记或者备案并领取“医疗机构执业许可证”或者“诊所备案证”后，就可以开始执业。具有“医疗机构执业许可证”是医疗机构合法行医的前提，任何单位或者个人，未取得“医疗机构执业许可证”，不得开展诊疗活动。为内部职工服务的医疗机构未经许可和变更登记的，不得向社会开放。医疗机构被吊销或者注销执业许可证后，不得继续开展诊疗活动。

医疗机构执业，应当遵守法律、法规、规章，建立健全内部质量管理和控制制度，对医疗卫生服务质量负责。具体内容有：（1）医疗机构必须将“医疗机构执业许可证”、诊疗科目、诊疗时间和收费标准悬挂于明显处所。（2）医疗机构必须按照核准登记的诊疗科目开展诊疗活动。（3）医疗机构不得使用非卫生技术人员从事医疗卫生技术工作。（4）医疗机构应当加强对医务人员的医德教育；工作人员上岗工作，必须佩戴载有本人姓名、职务或者职称的标牌。（5）医疗机构应当按照政府物价等有关部门核准的收费标准收取医疗费用，详列细项，并出具收据。（6）正确使用医疗机构标识。（7）严格执行无菌消毒、隔离制度，采取科学有效的措施处理污水和废弃物，预防和减少医院感染。（8）遵守病历管理的有关规定，门诊病历的保存期不得少于 15 年，住院病历的保存期间不得少于 30 年。

医疗机构应当建立现代医院管理制度，制定医疗机构章程，建立和完善法人治理结构，提高医疗卫生服务能力和运行效率。按照临床诊疗指南、临床技术操作规范和行业标准以及医学伦理规范等有关要求，合理进行检查、用药、诊疗，加强医疗卫生安全风险防范，优化服务流程，持续改进医疗卫生服务质量。国家对医疗卫生技术的临床应用进行分类管理，对技术难度大、医疗风险高，服务能力、人员专业技术水平要求较高的医疗卫生技术实行严格管理。医疗机构开展医疗卫生技术临床应用，应当与其功能任务相适应，遵循科学、安全、规范、有效、经济的原则，并符合伦理。

同时，医疗机构开展诊疗活动必须遵守如下职业规则：（1）对危重病人应当立即抢救，对限于设备或者技术条件不能诊治的病人，应当及时转诊。（2）未经医师（士）亲自诊查病人，医疗机构不得出具疾病诊断书、健康证明或者死亡证明书等证明文件；未经医师（士）、助产人员亲自接产，医疗机构不得出具出生证明书或者死产报告书。（3）医疗机构施行手术、特殊检查或者特殊治疗时，必须征得患者同意，并应当取得其家属或者关系人同意并签字；无法取得患者意见时，应当取得家属或者关系人同意并签字；无法取得患者意见又无家属或者关系人在场，或者遇到其他特殊情况时，经治医师应当提出医疗处置方案，在取得医疗机构负责人或者被授权负责人员的批准后实施。（4）医疗机构发生医疗事故，按照国家有关规定处理。（5）医疗机构对传染病、精神病、职业病等患者的特殊诊治和处理，应当按照国家有关法律、法规的规定办理。（6）医疗机构必须按照有关药品管理的法律、法规，加强药品管理。

医疗机构除开展疾病诊疗外，还必须承担相应的预防保健工作，承担县级以上人民政府卫生行政部门委托的支援农村、指导基层医疗卫生工作等任务。发生重大灾害、事故、疾病流行或者其他意外情况时，医疗机构及其卫生技术人员必须服从县级以上人民政府卫生行政部门的调遣。

七、医疗机构的监督管理

国务院卫生行政部门负责全国医疗机构的监督管理工作。县级以上人民政府卫生行政部门负责本行政区域内医疗机构的监督管理工作，行使下列监督管理职权：(1) 负责医疗机构的设置审批、执业登记和校验；(2) 对医疗机构的执业活动进行检查、指导；(3) 负责组织对医疗机构的评审；(4) 对违反《基本医疗卫生与健康促进法》《医疗机构管理条例》及其实施细则的行为给予处罚。

除设有专门的监督管理机构外，我国还设立专门的评审委员会，实行医疗机构评审制度。县级以上地方人民政府卫生行政部门负责聘任医院管理、医学教育、医疗、医技、护理和财务等方面有关专家，组织本行政区域医疗机构评审委员会。评审委员会按照国务院卫生行政部门制定的医疗机构评审办法和评审标准，对医疗机构的执业活动、医疗服务质量等进行综合评价。

案例 3-4

某医疗机构出租、承包科室案①

2016 年 4 月 1 日，西华县某医院（甲方）与王某（乙方）签订了“碎石技术合作协议”约定：双方合作 9 年，到期后乙方设备归甲方所有。碎石科由甲方统筹安排管理，日常管理由乙方指导执行。合作期间，碎石科作为甲方下属的医疗治疗专科，甲方提供乙方所需的行政证件和相关手续，乙方负责碎石科的各项宣传及费用。双方约定了管理费、水电费、人员工资、纠纷承担及乙方收益，碎石科工作人员的一切待遇由乙方负责。后该医院碎石科遂以甲方名义开展碎石诊疗活动，碎石科一名医师工资由甲方统一发放，另一名医师及三无从医资格人员工资均由乙方发放。2019 年 11 月 20 日，当地卫生行政部门以西华县某医院将其碎石科承包、出租给非医疗机构人员王某并以该院名义开展碎石诊疗活动为由，对该医院作出行政处罚。2019 年 12 月 16 日，当地卫生行政部门以王某未取得“医疗机构执业许可证”在某医院碎石科以该院的名义开展碎石诊疗活动的行为违反了《医疗机构管理条例》第 24 条为由，依据《医疗机构管理条例》第 44 条、《医疗机构管理条例实施细则》第 77 条第 2 项、第 3 项之规定，处罚如下：没收非法所得 1 039 638.9 元，没收 HD. ESWL-Vm 型双定靶碎石机一台、B 超机一台，罚款 9 000 元；并责令立即改正违法行为。王某不符行政处罚，向当地人民法院提起行政诉讼，一审驳回其起诉。王某不服，上诉后，二审法院认为，从双方签订的协议来看，该医院碎石科的日常管理由王某指导执行，从碎石科的日常运营模式来看，医院只是代为收取医疗费用，在扣除管理费及水电费后其余费用由王某领取自行支配，且部分医疗费用由碎石科工作人员自行收取，碎石科工作人员也是由王某聘请发放工资并进行管理。综上，能够认定王某与该医院之间系承包关系，对王某未取得“医疗机构执业许可证”而擅自开展医疗活动的行为作出行政处罚，符合法律规定。遂驳回上诉，维持原判。

---

① 河南省周口市中级人民法院（2020）豫 16 行终 172 号行政判决书。

第三节　执业医师

一、概述

医师，是指依法取得执业医师资格或者执业助理医师资格，经注册在医疗、预防或者保健机构执业的专业医务人员。从《医师法》第二章的规定可以看出，医师资格分为执业医师资格、执业助理医师资格。执业医师相当于医师职称和职务序列中的医师，执业助理医师相当于医师职称和职务序列中的医士。

不过，在医疗实践中，执业医师系列又衍生出第三种执业资格——乡村全科执业助理医师（之前还有一个过渡期的乡镇执业助理医师）。虽然对其按照执业医师管理，但是在我国《医师法》中没有相应的规定，其产生的主要原因是我国中西部地区基层医院医师队伍严重不足。为探索解决部分地区乡镇医疗机构缺乏执业助理医师的问题，为了解决边远贫困地区患者就医困难的问题，增加了乡村全科执业助理医师，其仍然需要参加执业医师考试，考试合格后方可取得医师资格，但只允许其在特定地区、特定医院执业，不允许自由流动。

医师管理制度主要包括医师资格考试制度、医师执业注册制度、医师执业规则、医师考核和培训制度。

二、国外执业医师管理制度介绍

为规范临床医师的培养、准入和管理，保证医师的基本临床技术水平和服务质量，国外相继建立专科/全科医生制度，并不断完善。目前，欧美等国家的专科/全科医生培养、准入及管理制度已比较完善，形成了包括学校基本教育、毕业后医学教育和继续医学教育在内的医学教育体系，即医学学生从医学院校毕业后，在某一医学专业领域接受以提高临床能力为主要目标的系统化、规范化的综合训练，使其达到从事某一临床专科实践所需要的基本要求，能独立从事某一专科临床医疗工作。专科/全科医生制度对保证医师的专业水准、提供高质量的医疗服务具有重要和不可替代的作用。

美国、英国、加拿大、澳大利亚、法国、德国、新加坡的医师管理机构分别是各国的医学专科委员会、医学总理事会、皇家医学会、医学委员会、教育部和卫生部、医学会、医学委员会。

（一）国外医师资格取得制度简介

1. 美国医师资格的取得

在美国，医师执业要参加由美国国家医学联合会（Federation of State Medical Boards，FSMB）和美国国家医学考核委员会（National Board of Medical Examiners，NBME）主办的美国的执业医师资格考试（United States Medical Licensing Examination，USMLE），获得美国职业医师资格证书（USMLE），各州有自己的医师法（The Practice Act），对医师注册和执业有不同的规定。在美国，医师的培养大致需要经历以下几个阶段：接受 12 年的基础教育— 4 年大学教育— 4 年医学院校教育（2 年基础，2 年临床，毕业后授予博士学位，但不发医师执照）—完成执业医师资格考试，获得美国职业医师资格证书—4 年～8 年的培训（1 年的毕业后培训，3 年～7 年专业培训）—取得专科医师资格证书，成为一名专科医师。2000 年起，美国实行再认证制度，资格证书的有效期为 7 年～10 年，医师要想继续获得专科医师资格，必须定期参加本专业的继续医学教育，接受资格审查，参加一定的考试后，重新获得专科医师资格证书。关于继续医学教育（CME），美国提倡终身医学教育，把 CME 同持续终身职业生涯统一起来，从开始的自愿参加过渡到法制化的强制性参加；取得继续医学教育学分是参加再次资格认定考试的必要条件之一。在美国，全科医生只是专科医师中的一种，没有任何特殊之处。全科医生每 3 年必须获得继续医学教育 150 学分，每 6 年必须参加美国家庭医学委员会组织的全科医生资格再认证，合格者方能再注册执业。美国几乎所有的州都实行行医执照的更新制度。

2. 英国医师资格的取得

在英国，专科医师和全科医生分别有各自独立的培养过程。要想成为专科医师，在高中毕业后，还必须在医学院校学习 5 年～6 年，其中 2 年～3 年学习基础课程，3 年学习临床知识，取得医学学士学位后还必须参加相当时间的毕业后培训，经过考核合格，授予医师资格，给予注册。英国的《医疗法》（Medicines Act）规定医师注册有多种类型，对医师执业资格注册不应当一刀切作规定。

英国的继续医学教育是非强制性的，但仍有 99%的医师自愿参加。政府每年对参加继续医学教育者给予一定的奖励。继续医学教育方式包括大学或学院组织强化课程、医学新进展讲座、学术会议、远程教学等。皇家医学会和专科医师协会为参加者授予继续医学教育学分。英国的继续医学教育有逐步规范化并与专科医师资格再认定相结合的趋势。

在英国，要想成为全科医生至少需要 9 年的医学教育和岗位培训，取得全科医生资格后，可选择在所需的社区服务。服务期间每年须提交工作报告，并接受检查评估，注册后还要参加皇家全科医生学会组织的继续医学教育活动。

3. 法国医师资格的取得

法国的医师培养是通过高等医学教育实现的，其实行法制化和规范化的医学教育管理制度。高等医学教育分为三个阶段：第一阶段为 2 年，以医学基础教育为主。第二阶段为 4 年，侧重于医学理论和临床知识的学习。顺利完成第一、第二阶段课程，通过规定考试后被授予“临床与治疗综合证书”，获此证书的学生可根据考试成绩、个人兴趣及就业市场情况注册第三阶段的学习。第三阶段分为两个方向，进入全科医学的培训不需要通过考试选拔，经过 2 年至两年半的全科医学的培训，通过考核者被授予全科医学博士学位并获得全科医生证书，成为合格全科医生，从事基本医疗保健工作。进入专科医师培训必须通过由大学组织的不同专业考试，通过者经过4 年～5 年的专业学习和培训，通过考核和论文答辩，被授予专科医学博士学位，获得专科医师证书，可从事医疗和教学工作。

法国是世界上第一个通过立法形式将继续医学教育法制化的国家，教育方式包括订阅医学杂志、电视教育、讨论会、学术会议，以及流行病学调查、医疗研究、病例讨论、听课等。

4. 德国医师资格的取得

德国的医学教育学制为 6 年，包括 3 年的基础医学课程和 3 年的临床学习，其间必须参加三个阶段全国统一的国家医师资格考试，严格实行淘汰制，毕业时被授予医学硕士学位并获得医师称号；完成博士课题研究和论文者可获得博士学位。毕业后经过 18 个月的注册前培训，申请一个全科医生培训项目，经过 2 年～3 年的全科医学培训，考试合格便可取得全科医生证书。专科医师培训包括初级培训和高级培训两部分，培训时间依据各专科的不同为 4 年～6 年或 6 年～8 年，高级培训至少需 2 年，圆满完成培训并通过考试者被授予专科医师资格证书，并取得专科医师称号（相当于中国的主治医师）。

德国对继续医学教育甚为重视，为持续终身制，教育形式多样，包括报告（专题报告）

会、各种学术会议等。

5. 新加坡医师资格的取得

在新加坡，要成为一名专科医师，在高中毕业后，还要进入医学院完成5年的学习，包括1年的基础医学知识和4年的临床知识，其间每年考试，通过者方可进入下一阶段学习。在获得医学内科或外科学位后，要进行为期1年的临床实践，合格后可以注册为医师。然后还要进行条件注册——6年～8年专科医师培训（初级一般不少于3年，高级一般需2年～4年），申请专科医师认定和注册，成为专科医师。为保证高水平的医疗服务，并使医师的能力得到持续提高，新加坡医学委员会于2003年1月1日起实行强制性的CME，教育内容包括提高有效医疗保健所需的知识、技能和态度。

（二）国外对于执业医师规则的规定

医师管理制度不能仅对执业医师资格作出限定，而必须对执业医师的从业行为进行规范。一般国家的医师法典，主要在医师出具有效的法律文书、合理用药、急救、保护病人隐私、正常医疗活动的原则等方面作了比较详细的规定。

日本医师法规定："从事诊疗工作的医师，无正当理由不得拒绝诊察治疗的要求；参加诊察和尸检或参与接生的医师，无正当理由不得拒绝提供诊断书或出生证明书、死产证明书。""医师不得：未经自己诊察便进行治疗，或交付诊断书或处方签；自己没有参与接生，交付出生证明书或死产证书；自己没有进行尸检，交付尸检报告书。但在诊疗中的患者受诊后24小时以内死亡时交付的死亡诊断书不在此限。""医师认为尸体或妊娠四个月以上的死产儿的尸检异常时，必须24小时以内向所辖警察署报告。""医师在诊断后必须不拖延地在病程志上记录有关诊疗事项；上述病程志如系在医院或诊所工作的医师所做的诊疗，必须由医院或诊所的管理人员负责保存，如系其他医师诊疗，由医师保存五年。"

各国医师法的另一项重要内容就是把患者的权利保护作为医师的义务。各国也都把患者权利的实现作为审查医师工作质量的一个法律标准。

此外，各国法律对于医师不正当执业一般都规定了处罚条款，主要的处罚形式包括：罚款、吊销医师执照以及追究刑事责任。

（三）国外对于执业医师资格取消的规定

任何一个合理、有效的准入制度，都应当从三个方面加以规范和进行调整。这三个方面分别是：准入条件，准入后的调整、控制，以及准出条件。只管进不管出的制度，是低效、荒唐的，会导致该领域的混乱。因此，各国对于执业医师资格的取消也有一系列的规定，以避免"一劳永逸""只管进不管出"的现象。对于在何种情况下取消执业医师资格，各国有不同的认识，但对于有些情况认识比较一致，如，由于身体或精神的原因而不适宜继续担任医师的，不遵守医师执业守则达到一定严重程度的，犯罪的。执业医师资格管理的否定性措施包括医师注册拒绝（Denial of Licenses）、医师资格暂缓（Probation of Licenses）、医师资格暂停（Suspension of Licenses）、医师注册注销（Revocation of Licenses），在各国（州）的医师法、医疗法中规定。

（四）国外对于无证行医行为的规定

由于医师工作的重要性，以及出于对人民生命权和健康权的保护，大多国家的法律对于无证行医行为都规定了较为严厉的处罚。例如，日本《医师法》规定："非医师从事医业处两年以下的徒刑或2万元罚款；如使用医师或类似名称时，处3年以下徒刑或3万元以下罚款。"美国亚拉巴马州《医师及医疗执业者法令》规定："任何没有获得州医疗考试委员会颁发的合格证书和州医疗执业注册委员会颁发的行医执照者，如果在本州从事医疗活动，将被处以

100～1 000元的罚款，并可能被判处1～6个月的监禁。”

三、我国执业医师管理制度

（一）我国执业医师管理制度立法

在我国西周时代，《周礼》就有对医师进行年终考核以定其报酬的记载。以后历代的法典——《唐律》《元典章·刑部》《大明会典》等都有规范医师执业行为的法律条文。从20世纪20年代开始，我国出现了对医师执业进行管理的单行法律，如1929年的《医师暂行条例》、1931年的《高等考试西医师考试条例》、1943年的《医师法》。

新中国成立后，卫生部经当时政务院批准颁布了《医师暂行条例》《中医师暂行条例》等。党的十一届三中全会以后，卫生部制定发布了一系列规范性文件，如《卫生技术人员职称及晋升条例（试行）》（1979年）（已失效）、《医院工作人员职责》（1982年）、《医师、中医师个体开业暂行管理办法》（1988年）（已失效）、《外国医师来华短期行医暂行管理办法》（1993年）（已被修改）等，医师执业管理法律法规逐步完善。1998年6月26日，第九届全国人大常委会第三次会议通过了《执业医师法》（已失效），自1999年5月1日起施行。1999年卫生部成立了国家医师资格考试委员会，发布了《医师资格考试暂行办法》（已被修改）、《医师执业注册暂行办法》（已失效）、《关于医师执业注册中执业范围的暂行规定》（已被修改）等配套规章。针对我国乡村医生的现状，2004年国务院颁布了《乡村医生从业管理条例》。2021年全国人大常委会对《执业医师法》进行修订，修改后更名为《医师法》，并于2022年3月1日起实施。至此，我国的执业医师管理走上了法制化、规范化的轨道。

我国香港地区的医师管理制度很大程度上借鉴了英国的模式，但经过不断发展完善，逐渐形成了一个成熟、完善、具有特色的体系。

香港医师的注册由香港医务委员会下设的教育及评审委员会负责，香港医务委员会被赋予权力处理香港医师的注册及纪律管理事宜，设有委员会秘书处，处理的事务包括：医师资格鉴定考试的报考申请工作，注册申请工作，纪律投诉，周年执业证明书、保留证明书的续期申请工作。由香港特区卫生署人员负责为委员会提供行政及秘书支持，协助委员会执行上述职能。

香港专科医师资格的获取，至少有1年的临床经验后注册成为香港注册医师，然后在某一专科学院开始接受为期不少于6年的培训。学员必须在被认可的培训医院以及有导师监督的情况下，接受6年或更久的认可培训。开始的3年～4年属于基础培训，成功通过中级专业考试后，再接受2年～3年的高级培训，取得中期考试以及院士考核的合格成绩，才算完成培训。通过期末考试是成为香港各专科学院院士（Fellowship of the Academy）的首要条件。

香港医学专科学院（the Hong Kong Academy of Medicine，HKAM）拥有法定的权力制定专科培训水准及授予专科医师资格。其管辖下的15所专科学院，有权就其科目所需制定培训项目，并举办专科资格考试。从2000年开始，医务委员会建立了专科医师注册制度，承认有院士资格的医师为专科医师。

根据《医师注册条例》，所有注册医师的姓名都被列入专科医师名册，注册医师均须接受由香港医学专科学院决定的与其专科有关的继续医学教育。教育及评审委员会接到香港医学专科学院通知，得悉有专科医师未能符合继续医学教育规定的情形，会根据《医师注册条例》考虑是否将该医师的姓名从专科医师名册中除去。

在医师资格的获得方面，大多数国家或地区都有学历的要求，另外还要求通过医师资格考试。把医师资格考试作为医师管理制度的一项核心内容是国际上的通行做法。

（二）普通执业医师资格考试

执业医师资格考试是评价申请医师资格者是否具备执业所必需的专业知识与技能的考试，是医师执业的准入考试。《执业医师法》（已失效）第一次以法律形式确定了我国的国家医师资格考试制度。执业医师资格考试办法由国务院卫生行政部门制定，考试由省级以上人民政府卫生行政部门组织实施。

1. 我国医师资格考试的种类

我国医师资格考试的种类包括执业医师资格考试和执业助理医师资格考试两种。考试的类别分为临床医师、中医（包括中医、民族医、中西医结合）师、口腔医师、公共卫生医师资格考试四类。考试方式分为实践技能考试和医学综合考试（笔试）。目前国家医学考试中心正在研究医学综合考试改革，拟将医学综合考试分为理论和实践两阶段考试。原卫生部发布《关于开展乡镇执业助理医师资格考试试点工作的通知》（卫医政发［2010］33号），决定于2010年在江西、贵州、云南和甘肃4省开展乡镇执业助理医师资格考试试点工作。国家卫生计生委医师资格考试委员会颁布《〈乡村全科执业助理医师基本标准（试行）〉〈乡村全科执业助理医师资格考试大纲（试行）〉的通知》（国卫医考委发［2016］第3号），开始实施乡村全科执业助理医师资格考试，同时停止乡镇执业助理医师资格考试。

2. 医师资格考试的条件

执业医师资格考试的条件包括：（1）具有高等学校医学专业本科以上学历，在执业医师指导下，在医疗机构中参加医学专业工作实践满1年。（2）具有高等学校相关医学专业专科学历，取得执业助理医师执业证书后，在医疗机构中执业满2年。

申请执业助理医师资格的条件是：具有高等学校相关医学专业专科以上学历，在执业医师指导下，在医疗机构中参加医学专业工作实践满1年。

以师承方式学习中医满3年，或者经多年实践医术确有专长的，经县级以上人民政府卫生行政部门委托的中医药专业组织或者医疗机构考核合格并推荐，可以参加中医医师资格考试。

3. 医师资格证书的取得

医师资格是指国家确认的准予从事医师职业的资格，是自然人从事医师职业必须具备的条件和身份。医师资格证书是证明其本人具有医师资格的法律文件，必须依法取得。医师资格经合法取得后，受法律保护，任何组织和个人不得非法剥夺。

根据《医师法》的规定，对参加全国统一的执业医师资格考试或者执业助理医师资格考试成绩合格者，发给医师资格证书。

（三）特殊执业医师资格考试

医学是一门实践性极强的学科，因此执业医师资格考试的条件中对工作经验有一定的要求。也正由于医学的实践性特点，考虑到我国传统医学的特点和传统医学的教授特点，以及一些地区的实际情况，《医师法》对以师承方式学习中医和经过多年实践医术确有专长的情况，也作了灵活处理。根据《中医药法》、《医师法》以及《中医医术确有专长人员医师资格考核注册管理暂行办法》的相关规定，以师承方式学习中医或者经多年实践，医术确有专长的，由至少2名中医医师推荐，经省级人民政府中医药主管部门组织实践技能和效果考核合格后，即可取得中医医师资格及中医（专长）医师资格证书。不过，对这种特殊的医师执业证书取得者有一定的限制：按照考核内容进行执业注册，执业范围包括其能够使用的中医药技术方法和具体治疗病症的范围，在执业活动中不得采用西医药技术方法。

（四）执业医师的注册

医师执业注册制度，就是国家以法律形式确定，取得医师资格且准备从事医师业务的人员，只有经过注册，在取得医师执业证书，即取得执业许可后，才可以从事医师执业活动的法律制度。我国很多行业都通过注册进行执业管理，例如注册会计师、律师等。

医师资格不同于医师执业注册。前者是一种资格证明，一经获得就终身具有；而后者是对取得医师资格的人实际从事医师执业活动这一行为从法律上作出许可的决定。实践中，有些具有医师资格的人并不从事医疗工作。

我国《医师法》规定，国家实行医师执业注册制度。国务院卫生行政部门负责全国执业注册监督管理工作。县级以上地方卫生行政部门是医师执业注册的主管部门，负责本行政区域内的医师执业注册监督管理工作。

根据法律规定，凡取得执业医师资格或者执业助理医师资格的，均可申请医师执业注册。医师经注册取得医师执业证书后，方可按照注册的地点、执业类别、执业范围，从事相应的医疗、预防、保健活动。未经注册取得证书者，不得从事医疗、预防、保健活动。

《医师法》允许中医医师、中西医结合医师在医疗机构中的中医科、中西医结合科或者其他临床科室按照注册的执业类别、执业范围执业。医师经相关专业培训和考核合格，可以增加执业范围。《医师法》针对中医、西医的类别不同，技术交叉使用上作出了放宽规定。经考试取得医师资格的中医医师按照国家有关规定，经培训和考核合格，在执业活动中可以采用与其专业相关的西医药技术方法。西医医师按照国家有关规定，经培训和考核合格，在执业活动中可以采用与其专业相关的中医药技术方法。

医师执业注册的地点，是指执业医师执业的医疗、预防、保健机构所在地的省级行政区划和执业助理医师执业的医疗、预防、保健机构所在地的县级行政区划。关于医师执业注册的类别和范围，根据《关于医师执业注册中执业范围的暂行规定》的规定，医师执业类别包括临床、口腔、公卫和中医四个大类，每一类之下又分为若干范围，比如临床类别医师执业范围包括 17 个专业范围，中医类别（包括中医、民族医、中西医结合）包括 7 个专业范围。

1. 注册程序

注册的前提有两个：一是申请人已经取得医师资格，二是申请人必须向有关机关提出申请。根据《医师法》的规定，受理申请的机关是申请人所在地县级以上人民政府卫生行政部门。除有《医师法》第 16 条规定的不予注册的情形外，受理申请的卫生行政部门应当自收到申请之日起 30 个工作日内准予注册，并发给由国务院卫生行政部门统一印制的医师执业证书。对不符合注册条件的，必须书面通知申请人并说明理由。

2. 不予注册的规定

由于医师职业的重要性和特点，各国对医师执业注册还设置了一些消极条件，即禁止具有某些情形的人成为注册医师，从而保障人民的生命和健康。《医师法》第 16 条和《医师执业注册管理办法》第 6 条规定，有下列情形之一的，不予注册：（1）无民事行为能力或者限制民事行为能力；（2）受刑事处罚，刑罚执行完毕不满 2 年或者被依法禁止从事医师职业的期限未满；（3）被吊销医师执业证书不满 2 年；（4）因医师定期考核不合格被注销注册不满 1 年；（5）甲类、乙类传染病传染期、精神疾病发病期以及身体残疾等健康状况不适宜或者不能胜任医疗、预防、保健业务工作的；（6）重新申请注册，经考核不合格的；（7）在医师资格考试中参与有组织作弊的；（8）被查实曾使用伪造医师资格或者冒名使用他人医师资格进行注册的；（9）法律、行政法规规定不得从事医疗卫生服务的其他情形。法律不可能预见将来可能发生的所有情形，这条规定具有极大的弹性空间。受理申请的卫生行政部门对不符合条件不予注册的，应当自受理之日起 20 个工作日内书面通知申请人及所在医疗机构，并说明理由。

3. 注销注册的规定

《医师法》第 17 条和《医师执业注册管理办法》第 18 条规定，医师注册后有下列情形之一的，其所在的医疗、预防、保健机构应当在 30 日内报告准予注册的卫生行政部门；卫生行政部门依职权发现医师有法定情形的，应当及时通报准予注册的卫生行政部门。准予注册的卫生行政部门应当及时注销注册，废止医师执业证书：(1) 死亡；(2) 受刑事处罚；(3) 被吊销医师执业证书；(4) 医师定期考核不合格，暂停执业活动期满，再次考核仍不合格；(5) 中止医师执业活动满 2 年；(6) 身体健康状况不适宜继续执业的；(7) 出借、出租、抵押、转让、涂改《医师执业证书》的；(8) 在医师资格考试中参与有组织作弊的；(9) 本人主动申请的；(10) 法律、行政法规规定不得从事医疗卫生服务或者应当办理注销手续的其他情形。

4. 变更注册的规定

卫生行政部门对于医师的执业注册，不是一个单纯的审核发证的行为，而是通过执业注册达到对医师执业进行管理和监督的目的，因此，注册的内容包括执业地点、执业类别、执业范围等信息。医师的执业活动必须严格按照注册的内容进行，不能超越注册的范围。但除此以外，医师变更执业地点、执业类别、执业范围等注册事项的，应当到注册主管部门办理变更注册手续，并提交医师变更执业注册申请审核表、医师资格证书、医师执业证书，以及省级以上卫生行政部门规定提交的其他材料。无须办理变更医师执业注册手续的情形包括：(1) 参加规范化培训、进修、对口支援、会诊、突发事件医疗救援、慈善或者其他公益性医疗、义诊；(2) 承担国家任务或者参加政府组织的重要活动等；(3) 在医疗联合体内的医疗机构中执业。

5. 重新注册

重新注册，是指医师中止执业或注销注册后需要申请重新注册。可以重新申请注册的情形包括：(1) 中止医师执业活动 2 年以上的；(2) 法定的不予注册的情形消失的。

重新申请注册的人员，应当首先到县级以上卫生行政部门指定的医疗、预防、保健机构或组织，接受 3 个月～6 个月的培训，并经考核合格，方可依照法律的规定重新申请执业注册。

6. 医师执业证书的法律效力

医师执业活动必须严格按照注册的内容进行，而不能超越注册的范围。医师经注册取得医师执业证书后，可以按照注册的执业地点、执业类别、执业范围，从事相应的医疗、预防、保健活动。但属于下列情况之一的，不属于超出执业范围：

(1) 对患者实施紧急医疗救护的。《医师法》第 27 条、《民法典》第 184 条均有相关规定，以鼓励医师积极参与公共交通工具等公共场所急救服务；医师因自愿实施急救造成受助人损害的，不承担民事责任。作出如此规定，符合社会主义核心价值观，符合医疗的本质，有利于保护患者的利益。

(2) 临床医师依据《住院医师规范化培训管理办法（试行）》和《国务院办公厅关于改革完善全科医生培养与使用激励机制的意见》等，进行临床转科培训、住院医师规范化培训、全科医生规范化培训的。

(3) 依据国家有关规定，经医疗、预防、保健机构批准的卫生支农、会诊、进修、学术交流、承担政府交办的任务和卫生行政部门批准的义诊等。

(4) 省级以上卫生行政部门规定的其他情形。

7. 执业医师的考核和培训

县级以上人民政府卫生行政部门或者其委托的医疗机构、行业组织应当按照医师执业标准，对医师的业务水平、工作业绩和职业道德状况进行考核，考核周期为 3 年。对具有较长年限执业经历、无不良行为记录的医师，可以简化考核程序。

考核机构应当将考核结果报告准予注册的卫生行政部门备案。对考核不合格的医师，县级以上人民政府卫生行政部门可以责令其暂停执业活动 3 个月～6 个月，并接受培训和继续医学教育。暂停执业活动期满，再次进行考核，合格的，允许其继续执业，不合格的，由县级以上人民政府卫生行政部门注销注册，收回医师执业证书。

医师有下列情形之一的，县级以上人民政府卫生行政部门应当给予表彰、奖励：(1) 在执业活动中，医德高尚，事迹突出；(2) 在医学研究、教育中开拓创新，对医学专业技术有重大突破，做出显著贡献；(3) 遇有突发事件时，在预防预警、救死扶伤等工作中表现突出；(4) 长期在艰苦边远地区的县级以下医疗机构努力工作；(5) 在疾病预防控制、健康促进工作中做出突出贡献；(6) 法律、法规规定的其他情形。

8. 不服有关医师资格考试、注册行政决定的救济

行政管理相对人不服行政部门作出的有关医师资格考试、注册行政决定，包括被取消医师考试资格，医师注册不予准许，吊销医师执业证书，撤销或撤回医师资格证书、医师注册，医师执业证书被注销注册等具体行政行为，可以依据《行政复议法》的规定，自收到相关行政决定通知之日起，或者知道该具体行政行为之日起 60 日内，依法申请复议；也可以依据《行政诉讼法》的规定，自收到相关行政决定通知之日起，或者知道该具体行政行为之日起 6 个月内向人民法院提起诉讼。

（五）医师多点执业制度

医师多点执业制度是指获得执业（助理）医师资格的人员，注册两个及以上的执业地点，并在上述执业地点按照所注册的执业类别和执业范围从事执业活动。其宗旨是让符合条件的医师充分发挥自身潜力，同时使其在服务患者的过程中获取合理报酬。《医师法》第 15 条规定，医师在二个以上医疗机构定期执业的，应当以一个医疗机构为主，并按照国家有关规定办理相关手续。国家鼓励医师定期定点到县级以下医疗机构，包括乡镇卫生院、村卫生室、社区卫生服务中心等，提供医疗卫生服务，主执业机构应当支持并提供便利。卫生行政部门、医疗机构应当加强对有关医师的监督管理，规范其执业行为，保证医疗卫生服务质量。《医师执业注册管理办法》第 10 条第 1 款规定，在同一执业地点多个机构执业的医师，应当确定一个机构作为其主要执业机构，并向批准该机构执业的卫生行政部门申请注册；对于拟执业的其他机构，应当向批准该机构执业的卫生行政部门分别申请备案，注明所在执业机构的名称。但是医师变更主要执业机构的，须办理重新注册。

医师开展多点执业涉及比较复杂的法律关系，包括人事法律关系、社会保障法律关系、医疗风险及医疗纠纷处理法律关系等。国家卫生计生委、国家发展改革委、人力资源社会保障部、国家中医药管理局、中国保监会于 2014 年 11 月 5 日联合发布的《关于推进和规范医师多点执业的若干意见》（国卫医发〔2014〕86 号），对这些问题有充分的回应。

案例 3-5

多点执业医师的劳动关系与劳务关系的认定①

胡某诉称：2017 年 6 月至 2019 年 1 月期间其曾与某医疗美容诊所建立劳动关系，后于 2019 年 2 月 1 日解除劳动关系，变更为合作关系。2019 年 2 月 11 日起，胡某到某城高新医院工作，接受该院管理，工作岗位为临床医疗。因此，胡某认为其与某城高新医院建立了劳动关系，但该医院有异议，遂发生纠纷。法院经审理认为：胡某系执业医师，作为其执业地点的医

① 陕西省高级人民法院（2021）陕民申 1503 号民事裁定书。

疗机构可不限于一个。医师与第一执业地点医疗机构在协商一致的基础上，签订聘用（劳动）合同，明确人事（劳动）关系和权利义务，并按照国家有关规定参加社会保险；与拟多点执业的其他医疗机构分别签订劳务协议。故执业医师与第一执业地点医疗机构之间所建立的是劳动关系。执业医师拟多点执业时，应当获得第一执业地点医疗机构的同意，履行知情报备手续。执业医师在其他医疗机构执业必须依附于第一执业地点医疗机构而存在，与其他医疗机构之间的关系具有从属性，应属于劳务关系。在本案中，胡某在到某城高新医院工作之前在某医疗美容诊所工作，并一直担任该美容诊所的负责人，该诊所一直为其交纳社保，且系胡某的第一执业地点医疗机构。因而法院认定胡某与某医疗美容诊所之间系劳动关系。至于胡某出具其与某医疗美容诊所的合作协议及合作声明等，认为双方在2019年2月之后已变为合作关系，不影响胡某与该美容诊所之劳动关系的认定。

四、我国乡村医生管理制度

乡村医生是指尚未取得执业医师资格或者执业助理医师资格，经注册在村医疗机构从事预防、保健和一般医疗服务的乡村医生。乡村医生，最初被称为“赤脚医师”，诞生于20世纪50年代。由于当时农村卫生条件极其恶劣，各种疾病肆意流行，在严重缺少药品的情况下，政府部门提出把卫生工作的重点放到农村，培养和造就了一大批赤脚医师。他们半农半医，一根针、一把草治病，曾和县乡村三级卫生网、合作医疗制度并称为中国农村卫生的“三大支柱”。乡村医生是中国医疗卫生服务队伍的重要组成部分，是最贴近亿万农村居民的健康“守护人”，是发展农村医疗卫生事业、保障农村居民健康的重要力量。

依《乡村医生从业管理条例》，关于乡村医生的管理，目前国家采取的是维持现状、新老有别、注册管理的策略。

对于2003年8月5日前的乡村医生，取得县级以上地方人民政府卫生行政主管部门颁发的乡村医生证书，并符合下列条件之一的，可以向县级人民政府卫生行政主管部门申请乡村医生执业注册，取得乡村医生执业证书后，继续在村医疗机构执业：(1) 已经取得中等以上医学专业学历的；(2) 在村医疗机构连续工作20年以上的；(3) 按照省、自治区、直辖市人民政府卫生行政主管部门制定的培训规划，接受培训取得合格证书的。

对具有县级以上地方人民政府卫生行政主管部门颁发的乡村医生证书，但不符合以上三个条件的乡村医生，县级人民政府卫生行政主管部门应当进行有关预防、保健和一般医疗服务基本知识的培训，并根据省、自治区、直辖市人民政府卫生行政主管部门确定的考试内容、考试范围进行考试。

自2003年8月5日起进入村医疗机构从事预防、保健和医疗服务的人员，应当具备执业医师资格或者执业助理医师资格。不过，《乡村医生从业管理条例》第12条第2款又开了一个例外规定的口子：不具备前述条件的地区，根据实际需要，可以允许具有中等医学专业学历的人员，或者经培训达到中等医学专业水平的其他人员申请执业注册，进入村医疗机构执业。实际上，在该条例实施之后，很多地方又发展了一些乡村医生。

乡村医生经注册取得执业证书后，方可在聘用其执业的村医疗机构从事预防、保健和一般医疗服务。未经注册取得乡村医生执业证书的，不得执业。乡村医生执业证书有效期为5年。乡村医生执业证书有效期满需要继续执业的，应当在有效期满前3个月申请再注册。县级人民政府卫生行政主管部门应当自受理申请之日起15日内进行审核，对符合省、自治区、直辖市人民政府卫生行政主管部门规定条件的，准予再注册，换发乡村医生执业证书；对不符合条件的，不予再注册，由发证部门收回原乡村医生执业证书。

案例3-6

医师资格与医师执业注册的区别[①]

卓某某起诉认为，其脑瘫是某医院的7名医师和11名护士非法行医以及违规操作所致，被告医院应承担相应的赔偿责任。当时为卓某某母亲的剖宫手术主刀的副主任医师罗某、主治医师朱某等7名医师无医师执业证书，11名护士无护士执业证书和母婴保健技术考核合格执业证书。在卓某某出生后，某医院相关医务人员未按照规定为卓某某持续进行吸氧与保温环境的治疗，加重了缺氧，且未将病情告知其父母，导致其病情恶化成"脑性瘫痪"。最高人民法院经审查认为：关于医务人员罗某、朱某等在实施医疗活动时未取得执业医师注册的问题，根据现行的医师管理规定，医师资格制度是规范医务人员行为的最低标准，即凡是达到这个最低标准的医务人员都可以单独或者在他人指导下行医，而医师执业注册制度则是卫生行政部门对医师行医活动的一项重要监督管理制度，是促进医师不断吸收新的医学知识，保证医疗、预防、保健服务质量的重要手段，有利于卫生行政部门加强对医师行医活动的管理。本案中的证据表明，某医院医务人员罗某、朱某等在为卓某某之母林某实施医疗行为时已取得医师资格证书，但因该市在本案诊疗行为发生时尚未开展执业医师注册而未能进行医师执业注册，依法不能认定为其行为系非法行医。

第四节　护　士

一、护士概述

1980年美国护理学会将护理定义为："护理是诊断和处理人类对现存的或潜在的健康问题的反应。"[②]后来这一定义被进一步修正：护理是保护、促进和优化健康和能力，预防疾病和伤害，促进愈合，通过诊断和治疗人类反应，减轻痛苦，以及倡导对个人、家庭、群体、社区和人群的护理。[③]从这一定义引申出：现代护理学是研究如何诊断和处理人类对存在的或潜在的健康问题反应的一门科学。[④]强调"人的行为反应"，这表现在人们对一件事从生理、心理、社会、文化和精神诸方面的行为反应。如心肌梗死病人的行为反应可以表现为：生理的——疼痛、胸闷、气急，心理的——害怕、恐惧，社会的——亲属单位的关心，文化的——对疾病知识的认识和理解，精神的——是否被护士和医师重视与尊重。

护士，是指经执业注册取得护士执业证书，依照法律法规规定从事护理活动，履行保护生命、减轻痛苦、增进健康职责的医疗卫生技术人员。天津北洋女医院护士学校校长钟茂芳1914年在第一届中华护士会议上，根据《康熙字典》提出将英文nurse译为"护士"，并得到了大会通过。从此，护士作为一个职业的人员的统称一直沿用至今。[⑤]

---

① 中华人民共和国最高人民法院（2018）最高法民申1029号民事裁定书。

② Nursing：A Social Policy Statement. ANA Publ.，1980，(NP-63)：i-vi，1-32.

③ Nursing's Social Policy Statement，second edition，ANA，2003；Nursing：Scope and Standards of Practice 2004，ANA；Nursing：Scope and Standards of Practice 2010，ANA.

④ 参见牛耿：《对护理定义的再认识》，载《南方护理学报》，2004（7），68～69页。

⑤ 参见邓铁涛、程之范：《中国医学通史》（近代卷），400页，北京，人民卫生出版社，2000。

二、我国的护士立法

1948年，在广州召开的第三届中国护士学会全国会员代表大会上，由国民政府卫生部护士主任徐蔼诸提出“护士法草案提请商讨案”，经大会决议，选定刘干卿、王泰元、聂毓禅、胡惇五、刘效曾为委员，由聂毓禅为召集人的护士法小组，经开会讨论，一致通过“护士法草案会商报告请公决案”，但由于国内战事未付诸实施。[①]

自新中国成立以来，我国先后发布了《医士、药剂士、助产士、护士、牙科技士暂行条例》（政务院于1952年发布，因各种原因而停止施行）、《国家卫生技术人员职务名称和职务晋升条例》（原卫生部于1956年发布）、《卫生技术人员职称及晋升条例（试行）》（国务院批准，原卫生部于1979年发布）和《关于加强护理工作的意见》（原卫生部于1979年发布）等法规、规章和文件。《护士条例》已经于2008年1月23日国务院第206次常务会议通过，自2008年5月12日起施行，2020年3月27日作局部修改。为了配合《护士条例》的实施，原卫生部、人力资源和社会保障部于2008年发布了《护士执业资格考试办法》，自2010年7月1日起施行，原卫生部于2008年5月6日发布了《护士执业注册管理办法》，自2008年5月12日起施行（2021年1月8日作局部修改）。在《护士条例》出台之前，我国并没有建立起严格的考试、注册和执业管理制度，导致护理队伍整体素质难以提高，医疗质量难以保证。《护士条例》的颁布实施有效地填补了这些漏洞。

三、护士执业资格考试和执业注册制度

（一）护士执业资格考试

护士执业资格是具有从事护士工作的基本理论和实践能力水平的标志，它涉及临床护理质量和患者医疗安全。护士执业资格管理是医政管理的一项重要内容。《护士条例》及《护士执业资格考试办法》规定，凡申请护士执业者必须通过国务院卫生行政主管部门组织的护士执业资格考试，取得“中华人民共和国护士执业证书”。

（二）护士执业注册制度

注册是行政机关行使许可权的一种形式。《护士条例》及《护士执业注册管理办法》规定，取得护士执业资格的人经护士执业注册后，便成为法律意义上的护士，享有护士的权利，履行护士的义务。

《护士执业注册管理办法》第5条规定，国家建立护士管理信息系统，实行护士电子化注册管理。2020年3月27日修改后的《护士条例》及2021年1月8日修改后的《护士执业注册管理办法》[②] 涉及执业地点，仍然使用“拟执业医疗机构”，因此，在护士多点执业方面，国家层面没有放开，目前还处于探索阶段。《护士条例》第7条规定，申请护士执业注册必须具备以下条件：（1）具有完全民事行为能力；（2）在中等职业学校、高等学校完成国务院教育主管部门和国务院卫生行政部门规定的普通全日制3年以上的护理、助产专业课程学习，包括在教学、综合医院完成8个月以上护理临床实习，并取得相应学历证书；（3）通过国务院卫生行政部门组织的护士执业资格考试；（4）符合国务院卫生行政部门规定的健康

---

① 参见李大平主编：《医事法学》，109页，广州，华南理工大学出版社，2007。

② 修改依据是《国务院关于修改和废止部分行政法规的决定》（国务院令第726号，2020年3月27日）、《国家卫生健康委关于修改和废止〈母婴保健专项技术服务许可及人员资格管理办法〉等3件部门规章的决定》（2021年1月8日）。

标准。

护士执业注册申请，应当自通过护士执业资格考试通过之日起3年内提出；逾期提出申请的，除应当具备《护士条例》第7条第1项、第2项和第4项规定的条件外，还应当在符合国务院卫生行政部门规定条件的医疗机构接受3个月临床护理培训并考核合格。

申请护士执业注册的，应当向批准设立拟执业医疗机构或者为该医疗机构备案的县级以上卫生行政部门提出申请。收到申请的卫生行政部门应当自收到申请之日起20个工作日内作出决定，对具备《护士条例》规定条件的，准予注册，并发给护士执业证书；对不具备《护士条例》规定条件的，不予注册，并书面说明理由。

护士执业注册有效期为5年。护士执业注册有效期届满需要继续执业的，应当在护士执业注册有效期届满前30日内向批准设立拟执业医疗机构或者为该医疗机构备案的县级以上卫生行政部门申请延续注册。收到申请的卫生行政部门对具备《护士条例》规定条件的，准予延续，延续执业注册有效期为5年；对不具备《护士条例》规定条件的，不予延续，并书面说明理由。

四、医疗机构对护理工作的保障义务

目前，护士都是在一定的医疗机构中执业，护士义务的履行需要医疗机构直接进行监督，护士权利的实现有赖于医疗机构提供物质保障。据此，《护士条例》设专章规定了医疗机构三方面的职责。

（一）按照国务院卫生行政部门的要求配备护士

护士配备是否合理，直接关系到医院的工作质量，更直接影响护理质量、患者安全，因此，《护士条例》规定：医疗机构配备护士的数量不得低于国务院卫生行政部门规定的护士配备标准。《护士条例》施行前，尚未达到护士配备标准的医疗机构，应当按照国务院卫生行政部门规定的实施步骤，自《护士条例》施行之日起3年内达到护士配备标准。

（二）保障护士合法权益

（1）应当为护士提供卫生防护用品，并采取有效的卫生防护措施和医疗保健措施。（2）应当执行国家有关工资、福利待遇等规定，按照国家有关规定为在本机构从事护理工作的护士足额缴纳社会保险费用。（3）对在艰苦、边远地区工作，或者从事直接接触有毒有害物质、有感染传染病危险工作的护士，所在医疗机构应当按照国家有关规定给予津贴。（4）应当制定、实施本机构护士在职培训计划，并保证护士接受培训；根据临床专科护理发展和专科护理岗位的需要，开展对护士的专科护理培训。

（三）加强护士管理

（1）医疗机构未按照国务院卫生行政部门的规定，设置专门机构或者配备专（兼）职人员负责护理管理工作，依法给予行政处理；（2）医疗机构允许未取得护士执业证书的人员、未依照《护士条例》的规定办理执业地点变更手续的护士以及护士执业注册有效期届满未延续执业注册的护士在本机构从事诊疗技术规范规定的护理活动，依法给予行政处理；（3）在教学、综合医院进行护理临床实习的人员应当在护士指导下开展有关工作；（4）应当建立护士岗位责任制并进行监督检查，护士因不履行职责或者违反职业道德受到投诉的，其所在医疗机构应当进行调查，经查证属实的，医疗机构应当对护士作出处理，并将调查处理情况告知投诉人。

第五节 执业药师

一、执业药师的概念

我国在药品生产和药品流通领域实施执业药师资格制度。凡从事药品生产、经营活动的企事业单位，在其关键岗位必须配备有执业药师资格的人员。药学专业人员通过资格考试取得执业资格，依法独立执行业务。

执业药师（Licensed Pharmacist）是指经过国家统一考试合格，取得“执业药师资格证书”，并经注册登记，在药品生产、经营、使用单位中执业的药学技术人员。我国从 1994 年开始实施执业药师制度。

二、我国执业药师立法情况

人事部（已撤销）、国家医药管理局（已变更）于 1994 年 3 月制定发布了《执业药师资格制度暂行规定》（已失效）之后，又相继制定和颁布了《执业药师岗位设置和职责规范》、《执业药师资格考试实施办法》（已失效）、《执业药师资格认定办法》（已失效）、《执业药师注册登记管理办法》等四个配套办法。1995 年 7 月，人事部和中医药管理局又制定颁布了《执业中药师资格制度暂行规定》以及《执业中药师资格考试实施办法》、《执业中药师资格认定办法》、《执业中药师注册登记管理办法》，对执业药师实行统一名称、统一政策、统一组织考试和统一管理。2019 年 3 月 20 日，国家药品监督管理局（以下简称国家药监局）、人力资源和社会保障部在原执业药师资格制度基础上，修改了《执业药师职业资格制度规定》和《执业药师职业资格考试实施办法》。

2022 年药师立法已被纳入全国人民代表大会的立法计划。

三、国外药师制度简介

（一）美国药剂师制度

美国药剂师制度建立于 1869 年，实行药剂师资格考试制度。美国各州在 19 世纪 70 年代至 80 年代相继颁布了《州药房法》。由于美国实行联邦制，《州药房法》只在本州范围内有效，为便于对药剂师在不同州的流动和就业的管理，全美药事管理委员会协会（the National Association of Boards of Pharmacy，NABP）制定了《标准州药房法》（MSPPA）。《标准州药房法》其实是对各州药房法规定的最低要求。①

1. 负责机构

考试命题机构按照资格考试科目分两个层次：一是美国药剂师协会。该协会负责制定代表国家水平全美药剂师专业与实践技能操作的考试大纲和命题。二是各州药剂师专业委员会。该专业委员会负责药剂师相关法律、法规的命题。资格考试由州政府统一组织，由州药剂师主管部门统一登记注册。

2. 报考条件

必须是从美联邦法、州法承认的 75 所（五年制）药学高等院校毕业并在药剂师指导下见

① 参见杨世民主编：《药事管理学》，146 页，北京，中国医药科技出版社，2002。

习半年期满取得结业证的人员，方可报名参加所在州的药剂师资格考试。取得药剂师资格，终身有效。药剂师资格每隔 3 年在州政府重新登记一次。

美国药剂师协会，为美国最大的专业协会之一。该协会除负责每年药剂师资格国家水平考试范围命题工作，同时还制订药剂师知识更新计划，收集整理医药信息，组织出版刊物和学术交流活动。此外其还有一个重要职责，即代表行业协会定期向联邦政府反馈专业教育情况以及与其他行业协调管理等立法草案。

（二）英国药师制度

1. 取得执业药师资格的必备条件

在英国，获取执业药师资格的必备条件是 21 周岁以上，已取得英国大学药学相关学位或受到英国国家学术委员会药学方面奖励；或已取得适当学位（此类人员须经过非常严格的考试），并需要经过专业培训。[①]

2. 注册前培训

英国实行 52 周培训制度。在培训前，接受培训者须至少在医院药学部或相似的机构工作 1 年，并且被召至皇家药学会，由注册委员会进行面试以确定能否进行注册前培训。注册前培训须在注册委员会认可的机构（包括药房、医院药学部、制药工业机构）中进行。

（三）日本药剂师制度

医院药房（局）、制药生产企业的主管或副主管以及药品生产主要环节的主管和质检人员，药品批发、贩卖（零售）店的主管和质检人员，化妆品批发、贩卖的技术人员，必须是药剂师。

日本也实行药剂师资格考试制度。其资格考试内容包括：基础药学、临床药学、药学相关法律和法规。考试方法既有笔试又有实际技能操作。日本现有 46 所药科大学，每年约有 8 000 名应届毕业生参考，合格率约为 80%。资格证书终身有效。

1. 负责机构

日本药剂师制度及其实施办法，由政府厚生省药务局负责。药剂师资格考试由药务局统一组织，统一管理。具体考务由各部、道、州、县保健所负责实施。考试合格者由厚生省大臣签发“药剂师允许证书”，药务局统一登记注册，经当地保健所将证书发给本人，作为社会求聘药剂师或独立开业的必备法律依据。

2. 报考条件

必须是药科大学（四年制）毕业生，即通过毕业考试并获得学士以上学位者。当年考试不合格者仍可在所在母校报名参加第二年或更长时间的全国统考，只要本人自愿，直至考试通过为止。日本规定每年不得少于 60 学时相关知识的生涯研修和学术交流，具体由药剂师协会组织、检查、督促。

四、执业药师资格考试和注册

（一）执业药师资格考试

凡中华人民共和国公民和获准在中华人民共和国境内就业的其他国籍的人员具备以下条件之一者，均可申请参加执业药师资格考试：（1）取得药学类、中药学类专业大专学历，在药学或中药学岗位工作满 5 年；（2）取得药学类、中药学类专业大学本科学历或学士学位，在药学

① 参见袁妮、邵蓉：《国内外执业药师制度比较》，载《上海医药》，2007（4），178～179 页。

或中药学岗位工作满3年；（3）取得药学类、中药学类专业第二学士学位、研究生班毕业或硕士学位，在药学或中药学岗位工作满1年；（4）取得药学类、中药学类专业博士学位；（5）取得药学类、中药学类相关专业相应学历或学位的人员，在药学或中药学岗位工作的年限相应增加1年。执业药师职业资格考试合格者，由各省、自治区、直辖市人力资源社会保障部门颁发“执业药师职业资格证书”。该证书由人力资源社会保障部统一印制，国家药监局与人力资源社会保障部用印，在全国范围内有效。

（二）执业药师注册

我国对执业药师实行注册管理制度。国家药监局负责执业药师注册的政策制定和组织实施，指导全国执业药师注册管理工作。各省、自治区、直辖市药品监督管理部门负责本行政区域内的执业药师注册管理工作。取得“执业药师职业资格证书”者，应当通过全国执业药师注册管理信息系统向所在地注册管理机构申请注册。经注册后，方可从事相应的执业活动。未经注册者，不得以执业药师身份执业。

申请注册者，必须同时具备下列条件：（1）取得“执业药师资格证书”；（2）遵纪守法，遵守药师职业道德，无不良信息记录；（3）身体健康，能坚持在执业药师岗位工作；（4）经所在单位考核同意。经批准注册者，由执业药师注册管理机构核发国家药监局统一样式的“执业药师注册证”。执业药师注册有效期为5年，有效期满前30日，持证者须到注册机构办理再次注册手续。执业药师变更执业单位、执业范围等应当及时办理变更注册手续。

五、临床药师管理制度

（一）临床药师的发展历史

临床药师的出现与临床药学的出现密切相关。临床药学起源于美国，当时药物的不良反应及药源性的损害给许多患者、家庭和社会带来了痛苦和沉重的负担，这种需要促成了临床药学的诞生和发展。在20世纪50～60年代，美国首先建立了临床药学这一新兴学科，把过去传统的药学教育重点由“药”转向“人”。医院药学工作者除完成药品的供应分发等工作外，还要到临床去参与医师用药，协助临床选药，以提高疗效，降低毒副反应的发生率。由于美国药学界的成功实践，许多国家纷纷效仿，以患者为中心开展药学服务，提高医院整体药学水平成为医院药学发展的必然趋势。

（二）我国临床药师的立法情况

早在20世纪70年代临床药师的概念就被提出了。发达国家临床药师工作发展迅速，已初具规模，正与医师一样向专科化发展，成为真正意义上的专科疾病药物治疗专家。2002年原卫生部会同国家中医药管理局共同制定《医疗机构药事管理暂行规定》（已失效）明确规定了要逐步建立临床药师制度。这是我国第一次在规章中提出要建立这一制度。卫生部、国家中医药管理局、总后勤部卫生部于2011年1月30日联合发布《医疗机构药事管理规定》，对医疗机构药事工作、药师管理进一步规范。《药品管理法》规定，医疗机构应当配备依法经过资格认定的药师或者其他药学技术人员，负责本单位的药品管理、处方审核和调配、合理用药指导等工作。非药学技术人员不得直接从事药剂技术工作。依法经过资格认定的药师或者其他药学技术人员调配处方，应当进行核对，对处方所列药品不得擅自更改或者代用。对有配伍禁忌或者超剂量的处方，应当拒绝调配；必要时，经处方医师更正或者重新签字，方可调配。

二级以上医院应当设立药事管理与药物治疗学委员会，其他医疗机构应当成立药事管理与药物治疗学组。医疗机构应当配备临床药师。临床药师应当全职参与临床药物治疗工作，对患者进行用药教育，指导患者安全用药。三级医院临床药师不少于5名，二级医院临床药师不少于3名。临床药师应当具有高等学校临床药学专业或者药学专业本科毕业以上学历，并应当经过规范化培训。医疗机构药师承担如下工作职责：(1) 负责药品采购供应、处方或者用药医嘱审核、药品调剂、静脉用药集中调配和医院制剂配制，指导病房（区）护士请领、使用与管理药品；(2) 参与临床药物治疗，进行个体化药物治疗方案的设计与实施，开展药学查房，为患者提供药学专业技术服务；(3) 参加查房、会诊、病例讨论和疑难、危重患者的医疗救治，协同医师做好药物使用遴选，对临床药物治疗提出意见或调整建议，与医师共同对药物治疗负责；(4) 开展抗菌药物临床应用监测，实施处方点评与超常预警，促进药物合理使用；(5) 开展药品质量监测，药品严重不良反应和药品损害的收集、整理、报告等工作；(6) 掌握与临床用药相关的药物信息，提供用药信息与药学咨询服务，向公众宣传合理用药知识；(7) 结合临床药物治疗实践，进行药学临床应用研究；开展药物利用评价和药物临床应用研究；参与新药临床试验和新药上市后安全性与有效性监测；(8) 其他与医院药学相关的专业技术工作。

（三）我国临床药师的试点情况

从2008年1月起，国内18个省、市、自治区的42家试点医院试行临床药师上岗执业。当时卫生部计划通过为期两年的临床药师制试点，探索临床药师的准入标准、工作模式、岗位责任和管理制度。国家希望通过临床药师试点工作，探索适合我国国情的临床药师准入标准、配备标准、管理制度、工作模式、岗位职责以及临床药师工作的评价体系，促进临床药师制的健康发展。试点医院根据临床药师任职专业技术基本要求选配临床药师，并根据床位数和医疗服务量确定临床药师数量，原则上三级医院不少于5名，二级医院不少于3名。试点期间，卫生部医政司将委托中国医院协会药事管理专业委员会组织有关专家对试点医院进行中期评估、专项检查和督导工作，实施阶段末期组织专家组对经过自评的试点医院，进行复评。我国临床药师工作进程缓慢。

思考题

1. 我国对于医师是如何进行管理的？
2. 我国对于药师是如何进行管理的？
3. 护士执业资格考试与执业医师资格考试有何区别？
4. 设立医疗机构的条件包括哪些？
5. 你觉得限制医师自由执业的因素有哪些？

第四章
医者权利

关于权利和义务的讨论总是针对具体的法律关系进行的。在医疗服务法律关系中，医者①和患者都属于法律关系的主体，都是医疗服务活动的核心。医者围绕患者开展一系列的医疗保健活动，都会直接或者间接涉及患者的各项权利；相应地，患者在医疗机构就医，其是否履行应当履行的义务，也直接影响医者权利的实现。在医疗服务法律关系中，医者和患者属于相对应的双方：一方是权利的享有者，成为权利人；另一方是义务的承担者，成为义务人。本章对医者在医疗服务法律关系中享有的权利进行讨论。

第一节　医疗机构的权利

我国的医疗执业是以医疗机构执业为基础的，医护人员目前不能个人执业，其必须在一个医疗机构中执业，因此，在讨论医疗服务法律关系中医者的权利时，实质上就是讨论医疗机构的权利。

医疗机构是医疗执业的主体，与患者签订医疗服务合同关系，向患者提供医疗服务，对其医务人员实施的医疗行为负责。其权利内容包括作为医疗执业主体享有的权利和作为法人所享有的权利。

一、作为医疗执业主体享有的权利

作为医疗执业主体享有的权利属于医疗服务法律关系主体特有的权利，是其在向患者提供医疗服务活动过程中依法享有的权利，也是法律授予其在医疗服务活动过程中的权利。如果这些权利没有落实，其开展医疗执业活动就会遇挫，既不能很好地开展医疗执业活动，其自身也很难生存和发展，长远来看，难以形成良好的医疗市场，难以培育优质的医疗市场服务提供主体。因此，必须明确并研究医疗机构作为医疗执业主体依法应当享有的权利。其权利本质上就是医疗经营权，主要包括以下三方面的权利。

1. 开展医疗活动的权利

医疗机构获得医疗执业行政许可之后，便有权在注册登记的执业地点、诊疗类别、诊疗范围、诊疗科目内开展医疗服务活动。医疗机构是否拥有“医疗机构执业许可证”是区别合法行

① 医者包括医疗机构及其医务人员。在医疗服务法律关系中，我们讨论的医者权利，实际上涉及作为医疗服务法律关系主体的医疗机构的权利，还涉及代表医疗机构具体实施医疗行为的医护人员的权利两个方面。而在具体医疗活动过程中，医师和护士的权利又略有区别，因而有必要对医疗机构、医师和护士的权利作区分讨论。

医与非法行医的关键。该项权利包括以下几项内容：对外招揽医疗业务、在法律允许范围内享有医疗自由决定权（包括检查权、诊断权和治疗权）、紧急情况下对患者自主实施医疗处置等。

开展医疗活动的权利是医疗机构的基本权利。医疗机构在获得“医疗机构执业许可证”之后，便可以发布医疗广告，对外宣传和招揽医疗业务，可以在法律允许的范围内开展医疗服务活动，有权根据患者的病情和具体情况决定实施何种检查、何种治疗，不必征得患者的同意。只有在涉及法律规定必须告知并征得患者同意的情形时，医疗机构的这种自主决定权才受到限制。根据法律规定，医疗机构在开展手术、特殊检查和特殊治疗的时候，应当征得患者的同意方可实施相应的医疗行为。关于特殊检查和特殊治疗的界定，应当以《医疗机构管理条例实施细则》第 88 条的规定为准，即特殊检查、特殊治疗是指具有下列情形之一的诊断、治疗活动：（1）有一定危险性，可能产生不良后果的检查和治疗；（2）由于患者体质特殊或者病性危笃，可能对患者产生不良后果和危险的检查和治疗；（3）临床试验性检查和治疗；（4）收费可能对患者造成较大经济负担的检查和治疗。

在法律规定限制医疗机构的自主决定权的情形下，又可以因为特殊情况的出现排除这种限制，比如紧急情况下，医疗机构可以根据患者的病情和自身的诊疗水平，在有利于患者的前提下，自主径行医疗活动。开展医疗活动的权利行使，应当以医疗机构提供医疗服务的能力为限，医疗机构应在自己的能力范围内提供医疗服务。对医疗机构医疗服务能力的评价，不是以医疗机构自身现实情况为依据，而是以卫生行政部门发布的医疗机构设置标准为依据。

自主开展医疗活动的权利与医疗权是不是一回事呢？在日常医疗活动中，常常出现医疗权的概念。作者认为，医疗权就是自主开展医疗活动权利的简称。但是在学理上对医疗权的内涵和外延没有清晰界定，常常会造成实践中难以执行，甚至引发纠纷。

现实中常有过度解读医疗权的情况。因为医疗权是一种权利，而权利是可以放弃的，所以，有人认为医疗机构可以放弃对该项权利的行使，即对于部分患者可以不予提供医疗服务。作者认为，这是对医疗权的误读。医疗权为一项特殊的权利，医疗机构在获得这项权利之前，有权决定申请或者不申请，一旦申请获得，由于其关系公民的生命健康保障问题，因而在面临具体患者时医疗机构便丧失选择的机会，必须提供医疗服务。正是从这个角度来看，医疗权也是一项义务。

2. 收取服务费用的权利

我国医疗服务市场化的进程始于 20 世纪 80 年代。在医疗服务市场化的当下，除部分医疗服务项目由国家免费提供之外，其他医疗服务均为收费项目。医疗服务市场化，意味着医疗机构在向患者提供医疗服务的同时，应当收取接受医疗服务的患者缴纳的医疗服务费用。

医疗机构应按照国家对医疗服务收费的标准收费。我国《价格法》第 3 条规定：国家实行并逐步完善宏观经济调控下主要由市场形成价格的机制。价格的制定应当符合价值规律，大多数商品和服务价格实行市场调节价，极少数商品和服务价格实行政府指导价或者政府定价。其中，政府定价，是指依照《价格法》的规定，由政府价格主管部门或者其他有关部门，按照定价权限和范围制定的价格。《价格法》第 18 条规定，下列商品和服务价格，政府在必要时可以实行政府指导价或者政府定价：（1）与国民经济发展和人民生活关系重大的极少数商品价格；（2）资源稀缺的少数商品价格；（3）自然垄断经营的商品价格；（4）重要的公用事业价格；（5）重要的公益性服务价格。由于医疗服务既有公益性，又与人民群众的生活密切相关，还是一种稀缺的商品，因而我国的医疗服务采取政府定价。

不过，政府在对医疗产品实施定价管理时，却严重低估了医疗服务的价值，使医疗服务的价格过低，导致价格严重偏离价值的现象，进而引发了“以药养医”“变相加价”“收受红包回扣”以及倒卖专家号的现象。医疗服务是一种非常特殊的商品，它既是一种供不应求的优质商品，又是救死扶伤的公益品。长期以来我国一直强调的是医疗服务的公益性，却忽略了其商品属性，使优质医疗服务的价值被严重低估。目前在我国医院收入结构中，出售药品的收入占一半左右，而提供医疗服务所获收入的占比明显偏低，医师薪酬也偏低。随着新医改的深入，“重药品，轻服务”的现状将逐步得到纠正，医疗服务也将经历市场化下的价值回归。

医疗机构在提供医疗服务的同时有权收取医疗服务费。按照市场交换的原则，如果患者不支付医疗费用，医疗机构有权拒绝提供服务。如果按照这样的一般市场原则规制医疗市场，势必造成经济贫困或者因情况紧急一时无法交纳医疗费的患者得不到医治，势必损害这些患者的生命健康权。这显然是错误的。交费只与非紧急情况下的诊疗活动有关联，即非急重症患者不交费，医疗机构有拒绝诊治的权利。在患者生命垂危的紧急情况下，在患者因经济贫困无力支付日常医疗费用的情况下，医疗机构应当对患者实施救治或者诊治，此时患者仍承担交纳相应医疗费用的义务，但是鉴于种种客观原因没有交费，该交费义务应当由政府承担，以使医疗服务合同关系得到维系。

不过，当前存在比较严重的医疗欠费现象，这种现象几乎涉及每一家医疗机构。在实施急重病人“先看病、后收费”政策之后，一些公立医院医疗欠费情况加剧。据不完全统计，全国医疗机构一年“三无”病人欠费为30亿～40亿元。①

从大多数医疗机构的医疗欠费来源来看，急诊科是“重灾区”。按照相关规定，医疗机构救治危急重症患者，必须“先救治、后收费”。其中没有医保、没有收入来源的车祸患者，各类纠纷肇祸事件中的伤者，“120”送来的“三无”人员，都是易医疗欠费的群体。医疗欠费产生的原因主要有三种：一是受医疗技术的限制，患者认为疾病预后没有达到他的期望值，因此不愿意支付医疗费；二是由于交通事故、打架等纠纷，当事人双方到医院看病后，付费问题没谈拢，谁也不愿意掏钱；三是无主病人，突发疾病被“120”或好心人送到医院，欠费产生后，患者确实没有能力付费。从民法的角度来看，患者拖欠医疗费的，医疗机构可以依医疗服务合同起诉，但即便胜诉，执行也非常困难。

按照相关规定，应由财政补助“三无”患者的欠费。然而，各地财政并没有专门的预算安排或预算不足，只能由医疗机构自行消化。无力付费、逃费的现象不可能完全杜绝，这时候需要有相应的救助制度补位。只有完善救助制度，才能让医疗机构履行责任时不再心存顾虑。2013年2月，国务院办公厅发布《关于建立疾病应急救助制度的指导意见》。该指导意见指出，救助对象是在中国境内发生急重危伤病、需要急救但身份不明确或无力支付相应费用的患者。对于急救医疗费用，此项制度承担兜底保障责任，也就是说患者发生的急救医疗费用，根据情况先由责任人等社会救助基金渠道支付，无上述渠道或上述渠道费用支付有缺口的，由疾病应急救助基金给予补助。目前我国的医疗救助制度还不完备，已经制定的医疗救助制度落实也不到位。

3. 管理医务人员的权利

医疗机构是医务人员执业的场所，医疗机构为医务人员的医疗执业提供了相应的专业平台。国家对医疗机构实施执业许可管理，对医务人员实施执业资格管理。由于医务人员众多，而卫生行政管理人员相对较少，如果对医务人员的管理也完全由卫生行政部门承担的话，势必造成管理不到位。在这样的情况下，管理医务人员的职能就转移给医疗机构。医务人员代替医疗机构履行医疗服务职能，由医疗机构收取医疗费用，对患者承担相应的法律责任，依据相应

① 参见李红梅：《医疗欠费调查：医疗欠费谁“兜底”》，载《健康大视野》，2014（20），118～122页。

的报酬标准给医务人员发放薪金。因此，医疗机构和医务人员之间是管理与被管理的关系，是雇佣与被雇佣的关系，医疗机构对其医务人员有实施管理的权利。

二、作为法人所享有的权利

目前我国医疗机构的构成比较复杂，有作为独立法人事业单位的医疗机构，有营利性的作为独立法人的合资或者民营医疗机构，有其他法人下设的系非独立法人的医疗机构，还有个体诊所等。即使是其他法人下设的系非独立法人的医疗机构，也是以设立该医疗机构的法人的名义开展民事活动，因而其仍然属于法人单位。医疗机构的法人权利能力为团体人格的立法表达，因此，医疗机构的法人权利能力与自然人的权利能力一样，一律平等。医疗机构作为法人得享有的具体权利范围受其团体性质、目的和法规的限制，但此种限制并非法人的权利能力与自然人的权利能力的区别。[①] 医疗机构作为法人享有以下民事权利。

1. 人格权

与其他法人一样，医疗机构都是自然人的组织体，享有相应的法人人格权。当医疗机构的人格利益遭受侵害时，医疗机构以自己的名义来承担这种损害，同时也是以自己的名义来寻求法律保护。我国《民法典》对人格权的规定，除专属于自然人者外均应适用于法人。我国《民法典》设有人格权编，明确规定法人享有名称权、名誉权、荣誉权等人格权。因此，医疗机构也享有这些法人人格权。虽然医疗机构的人格权与自然人的人格权有其共同之处，如都是绝对权，但医疗机构的人格权仍有自己的特性：其一，医疗机构作为一种社会组织，不具有与生命密切相关的人格权，如生命权、健康权、肖像权、婚姻自主权等。其二，医疗机构的人格权一般来说与物质利益有密切的联系，其人格权也是一种无形财产。比如医疗机构，尤其是知名医疗机构的名称权就是一种无形资产，常常有一些知名医疗机构的名称被假冒使用。其三，医疗机构的某些人格权可以依法转让。如我国《民法典》第1013条规定，法人、非法人组织享有名称权，有权依法决定、使用、变更、转让或者许可他人使用自己的名称。这主要是因为这类人格权本身也是一种财产权。

案例 4-1

冒充解放军总医院军医卖假药5个月疯狂敛财90余万元[②]

张某先后购买了价值几十元人民币的“三无产品”——301黄芪总黄酮胶囊和保健品藏红花血康宁片，制作了盖有“中国残疾人康复学会中国康复委员会”“中华中医学学会养生康复委员会”等印章的邀请函，以及产品追踪服务信誉卡、VIP贵宾卡等材料，并购买了体检用的血压计、血糖测试仪、自动心血管功能测试诊断仪等仪器。在通过朋友介绍以及发布招聘广告后，张某成功招聘到三十余人，并成立“诚信生物科技有限公司”。2010年7月，张某带领该团伙流窜在河北省、河南省、四川省、重庆市等地，冒充解放军总医院的医疗专家教授，以301黄芪总黄酮胶囊、藏红花血康宁片能治疗老年人心脑血管疾病为幌子骗取钱财。同年12月1日，该团伙成员在张某的带领下来到重庆市黔江区，在当地一宾馆举办老年人健康知识讲座。会场中，张某及团伙成员通过免费体检、咨询等途径，向当地多名老人推销所谓治疗心脑血管疾病的特效药，成功骗取钱财两万多元。当日下午，张某等人在秀山开庆功会时被警方抓

① 参见尹田：《论法人的权利能力》，载《法制与社会发展》，2003（1），76～82页。

② 参见银雪、李勇：《冒充301医院军医卖假药5个月疯狂敛财90余万元》，载中国新闻网：http://www.chinanews.、com/sh/2011/01-11/2780902.shtml，访问日期：2014-06-15。

获。经查，该诈骗团伙自2010年7月以来疯狂敛财90余万元。

2. 财产权

财产权是指以财产利益为内容，直接体现财产利益的民事权利。财产权是可以以金钱计算价值的，一般具有可让与性，受到侵害时需以财产方式予以救济。财产权既包括物权、债权、继承权，也包括知识产权中的财产权利。财产权是以物质财富为对象，直接与经济利益相联系的民事权利，如所有权、继承权等。医疗机构作为法人，在法律上当然拥有财产权。医疗机构的财产权因医疗机构所有权性质的不同而有不同归属。以国有医疗机构为例：国有医疗机构法人财产权是国有医疗机构（法定市场行为主体）对提供医疗服务所必需的设施、设备、房屋、知识产权等经营要素所依法享有的占有、使用、收益和处置等权益的总称。国有医疗机构在取得法人资格之后，就对其经营管理的财产获得了占有、使用和处置的权利，通常这种权利被称为法人财产权。换言之，这个医疗机构的资产不管是谁投资的，一旦形成国有医疗机构的资产并投入运行，其具体财产权即归国有医疗机构。① 医疗机构依法享有的知识产权属于医疗机构财产权的范畴。不过，实践中对医疗机构的有形资产比较重视，对医疗机构的无形资产比如医疗机构的名称、专利等，重视不够，实施国有医疗机构改制、医疗机构并购等程序中，常常低估了医疗机构的无形资产的价值。

3. 经营权

医疗机构的经营权是指医疗机构对其依法经营管理的财产享有占有、使用和依法处分的权利。不过，由于医疗活动的特殊性，医疗服务采用许可制，不仅医疗机构开展医疗活动需要许可，而且已经获得执业许可证的医疗机构需要增加诊疗科目、开展特殊的医疗技术，也需要经过有关部门的审批。从这个角度来说，医疗机构的经营权是受到严格限制的。一般而言，医疗机构的经营权包括医疗机构依法开展医疗服务的权利、日常经营活动的决策权和指挥权、自有资金的自主使用权、人事权、工资奖励形式决定权、联合经营权、用工权以及其他依法享有的权利。

需要说明的是，医疗机构的经营权一般情况下表现为医疗服务经营权，但又不限于医疗服务活动的范畴，医疗机构在开展经营活动过程中，可以开展其他非专营、非专卖及法律不禁止经营的项目，尤其在最近二十年，医疗机构的经营管理活动越来越多元化，开展了一些与医药有关甚至无关的经营项目，有的是纯营利性活动。根据《民法典》第505条的规定，当事人超越经营范围订立合同的，不得仅以超越经营范围确认合同无效。同时结合《民法典》总则编有关民事法律行为效力及合同编的有关规定，即只要不是违反专营、专卖及法律的禁止性规定，法人超经营范围所订立的合同应属有效，而违反法律、行政法规的强制性规定的民事法律行为，有被认定为无效的风险。

扩展阅读

医疗机构是否享有精神损害赔偿请求权

当前存在在医疗机构“医闹”“医暴”的现象，除医护人员遭受人身损害，医疗机构遭受财产损失之外，医疗秩序也遭受严重影响，医疗机构的诊疗经营不能顺利进行，医疗机构的名誉权也遭受侵犯。在这种情况下，医疗机构除可以主张实际的财产损失赔偿之外，能否向侵权人要求精神损害赔偿呢？

① 参见王锐：《公立医院法人财产权探析》，载《中国现代医学杂志》，2003（13），154～155页。

对此，我国理论界有学者进行过专门研究，并且明确了法人不能提请精神损害赔偿。[1] 我国的司法实践对此作了明确的回答。例如人民法院在审理康达医疗保健用品公司诉西北工商报社、陕西省医疗器械公司侵害法人名誉权纠纷一案时虽然持肯定的观点，但从西安市莲湖区人民法院和西安市中级人民法院对此案所作的两份判决书的内容来看，二审法院西安市中级人民法院判处陕西省医疗器械公司、西北工商报社连带赔偿康达医疗保健用品公司1.5万元，它们赔偿的并非康达医疗保健用品公司因名誉权受到侵害而遭受的精神损害，而是因侵害康达医疗保健用品公司的名誉权，有的用户不再向康达医疗保健用品公司订货，有的因此终止了购销合同，从而使康达医疗保健用品公司蒙受的经济损失。此外，从我国其他法院审理的侵害法人人格权纠纷案件来看，其也都否认法人有精神损害赔偿请求权。例如上海市静安区人民法院在审理上海新亚医用橡胶厂诉武进医疗用品厂损害法人名誉权纠纷案时就是这样。再次，我国最高审判机关也对此持否定态度，例如：最高人民法院1993年8月7日下达《关于审理侵害名誉权案件若干问题的解答》（2021年1月1日已废止）的意见稿时就认为："法人名誉（权）受侵害的，不存在精神抚慰问题。"2001年3月8日最高人民法院颁布的《关于确定民事侵权精神损害赔偿责任若干问题的解释》进一步肯定了这一点。2021年1月1日实施的《最高人民法院关于确定民事侵权精神损害赔偿责任若干问题的解释》第4条规定，法人或者非法人组织以名誉权、荣誉权、名称权遭受侵害为由，向人民法院起诉请求精神损害赔偿的，人民法院不予支持。

第二节　医务人员的权利

医务人员包括医师、护士和其他医疗辅助人员。不过，在医疗服务过程中，面临个人权利遭受侵犯的主要是医师和护士，其他医疗辅助人员的权利遭受侵犯时，也可以比照医师、护士的权利维护模式进行维权。因此，这里主要介绍医师和护士的权利。

一、医务人员权利的构成

医务人员的权利应当由公民权利、劳动者权利和医疗及护理执业权利三个方面的内容构成。

（一）公民权利

公民权利是为公民所享有、为宪法和法律所保障的合法权利。公民权利分为四类：法律权利、政治权利、社会权利和参与权利。医务人员首先是我国的公民，因而应当享有公民所应当享有的基本权利。

（二）劳动者权利

医师和护士都是一种职业，从事医疗工作的医师和护士同时也是劳动者，因而享有《劳动法》《劳动合同法》等所规定的劳动者权利。根据《劳动法》的规定，劳动者在劳动关系上享有平等就业和选择职业的权利、取得劳动报酬的权利、休息休假的权利、获得劳动安全卫生保护的权利、接受职业技能培训的权利、享受社会保险和福利的权利、提请劳动争议处理的权利以及法律规定的其他劳动权利。《医师法》第22条第2项规定，医师在执业活动中享有获取劳

[1] 参见薛军：《法人人格权的基本理论问题探析》，载《法律科学》，2004（1），50～55页。

动报酬，享受国家规定的福利待遇，按照规定参加社会保险并享受相应待遇的权利。《护士条例》第12条规定，护士执业，有按照国家有关规定获取工资报酬、享受福利待遇、参加社会保险的权利。任何单位或者个人不得克扣护士工资，降低或者取消护士福利等待遇。这些都属于医务人员作为劳动者依法享有的获得劳动报酬权在相关专门性法律文件中的表述。

（三）医疗及护理执业权利

医疗及护理执业权利是与医务人员的执业活动相关的权利，《医师法》第22条和《护士条例》第12～15条规定的权利有医疗（护理）执业权、医疗（护理）执业保障权、学术权、受继续教育权等。

二、医师的权利

在法律层面上医师的医疗执业权利，主要来自《医师法》的相关规定。《医师法》第22条规定，医师享有医疗权、医疗执业保障权、学术权、受继续教育权、获得劳动报酬权、民主管理权等权利。但是，这些权利是笼统而含混的，有的不属于医师在医疗执业方面的专有权利，有的是宏观层面的抽象权利。比如《医师法》第22条第6项规定，医师享有"对所在医疗机构和卫生行政部门的工作提出意见和建议，依法参与所在机构的民主管理"的权利。但是，医师参与民主管理的范围如何确定，在现实中如何保障、如何实现，都是问题。显然法律规定得过分宏观、模糊。

需要说明的是，在医师的医疗执业权利中，有的既是权利，也是义务，比如继续教育权等。

扩展阅读

医师是否享有医疗权

《医师法》第22条第1项规定，医师享有"在注册的执业范围内，按照有关规范进行医学诊查、疾病调查、医学处置、出具相应的医学证明文件，选择合理的医疗、预防、保健方案"的权利。这到底是医疗权还是医疗执业权，并不明确。如果是医疗权，那么医师是否可以放弃这项权利，在接诊患者的过程中，拒绝对某一特定的患者诊治，或者在医疗过程中，不去选择合理的医疗方案。这显然是不行的。作者认为，这项权利应当是医疗执业权，即获得医疗执业资格的医师有权选择行医或者不行医，但是如果他一经注册选择行医，就必须执行诊疗方面的规范和要求。因此，他只有在是否执业上享有选择权。

案例4-2

确认医师享有医疗权的行政诉讼案件①

张某于2016年去某医大附属口腔医院就诊，要求做正颌手术改善面型，且同意先进行正畸治疗再进行正颌手术。正畸治疗于2018年4月结束。后张某要求进行正颌手术。医师在与张某沟通的过程中了解到张某有心理疾病，而正颌手术术后患者的咬合关系，下颌关节及颌骨周围相关肌肉组织都会发生改建，这一系列的变化，对一位正常健康的成年人而言也需要很长时间才能适应。而对于张某这样的患者来说，可能是其心理和生理都无法适应和承受的，极有可能加重其病情，后果将是无法想象的。医院秉承对患者负责的态度，认为从目前状态来看，张某并非手术适应状态，待其抑郁症痊愈并心理状态完全平稳后，可再行评估。医院给张某的

① 辽宁省沈阳市中级人民法院（2020）辽01行终491号行政判决书。

意见是延缓手术，并非拖延手术时间。但张某不认可医院的医疗意见，向卫生行政部门投诉，要求对该医院及医师进行行政处罚。卫生行政部门作出的行政答复是：告知张某相关情况，建议其听从医院的治疗方案。张某认为卫生行政部门未履行法定职责，向某省人民政府提起行政复议。某省人民政府作出《驳回行政复议申请决定书》，认为张某反映的问题不属于卫生行政部门对医疗机构及执业医师的监督管理范围，卫生行政部门对张某的投诉无法定职责。张某遂向人民法院提起行政诉讼。

法院经审理认为：《医师法》规定，医师在执业活动中享有“在注册的执业范围内，进行医学诊查、疾病调查、医学处置、出具相应的医学证明文件，选择合理的医疗、预防、保健方案”的权利，“对急危患者，医师应当采取紧急措施进行诊治；不得拒绝急救处置”。根据上述法律规定可知，执业医师有权根据医学诊察选择合理的医疗方案，只有对急危患者才不得拒绝处置。本案中，张某显然不属于急危患者，执业医师有权根据医学诊查确定合理的医疗方案，医院的行为不属于违反《医师法》规定的违法行为，卫生行政部门认定张某的投诉不属于其监管范围符合法律规定，某省人民政府作出的复议决定认定事实清楚，适用法律正确，程序合法。最终驳回张某的诉讼请求。

三、护士的权利①

（一）保障护士的工资、福利待遇

在护士的权利方面，保障护士的工资、福利待遇被当作第一项权利。《护士条例》第12条规定，护士执业，有按照国家有关规定获取工资报酬、享受福利待遇、参加社会保险的权利。任何单位或者个人不得克扣护士工资，降低或者取消护士福利等待遇。在医疗机构的职责上，《护士条例》第23条规定，医疗机构应当执行国家有关工资、福利待遇等规定，按照国家有关规定为在本机构从事护理工作的护士足额缴纳社会保险费用，保障护士的合法权益。对在艰苦边远地区工作，或者从事直接接触有毒有害物质、有感染传染病危险工作的护士，所在医疗机构应当按照国家有关规定给予津贴。《护士条例》在第29条还明确规定：医疗机构如果违反规定，未执行国家有关工资、福利待遇等规定的；对在本机构从事护理工作的护士，未按照国家有关规定足额缴纳社会保险费用的；对在艰苦边远地区工作，或者从事直接接触有毒有害物质、有感染传染病危险工作的护士，未按照国家有关规定给予津贴的，对医疗机构还要依照有关法律、行政法规的规定给予处罚。如果是国家举办的医疗机构，出现这些情形之一，情节严重的，还应当对负有责任的主管人员和其他直接责任人员依法给予处分。

（二）做好护士从事护理工作的职业卫生防护

保障护士的健康，获得相应的职业卫生防护是护士执业的第二项权利。《护士条例》第13条规定：护士执业，有获得与其所从事的护理工作相适应的卫生防护、医疗保健服务的权利。从事直接接触有毒有害物质、有感染传染病危险工作的护士，有依照有关法律、行政法规的规定接受职业健康监护的权利；患职业病的，有依照有关法律、行政法规的规定获得赔偿的权利。在医疗机构的职责上，《护士条例》第22条规定，医疗机构应当为护士提供卫生防护用品，并采取有效的卫生防护措施和医疗保健措施。《护士条例》第29条还规定：医疗机构未为

① 参见刘鑫、郑跃萍：《护士条例的特点及主要内容（二）——〈护士条例〉概况及护士权益保护》，载《中国护理管理》，2008（5），78～79页。

护士提供卫生防护用品，或者未采取有效的卫生防护措施、医疗保健措施的，要依照有关法律、行政法规的规定给予处罚；如果是国家举办的医疗机构，出现这种情形，情节严重的，还应当对负有责任的主管人员和其他直接责任人员依法给予处分。

（三）职称晋升和参加学术活动的权利

护理工作属于专业技术工作，国家依法设立护士的专业技术职务。所谓专业技术职务是指根据实际工作需要设置的有明确职责、任职条件和任期，并需要具备专门的业务知识和技术水平才能担负的工作岗位。它不同于一次获得后而终身拥有的学位、学衔等各种学术、技术称号。我国对护理人员的专业技术职务规定为护士、护师、主管护师、副主任护师、主任护师五个级别。其中主管护师为中级职称，副主任护师、主任护师为高级职称。在医疗机构担任护士工作者，无论其是正式在编护士，还是聘用护士、合同护士，均有权参加护理职称评聘，任何机构、任何个人不得随意剥夺。

专业技术人员都有继续教育和参加学术活动、学术团体的问题，从事专业工作的护士也应当享有同样的权利。但是此前在实际工作中，由于护士工作不受重视，医疗机构经费紧张，护士人手少任务重，护理人员往往没有时间参加学术交流等学术活动，没有机会参加护理学会。因此《护士条例》第 14 条规定：护士有按照国家有关规定获得与本人业务能力和学术水平相应的专业技术职务、职称的权利；有参加专业培训、从事学术研究和交流、参加行业协会和专业学术团体的权利。

（四）接受教育和参加培训的权利

1. 护士队伍整体素质亟待提高

护士队伍建设是关系护理事业发展的根本性问题。目前，护士队伍的整体水平在数量、业务素质、知识结构等方面明显不足，表现在：一是缺乏对护士权益的依法保障和对护士准入的依法管理，侵害护士权益的事件仍有发生，未经正规护理专业培训进入护士队伍、从事护理技术工作的问题在部分地区仍然存在；二是医疗机构护理岗位的护士人力配备不足、医护比例连年下降，呈倒置状况；三是护士的整体素质偏低，知识结构、业务素质、技术水平和能力相对于医疗技术的发展和人民群众多元化健康服务的需求存在差距，护士的专业技术水平较低所导致的医疗事故偶有发生；四是缺乏对护士人力资源的合理规划和科学管理，与临床医学相比，护士的专业化发展相对滞后，护理专业的学科带头人不足。[①] 因此，强化护士的培训是当务之急。

2. 接受培训既是护士的权利也是护士的义务

为了避免医疗机构出于压缩和减少开支的考虑，不给护士提供培训的机会，或者仅给予有限制的培训，立法明确规定了医疗机构在护士培训方面的义务。《护士条例》第 24 条规定，医疗机构应当制定、实施本机构护士在职培训计划，并保证护士接受培训。护士培训应当注重新知识、新技术的应用；根据临床专科护理发展和专科护理岗位的需要，开展对护士的专科护理培训。第 30 条还规定，医疗机构未制定、实施本机构护士在职培训计划或者未保证护士接受培训的，由县级以上地方人民政府卫生行政部门依据职责分工责令限期改正，给予警告。《护士条例》对于护士培训任务仅仅对医疗机构提出了原则性的要求，并不具体。因此，卫生行政主管部门应当对每年培训的最少学时数予以明确规定，以便真正保障护士接受培训的权利。

接受培训既是护士的一项权利，也是护士的一项义务。对于追求上进、对自己的护理技术有较高要求者，这种强制医疗机构提供培训机会的规定无疑是有益于他们的，这对他们来说就

① 参见原卫生部《中国护理事业发展规划纲要（2005—2010 年）》。

是权利。但是，也确实有一些护士在进入护理岗位之后，安于现状，不思进取，得过且过，在护理技术上无所追求，将医疗机构提供的继续教育机会视为累赘。如果我们只是强调“接受培训”是护士的一项权利，有这种想法的护士可能就会提出“放弃权利”的主张，这样对于整个医疗机构乃至国家的护理学科的发展是非常有害的。因此，我们还要强调“接受培训”是护士的一项义务，护士接受培训是法定要求，不能放弃。

（五）护理执业知情权、建议权

护士作为医疗机构的主体，作为医疗行为的主要参加者，在执业上应当与医师享有同样的权利。执行护理任务的护士只有充分了解到患者的疾病诊疗、护理等相关信息，才可能把护理工作做得更好，才能够保障护理质量。

同时，护理人员作为国家认可的医疗卫生技术专业人员，在实际工作中可能会发现我国医疗卫生工作中存在的问题，因此，他们有权利向医疗机构和卫生行政部门提出意见和建议。这也是《宪法》赋予公民的言论自由、参政议政的权利的具体体现。

依《护士条例》第15条，护士有获得疾病诊疗、护理相关信息的权利和其他与履行护理职责相关的权利，可以对医疗机构和卫生行政部门的工作提出意见和建议。

（六）护士的其他执业权利

在护士培训、医疗机构配备护士的比例、政府对护士表彰等方面，也体现了对护士权利的保障。

第三节　医疗机构及医务人员权利维护

一、概述

当前医疗暴力事件不断，在医疗暴力事件中，医疗机构及其医务人员的合法权益均遭受侵犯。长期以来，在医疗纠纷处理上，人们常说患者是弱者，但是在医疗暴力事件中，相对而言，医疗机构及其医务人员成了弱者，因而需要从法律层面进行维权。

医师维权的前提是医疗机构依法管理医疗机构，依照法律规定开展医疗管理，医务人员必须依法行医，在医疗活动中遵循相关的法律、法规、规则及诊疗规范、操作规程、技术指南的规定和要求。只有在医疗机构及其医务人员的行为活动符合法律规定的前提下，才能有效维护医师权利。

不过，医疗机构毕竟是实施医疗活动的专业机构，医疗机构管理人员及医务人员都不是法律专业人士，如何理解法律、如何掌握法律、如何实施法律，这不是他们的强项，因而需要法律专业人士提供专业帮助。在现代社会，随着经济的发展、社会的进步，社会不确定因素在增加，社会风险也在增大，因此，现代社会需要法律规制，每一个社会参与主体都需要法律专业人士提供帮助。在现代社会，每一个社会参与主体的业务范围具有以下两个特征中的任何一点，都需要聘请法律顾问：第一，业务活动中充满风险；第二，业务活动对象主要是人。而医疗机构的业务活动同时具有这两个特点，因此，医疗机构是最应当聘请法律顾问的社会参与主体。遗憾的是，过去我们的医疗机构并没有认识到这一点，很多没有法律顾问，有的即使有法律顾问，但也是“雇而不问”。对医师权利的维护，应当由法律专业人士提供必要的法律支持，让其专业服务贯穿于医疗机构的日常管理、日常医疗活动以及法律纠纷的处理过程之中。

二、加强对医疗纠纷发生的深层次原因分析

医疗纠纷发生的原因众多，但从深层次来看，我国医疗纠纷发生的原因主要有四个方面：其一，制度因素。这是首要因素，包括政治体制、经济体制、行政管理体制和法律体制，尤其是亚层面的制度，如医疗卫生体制、医疗健康保障制度、药品制造与流通制度、社会救济制度、社会养老保障制度、失业保障制度、社会保险制度、价格制度等。有些制度正在改革之中，但制度的改革难度非常大，比如医疗保障制度。其二，传统文化中的某些因素的消极影响。上访告状、死者为大、法不责众等迂腐、陈旧的观念，影响着医疗纠纷的发生和发展。其三，我国改革开放过程中涌现出亟须解决的问题。西方国家花了几百年的时间取得的成就、发展和进步，我们国家仅用了四十余年就取得了。西方国家在建设和发展过程中，也出现了各种社会问题，令当年的西方国家的管理者也是一筹莫展。但是，西方国家发展中出现的问题是在发展过程中缓慢出现的，因而也有时间慢慢消化，逐步解决。但是我们的问题是在这四十余年集中涌现的，难以一下子把这些问题解决掉，甚至有的问题要解决目前还缺乏相应的条件，因而有的问题目前是无解的。其四，医疗场所、医疗服务的特殊性。人民追求美好生活与社会经济发展不均衡之间的矛盾，在医疗卫生领域也得到充分体现。由于我国地域辽阔，人口众多，医疗资源，特别是优质的医疗资源在地区的分布上存在极不平衡的特点，医疗资源分布与人民群众对医疗服务的需求形成了两个扭曲的三角形关系。此外，医疗机构的医疗服务区是一个开放的公共场所，众多患者、患者家属以及其他相关人员可以自由进出，长期停留、聚集。人员聚集，可以提供的保障人们基本需求的资源有限；而疾病会让医疗服务区的滞留人员缺乏耐心。加上即便人满为患，医疗机构也不能限制人员进出。这些消极因素往往容易引起患者和家属的不满与怨气，从而引发医患矛盾。①

三、加强医疗纠纷的预防与化解

医疗纠纷在我国还会长期持续存在，故医疗机构建立健全医疗机构纠纷预防处理机制非常重要。针对医疗纠纷的预防和处理，2018 年 6 月 20 日国务院通过了《医疗纠纷预防和处理条例》。为有效维护医疗机构的正常秩序，保证各项诊疗工作有序进行，国家有关部门多次联合发布了相关的公告或者意见，共计 13 部规范性文件（见表 4－1）。很多地方立法机关还制定了医疗纠纷预防处理、保障医疗场所秩序的地方性立法，比如《天津市医院安全秩序管理条例》《北京市医院安全秩序管理规定》《上海市医疗卫生人员权益保障办法》。这些地方性立法为维护医疗机构安全和医务人员合法权益，强调医务人员的人身安全和人格尊严不可侵犯；为全面地保护医务人员的合法权益，强调卫生行政部门、公安机关、医疗机构等各司其职，强调单位主责、协调联动、依法处置。其中有许多内容值得其他省市推广与借鉴。

表 4－1　相关部门联合发布有关维护医疗秩序的法律文件

发布单位	发布时间	公告名称
卫生部、公安部	1986 年 10 月 30 日	关于维护医院秩序的联合通告
卫生部、公安部	1990 年 12 月 15 日	关于加强医院治安保卫工作的通知

① 刘鑫主编：《最新医疗侵权诉讼规则理解与案例实操》，13～21 页，北京，中国法制出版社，2018。

续表

发布单位	发布时间	公告名称
卫生部、公安部	2001 年 8 月 7 日	关于维护医疗机构正常医疗秩序的通告
卫生部、公安部	2012 年 4 月 30 日	关于维护医疗机构秩序的通告
国家卫生和计划生育委员会、中央综治办、中共中央宣传部等部门	2013 年 12 月 20 日	关于维护医疗秩序打击涉医违法犯罪专项行动方案
公安部	2014 年 4 月 21 日	公安机关维护医疗机构治安秩序六条措施
卫生部	2014 年 4 月 21 日	关于认真落实《公安机关维护医疗机构治安秩序六条措施》的通知
最高人民法院等五部门	2014 年 4 月 22 日	关于依法惩处涉医违法犯罪维护正常医疗秩序的意见
国家卫生和计划生育委员会、中央综治办、公安办、司法部	2016 年 3 月 24 日	关于进一步做好维护医疗秩序工作的通知
国家卫生和计划生育委员会、中央综治办等九部门	2016 年 6 月 30 日	关于严厉打击涉医违法犯罪专项行动方案的通知
国家卫生和计划生育委员会、公安部、国家中医药管理局	2017 年 6 月 26 日	关于印发严密防控涉医违法犯罪维护正常医疗秩序意见的通知
国家卫生健康委员会等部门	2018 年 9 月 25 日	关于对严重危害正常医疗秩序的失信行为责任人实施联合惩戒合作备忘录
国家卫生健康委员会等八部门	2021 年 9 月 22 日	关于推进医院安全秩序管理工作的指导意见

加强医疗机构防范纠纷和化解纠纷的能力的措施有二：一是医疗机构应当加强医德医风建设，提高医疗服务质量，保障患者的隐私权、知情权、选择权等权利；医务人员要有尊重患者、关心患者的意识，注重人文关怀，积极与患者及其家属进行沟通。二是要建立医疗纠纷投诉部门，树立正确的投诉观，正确对待患者的投诉，使患者在对医疗服务有抱怨时能够有畅通的投诉和沟通渠道。化解医疗纠纷不能完全依赖诉讼，诉讼毕竟是纠纷处理的最后程序，通过诉讼解决纠纷必然使纠纷处理的成本大幅度增加，故而应当大力提倡以非诉讼方式处理和化解纠纷。

思考题

1. 讨论患者与医者之强弱关系。
2. 简述医者权利与患者义务之间的关系。
3. 医师的权利包括哪些?
4. 护士的权利包括哪些?
5. 简述医疗机构如何维护自身的合法权益。
6. 简述医疗纠纷发生的深层次原因。

第五章
患者权利

患者是医疗服务活动的核心，医疗行为主体围绕患者开展一系列的医疗保健活动，都会直接或者间接涉及患者的各项权利。本章对患者权利的概念及内容进行讨论。

第一节　患者权利概述

一、患者权利的概念

在生物医学模式向生物—心理—社会医学模式转变的今天，患者的权利无疑是医疗活动过程中特别值得关注的概念，也是医事法学领域的重要问题。患者是医疗机构得以存在和发展的基础，是医疗机构开展诊疗活动的前提。在当今医疗机构管理强调以患者为中心的管理理念之下，更是要关注患者权利。

患者权利有广义与狭义之分。

广义的患者权利相当于国民健康权①，源于国民的生存权应予保障之指导原理，国家除提供衣、食、住、行、育、乐等基本需要让国民满足外，尚需提供无污染的良好环境，使国民享受健康的生活。为实现此理念，政府须加强各种建设，使国民“甘其食，美其服，安其居，乐其俗”；还要设法防止空气、水质、土壤、食品、噪声等公害的发生，将这些污染环境的因素除去，以免危害国民健康，或威胁其生命安全。此外，国家亦须积极推行各项福利政策，使妇女、儿童、老人或残障人士等弱势群体，皆能获得妥善的照顾，而无生存困难。我国《宪法》第45条规定：中华人民共和国公民在年老、疾病或者丧失劳动能力的情况下，有从国家和社会获得物质帮助的权利。国家发展为公民享受这些权利所需要的社会保险、社会救济和医疗卫生事业。

狭义的患者权利，是指每位患者，以其独立人格，有权接受或拒绝妥善的医疗照护，以维持其健康生活的权利，即国民生病之后获得医疗救治的权利。详言之，若国民不幸生病，则可以生病为由，得暂免社会责任之履行，故可以请假，不上班不上学，以利于调养治疗。② 患者为了治疗，应要求社会提供妥善医疗照护，而社会负有协助其恢复健康的义务，尤其医护人员当以恢复患者健康为己任。

因此，患者权利，是患者基于自身独立人格，有权接受妥善的医疗服务，从而恢复其身心健康，且不因自身性别、种族或信仰而有不同之法益。此权利与生命权、平等权同为基本人权之重要内容。③

---

① 参见［日］下山瑛二：《健康權國法的責任》，77～79页，东京，岩波书局，1979。

② 参见蓝采风、廖荣利：《医疗社会学》，69～80页，台北，三民书局，1984。

③ 参见庄茂：《台湾病人人权之研究》，载《台湾医学人文学刊》，2000（1），88页。

二、患者权利的特征

患者的权利是在医疗服务过程中产生的与医疗服务活动有关的权利，该权利的产生与特殊的场所、特殊的服务和特殊的保障对象有关，因此，患者的权利表现出以下五方面的特征。

（一）人身性

患者到医疗机构就医是因为自身的身体出现了问题，或者是疾病发作，或者是遭遇创伤。由于患者的健康出现问题，在医疗干预中患者的权利必然与其人身密不可分。医疗机构及其医务人员在给患者提供医疗服务的过程中，应当对与其人身相关的权利予以保障，不得无故伤害其身体健康，不得损害其生理机能，不得破坏其身体完整，更不得剥夺其生命。因此，广义而言，与公民人身权相关的所有权利都在患者权利之列。当医疗行为的实施不得不伤及患者身体，或者有伤害其身体危险时，必须要征得患者的同意，只有在患者同意的情况下，医务人员伤害患者身体的违法性才被阻却，才免除其法律责任，反之，医务人员应当承担相应的法律责任。

（二）保障性

患者就医的目的是诊治疾病，医疗机构在给其提供医疗服务时，应当满足患者这一就医的原始要求，保障其身体健康，并且在医疗过程中不得损害其身体，更不能出现与诊治目的无关的损害。然而，由于医学科学技术的局限性，由于医疗行为的特殊性，在医务人员给患者提供诊疗服务的过程中，有的医疗行为本身就会造成患者身体损害，有的医疗行为实施效果不确定，因而会出现与患者诊疗目的不一致的结果。因此，患者权利的保障性是相对的，在医疗机构及其医务人员的能力范围之外，患者权利便无法保障；在医疗行为没有违反诊疗规范的情况下，医疗行为对患者身体造成合理损害的，不被视为对患者权利的侵害；在紧急情况下，医务人员未征得患者同意，以患者利益为先而实施医疗行为的，无论后果如何，都视为医务人员对患者权利的保障，只要尽到合理诊疗义务，亦不视为对患者权利的侵犯。

（三）选择性

患者权利的选择性本质上来自患者的自主决定权：其一，患者对就医的医疗机构进行选择。患者就医，有信任的因素，也有技术考量的因素，更会受到自己的习惯、就医便利程度和价值取向的影响，因此，患者到哪家医疗机构就医，有一定的选择性。即便是受到医保报销限制，在医保指定医疗机构范围内患者仍然有选择的空间。其二，患者对医疗方案进行选择。虽然患者的权利与其人身密不可分，但是涉及医疗处置，且医疗处置方法存在人身损害的可能，对患者的情况不予处置将危及其健康和生命；另外，医疗行为本身也充满着不确定性和危险性，医疗处置方法没有最好的、唯一的方法，到底哪一个医疗处置方法更适合患者，与患者的价值取向密切相关。

（四）时间性

患者权利虽然有相应的人身属性，但只存在于医疗服务合同存续期间，在医疗服务合同存续期间之外，患者不再享有相应的权利。在医疗服务过程中，患者权利成立，医疗机构及其医务人员在给患者提供医疗服务的过程中，必须对患者权利予以保障；医疗服务终止，医疗机构及其医务人员对患者权利保障的义务也即终止。另外，患者权利还受到紧急情况的影响：患者突发疾病而到医疗机构就诊的，只要患者进入医疗机构的急诊场所，无论其是否挂号，急诊医疗服务合同即告成立。此乃医疗服务合同强制缔约的要求，医疗机构不能拒绝诊治患者，患者权利就此产生。

（五）限制性

虽然我们讨论患者就医中的权利具有人身属性，甚至就是患者的人身权，而人身权是绝对权、对世权，但是在医疗过程中，有时具有人身属性的患者权利要受到限制。比如，在法律规定的情况出现的时候，为了公共利益或者其他更大的利益，患者必须接受强制医疗措施[①]，其人身自由权、健康权、知情权、同意权等权利都会受到制约，甚至被剥夺。在紧急情况下为抢救垂危患者的生命，医务人员出于对患者生命、健康利益的考虑，来不及实施医疗告知程序而实施紧急医疗措施的，患者权利是受到限制的。

三、患者是不是消费者

国内对患者在医院接受服务是否为消费行为，是否适用《消费者权益保护法》，曾经有过非常激烈的争论。《消费者权益保护法》第 2 条规定，消费者为生活消费需要购买、使用商品或者接受服务，其权益受本法调整。第 3 条规定，经营者为消费者提供其生产、销售的商品或者提供服务，应当遵守本法。显然，产生争议的原因在于“消费”的概念不明确，《消费者权益保护法》没有明确界定“消费”的概念。但是一些省人民代表大会制定的消费者权益保护法实施办法先后将医疗行为纳入“消费”的范围中。《浙江省实施〈中华人民共和国消费者权益保护法〉办法》自 2017 年 5 月 1 日起实施，患者首次被列入消费者的行列。患者对于自己的病情、诊断、治疗及医疗费用明细有“知情权”。因使用不合格药品、不合格医疗器械或因违反相关规范及常规等诊疗护理过错造成患者人身伤害的，医疗机构除要依照相关规定进行赔偿外，还要依法承担民事责任。2022 年 8 月 1 日开始实施的《甘肃省消费者权益保护条例》对医疗服务予以了规制。

虽然争论不断，但是在有一点上已经达成共识，即医疗行为可以分为两类：为满足生存需要的医疗行为，如疾病的诊治；为满足生活需要的医疗行为，如医学美容、整形、减肥等。后者毫无疑问属于《消费者权益保护法》调整的范围；对前者则存在较大争议，一般认为不宜适用《消费者权益保护法》。

作者认为，医疗本身的特殊性，决定了患者与一般消费者的性质不同，医患间的权利义务也有自身的特点：首先，医疗服务存在自治限制。一般消费基于当事人双方的意思自治行为，各方依其意愿选择消费、交易之对象。而在医疗服务中，绝大多数情况下，医疗机构不能拒绝患者的就诊要求，如公立医疗机构和医保定点医疗机构因与政府或保险管理机构的契约承诺而必须接诊，不得拒绝；对急危患者因法律规定的强制性义务[②]而必须接诊，不得拒绝。其次，就医患双方的地位而言，医务人员凭其专业技能之优势，对医疗行为的规划或执行，拥有习惯性的绝对裁量权。患者由于对医疗知识不了解而唯“医命是听”，很难也很少参与。[③] 最后，就消费承诺的内容而言，医疗服务当事人间形成的是“手段之债”，而非消费关系中常见的“结果之债”。因为医疗行为具有太多的变数与不可预料的危险，即使非常高明的医师费尽心力

① 参见刘鑫：《论强制医疗启动程序决定主体》，载《中国司法鉴定》，2014（1），30～34 页。

② 《医师法》第 27 条规定：对需要紧急救治的患者，医师应当采取紧急措施进行诊治，不得拒绝急救处置。

③ 现代医学正处在一个由生物医学模式向生物—心理—社会医学模式转变的时期。在生物医学模式时代，人们大都从生物学的角度来研究病人和疾病，把疾病看成是由细菌、病毒、支原体或者抗原抗体、酶、细胞等单纯生物因素引起的，因此，诊治疾病在很大程度上依据各种物理、化学、生物的诊断设备所提供的检测资料，医师只需给予对症的药物、适当的手术或其他手段即可达到医学的人道主义目的。基于这种医学模式，医患双方的距离远了，医患感情被削弱，医患关系在某种程度上被物化。同时由于医学分工过细、专业化程度过高，一位医师只可能对患者的某一部位或某一疾病的某一方面负责，不能把患者作为整体予以全面负责，医患关系成为一种松散的结合。新的医学模式则要求医务人员必须高度重视患者的思想感情、社会环境，并要关心病人、了解病人、加强思想交流。医患关系模型就由受生物医学模式影响下的主被动模型，发展为指导模型或共同参与模型。

地诊断医疗，也不一定能收到“药到病除”的预期效果，也无法预知其可能引发的副作用或药物过敏，所以医疗服务承诺的内容是对“医疗手段”的承诺，而非对“治疗后果”的承诺。

其实，确定医疗行为是否属于《消费者权益保护法》调整范围的目的在于，医疗行为有瑕疵后医疗机构是否应当承担民事损害赔偿责任或者违约责任。即使不属于《消费者权益保护法》调整范围，医疗行为有过错的，人民法院仍然可以按照《民法典》来处理。因此，这种争论的意义不大。但是我们应该看到，在这种争论的背后，有人希望通过《消费者权益保护法》第55条的规定，来实现更高程度的患者权益保护。这才是问题关键所在。《消费者权益保护法》第55条规定，经营者提供商品或者服务有欺诈行为的，应当按照消费者的要求增加赔偿其受到的损失，增加赔偿的金额为消费者购买商品的价款或者接受服务的费用的3倍。已经有法院在司法实践中作出了此类判决。

案例 5-1

皮肤科患者是不是消费者[①]

孙某，女，34岁，曾经做过双眼皮手术，因对效果不满意，她便想通过“医美”的方式进行调整。孙某诉称：她在网络上搜索“双眼皮修复”等关键词时发现，搜索页面前三条全是北京某医疗美容诊所的广告。进入该诊所的主页后，孙某又看到各种宣传标语：“排名第一的眼整形修复医院”“医学博士王某某，专注眼整形修复四十年”……看到这些，孙某跟网站上的客服联系，并于2017年4月到该诊所就诊。该诊所工作人员致电孙某，表示想邀请她做案例模特，称为其实施手术时会有各地医师到现场观摩学习，并且手术费可以打八折。孙某遂决定在该诊所进行“双眼皮修复”手术。2017年4月20日，孙某依约来到该诊所进行手术，然而手术过程中，并无其他医师观摩学习。孙某才意识到，该诊所先前承诺的教学观摩案例都是假的，自己也并非案例模特。术后，孙某双眼皮两侧增添新疤痕，下眼角增添赘皮，并且睁眼困难，有拉扯感，干涩疼痛、畏光流泪，持续近一年。经多次沟通交涉，该诊所承诺再次为孙某进行修复。2018年3月，孙某再次在该诊所处进行修复手术，但术后仍然无明显改善，眼睛功能一定程度受损。孙某将该诊所诉至法院。

法院经审理查明：该诊所在其微信公众号发布了多条与实际情况不符的广告，并曾因此受到行政处罚。另经鉴定，孙某已达到九级伤残。医疗行为存在过错且与损害后果之间有因果关系。法院经审理认为：孙某在该诊所接受消费性医疗美容服务，应当受《消费者权益保护法》保护。该诊所存在虚假宣传和欺骗消费者的情形，孙某受上述虚假广告误导，接受了医疗美容服务，应认定该诊所在为孙某提供消费性医疗美容服务过程中存在欺诈行为，依据《消费者权益保护法》的相关规定，该诊所应当按照孙某的要求增加赔偿其受到的损失，增加赔偿的金额为孙某接受服务费用的3倍。最终，法院判决该诊所赔偿孙某3倍损失23万余元，同时赔偿孙某医疗费、营养费、护理费、残疾赔偿金、精神损害抚慰金等共计47万余元，总计70余万元。

第二节　患者权利的发展

一、患者权利的发展概况

患者权利运动最早可以追溯到18世纪90年代法国大革命时期。在当时第三等级中的资产

① 北京市朝阳区人民法院（2019）京0105民初68330号民事判决书。

阶级大讲人权的情况下，“给穷人以健康权”的口号格外响亮。以介洛汀（Guiuotin JI）博士为主席的健康委员会，同以罗歇福科德-连科特（Rochefoucauld-Liancourt）为主席的穷人委员会提出：法国同胞都有平等权，在及时、免费、稳妥、全面的医疗方面，一视同仁。穷人委员会为争取穷人的健康权利做了大量的具体工作，例如扶助老弱病残，促使国民议会把两家聋哑人收容院改为国立的，以及协助开办妇产医院和儿童医院等。国民议会则通过立法，肯定穷人的道德权利，推动了全国规模的改革。在穷人要求具有平等的健康权的同时，上流社会的人对卫生方面的改革也呼声强烈，他们希望在卫生保健方面有所改善。①

到了20世纪70年代，一些国家对患者的权利进行了较多的研究，并采取了一系列保证患者权利的措施。如1993年美国将《医疗事故委员会报告书》以通俗的语言写在“患者权利章程”，强调必须分发给每个病人。当时美国已有16个州以法律的形式制定和实行了“患者权利宪章”，而且还产生了“患者权利保护人”制度。1980年第一届全美患者权利会议召开。总的来说，患者权利的要求是：患者作为人要受到尊重，不因人种、性别、年龄、疾病类型和支付医疗费用的方式不同而受不同对待。

通说认为，在世界范围内，现代患者权利的历史始于《纽伦堡法典》（Nuremberg Code）。审判德国纳粹的纽伦堡军事裁判，明确了第二次世界大战中纳粹进行的人体实验是非人道的，具有犯罪性；并于1947年制定了《纽伦堡法典》。

此后，世界医师协会就患者的权利相继发表了许多宣言。1948年，第二次世界医师会大会在瑞士召开，会上通过了《日内瓦宣言》；1949年，《医疗伦理的国际纲领》制定，该纲领最终发展为《关于从事医学、生物学研究的医师的赫尔辛基宣言》（以下简称《赫尔辛基宣言》）（1964年第18次赫尔辛基总会）。

继《赫尔辛基宣言》之后，比较重要的规定是在1981年世界医师协会第34次总会上通过的《里斯本宣言》(Declaration of Lisbon on the Rights of the Patient)。该宣言首次制定了“为保障和恢复患者的权利，医师必须采取适当的手段”的医疗世界的行动指针。在后来处于激烈变化中的医师、患者、社会的关系中，特别是随着有关患者以及生物医学研究对象被验者权利的问题日益凸显，《里斯本宣言》获得了很高的评价，其被认为是符合医学界所应回应的时代要求的。《里斯本宣言》的主要内容包括：(1）患者有自由选择医师的权利；(2）患者对医师照护之外的压力有排除的权利；(3）患者有得到医师告知后同意的权利；(4）患者享有隐私权；(5）患者有尊严死的权利；(6）患者有拒绝接受神职人员安慰的权利。②

到20世纪90年代，世界卫生组织（WHO）关于患者权利的讨论也活跃起来。1994年3月在阿姆斯特丹召开的“关于患者权利的欧洲会议”上，《欧洲患者的权利宣言》通过了。该宣言进一步发展了《里斯本宣言》的宗旨。1996年6月，WHO欧洲地域事务所主办的欧洲医疗改革会议确认了，在一般的医疗改革中“市民的选择”和患者的权利也有着重要的意义。

二、国外患者权利法案制定情况

许多国家都有患者权利法案，虽然国家不同，立法的级别各异，但是内容上大同小异。各国通过制定的患者权利法案，在保障患者的合法权益方面发挥了非常大的作用。

英国于1963年成立了患者协会（the Patients Association），以积极维护患者权利。1972年

① 参见梁莉：《病人权利运动综述》，载《医学与哲学》，1999（2），12～14页。

② 参见［日］砂原茂一：《医者と患者と病院と》，149页。转引自邱清华：《消费者的医疗权利》，载《医事法学》，第2卷第1、2、3合刊，98页。

美国成立了医院协会，制定了《患者权利法（草案）》（The Patients' Bill of Rights）。此后多次在美国国会讨论，虽未获最终通过，但很多州都已经制定了《患者权利法》。[①]

法国于1974年发表了《病人宪章》（Charters of the Rights of Patients），欧洲经济共同体（European Economic Community，EEC）于1979年发布了《患者宪章》（Charter of the Hospital Patient），两者都以患者的人权和自由为基调。

新西兰于1978年7月制定了涉及患者权利与义务的《患者权利与义务守则》，其中规范患者权利的有19条。

芬兰于1983年公布了《患者权利条例》。该条例全文共15条，包括病人的知情权、自主决定权、病案的了解和更正权、控诉权、病人维权权、治疗权等。

丹麦于1998年7月1日正式出台了《患者权利法》，对病人权利的适用范围、有关定义及权利等，尤其是患者的知情同意权、病案使用权、自主决定权、健康资料保密权等，作出规定。

有关患者权利的各国立法，在20世纪90年代进入高潮，荷兰、以色列、立陶宛、冰岛、匈牙利、丹麦、挪威等国都在这一时期开始制定与患者权利相关的法律。

2011年，苏格兰颁布了《病人权利法案》[Patient Rights (Scotland) Act 2011]。

三、我国患者权利的现状

（一）患者权利理论研究

我国相关学者和机构对患者权利的研究始于20世纪90年代初：由于医疗卫生实践的不断深入，医疗服务模式的转型和改革，患者权利也逐渐提上议事日程。20世纪90年代后有一批相关论著问世，如李本富教授的《病人的权利和义务》、邱仁宗教授的《病人的权利》、张敏智和朱凤春编著的《病人权利概论》、王亚平的《患者权益与保护》等，在保护患者权利，使患者更好地维权等方面都发挥了巨大作用。[②] 进入21世纪以来，又有很多专家、学者涉足这一领域，但主要局限于医学伦理学、社会学、哲学角度。其中，有针对患者的知情同意权的讨论，而且认为知情同意权为现代医学伦理学的一个重要组成部分。患者的知情权指患者有权了解自己所患疾病的诊断、治疗、预后等具体内容，医务人员有义务对疾病进行有关的解释和说明。患者的同意权指不管检查和治疗是否有益于患者，患者都有权要求，也有权拒绝。当患者由于缺乏医学知识或其他原因拒绝诊疗，并因此可能带来不良后果时，医务人员要耐心劝说，陈述利弊，不能采取强迫手段，而应当给患者充分的权利和自由。[③]

（二）患者权利立法情况

在我国患者权利立法的位阶不高且分散，尚无形式意义上的患者权利保护法。关于患者权利保护的规定，除《宪法》第21条以间接形式概括规定了患者享有获得医疗权和《民法典》第990条规定自然人享有生命权、健康权之外，大量的患者权利的内容散见于各种医疗卫生管理法律、法规和规章之中：《医师法》第23、25、27条从医务人员工作规范的角度反向确认和保障患者的权利，如患者在治疗过程享有被尊重的权利、隐私受保护的权利、危急患者得到急救的权利、知情权和对实验性临床医疗自主决定的权利等。《民法典》规定了患者的医疗救助

① Paasche-Orlow MK, Jacob DM, Hochhauser M., et al., "National Survey of Patients' Bill of Rights Statutes", 24 *J. Gen. Intern. Med.*, 489 - 494 (2009).

② 参见谢晓：《关于构建中国病人权利保护体系之思考》，载《西北大学学报》，2010（2），143～148页。

③ 参见李军：《病人的权利刍议》，载《医学与社会》，2005（3），51～53页。

权、知情同意权、病历知情权和病历隐私权等。《医疗机构管理条例》第 32 条确认了患者或其家属对手术、特殊检查或特殊治疗的同意权。《医疗事故处理条例》有大量的条文涉及患者的权利，比如：第 10 条规定了患者的病历知情权，确认了医疗事故中患者获得损害赔偿的权利；第 16、17 条规定了患者享有对病历及可疑医疗物品的封存权；第 18 条规定了患者家属尸检决定权。此外，在国务院卫生行政部门发布的医疗卫生行政规章中，也有大量涉及患者权利的内容。

总的来看，我国的患者权利保护立法，在形式上比较落后，但是在内容上比较超前。虽然没有一部形式意义上的患者权利保护法，甚至都没有行业协会或者组织发布带有指导意义的患者权利保护规范性文本，但是，在国家医疗卫生管理法律、法规、规章中，却有非常多的关于患者某些权利的规定。

第三节 患者的人格权

人格权是自然人所具有的最基本的权利。《民法典》第 990 条规定，人格权是民事主体享有的生命权、身体权、健康权、姓名权、名称权、肖像权、名誉权、荣誉权、隐私权等权利。患者是自然人，当然享有我国民法上所规定的自然人应当享有的包括人格权在内的所有权利。但是，患者到医疗场所就医，往往是发生了影响生命、健康的问题，医疗机构为其提供医疗服务，又会干扰和影响患者的人格权。因此，患者的人格权在医疗服务的背景下又具有特殊性。

一、生命权

生命权是一项独立的人格权，是指自然人的生命安全不受侵犯的权利。《民法典》第 1002 条规定：自然人享有生命权。自然人的生命安全和生命尊严受法律保护。任何组织或者个人不得侵害他人的生命权。目前，关于自然人有无权利决定自己的生命的讨论，已经成为现代法学、医学界讨论的热点。与此相关的问题是，对已经进入生命终末期的患者，是否要实施维持其生命的医疗措施？能否遵其生命预嘱，或者由其委托人决定，或者在没有生命预嘱，也没预先指定委托人的情况下，由其近亲属决定，撤除患者的生命维持系统？与此相关的概念有自然死、尊严死、安乐死等。有关内容参见本书第十章第五、六节。

这里需要讨论胎儿的生命权益问题。

我国法律没有明确规定“胎儿”的概念，理论上及实务中解释也不尽一致。根据《中国大百科全书》的解释，胎儿是指妊娠 8 周以后娩出的胎体，妊娠 4 周～8 周的胎体为胚胎。① 根据《医学辞典》的解释，从受孕 12 周（也有的认为是 8 周）开始，四肢明显可见，手足已经分化，才是胎儿。而在此之前则是受精卵和胚胎，而不是胎儿。这是生物学和医学关于胎儿的定义。国内有法律学者认为，如果接受生物学和医学上的胎儿概念，必然会导致受孕 8 周或者 12 周内的胎儿的合法权益得不到应有的保护，同时会导致在法律适用时对于胚胎是否为胎儿的界定困难：目前医学只能对胎儿的发育作出大致的判断，在 8 周或者 12 周的临界点上，判断母亲腹中的生命组织究竟是不是胎儿，要不要作为胎儿保护就很困难。因此，持此观点的学者认为，界定法律上胎儿的标准应当注重胎儿的社会性，也就是对胎儿将来利益的保护。

作者认为，从胎儿性别鉴定和人工终止妊娠的立法初衷考虑，法律保护的胎儿应该是正在

① 参见胡乔木：《中国大百科全书》，1390 页，北京，中国大百科全书出版社，2002。

孕育中的“人”，从精子和卵子结合那一时刻起一直到脱离母体、独立呼吸，成为真正的民事主体，涵盖整个孕育于母体内的生命发育的阶段。但在胎儿发育的不同阶段，对胎儿的权利保护和对孕妇的权利保护应当遵从不同的处理原则。

美国布莱克蒙大法官创建的三阶段理论（the Trimester Framework）非常值得关注。（1）在怀孕的第一阶段，亦即怀孕最初3个月，从医学观点来看，行堕胎手术较安全，所以孕妇和医师可以自由决定是否进行堕胎手术，不受州政府干预。此时表现为孕妇的权利保护优先于胎儿的权利保护。（2）在怀孕的第二阶段，在胎儿可以体外存活的关键点之前，州政府虽可以对堕胎作一定管理，可能基于保护母体安全，限制堕胎手术的进行，但仅限于规范堕胎的程序，以切实保护孕妇的身体健康，堕胎决定应由孕妇与医师协商决定。此时表现为，孕妇权利保护有限地优先于胎儿权利保护。（3）在胎儿可以体外存活的关键点之后，也就是怀孕第二阶段末期，亦即怀孕的最后3个月，州政府对潜在生命利益的保障已达重大程度，因此限制甚至禁止堕胎，除非堕胎为挽救孕妇生命或健康所必需。此时表现为胎儿的权利保护优先于孕妇的权利保护。①

在胎儿权益保护方面涉及的另一个问题就是人工流产或者引产。在我国部分人仍有重男轻女的迂腐思想，一些人对胎儿进行非法性别鉴定之后有选择性地人工终止妊娠。《禁止非医学需要的胎儿性别鉴定和选择性别人工终止妊娠的规定》对人工终止妊娠进行了严格限制。

关于胎儿的生命权益还涉及一个法律问题需要关注。在孕期保健服务合同纠纷中，新生儿和母亲，到底谁是诉讼的原告？各地法院的做法不尽相同。其实，这与美国侵权法中的“不当出生之诉”（Wrongful Birth）与“错误出生之诉”（Wrongful Life）类似，只不过有的法院把这两类诉讼混淆了。我国的孕期保健服务合同纠纷类似于美国侵权法中的“不当出生之诉”，诉讼的原告应当是母亲。“错误出生之诉”由于存在重大伦理风险，在我国司法实践中一般不被认可。

我国《民法典》规定，自然人的权利能力始于出生，胎儿在涉及遗产继承、接受赠与等利益保护方面，视为具有民事权利能力，但是，胎儿娩出时为死体的，其民事权利能力自始不存在。但是胎儿迟早是要出生的，孕育中的胎儿乃未来的民事法律主体，且胎儿是所有自然人生命发育的必经阶段，如果胎儿在其孕育过程中受到损害致其出生后畸形或疾病，或者在其孕育过程中其父母（其未来生活的依赖者）受到人身伤害以致丧失劳动能力，或者父母死亡导致其抚养权受到侵害，那么，胎儿在出生后不能享有损害赔偿请求权，显然有违公平且与法理不符。

扩展阅读

关于胎儿的保护，争议最大的莫过于是否允许堕胎。美国联邦最高法院在1973年Roe v. Wade案的判决中，确认了关于美国妇女堕胎的基本规则——将女性的孕期分为三个阶段：在怀孕的最初三个月中，政府完全无权禁止妇女堕胎；在第二个三个月中，政府可以有条件地禁止堕胎；而在妊娠最后三个月中，政府可以制定法律禁止堕胎，但允许有一些例外，比如对母亲生命有威胁的妊娠。在Roe v. Wade判例之前，在美国只有大约12个经济发达的东西沿岸州规定堕胎是合法的，绝大多数中部州都规定不合法。在Roe v. Wade判例之后，每个州都至少要有一个可以接受堕胎的诊所或医院，至少早期妊娠的堕胎权得到了保障。但是，随着近年来保守主义在美国的抬头，堕胎立法和法院的判决开始向着从严禁止的方向发展，出现了所谓的“心跳”法案（“heartbeat” bills）。2018年，密西西比州通过了一条法律，基本上禁止了所

① 参见黄丁全：《医疗法律与生命伦理》，419页，北京，法律出版社，2004。

有妊娠在 15 周之上的堕胎。在这个州唯一的一家可以执行堕胎的医院 Jackson Women's Health Organization 立刻向美国联邦法院提起了诉讼，认为这一条州法律是违反美国宪法的。密西西比州联邦地区法院很快禁止了该州的这条法律，认为这明显与美国联邦最高法院之前的判例相冲突。当时的联邦法院法官 Reeves 在判决词中写道："这个州选择通过一条它们早知道违宪的法律，就是为了完成利益集团数十年以来的努力，推翻最高法院的 Roe v. Wade 判例。本法院遵从最高法院的判例，忠于美国宪法，而不会顺从密西西比州议会的立法。"密西西比州司法部对这一判决不服，上诉到了美国联邦最高法院。2022 年 6 月 24 日，美国联邦最高法院就"多布斯诉杰克逊妇女健康组织案"（Dobbs v. Jackson Women's Health Organization）作出裁决。保守派法官以 6：3 的优势投票允许密西西比州禁止女性在怀孕超过 15 周后堕胎，更推翻 1974 年联邦最高法院作出的"罗伊诉韦德案"（Roe v. Wade）判决，认定堕胎权并非美国宪法蕴含的公民权利，允许各州立法禁止堕胎。2021 年 5 月 19 日，得克萨斯州通过一项法律，禁止妇女在怀孕 6 周后堕胎——很多女性在此时甚至不知道自己已经怀孕。该法律对医疗紧急情况允许破例，但对强奸或乱伦受害者不豁免。此前，在得克萨斯州妇女在怀孕 20 周前堕胎属于合法。自此，在美国至少有包括路易斯安那州、密苏里州、亚拉巴马州、佐治亚州、俄亥俄州、得克萨斯州等 13 个州采取措施禁止患者在怀孕早期进行堕胎。但得克萨斯州的法案与其他所谓的"心跳"法案不同的是，得克萨斯州的法案有一个条款，允许普通公民对"协助和教唆"这类程序的医师、工作人员，甚至病人的家人或朋友，提起民事诉讼。

案例 5-2

确定美国妇女堕胎权的美国联邦最高法院判决①

该事件发生于 1969 年：一名得克萨斯州妇女（为保护其隐私，法律文件上将她称为 Jane Roe，而 Wade 是当时的达拉斯地区检察官，所以此案被称为 Roe v. Wade）在怀第三个孩子的时候，要求堕胎。但当时得克萨斯州的法律规定，除对母亲身体健康有严重威胁的妊娠外，其他堕胎是非法的。Roe 女士就将得克萨斯州的检察长告到了联邦法院，而联邦法院也判决 Roe 女士胜诉。得克萨斯州不服这一判决，上诉到了联邦最高法院。联邦最高法院在 1973 年以 7：2 给出了判决。这一判决认为，妇女的堕胎权受美国宪法第 14 条修正案第 1 款公正程序条款的保护。但是，同时联邦最高法院也认为堕胎权这一权利不是绝对的，也应该考虑到女性的身体健康和婴儿的健康。这一判决在之后的几个类似案例中除进行了一些细微的修改外，主要精神和内容都得到了再次肯定和强化。

二、健康权

健康是任何有生命物质维持其生命存在的重要生理指标，自由生物体的组织器官的结构和功能处于正常的生理状态，才能谓之健康。WHO《世界保健大宪章》中对自然人健康所下的定义是"健康不但是身体没有残疾，还要有完整的生理、心理状态和社会适应力"。近些年 WHO 又对健康的定义作了完善，包括：（1）身体无病，这是健康的最基本条件；（2）心理健康，心态决定了人生的一切，良好的心理是一切的保证；（3）身体健康，维持机体各组织的细胞，使功能协调作用完善；（4）良好的适应社会的能力。法律上讨论的健康权应当是以健康的内涵为内容的自然人的基本权利。

《民法典》第 1004 条规定：自然人享有健康权。自然人的身心健康受法律保护。任何组织

① Roe v. Wade，410 U.S. 113 (1973).

或者个人不得侵害他人的健康权。健康权是指自然人以其器官乃至整体功能利益为内容的人格权，它的客体是人体器官及各系统乃至身心整体的安全运行，以及功能的正常发挥。健康权是自然人享有的保持生理机能正常以及其健康状况不受侵犯的权利，其内容主要包括健康保持权和特定情形下的健康利益支配权。健康权是自然人享有的一项最基本人权，是自然人享有一切权利的基础，如果健康权得不到保障，那么自然人的其他权利就无法实现或很难实现。保护自然人的健康权是我国刑法、民法等多项部门法的共同任务。非法侵害自然人的健康权，必须承担相应的民事、刑事法律责任。

患者到医院就医的目的，便是要维护其基本的健康权益。医务人员应恪守《希波克拉底誓言》："……对我的儿子、老师的儿子以及我的门徒，我要悉心传授医学知识。我要竭尽全力，采取我认为有利于患者的医疗措施，不能给患者带来痛苦与危害……"[①] 医务人员在给患者提供医疗服务时，应当最大限度地保障患者安全。医疗质量和医疗安全是医疗机构的两大永恒主题，其核心是患者安全。医务人员应当时刻铭记"First，do no harm"的原则。[②] 保障患者安全、不伤害患者并不是绝对的，而是强调在对患者进行医疗处置时，应确保对患者的好处大于对患者的伤害和风险。由于医疗行为本身具有创伤性或危险性的特点，所以每位医务人员均应在建议患者实施某种治疗方案时，先作一个利弊的权衡。[③]

强制医疗制度是国家医疗保健制度的有机组成部分，是现代医疗制度不可或缺的部分。目前我国法律体系中对强制医疗制度缺乏系统的规定，相应地，强制医疗制度也缺乏理论支撑，有关强制医疗制度的理论研究往往也只是针对某一个方面、某一类问题进行的，强制医疗理论缺乏系统性。强制医疗主要涉及两个问题：一是谁来决定实施强制医疗，即强制医疗程序的启动权问题；二是强制医疗的实施权问题。长期以来，关于强制医疗存在众多的法律与伦理争论。例如美国对关塔那摩监狱的绝食者实施强制喂食，引起争议。[④] 其实，对被拘押者采取绝食的行动，世界医学协会（World Medical Association，WMA）1975 年的《东京宣言》早就已经明确，2006 年的《马耳他绝食宣言》再次明确：未经人犯同意，不得施以人工喂食；同时只要医师认定人犯有能力对相关后果作出"健全和理性判断"，人犯就有权拒绝进食。[⑤] 一方面是相关条约或者法律禁止实施某些行为，另一方面则是违反规定实施这些行为，现实情况不容乐观。绝食抗议及与此相关的强制灌食尚且如此，更别说对精神疾病的强制医疗、强制戒毒等情况了。在国外，对不危害社会的精神疾病患者的治疗，长期以来实行患者自愿原则，只对那些实施社会危害行为的精神疾病患者实施非自愿监管。非自愿监管，是指利用法律手段或者精神健康法所规定的形式，违背某人的意志或者不顾其抗告，将某人置于精神病医院、精神病

---

① 綦彦臣编译：《希波克拉底誓言》，149 页，北京，世界图书出版社，2004。

② 患者安全，这个概念最早可追溯到两千多年以前西方医学之父希波克拉底的一句名言"First，do no harm"，中文大意是"最重要的是，勿伤害病人"。这是他在著名的《希波克拉底誓言》中嘱咐从医者的一条守则，是对患者安全概念的核心和本质的最简洁、最直接的表述。

③ "The origin of primum non nocere." British Medical Journal electronic responses and commentary，1 September 2002.

④ See George J. Annas，Sondra S. Crosby，Leonard H. Glantz，J. D.，"Guantanamo Bay：A Medical Ethics-free Zone?"，369 *N. Engl. J. Med.*，101 - 103 (2013).

⑤ Declaration of Malta on Hunger Strikers (2006)；World Medical Association (1975)，World Medical Association (2007). 国际红十字会对此也持赞成的态度。参见《监狱中的绝食抗议：红十字国际委员会的立场》，载红十字会网站：http：//www.icrc.org/chi/resources/documents/faq/hunger-strike-icrc-position.htm，最后访问日期：2013 - 12 - 25。

患者收容所（insane asylum）或者精神病治疗病房（psychiatric ward）的活动。[①]《德国刑法典》第 63 条第 1 项规定，犯罪时无责任能力或限制责任能力，法院……将其收容于精神病院。《俄罗斯联邦刑法典》第 97 条第 1 款规定，法院可以对无刑事责任能力或限制刑事责任能力的肇祸精神病人、无受审或服刑能力的精神病犯人适用医疗性强制措施。当然，在发生传染病疫情时，对传染病人实施强制隔离治疗，则是考虑到公众健康利益，因此，几乎所有国家都对此采取强制原则。在戒毒方面，美国的戒毒治疗形式有强制性和自愿性两种，由警察、司法、法院、专业机构、社区、学校等多系统共同参与，进行综合治疗。美国许多州设立了毒品法院，法官对吸毒者进行评估和判决，根据吸毒者的具体情况，法官要求他们进行各种戒毒治疗项目。[②]

需要注意的是，强制医疗的决定行为与强制医疗的实施行为的执行主体各不相同。强制医疗的决定行为由法律明确规定的享有这项权利的主体来作出，一般是国家权力机关。[③] 而强制医疗的实施行为的主体则是医疗机构，医疗机构在实施强制医疗措施时，总是在国家权力机关强制保障的前提下进行的。

三、身体权

罗马法没有规定身体权，我国《民法典》首次规定了自然人的身体权。关于身体权是不是一个独立的权利，法学界存在不同的看法。在我国民法理论和实践中，对于身体权是不是自然人的一项独立民事权利，以前的通说持否定态度，只承认自然人享有生命权、健康权；但是近些年，更多的人认为，身体权是自然人的一项独立人格权。

（一）身体与身体权

1．身体

身体是自然人享受法律人格的物质基础，离开了身体，自然人无任何权利可言，亦不具备法律上的人格。生命权是人最重要的一项权利，但是，生命的物质载体是身体，没有身体，生命则不存在。

身体，指“一个人或一个动物的生理组织的整体”，即“人和动物的躯体”。从这个角度上说，人和动物的生理组织的整体即躯体，都称为身体。由此可以看出，汉语中的身体，不分人和动物，其躯体均为身体。[④] 任何人破坏自然人身体之完整性，就构成对自然人身体权的侵害。应当强调这是一种整体观念，换而言之，自然人的身体（body），是肉体的整个构成或附属于身体的所有部分。[⑤]

法律意义上的身体，是躯体和身体附属物的总称，它具有自然属性和社会属性。为方便对身体权的理解，可将自然人的身体组成分为三个基本部分：一是主体部分，是指人的肉体的主要组成部分，包括头颅、躯干、内脏器官和肢体等身躯部分。这些身躯的主要构成部分的缺失，将直接造成人体健康水平的降低或残疾。二是附属部分，指人体的主体部分按照人体新陈代谢规律产生的身体衍生物，如毛发、指甲、胡须等。这些身体组成部分与身体分离，不会造成人体的痛苦，也不会造成人体某种机能的丧失和健康水平的降低。三是镶装、配置的人工制

① 参见时延安：《中美精神病人强制医疗制度之比较》，载《法学评论》，2009（4），113～118 页。

② 参见宋英辉、李瑾：《美国毒品法庭的透视与思考》，载《兰州学刊》，2015（12），117～123 页。

③ 参见刘鑫：《论强制医疗启动程序决定主体》，载《中国司法鉴定》，2014（1），30～34 页。

④ 参见《辞海》（缩印本），1973 页，上海，上海辞书出版社，1979。

⑤ See *Blacks Law Dictionary*, with pronunciations, fifth edition, West Publishing, p. 159.

作的残缺身体部分的代替物，如心脏起搏器、义肢等。

患者移植的器官和其他组织是否为身体的组成部分？随着现代医学科学的发展，人类对自身身体的认识不断发展，目前可以做多种器官和其他人体组织的移植，最简单的如输血、植皮，复杂的如肾脏移植、心脏移植、角膜移植等。移植以后的器官和其他人体组织与受移植人成为一体的，即为成功的移植，应为受移植人身体的组成部分，他人不能再主张对这些器官、组织的身体权。近年来引人关注的是离体的精子、卵子、受精胚胎之所有权的归属，以及由此引发的所有权转移、继承，进一步衍生出来的单女冻卵、代孕等。

2. 身体权

《民法典》第1003条规定：自然人享有身体权。自然人的身体完整和行动自由受法律保护。任何组织或者个人不得侵害他人的身体权。当前身体权的定义比较狭窄，学界通说认为，身体权是自然人依法维护其身体完整，并支配其身体器官和其他组织的具体人格权。这种观点所讲的身体权在内容上包括两个方面：一方面是指自然人维护自己身体完整性的权利，另一方面是指自然人对自己身体组成部分的支配权。它强调身体权所维护的利益，是自然人身体组成部分的完整性不可侵犯。对身体权的这些解释，形成了目前我国民法学理论关于身体权概念的通说。

案例5-3

眼科诊疗活动侵犯患者知情同意权案

甲，58周岁，因眼部剧烈疼痛来到某市中心医院眼科就诊。经检查，其角膜缘附近有灰白色浸润点，并已融合成浅沟状溃疡。医师初步诊断为蚕食性角膜溃疡，并给予皮质激素口服。复诊时医师发现，右眼角膜已出现多处穿孔。医师考虑为甲进行角膜移植手术，但苦于没有供体。一日，了解到本院住院部有一位患者乙因急性心肌梗死猝死，医师遂潜入太平间，偷偷将死者的眼球挖出。当日，医师为甲安排了角膜移植手术，手术非常成功。乙的父母在从太平间领取尸体时，发现乙的眼球被人挖出，立即向医院和卫生行政部门提出质疑，后以侵害死者乙的身体权为由，将某市中心医院告上法庭。

试问：本案中医师的行为是否侵犯了乙的民事权利？如果侵犯了，具体侵犯的是什么权利？本案中医师的行为是否构成盗窃、侮辱尸体罪？①

案例5-4

德国精子丢失案②

原告在被告处保存一定数量的精子，后精子因被告之故灭失。原告以被告过失致使原告储存的精子灭失，致使原告遭受精神损害为由起诉，主张25 000马克抚慰金。初审和上诉法院按照对物之损害的赔偿规则，否认原告具有《德国民法典》第847条规定的抚慰金请求权。但联邦法院进行了一个“智慧”的推理：“若身体部分的分割，依据权利主体的意思系为保持身体功能，或其后将再与身体结合时，则为保护权利主体的自主决定权与身体本身，从法律规范目的而言，应认为此项身体部分在其与身体分离期间，仍构成功能上的一体。对此种分离身体部分的侵害，应认为系对身体的侵害。”由此，适用《德国民法典》第847条，确认原告因身体受侵害而享有精神抚慰金请求权。德国联邦法院的推理与解释，规避了“精子”的财产（物）性质，直接及于人身权之身体权，旨在对遭受精神损害的原告给予法律救济。

① 关于盗窃、侮辱尸体罪，参见《刑法》第302条：盗窃、侮辱尸体的，处3年以下有期徒刑、拘役或者管制。

② BGHZ 124，52 VI. Civil Senate (VI ZR 62/93).

（二）医学领域侵害身体权的情形

（1）对尸体的损害。自然人死亡后，民事权利丧失，但其尸体应依法受到保护。有些医师及法医在尸体解剖的过程中，为了积累科研资料或进行教学，擅自留取死者的组织或器官（如毛发、牙齿、髌骨、耻骨、胸骨等）。杨某龙等诉贵阳医学院附属医院受委托进行病理解剖时未经同意留取死者部分脏器侵权纠纷案中，涉及解剖服务合同，原、被告双方的权利、义务受双方签订的合同和相关规范性文件约束，虽然二审法院以双方合同没有特别约定脏器处置问题，而适用当时有效的卫生部《解剖尸体规则》第 7 条“凡病理解剖或法医解剖的尸体，可以留取部分组织或器官作诊断及研究之用……”，认定被告的行为并不违法①，但这确实是一个值得讨论的话题。

在我国《刑法》《治安管理处罚法》中都有关于尸体权益保护的规定。

（2）对身体组织的非法保留、占有。身体权以身体为客体，最重要的就是保持其身体的完整性、完全性。因此，任何人（包括医务人员）未得到本人允许，破坏他人身体完整性的行为都构成对身体权的侵害。例如，医院在给患者实施医疗行为的过程中，会从患者身体上分离一部分组织器官，除因患者有传染性疾病，该组织器官须由医院负责强制销毁外，一般而言对于医院分离的组织器官患者有处分的权利，可以自行处理或者授权医院处理。再比如，有些医师同时有科研任务，经常会需要活体材料（血液、胃内容、肠内容等，其中以血液最为常见）做实验。他们往往利用工作之便，亲自或委托他人通过多取检材的方法，为自己的实验留出足够量的活体材料。由于身体组织器官中包含自然人个人、家族乃至民族的基因信息，因而医院擅自留存在给患者检查时留下的人体组织是违法行为。

案例 5－5

产妇向分娩医院索赔胎盘案

2011 年 3 月，产妇李某在某医院顺利分娩一婴儿。分娩后的第八天，李某出院。到家后，一位前往探望的远方亲友告诉她，胎盘能当补品出卖，而且出卖价格还很高；并且说，“医师没有把胎盘给你，说明很有可能是被医师给卖了”。李某听后，非常气愤，便到医院讨说法。当其听医师说胎盘属于医疗废物被处理掉了之后，李某找到院长反映此事。当时，当事医师同意给其 100 元钱作为补偿，但是李某认为必须赔偿 2 000 元。由于双方协商不成，李某便将医院诉至法院，要求医院赔偿胎盘损失 3 000 元、精神损失费 5 000 元。

法院经审理认为：公民的合法财产受法律保护。根据原卫生部《关于产妇分娩后胎盘处理问题的批复》② 的规定，产妇分娩后，胎盘应当归产妇所有，任何单位和个人不得买卖胎盘。只有在胎盘可能造成传染病传播的情况下，医疗机构才有处置产妇胎盘的权利，而且这种情况必须及时告知产妇。被告虽然声称原告的胎盘属于医疗废物且已经按有关规定进行了处置，但并没有提供原告有传染病的证据，也没有提供按照《医疗废物管理条例》等相关规定对胎盘进行处置的病历记录，因此不能认定原告的胎盘属于医疗废物，而应当认定属于原告所有的一种物。由于该物的灭失是医院的保管不善造成的，医院应该依法承担赔偿责任。遂判决被告医院赔偿原告李某 200 元。

---

① 参见最高人民法院中国应用法学研究所：《人民法院案例选》，2001 年第 3 辑，110 页，北京，人民法院出版社，2001。

② 卫生部《关于产妇分娩后胎盘处理问题的批复》（卫政法发〔2005〕123 号，2005 年 3 月 31 日发布，2005 年 3 月 31 日实施）。

（3）对身体组织之不疼痛的侵害。一般认为，对身体组织的破坏，只要不造成严重的痛楚，不被认为是对健康权的侵害，而被认为是对患者身体权的侵害。身体权同健康权紧密联系，但内容并非同一。身体权所保护的是肢体、器官和其他组织的完整状态，而健康权所保护的是各个器官和整个身体功能的健全。根据这一标准，构成侵害身体权的行为，一般是对人体无感觉神经分布组织［头发、眉毛、体毛、指（趾）甲、牙釉质等］实施的行为。

（4）过度医疗，侵害患者的身体权。医务人员实施医疗活动，是以较小的代价换取患者的生命和健康。绝大多数医务人员的行医目的是崇高而正义的，但也有例外。在某些医务人员借医疗活动牟取非法利益的情况下，其可能会对患者实施不必要的检查和治疗，从而给患者身体造成诊治疾病目的之外的伤害。唯若医务人员因不合于手术之方法或治疗之目的及施行过度，致侵害患者之身体者，乃属身体之侵害，而为损害赔偿之原因。①

例如，现在有些医务人员为降低医疗诉讼法律风险，在医疗活动中过度给患者做检查，其中有的检查是不必要的，而且检查中造成了患者身体伤害。

四、隐私权

隐私权是人类文明发展到一定历史阶段的产物，是人类文明的标志。1890 年，美国两位法学家路易斯·布兰蒂斯和萨莫尔·华伦在哈佛大学《法学评论》杂志上，首先提出了隐私权的概念，认为这种权利是宪法规定的、人所共享的自由权利的重要组成部分。从此以后，关于隐私权的理论开始受到广泛的重视和承认。② 当前我国对患者个人信息和隐私的保护，形成了“三维立体”保护模式：第一维是民事保护。《民法典》第 1226 条明确规定了对患者的隐私权保护。③ 此外，《民法典》中对自然人个人信息和隐私的保护的条文较多，包括第 111 条、第 1032 条到第 1039 条、第 1222 条、第 1225 条、第 1226 条。第二维是行政保护。《医师法》《护士条例》等法律、法规中对患者个人信息和隐私制定了行政保护措施。2021 年 8 月 20 日《个人信息保护法》颁布，对自然人个人信息保护作出全面系统规定，规定了对自然人敏感个人信息的处理须征得其单独同意。第三维是刑事保护。《刑法修正案（七）》《刑法修正案（九）》增设了“侵犯公民个人信息罪”，医务人员将在履行职务过程中了解到的患者个人信息和隐私予以泄露，构成该罪的，从重处罚。

关于医务人员对患者隐私权的保护，《希波克拉底誓言》中明确写道：“……对看到或听到不应外传的私生活，我绝不泄露……”④ 我国医疗卫生管理法律、法规中对患者的隐私权保护已经作出了明确的规定。《医师法》第 23 条规定，医师在执业活动中应当尊重、关心、爱护患者，依法保护患者隐私和个人信息。第 56 条规定，医师在执业活动中，泄露患者隐私，造成严重后果的，予以处罚。《护士条例》第 18 条、第 31 条中也有类似的内容。即便是在临床教学活动中，仍然应当注意保护患者的隐私权。⑤

关于隐私的概念，在我国法律上并没有作出明确规定。隐私乃是一种与公共利益、群体利

---

① 参见何孝元：《损害赔偿之研究》，135 页，台北，“商务印书馆”，1982。

② 参见杨立新、朱呈义、薛东方：《精神损害赔偿——以最高人民法院精神损害赔偿司法解释为中心》，347 页，北京，人民法院出版社，2004。

③ 《民法典》第 1226 条规定：医疗机构及其医务人员应当对患者的隐私和个人信息保密。泄露患者的隐私和个人信息，或者未经患者同意公开其病历资料的，应当承担侵权责任。

④ 綦彦臣编译：《希波克拉底誓言》，149 页，北京，世界图书出版社，2004。

⑤ 《医学教育临床实践管理暂行规定》第 7 条规定：临床教学基地及相关医疗机构应采取有效措施保护医学教育临床教学实践活动中患者的知情同意权、隐私权和其他相关权益。

益无关的，当事人不愿他人知道或他人不便知道的信息，当事人不愿他人干涉或他人不便干涉的个人私事和当事人不愿他人侵入或他人不便侵入的个人领域。因此，隐私有三种形态：一是个人信息，为无形的隐私；二是个人私事，为动态的隐私；三是私人领域，为有形的隐私。[①]从隐私的内容来看，隐私总是涉及私人个人的东西，是与自然人的身体和生活密切相关的信息、行为或者空间。而与患者的身体和生活密切相关的隐私总会呈现在医疗机构的诊疗场所内，医务人员在其执业过程中总会有意或者无意接触到、了解到。从与患者的身体相关方面来看，患者的隐私包括患者的疾病诊断信息、治疗信息、体格检查信息、身体器官发育畸形、遗传学信息、就诊经历等；从与患者的生活相关方面来看，患者的隐私包括患者在住院期间的起居场所、随身携带的行李物品、家庭住址、家庭电话号码、手机电话号码等。[②]

扩展阅读

医患特免权规则

关于对患者个人信息和隐私的保护，在英美法系国家的法律上有医患特免权（physician-patient privilege，physician privilege）的概念。医患特免权指病人有权拒绝泄露或制止其医师泄露他们之间交流与谈话的内容，进一步延伸到医师在给患者提供诊疗服务过程中了解到的患者的疾病诊治信息、病历记录等，原则上应当予以保密。普通法不承认医患特免权，但该特免权通过法律解释存在于所有司法管辖区。虽然《美国联邦证据规则》（Federal Rules of Evidence）第501条所规定的心理咨询师、精神科医师的特免权中并不包括医师特免权，然而，立法机构设定的许多法定例外，已大大削弱保护患者机密信息的能力。医疗卫生管理法律中涉及的医师执业规范中均有此规定，且美国大多数州以制定法规定了这项特免权。[③]

医师和患者之间的法定特免权确保了患者可以充分披露有关自己疾病的机密信息，而不必担心损害自己的隐私。法院在这项特免权应该达到的程度上存在分歧——一些人赞成广义的解释，而另一些人则认为法定语言应该被狭义解读：只有在有职业关系的情况下，医师和患者之间的保密沟通才享有特免权。医师在没有职业关系的情况下收集的有关患者病情的信息不受保护。在没有法定医患特免权的情况下，医患之间的合同语言可能暗示保密。该项特免权的享有者是患者，而不是医师，病人也可放弃其特免权。当患者根据自己的医疗健康状况提起诉讼，默示放弃医患特免权时，患者仅放弃与患者的医疗状况有因果关系的事项的特免权。医师应当履行保护患者个人信息和隐私的义务。

案例5-6

我国首例教学医院教学示范被起诉侵犯隐私权案

2000年9月15日，22周岁未婚先孕的阿静在男友陪同下来到某医学院第一附属医学院做人工流产。在妇产科医师孙某的安排下，阿静按要求做好准备，躺在检查床上等待检查。这时，医师叫进来二十多名身穿白大褂的男女学生围在其床前。阿静非常紧张，要求医师让他们出去。医师说，没关系，他们都是实习生。医师让阿静躺好，一边触摸阿静的身体，一边向实习生介绍患者身体各部位名称、症状等。检查讲解过程持续有五六分钟。事后，气愤难平的阿静和男友经咨询律师，决定用法律手段维护自己的合法权益。10月8日，阿静向法院提起诉

---

① 参见王利明主编：《人格权法新论》，480～482页，长春，吉林人民出版社，1994。

② 参见刘鑫、张宝珠、陈特主编：《侵权责任法"医疗损害责任"条文深度解读与案例剖析》，174页，北京，人民军医出版社，2010。

③ Naidoo Y.，Ciccone J. R.，"Physician - Patient Privilege"，*Journal of the American Academy of Psychiatry and the Law*，2016，44（2）：270-272.

讼，状告某医学院第一附属医院及当事医师侵犯其隐私权，要求赔礼道歉并赔偿精神损失费10 000元。[①]

此案在医学界和法学界引起了争议。某医学院及其第一附属医院认为：教学医院担任着培养医学生的任务，任何患者都可能成为教学实习的对象。这种做法很正常，谈不上侵犯隐私。按惯例，一般都不提前给患者打招呼。全国各地的医院也都有相同的做法，法律对此也没有禁止性规定。实习医师具有双重身份，他们既是学生，又是未来的医师，患者在诊疗过程中对于医师而言没有隐私权，因此，临床教学示范是传授知识而非侵犯患者隐私权的行为。

你认为医院的抗辩理由是否成立？为什么？如果你是一名实习医师，如何处理好实习与保护患者隐私之间的关系？

第四节　与医疗相关的患者权利

一、平等医疗保健权

人吃五谷杂粮，不可能不生病，生病就需要医治。医疗保健是维系个体生命的重要措施。所谓平等医疗保健权，是指每位患者对医疗资源（包括机构设备与人力）所享有的权利，不因男女、老幼、贫贱富贵而有所不同，应一律平等。世界卫生组织在1978年《阿拉木图宣言》中宣称：健康不单是疾病与体虚的匿迹，而是身心健康、社会幸福的总体状态，是基本人权，达到尽可能高的健康水平是世界范围的一项最重要的社会性目标，而其实现，则要求卫生行政部门及其他多种社会及经济部门的行动。《世界人权宣言》第25条规定：人人有权享受为维持其本人和家属的健康和福利所需的生活水准，包括食物、衣着、住房、医疗和必要的社会服务；在遭到失业、疾病、残废、守寡、衰老或在其他不能控制的情况下丧失谋生能力时，有权享受保障。可见，享有平等医疗保健权，是公民非常重要的基本权利，是任何政府的首要任务。我国《宪法》第45条第1款对医疗服务的公平可得性规定：中华人民共和国公民在年老、疾病或者丧失劳动能力的情况下，有从国家和社会获得物质帮助的权利。国家发展为公民享受这些权利所需要的社会保险、社会救济和医疗卫生事业。可见，医疗服务的公平性，对公众而言体现为公众享有平等医疗保健权，对国家而言体现为国家对公众的“国家照顾义务”。

关于平等医疗保健权，可从实质与形式意义两方面来探讨。[②] 实质意义上的平等医疗保健权，是指社会各分子都具有平等享受合理质量医疗资源的权利，即不分“男女、宗教、种族、阶级、党派”，其在医疗资源的享受上应一律平等。公共医疗服务资源是社会资源，也是国家资源。公共医疗服务资源作为国家资源，应归全体国民所共有，亦应由全体国民所共享。因此，每位国民都有一律平等地享受相同公共医疗资源的权利；而且对公共医疗资源的运用与分配，都有参与决策的权利。政府实施的全民医疗保障计划就是为了全民能够平等地普遍享受医疗资源。形式意义上的平等医疗保健权，是指相同个案的处理，以相同方式为之，适用相同准则，不能有两套以上不同标准；不同的个案，则使用不同的方式处理。其主要内容，指下列两大原则。（1）先来先受服务原则。患者就医，不论挂号、门诊看病或领药，一切按照排队秩序办理，依到来时间之先后就诊、缴费或领药，即先来先受服务原则，不允许存在特权，亦不应

① 参见吴亚东：《患者在医院有多少隐私权?》，载《法制日报》，2000-10-26。

② 参见宋文质主编：《卫生法学》，222页，北京，北京大学医学出版社，2005。

存在歧视。患者在门诊看病的地位，完全平等。(2) 急症及重症优先原则。医务人员照护患者之顺序，固然以前项原则为准，但有例外，即遇有病情最危急或最严重者，得优先处置。

二、知情同意权

(一) 知情同意权的概念及源起

知情同意（informed consent），是指患者在获得医师提供其医疗决定所必需的足够信息的基础上，作出医疗同意的过程。在古代人类的医疗实践强调对患者的隐瞒，直到近200年医师们建立起来的疗护标准才逐渐为患者是自己身体主人的观念取代。随着外科手术越来越以患者为导向，知情同意的实践应运而生。

知情同意的概念在普通法历史上是“攻击行为”（assault）、“加害行为”（battery）的逻辑产物。攻击是一个人威胁要伤害另一个人，而殴打则是一个人实际接触了另一个人。因此，殴打侵权理论就变成了一个人未经授权地触碰另一个人。这一原则构成了未经适当同意进行手术可能造成的“伤害”或“责任”的基础。在20世纪初期，加害行为被定义为“不经同意的不法接触”（unlawful nonconsensual touching），医师即使是为了治疗，不经患者的同意，也没有接触患者的特权。过了一段时期，医师应告知信息成为更普遍的义务，其前提是医患双方处于不平等的地位：医师有专业医学知识，处于优势；患者不懂医学，处于劣势。医师有照顾患者的义务，照顾义务必然包括告知并取得同意的义务。医师应告知患者其建议的检查和治疗的性质与后果，取得患者的同意。医师未尽此义务则构成民事上的“过失行为”（negligence），而不是刑事上的“加害行为”（assaulted battery）。

过失理论取代加害理论使医师面临更多的法律责任。例如：一个医师如果没有告诉患者放弃某种治疗的危险，不会构成“加害”，因为在医师和患者之间没有接触或接触的威胁，就不构成“加害”，但医师有潜在的过失责任。医师没有告知患者其作医疗决定所需要的信息就违反了他的义务。随着知情同意的概念在20世纪的普及，在英国，法院将普通法上的过失侵权学说扩展到了外科领域，将过失等同于违反义务，将违反义务等同于不完全的患者同意。目前，在英国，法院将医师未能向患者提供有关其自身治疗的充分信息解释为医师违反职责。[①]

在美国，20世纪初的4个司法判决为患者自主原则奠定了基础。这些司法判决始于1905年的莫尔诉威廉姆斯案（Mohr v. Williams）和普拉特诉戴维斯案（Pratt v. Davis）。随后，Rolater v. Strain案和Schloendorff v. Society案确立并巩固了患者自主原则，最终形成了医学和研究中知情同意要求的基础。[②] 第二次世界大战后的纽伦堡审判，揭露了纳粹医师强迫受试者接受不人道的野蛮实验的大量事实。审判后通过的《纽伦堡法典》规定：人类受试者的自愿同意是绝对必要的，应该使他能够行使自由选择的权利，而没有任何暴力、欺骗、欺诈、强迫、哄骗以及其他隐蔽形式的强制或强迫等因素的干涉；应该使他对所涉及的问题有充分的知识和理解，以便能够作出明智的决定。这要求在受试者作出决定前，使他知道实验的性质、持续时间和目的，进行实验的方法和手段，可能发生的不方便和危害，他的参与对他的健康和个人可能产生的影响。[③] 纽伦堡审判后，知情同意逐渐成为医患关系中最受人注意的原则之一。到20世纪50年代后期，法院又扩大了医师告知的范围：医师不仅应告知患者被推荐检查或治疗的

① Murray P. M.，“The History of Informed Consent”，*Iowa Orthop J.*，1990，10：104-109.

② Bazzano L. A.，Durant J.，Brantley P. R.，“A Modern History of Informed Consent and the Role of Key Information”，*Ochsner J.*，2021，21（1）：81-85.

③ 参见达庆东、瞿晓敏、樊民胜：《中外患者知情同意权的法律保护比较》，载《医学与社会》，2004（1），34页。

信息，还应告知其他可供选择的治疗方案的信息。患者只有在清楚了各种治疗方案的益处和危险之后才能作出同意。这一思想已得到法律承认。在美国法上，“知情同意”最早出现在1957年加利福尼亚州上诉法院对Salgo事件的判决中。法官一方面首次引入了“知情同意”这一词汇，另一方面也承认医师在告知的范围程度上有很大的裁量权。Solgo事件发生3年后，美国堪萨斯州地方法院对Natanson v. Kline案的判决及密苏里州地方法院对Motchell v. Robinson案的判决，都以知情同意理论，即以没有履行说明治疗风险义务为由，否定了形式上存在的患者的同意的效力。由此，知情同意理论在判例法上得到了确立。①

知情同意权实际上是知情权与同意权的组合，是两项权利而不是一项权利。二者联系紧密，但并不是总在一起：有时只需要行使知情权，比如对于患者病情；有时需要行使知情权和同意权两项，比如对于重大检查、有创检查、贵重药品、手术治疗等。但同意权的行使总是以知情权的行使为前提。知情同意权是患者自我决定权的最重要的体现。

（二）患者知情权

患者知情权是指患者在医疗机构就诊的过程中，有了解自己的病情、医师将要采取的治疗措施以及可能面临的风险的权利。这是法律赋予患者的一项基本权利，医疗机构要切实保障实施。

患者的知情权与医务人员的告知义务是对应的，医务人员的告知义务的部分法律特征与患者的知情权是重合的，如医务人员告知的内容就是患者知情的内容，医务人员告知的方式就是患者知情的方式，医务人员告知的主体和告知的对象与患者知情权的主体和保证知情权行使的主体正好相反。医务人员的告知义务是主动的，患者的知情权是被动的，只有医务人员履行好其告知义务，患者的知情权才可能得到保障，后者对前者有明显的依赖性。患者作出同意决定的前提是患者从医务人员处获知有关疾病病情、可选择的治疗方案以及每一治疗方案的利弊后果这三方面信息，这些信息一般应当包括疾病的状况、建议治疗程序的性质和可能伴随的危险、成功的可能性、如不采取治疗的后果、其他可选择的治疗方案的有利之处及限制，还应包括有关医护人员的背景、治疗费用、饮食限制、监管要求，对生活、工作可能产生的影响等具体内容。如果医务人员给患者建议一种新的药物，应告知患者这种新药为什么是必要的、为什么要更改处方、可能的副作用、可选择的手术或非手术的其他治疗方案的可行性及利处。患者应知悉治疗的信息，对患者来说是权利，而相对医务人员而言，则是医务人员的充分说明义务。

（三）患者同意权

患者同意权，也被称为患者决定权、患者选择权，是指患者在诊疗过程中，医务人员出于诊断疾病目的，拟在患者身上采取有创的检查、贵重检查，或者是出于治疗疾病的目的，拟让患者服用比较贵重的药品或者实施对健康有损害的、有风险的治疗措施，需要获得患者授权和同意，以便医务人员可以实施这些检查和治疗。因此，同意权涉及的可能是患者的财产权或者生命健康权，行使同意权将会直接侵犯患者的民事权利。在诊疗技术多元化的今天，没有最好的方案，只有更适合患者的方案。只有医务人员尽到告知说明义务，患者对其病症、诊疗措施、风险及预后有充分了解之后，其所作出的选择方案才最适合患者。②

患者在知情的基础上作出的同意，是患者自己决定权的重要体现。同意是医务人员获得合

① 参见张宝珠、刘鑫主编：《医疗告知与维权指南》，292～293页，北京，人民军医出版社，2004。

② 参见刘鑫、陈伟、张宝珠主编：《民法典时代医疗活动实务指南》，228页，北京，国家行政管理出版社，2021。

法授权的合意结果，因此其意思表示必须真实。同意在医患关系中发挥着两种不同的作用：一是法律上的作用，它为医疗提供了合法的理由，没有这种同意的治疗是不法行为。二是临床上的作用，它能获得患者的信任与合作。同意作为医疗合法的理由，有时与传统的伦理原则相矛盾，尤其是当医师的治疗方案对患者无害甚至有利时。例如，在患者出于宗教信仰拒绝输血，肢体生蛆的患者宁愿死也不同意截肢，患了不宜怀孕的疾病的患者坚持要怀孕等情形下，即使在医务人员看来患者的选择是不明智的，甚至会危及患者的生命，不经患者同意，医务人员也不能对患者进行输血、截肢、流产的治疗。

（四）知情同意的例外

1. 对急症的治疗（emergency）

当患者的生命受到威胁，或如不实施某一治疗将导致患者受到严重或长期的损害时，就需要紧急的治疗。在急诊中，无论患者或其近亲属是否作出同意，医务人员都可以对患者进行挽救生命的治疗。急诊中允许医务人员在没有得到患者明示的同意时进行治疗，是法律上假定的“默示的同意”。“默示的同意”理论也被视为为了公众的利益，医务人员对生命处于危险状态的患者提供抢救治疗，而不必害怕触犯法律，直至患者的状态稳定下来之前，都被视为有“默示的同意”。

2. 为社会公众利益（in the public interest）

在涉及社会公众利益时，可不必取得患者的同意。最典型的例子是为保护公众的健康对公众进行预防注射，就不必分别取得每个人的同意。前述对急症的治疗视为“默示的同意”也是为了公众的利益。

3. 患者弃权（waiver）

患者的知情同意权在某些特定的情况下可以放弃，当患者因对治疗知之甚少而决定不必由自己作判断，或受伤很重，不能作出判断，或存在语言障碍，不能通过翻译克服时，一些法院会认为患者放弃了知情同意权。但如果患者盲目地宣称他将不参与或不能参与决定而让医务人员决定，通常不被接受。此外，放弃知情同意权，前提是患者必须知道他的知情同意权，他须知道医务人员有告知的义务，知道自己有作出同意或拒绝的决定权，知道医务人员不能进行未经其同意的治疗。

4. 医务人员的治疗特权（therapeutic privilege）

在某些特定的情况下，如医务人员认为告知某些信息会对患者有害，则医务人员有权对患者隐瞒这些信息。这就是治疗特权。如果有合理的现象表明向患者说明会使患者不安，以致可能对他的健康或利益造成威胁，医务人员即可保留此信息或限制告知此信息的范围。

案例 5－7

变性手术的知情同意权问题

甲，男，18周岁，在其父母的陪同下，来到某医院就诊，经检查诊断为：先天性外生殖器发育不全，男性假两性畸形。主治医师对其父母说做手术可以将其孩子变成女孩，并实施了外生殖器切除术，从外生殖器上将甲变成了女性。随着甲逐步长大，其心理性格逐步表现为男性（喜欢女孩子），且周围人也认为他是个够哥们儿、讲义气的小伙子。处于双重性别冲突中的甲非常痛苦，遂以医院侵犯其知情同意权为由，向法院提起诉讼，要求医院承担相应的侵权责任。医院在法庭上辩称：医师考虑切除其外生殖器，是由于医学文献报道，先天发育不全的外生殖器在患者晚期癌变率为80%。正是考虑到先天发育不全的外生殖器会威胁甲的生命，才实施了手术。因为时间原因，没有向其阐述理由，但反正是为了患者好。

试问：医师为了患者能够延长生命而选择手术方式的做法是否正确？为什么？

（五）医疗拒绝权

对于处于生命终末期的患者，患者乃至患者家属是否有权利放弃治疗呢？虽然我国现行法律没有明文规定患者享有医疗拒绝权，但在医疗实践中，医患双方都默认患者有“自动出院”“放弃 C. P. R（心肺复苏术）”之权利。放弃治疗意味着采用消极的方法剥夺患者的生命，按照《刑法》对故意杀人罪的定义，仍然属于故意杀人的范畴。如果说患者无权放弃治疗，那么在患者明确表示放弃治疗后，如果医院继续治疗，相应的医疗费用由谁来支付呢？这是患者的医疗拒绝权在我国立法与实践中面临的两难选择。

当患者决定放弃治疗时，医师应告知其后果可能非常危险，或将加速死亡之来临，或有变成植物人的可能。在境外，曾有某宗教教派信徒，以信仰理由拒绝输血而导致死亡，其意愿与决定，仍然受到尊重。

为使在“生死关头”能有妥善安排，免得突遭变故，无法表达意愿，以致不知所措，欧美国家在 20 世纪中期就在相应的法律中确立了这项制度。美国于 1976 年通过的《自然死亡法案》推行“生命预嘱”制度，呼吁世人在健康时，以书面形式预先表示将来病危时，放弃 C. P. R. 等无意义急救措施；也可预先确立医疗委托代理人，在其昏迷而无法表达意愿时，由委托代理人决定执行或放弃 C. P. R. 等急救措施，让患者自然死亡。

近年来，我国在处于生命终末期的患者放弃维持性治疗方面有一些立法动向。2017 年国家卫生和计划生育委员会发布了《安宁疗护中心基本标准和管理规范（试行）》《安宁疗护实践指南（试行）》，为进一步制定处于生命终末期的患者放弃维持性治疗实施规范奠定了基础。2019 年的《基本医疗卫生与健康促进法》第 36 条规定了将医疗卫生服务的外延扩展到“安宁疗护”。2021 年的《民法典》第 1002 条规定了“自然人的生命安全和生命尊严受法律保护”，提到了“生命尊严”。

案例 5－8

丈夫拔掉病危妻子的呼吸机致其死亡

2009 年 2 月 9 日晚 8 时许，武汉女子胡某在自己家昏倒。其丈夫文某及其他家人开车送胡某前往医院，经抢救胡某有了心跳、血压，但一直处于昏迷状态，只能靠呼吸机呼吸。次日凌晨零时许，胡某被转至深圳市第二人民医院住院部 ICU 病房进行治疗。2 月 16 日下午 3 时许，文某在深圳市第二人民医院 ICU 病房，趴在胡某身上将胡某身上的呼吸管、血压监测管等医疗设备拔掉，并阻止医师、护士救治，表示“放弃治疗”。下午 4 时许，胡某死亡。检察机关认为，文某拔掉妻子氧气管并阻止医务人员抢救的行为，具有故意令妻子死亡的目的，并实施了剥夺他人生命的行为，符合我国《刑法》规定的故意杀人罪的构成要件，应以故意杀人罪追究其刑事责任。经鉴定，被害人胡某系被拔去气管插管之后呼吸停止而死亡。2010 年 1 月，文某在法庭上认罪。一审法院判决文某犯故意杀人罪，判处有期徒刑 3 年，缓刑 3 年。2012 年 3 月，此案件二审开庭，文某被疑有外遇。2012 年 9 月 14 日上午，广东省高级人民法院作出终审裁定，维持一审判决。

思考题

1. 美国布莱克蒙大法官的三阶段理论（the Trimester Framework）对我国男女性别比失衡有什么启发？

2. 简述医学领域侵害身体权的情形。

3. 简述人类离体器官的法律属性。
4. 在医学领域应从哪些方面注重对患者隐私权的保护?
5. 如何理解患者的知情权与同意权之间的关系?
6. 简要分析知情同意权的法律性质。
7. 我国医疗体制背景下的平等医疗保健权存在什么问题?
8. 关于患者及其近亲属放弃抢救的权利,如何看待我国立法与现实的冲突?

第六章

医疗执业义务

医疗执业义务在外国法上一般属于专家执业义务的范畴，专家是否尽到执业义务，是判断其是否具有医疗过失的关键，是其是否承担民事责任的前提，因此，对专业人员在执业活动过程中是否尽到执业义务的考察就成了评价专业人员提供专业服务活动的核心。在医疗服务合同中，医者的义务是非常重要的。医务人员开展医疗活动，是专业技术人员从事专业活动，其执业义务就是医疗执业上的注意义务。本章主要介绍医疗执业义务的概念、内容、要求等相关内容。

第一节　概　述

一、专业人员执业义务

专业服务是我们这个社会不可或缺的元素。在我们的生活和工作中，很多时候需要专业人员提供专业服务。由于专业服务具有极高的专业性和技术性，难以为常人知悉、了解和评价，因而对于专业人员提供的专业服务，需有一套专门的管理制度。

专业服务一般包括医师、护士、鉴定人、律师、税务师、注册会计师、建筑设计师等提供的服务。除医师、护士之外，目前我国对各种纳入专业执业人员进行管理，基本上都采取注册制度，专业执业人员基本上都是自由执业者。对于专业执业人员的管理，目前一般采取资格取得和注册准入两项制度。专业人员的执业必须严格按照相关专业领域的执业规范和技术要求进行。专业人员执业义务的核心是专业上的注意义务。

专业人员的执业义务①，在外国法以及学术文献中往往被称为专家义务，与专家责任相对应。从民事责任理论来看，责任来源于义务，没有义务，责任便成了无源之水、无本之木。②专家义务与专家责任是一对孪生兄弟，没有专家义务的违反就没有专家责任的承担，因此，专业人员在执业过程中给委托人造成了损害，是否应当承担其专业上的民事法律责任，就应当从其是否违反专业义务来考察。

专业人员执业义务是指获得专业执业资格的人员在完成委托人交付的专业事务的过程中立

---

① 专家一般是指在学术、技艺等方面有专门技能或专业全面知识的人，或者特别精通某一学科或某项技艺的有较高造诣的专业人士。在某些专业领域，比如医学行业，专家是指具有副高级以上专业技术职称的人，且还要具备某一个专业领域的特殊技能和系统知识。由于我国实践中专家的概念比较局限，专家的范畴特定，因而本书主张采用专业人员的概念。在我国对专业人员的管理虽然采用了资格准入制度，但是准入门槛很低，一旦专业人员获得了执业资格，便没有技术水平与资历的区别。

② 参见戴谋富：《建筑师专家义务浅析》，载《法学杂志》，2010（9），146～148页。

当尽到的专业上所要求的义务。专业人员执业义务包含两方面的内容：一是专业人员与委托人之间约定的义务，二是专业人员必须遵守的相关的执业规范和业界认可的技术要求。前者属于专业人员与委托人之间的约定义务，违反此类义务一般只产生违约责任。后者属于法定义务，即执业义务。法定义务有别于约定义务而属于法定的执业义务，以专业人员的资格、非专业人员的信赖以及专业人员对该信赖的知晓为基础，即使当事人在合同中没有对此明确约定，法律同样将其作为合同中的默示义务而予以承认。①

二、医疗执业义务

（一）医疗执业义务的概念

在学理上探讨的医疗执业义务，与《医疗机构管理条例》规定的医疗机构执业义务、《医师法》规定的医师执业义务、《护士条例》规定的护士执业义务有着本质的区别。以上法律、法规所规定的医疗执业主体的执业义务，是具体层面的执业规范，是具体评价和衡量医务人员执业行为的准绳。此处探讨的医疗执业义务是抽象层面的执业义务，是对具体层面医疗执业义务的理论概括和升华，有利于制定、理解和执行医疗执业义务的相关法律、法规。

医疗执业义务也称为医疗注意义务、医务人员执业义务，是指医师及其辅助履行人依据法律、法规、规章制度和具体操作规程，以及职务上和业务上的习惯与常理，接受契约或委托等，在对特定患者实施诊疗服务的过程中保持足够的小心谨慎，以预见医疗行为的结果和避免相应损害结果发生的义务。医疗执业义务是医疗服务活动的核心，汇聚医疗活动参与主体的专业技术和专业能力上的应然和实然的所有要求。就医疗执业义务的具体内容来说，包含了医疗行为对患者的身体产生的影响结果（医疗注意义务）和对不良后果的避免（危害结果避免义务）两个方面。

（二）医疗执业义务的产生

在英美法系侵权法及其过失责任的发展早期，人们对诸如“注意义务”这样的抽象概念的理论概括尚未形成，人们在司法过程中更多关注的是案件的具体事实和类别，而不是案件后面潜在的规则。Donoghue v. Stevenson 案具有里程碑意义，它将侵权诉讼与合同诉讼分离开来，建立了注意义务产生的一般规则。② 在 Donoghue v. Stevenson 案中，Brett 法官曾经试图阐述具体种类侵权纠纷案件背后注意义务的一般规则：可诉讼的过失包括负有通常注意和技能之义务的人未能行使此种注意和技能，由于此种疏忽，原告在没有共同过失的情况下遭受了其人身和财产的损害……具有通常注意的任何人都会立即认识到：在那些情境下，如果他在其行为中不使用通常的注意和技能将会对他人的人身和财产构成伤害危险，此时，使用通常的注意和技能以避免此种危险的义务将产生……③ 这也被认为是英美法系侵权法上对注意义务的最早论述。在医疗侵权诉讼中，法院通常不难认定医师对他的患者应负有的注意义务。医师在对患者实施诊疗行为的过程中，有义务去行使合理的注意和技能。这被认为是医疗过程中医师的综合性义务，该义务的核心是要求医师在改善患者身体和精神健康方面行使合理的技能和判断。④

医疗执业义务的概念产生于日本的司法裁判中。日本最高法院于昭和 36 年（1961 年）2

① 参见张天智：《对注册会计师事务所出具虚假陈述或不实验资报告的法律责任的探讨》，载中国注册会计师协会编：《中国注册会计师法律责任——案例与研究》，53～57 页，沈阳，辽宁人民出版社，1998。

② 参见赵西巨：《医事法研究》，190 页，北京，法律出版社，2008。

③ See Donoghue v. Stevenson [1932] AC 562.

④ See Sidway v. Bethlem Royal Hospital Governors [1985] AC 871；[1985] 1 All 643，657 per Lord Diplock.

月 16 日在东大医院输血导致梅毒感染一案的判决中写道：从事人的生命及健康管理业务的人，与其业务的性质相对照，要求为防止危险发生而在实际经验上负有必要的最善的注意义务。这段判词对医师注意义务作了一般性的概述，成为以后判例的参照。日本最高法院于昭和 44 年（1969 年）2 月 6 日在国立东京第一医院脚癣放射治疗导致皮肤癌一案的判决中，对前一判例中的“最善的注意义务”作了进一步阐述：作为医师，对患者的症状应予以注意，并依当时的医学知识，在考虑效果及副作用的前提下确定治疗方法及程度，在“万全的注意”之下实施治疗。这段判词中所谓的“万全的注意”与前“最善的注意”非常近似。此后日本理论界与实务界选用了“最善的注意”来概括医师的注意义务，从而产生了医疗执业义务的概念，并确立了医疗注意义务为其一般内容。[①] 这种注意义务的产生独立于合同关系，其产生的基础是医者同意对患者进行照护和治疗，或者是承担对患者进行照护、治疗或检查的责任。[②]

（三）医疗执业义务的特点

1. 医疗执业义务的主体

医疗执业义务的主体即医疗执业义务的承担者。目前，在我国医疗执业义务的主体在法律层面上应当是医疗机构，因为我国并不允许医师、护士个人执业。获得医师、护士执业资格的人必须在一个医疗机构内执业；即便是个体诊所，也必须先获得诊所的执业许可证，才被允许聘请医师。医师、护士给患者提供诊疗服务属于职务行为，是代表医疗机构为患者提供诊疗服务。因此，《民法典》第 1218 条规定，患者在诊疗活动中受到损害，医疗机构或者其医务人员有过错的，由医疗机构承担赔偿责任。不过，医疗执业义务的执行者则是具体实施医疗活动的医务人员，包括医师、护士以及其他医疗辅助人员。

2. 医疗执业义务的客体

由于医疗活动干预对象的特殊性——具体的疾病，患者仅仅是疾病的载体，且医疗行为在干预疾病的过程中，会损害到疾病的载体，即侵害患者的人身权利，因而医疗活动可能产生多种不确定后果——疾病治愈、疾病好转、疾病控制、疾病恶化，同时可能伴随其他后果——患者身体遭受损害、残废、死亡。因此，医疗活动的结果充满着不确定性。正是由于医疗活动结果的不确定性，医疗执业义务所指向的对象只能是医疗服务，而非某种具体的物。

3. 医疗执业义务的内容

与其他专业人员的执业义务类似，医疗执业义务的内容也包含两个方面：一是医患双方的约定义务，二是法律上赋予医者的专业义务。医患双方的约定义务体现在一些特殊的医疗服务中，比如整形、美容服务，或者体现在一些具有双方约定内容的医疗服务合同中，比如双方约定医疗效果、医疗技术等。医疗执业义务只能体现在医疗卫生管理法律法规、诊疗规范、操作规程之中，不仅可以表现为规范性文本，也可以表现为业界认可的不成文的做法。

（四）医疗执业义务的内容

医疗执业义务的内容涵括因医疗行为而产生的结果预见义务和结果避免义务两部分。

结果预见义务是指行为人根据行为时的具体情况，所负有的应当预见自己的行为可能引起不良后果义务。结果避免义务是指行为人所负有的避免因自己的行为而发生危害结果的义务。

注意义务以有预见结果的可能或避免结果的可能为前提。有预见可能性而没有预见，就要对违反结果预见义务负责。同样，有避免结果发生的可能而没有避免，要对结果的发生负责。预见义务和避免义务统一于注意义务之中，预见义务是避免义务的前奏和先决条件，避免义务

---

① 参见龚赛红：《医疗损害赔偿立法研究》，168 页，北京，法律出版社，2001。

② See Andrew Grubb, *Principles of Medical Law*, 2nd ed., Oxford University Press, 2004, p. 324.

是预见义务的延伸和归宿。将注意义务分为预见义务和避免义务，现为大陆法系的通说。

医师的注意义务既包括必要的内在义务，如诊断时注意力集中，也包括外层行为义务，如慎重小心地进行手术。医师如预见结果的发生，则应履行避免不良结果发生的义务。注意义务理论的本意是强调对结果的预见义务。随着科技的发展，社会活动经常伴随着高度的危险，活动本身往往具有某种程度的抽象危险，因此过失义务理论转而强调结果避免义务。医疗行为固然以除去或预防人体的疾病为目的，但各种医疗行为，无论是药物的投入、注射，还是手术，对人体组织都具有某种程度的侵袭性或危险性，因此，在过失理论上，是否违反结果避免义务，成为判断是否存在过失的主要依据之一。

案例 6-1

“伯勒姆标准”(Bolam test) [①]

在英国 Bolam v. Friern Hospital Management Committee 案中，原告罹患精神疾病并接受电刺激治疗。当时，对接受电刺激治疗的患者需要给予放松药物或者身体限制，也有两者均未给予的。原告没有被给予放松药物或者身体限制，结果他的髋部受伤。法院认为医师的行为符合“负责任医护人员”的标准，医师没有医疗过失，不对原告髋部受伤负责。可见，作为医师无须达到“最好医师”的标准，仅仅需要符合某个领域平均的有能力的医师的要求即可。一个内科医师是以一个平均的有能力的内科医师的标准来衡量的，而不是期待其达到专家级内科医师的标准。

第二节 医师执业注意义务产生的渊源

医疗服务合同在《民法典》上属于无名合同，也是非典型合同。《民法典》中对医疗服务合同的内容没有规定。在医疗实践中，并不存在看得见的医疗服务合同文本，也不存在医患双方签署合同的环节，除非是一些特殊的医疗服务病例。那么如何来认定医师执业中的注意义务的内容呢？医师执业注意义务的渊源应包括法律、法规、规章制度和具体操作规程，以及职务和业务上的习惯和常理、接受契约或委托等。

一、依规范性文件产生注意义务

依据规范性文件发布主体的不同，规范性文件的效力位阶并不一样。虽然《宪法》的效力位阶最高，但是《宪法》中并没有直接涉及医疗执业注意义务的内容，体现医疗执业注意义务内容的主要是法律、法规、规则和诊疗规范、操作规程、技术指南等。

医疗行为具有高度的专门性和复杂性，现代国家为保护患者的利益大多制定了专门的法律规范，如我国的《医师法》《医疗事故处理条例》《民法典》等。《医师法》规定，医疗机构及其医务人员在医疗活动中，必须严格遵守医疗卫生管理法律、行政法规、部门规章和诊疗护理规范、常规，恪守医疗服务职业道德。实际上，医疗卫生管理法律、行政法规、部门规章和诊疗护理规范、常规所确定的注意义务，也是判断相关医疗活动中医务人员技术水平的一般标准。医疗活动具有很强的实践性，每一种有效的防治疾病的方法都需要在实践中反复探索和验证，这就有必要对医疗活动进行总结和归纳，对其中的已经定型的基本经验，如进行某一诊疗

① See Bolam v. Friern Hospital Management Committee [1957] 2 All ER 118.

活动时应遵循的程序、步骤与标准等，通过制定行政法规、规章或者诊疗护理常规、规范的方式确定下来，从而规定医务人员在医疗活动中对各种具体情况的注意义务，以便医务人员在医疗行为时遵循。

诊疗规范是医疗标准的反映，针对每个医疗事故争议案件涉及的相关问题，可将诊疗规范视为根据，以认定医务人员的治疗行为是否符合医疗标准，同时还可减少医疗费用，促使医疗标准愈趋明确。这样，医务人员就不必为防止潜在的诉讼而实施防卫性医疗，患者也可免除费用很高的并不符合诊疗目的的检查项目和程序。在英美法系上，控辩双方将诊疗规范作为证据已有十几年的历史，美国医学会《医疗数据指南》等权威诊疗规范常被引为证据。

值得注意的是，医务人员遵循了规范性文件但造成患者损害的并不能完全免责。这些注意义务只是对医务人员的一般要求，如果这些规范所确定的义务已落后于现有的医疗护理理论及实践，已有了更高的标准，则医务人员应遵循更高的标准，否则，应认为其违反了注意义务。

二、依业界习惯产生注意义务

虽然现在成文的诊疗规范数量可观，但与医疗行为的数量相比，仍然有限，大量的医疗行为没有成文的诊疗规范来规制。没有成文的诊疗规范不等于没有要求，事实上，医疗领域存在许多不成文的规范，包括业界公认的做法和医疗习惯，如医师手术应有无菌观念、止血彻底等均为医师所应熟悉的习惯。这些习惯对患者的生命健康有重大影响，为医师应遵循的注意义务。这些公认的做法和习惯来源于医师的临床经验，是在长期医疗实践中达成的共识。在专业领域中，权威专家团体往往会对一些临床经验和习惯做法及时加以总结，形成专家共识并加以发布，因此，权威专家团体发布的专家共识，仍然属于医师执业注意义务的内容。

依照临床经验和惯例开展医疗活动产生了不良后果并不能使医师当然免责，是否免责还需要考虑具体情况。如果有证据显示行业惯例中有明显的疏漏，医师却故意冒了这种巨大的风险，特别是如果这个风险是很容易且不需要太大的成本耗费就可以避免的，则法官就应当尽量验证医师的行为是否存在疏漏。如果法官根据当时的专业技术水平，对医师不采取适当的防范措施的理由进行分析，一旦发现医师的行为中出现这样的疏漏没有适当的理由，并且发生这样的风险明显是不合理的，就可以认定医师有过失。同时，惯例是会随着时间的推移而发生变化的，行业惯例也不例外，因此，那些曾被认为是正确的惯例可能不再被遵循。如果已经证实某项技术在本质上与所有已知的专业意见相悖，专业人员就不能固守这项旧的技术。这要求在运用专业技术的同时，要保持该技术的现代化。①

三、依契约而产生注意义务

医疗行为大多具有手段性、不确定性，但这并不排除医患之间的约定。依传统的大陆法系过失侵权理论，契约义务仅能产生契约责任，但根据现代英美法系责任承担理论，如果被告出于自愿而对原告承诺承担某种职责、责任或义务，则被告即应承担对原告的注意义务，如果他违反此种义务，即应承担过错侵权责任。责任承担理论是一个极有价值的理论，它促使行为人对自己的承诺负责，特别是在这种承诺使患者产生合理信赖时。

（一）患者对诊疗方法的特殊要求

患者对诊疗方法的特殊要求，是患者自主权的内容。当患者不能忍受痛苦而接受某种较好

① 参见［日］野田宽：《医事法》，中卷，403页，东京，青林书院，1994。

的检查或治疗方法时，或因宗教信仰而拒绝某些医疗措施时，医师应当尊重这种选择。此时医师应履行充分说明的义务和告知的义务。

（二）关于治疗效果的特别约定

医疗行为与商品的制造或修理不同，人体对治疗的反应亦呈现多样性变化，而依目前的医学水准，要求所有疾病必定治愈是不可能的事情。故日本学者认为“以实现不可能的事项为目的之法律行为无效，而将医疗契约中治愈疾病之特约视为无效”。英国判例亦采用相同的观点。

我国《医疗机构管理条例实施细则》明确禁止医疗机构使用含有“疑难病”“专治”“专家”“名医”或者同类含义的文字名称，以及其他宣传或者暗示诊疗效果的名称。如果医疗机构或其医务人员通过广告等方式宣传或者暗示诊疗效果，或者对患者作出对某种诊疗效果的承诺，或者在其宣传以及医疗活动过程中对其专长，如对某种疾病、某种诊疗方法有特殊技能，进行宣传，或者对某种手术的成功率为百分之百等进行明确的介绍、渲染，足以使患者产生合理信赖的，则应当保护患者这种合理的信赖。在判断医疗机构或其医务人员的过失时应当考虑这一因素来确定其注意义务的标准。我国不能像日本、英国等国那样随意让医务人员从自己的承诺中解脱，针对那些为经济利益而包医包治的“医疗行为”让医师承担相应的责任也是恰当的。一旦没有达到约定的特定的效果即可视为医务人员违反注意义务。

（三）免责条款的法律效力

手术同意书、麻醉同意书等中常有免责条款，对此免责条款的效力通说认为此种约定无效，认为它违反公平原则或违反公序良俗原则。故医疗契约若有免责条款，不论约定免除何种程度的责任，均为无效。原联邦德国医疗契约立法草案第 10 条亦规定免责条款为无效。法国最高法院也主张免责条款因违反诚信原则而无效。日本判例表明：因免责条款违反公序良俗，违反衡平原则而否定其效力。日本学说认为，为治疗疾病而不得不住院或接受手术的患者，没有不进行书面署名押印的自由选择的余地，也就是说患者此时的意思表示是不自由的，因此这些免责条款因违反公序良俗原则而无效。① 1963 年美国实务中的 Tunkl v. Regents of Univ. of Cal. 案②，亦获得类似的判决。其基本案情是：原告 Tunkl 于 1956 年 6 月 1 日至被告经营的 UCLA 附设的医学中心求诊，并与该医学中心签订住院契约，其中有一免责条款。后法院认为此约定无效。法院认为原告住院签约时，医院具有决定性优势，原告并无讨价还价的可能，而且医院与患者订立的条款影响公共利益，故应受到公共约制（public regulation）。可见，在手术同意书及医疗机构有关诊疗定型化契约中免除医师责任的，世界各国或地区均认为该行为因违反公序良俗、有失公平而无效。

我国《民法典》《消费者权益保护法》亦认为这类免责条款无效。现在各医院的手术同意书、住院同意书等大多详细列出可能出现的医疗意外、并发症，当出现医疗纠纷时医院大多以此进行抗辩。但是问题在于：如果手术同意书等没有法律效力，医疗机构及其医务人员还有没有签署的必要呢？对此必须从医疗执业义务的两个方面予以阐述。前已述及，医疗执业义务包括危害结果预见义务和危害结果避免义务两个方面，只有两方面的义务都尽到了，医疗行为的执行主体才不承担责任。而手术同意书等上所记载的内容，只能反映医疗人员在医疗执业过程中尽到了危害结果预见义务，而是否尽到危害结果避免义务，在手术同意书等中不可能反映出

① 参见［日］落合威：《免责约款》，载［日］根本久编：《裁判实务大系——医疗过误诉讼法》，46～49 页，东京，青林书院，1990。

② See Tunkl v. Regents of Univ. of Cal., 60 Cal. 2d 92, 383 P. 2d 441 (1963).

来，而要结合整个医疗行为的实施过程进行考察。因此，签署手术同意书等是医疗机构免责的前提和条件，如果不签署手术同意书，则无须考察医疗过程即可认定医疗机构的责任，当然，此时多是侵犯患者知情同意权的责任。

案例 6-2

接到急救电话不出诊案[①]

1999 年 8 月 13 日，《人民法院报》报道，湖南省某县人民医院在 1998 年 9 月向全社会公开承诺：如有急重患者请及时拨打 4712110，本急救中心将迅速出动，及时救护。1998 年 12 月 14 日患者吕某突发心脏病，拨打此电话，而该院救护车因煤车挡道没能出车导致患者死亡。法院认为医院违反其公开承诺，因此判决赔偿患者各种损失，总计 12 万元。

四、依医学文献和当时医学科技水平确定注意义务

医学文献是指符合医学专业水准的医学书籍等，其中有关各种治疗指示、药品使用说明，常为医师实施该诊疗行为时应遵守的准则。法院判决亦常引用医学文献记载，来判断医师实施医疗行为时是否已尽其应尽的注意义务。我国亦有患者的律师使用医学院校本科教材举证而胜诉的案例。不过，由于人类认识世界和改造世界都有一个循序渐进的过程，相关的研究成果以及形成的理论知识都必须在实践中检验、验证，并进一步修正和发展，在公开出版物上发表的医学理论知识和技术也并非绝对真理，因此，在医疗损害技术鉴定中需要采用何种临床医学理论知识和技术，存在一个遴选的过程，不能将医学专业出版物上记载的医学理论知识和技术绝对化。对医疗行为是否具有过错进行评价者，应当采用循证医学的思路和方法，对现有医学文献进行梳理，按照循证医学证据的等级确定文献的可采用性，以使对医疗过错的判断有充分的有说服力的依据。

医学上的医学水准在经验法则上可区分为学术理论研究阶段、动物实验阶段、临床实验阶段、推广阶段。当时医学科技水平是事故发生时科技到达点，而且科技的到达点，并非仅以学者发表论文为标准，而是指在推广应用前的几个阶段。正由于医疗行为需经过一连串的科学实验，凡属经验的结论，例如中医的偏方或秘方或许对特定的人在特定条件下有效，但终究缺少科学实证，故无法引为诊断责任的依据。所谓当时科技之水准，理论上应无地域或国界的限制。因此，即便属于外国现阶段之科技，在其公开流传且可供引用的情形下，对于本国亦应被论断为当时科技之到达点。[②] 掌握患者生命安危的医师，应当跟上日益进步的医学科技，没有达到相应的知识水平是对注意义务的违反。

第三节　医疗结果预见义务

一、医疗结果预见义务的概念

医疗结果预见义务是指医师集中注意力、保持足够的谨慎，认识到自己的医疗行为可能产生的后果的义务。

① 参见胡国平：《未履行社会承诺应否承担民事赔偿责任?》，载《人民司法》，1999（6），62 页。

② 参见朱柏松：《消费者保护法论》，280 页，台北，五南图书出版公司，1999。

二、医疗结果预见义务的学说

对可能产生的后果是具体的，还是抽象的，学术界形成四种学说：具体结果说、抽象结果说、违法性与结果预见说、包含违法性意识的具体结果说。

1. 具体结果说

具体结果说认为预见义务不是抽象的，对损害结果的预见应当是具体的，并且认为只需预见在具体情形下，现实中所发生的因果中的最重要部分就可以，至于细微部分，则无预见的必要。预见义务不是抽象的，而是在具体的社会现实生活中，根据各种法律法规、成文规则、公共原理等必须履行的一种法律义务。① 这里的“危害结果的具体形态”包括两层含义：一是法定性，对过失行为人应当预见的“结果”只能在法律规定的范围内理解。可见具体结果说中的“危害结果的具体形态”主要表现为法律所规定的具体过失行为中有形的物质性的危害结果。二是相对性，表现为并不强求认识到危害结果的特定对象与详细情节，只要认识到危害结果的大致情况即可。例如，日本学者西原春夫指出，作为预见对象的结果发生应当是具体的，但也有一定的限度。②

2. 抽象结果说

抽象结果说，又称一般结果说或畏惧感说。该学说认为医师的认识能力是有限的，在具体的医疗行为中医疗损害常常发生在特定场合和时间，大多非常急促、紧迫，医师往往来不及认真观察，损害就发生了；且医疗损害的发生并不是必然，而是有着很大的偶然性，此时要求医师对这种损害预见得非常具体显然是不现实的。随着医疗科学技术的发展和广泛应用，未知的风险越来越多，因此在医师的预见义务的内容上，应有新的认识：医师虽然无具体结果认识的可能性，但对危险结果的发生有笼统的、一般的畏惧感，即可判定为有结果预见的可能性，以此追究其过失责任。此即“防备未知风险理论”。该理论认为，危险作业行为人在有畏惧感、不安感的情况下施行危险行为，应积极探索未知的危险，或者为了避免与未知的危险遭遇的可能性，尽可能避免采取冒险行动，或在行动时谨慎注意。这就是抽象结果说的立场。

3. 违法性与结果预见说

违法性与结果预见说认为结果预见义务中的预见内容有两方面：一是认识到自己行为的违法性或有可能认识到自己行为的违法性；二是认识到自己的行为有可能发生某种危害结果，即具有认识危害结果发生及其与自己行为的因果关系的可能性。③ 我国台湾地区学者林山田持此说。他认为，结果的客观可预见性不仅包括结果的客观可预见性，而且包括行为与结果的因果关系的历程的客观可预见性。④

4. 包含违法性意识的具体结果说

该学说原则上赞同具体结果说，但是强调必须是具有违法性意识的认识，认为在行为过失的预见内容中，应当包含对自己行为及结果的违法性意识或者违法性意识的可能性。我国有学者认为，注意义务的预见内容中，应当具有违法性意识的一席之地。⑤ 该学说的核心是注意义

---

① 参见胡鹰：《过失犯罪研究》，86 页，北京，中国政法大学出版社，1995。

② 参见［日］西原春夫：《日本刑事法的形成与特色》，李海东等译，259 页，北京，法律出版社；东京，成文堂，1997。

③ 参见张智辉：《刑事责任论》，228 页，北京，警官教育出版社，1995。

④ 参见刘期湘：《论结果预见义务》，载《湖南医科大学学报（社会科学版）》，2008（3），15～17 页。

⑤ 参见林亚刚：《犯罪过失研究》，134 页，武汉，武汉大学出版社，2000。

务是否需要违法性认识。当然，各学者在具体论述时仍有差异。

三、医疗结果预见义务的内容

对以上四种学说进行比较，作者认为，违法性与结果预见说和包含违法性意识的具体结果说实际上都可以包含在具体结果说中，具体结果说更具有合理性。抽象结果说过分地夸大了人的认识能力的局限性、结果发生的偶然性，并扭曲了法律的精神，因而其结论自然有失偏颇。不可否认，人的认识有一定的局限性，但人的行为并不是简单的、机械的肢体动作，而是受人的意识和意志支配的，是能够反映人的主观能动作用的客观活动。人可以通过自己的认识对其行为可能产生的危害社会结果作出具体的预见。在微观层次上看，医疗行为的后果往往存在相对的确定性，如一般疾病的发展、转归，药物的毒副作用都是相对明确的，只是确定性的程度存在差异。当然，即使现代医疗技术的发展已今非昔比，对医疗行业的外部监管和内部自律也日趋严格，但医疗行为的不确定性依然存在，医疗行为依然存在很大的风险，这些不确定风险已经超出医师的注意能力，是医师在医疗行为中所不能预见的，不能作为医师注意义务的内容。而且，如果作为医师注意义务的内容的结果预见可能性只是一般的畏惧感，就会被课以含糊不清的预见义务，此时医师也不可能采取避免措施，这样就会过于扩大医疗过错行为的范围，这又回到了古老的结果责任论的老路。法律上过多的要求会阻碍医学技术的发展，使医疗资源变得稀缺，进而损害患者的利益。

抽象结果说的不足恰好能被具体结果说所克服，因此具体结果说应当作为判断医师预见义务内容的标准。但是，具体标准可能会大大减少医师应当预见的内容，因此，具体结果说存在很大的相对性，这种相对性表现在以下三方面。(1) 医师对自己的医疗行为可能产生的损害后果有所预见即可，不必对损害的轻重完全预见。如对外伤出血的患者，医师只要预见到可能发生休克的可能即可，而不必要求预见到休克发生的时间、危重等。(2) 医师只要预见到自己的医疗行为可能产生损害后果即可，而不要求对哪一类损害有准确无误的预见。如医师对全麻的患者预见到可能发生呼吸抑制、急性肺水肿、心搏骤停等意外即可，此时即应采取相应的措施，而不必要求必须预见到一定发生何种意外。(3) 医师对因果关系的历程的预见，只要在通常情况下预见某一医疗行为可能带给患者某一损害后果，就认为这一因果关系具有客观可预见性。

危害结果预见义务的实质在于预见危害结果发生的可能性，在本质上属概率问题，可分为绝对不会发生、很少发生、常常发生、确实会发生。发生的概率越高，相应注意的程度也就越高。如何判断应以科学理论为基准，例如医学上的危险，即使发生的可能性极低，但有发生的可能，且为一般医师所熟知的，即有预见义务；医学上的危险，已被合理证实时，虽未为一般医师所知悉，但如施行医疗行为的医师处于能够知悉的状态，亦有预见义务。

关于预见义务应当注意以下几点要求。(1) 医疗行为包括诊断、检查、治疗方案的选择、治疗行为后处理、疗养指导等。预见的内容应全面，如疾病的类型、并发症、大致的医疗费用等。(2) 医师应具有最基本的医学知识。危险是否有预见可能，以一般医师的医学知识为判断标准，不能以医师自己的主观医学知识及经验为判断标准。医师没有达到相当的知识水平本身就是对注意义务的违反。(3) 预见特定结果后对于医师来说总是要采取特定的诊疗手段，如必要的检查、试验治疗等。如医师应当采取医疗行为而没有采取，也是违反注意义务。

第四节　医疗危害结果避免义务

医师仅仅尽到预见义务往往是不够的，还必须对其医疗行为产生危险的方式和危险的程度作出充分的认识和估计，并为避免该危险的发生采取适当的措施。一般而言，避免医疗危害结果的发生有两种方式：一为舍弃危险行为，二为提高注意并采取安全措施。

一、舍弃危险行为

1. 定义

行为人因其内在的注意而认识或预见其行为的危险性，为履行其外在的注意义务，最简单的方法是立即舍弃该危险行为。这种单纯不为危险行为，即属于外在注意义务的履行。行为人已履行内在的注意义务，但欠缺履行外在注意义务的能力，仍不舍弃该危险行为，则此行为人可因违反客观的外在注意义务而承担责任。简言之，行为人既不具有实施特定行为所必要的技术条件，又在非紧急情形等情况下，竟然承担特定医疗行为的，即可认定其违反了危害结果避免义务。如医师自知不具有某种专科医师的手术能力，又欠缺其他阻却违法的事由，竟贸然行事，而致患者死伤的，即属对注意义务的违反。

2. 类型

（1）强留患者，不予转诊。转诊既涉及注意义务的履行，以避免误诊发生，也涉及危害结果避免义务的履行，以避免患者病情恶化，遭遇不测。然而，有的医师为了自己的经济利益、名誉利益而将应当转院、转科的患者不转治。如现在对车祸外伤患者，通常救治费用由第三方或保险公司支付，所以有的医疗机构采取收住入院的措施，即使患者的病情危重，超出该医疗机构救治的能力范围也不转治。如某乡镇卫生院收留了一位脑外伤硬膜外血肿的患者，由于该院既无 CT，又无施行开颅手术的条件，最终患者因颅内高压而死亡。

（2）过度医疗。医务人员为了经济利益给患者做不必要的检查和治疗，如为了药品回扣，而给患者开不必要的药品。《民法典》第 1227 条、《基本医疗卫生与健康促进法》第 54 条、《医师法》第 31 条和第 56 条，对过度医疗都作了禁止性规定。

3. 法律责任

过度医疗已经成为医疗界的公害，也是医疗费用增长的重要原因，且已超出注意义务的内容，属于故意的范畴。尽管我国卫生行政部门试图对这种现象进行遏制，但收效不大，有的医院的医师已到了非回扣药品不开的地步。在违法所得的收益远远大于违法所付出的成本时，或者在守法的成本远远大于违法的成本时，这种违法现象必然会增多。中国的医药市场亟须进一步规范，中国的患者也要尽快成熟，提高自己的识别能力，增强自己的维权意识，同时有必要给患者以法律上的救济。

（1）对应转治而未告知转治的，因不必要的检查和治疗而给患者带来损害的，无论医师是否有过失，均应由医师承担责任，原因是其没有避免此种医疗行为的发生，没有理由为此种行为辩护。

（2）应将医疗费用纳入医师注意义务的范畴，医师对相应费用应当预见，并履行告知义务。

（3）赋予患者及相关第三人对不必要费用的拒绝权。医师对患者提供的医疗服务的内容，应不能完全由医师和患者自由决定，对于不当或不必要的治疗，患者及相关第三人应有权拒绝。

（4）编造患者检查结果对患者实施诊治的行为构成欺诈，有必要适用《消费者权益保护法》第55条①由医师对患者予以惩罚性赔偿。

这是对现今有的医疗机构为了经济利益而为患者提供不必要的服务的根本否定。事实上，从医疗契约的观点来看，对于不为必要医疗之情形，医师应负债务不履行之责任，然而对于不必要的医疗，医师要负侵权行为的责任，此外，如果医师未尽说明义务而使患者陷于错误而对不必要医疗作出同意，一旦认为患者的同意无效，则医师对患者身体所为的医疗侵袭，可能被视为构成故意伤害罪。②

二、提高注意并采取安全保障措施

危害结果避免义务的另一基本要求，是对患者采取一切必要的诊疗措施。对于那些风险较大的医疗措施，无确切疗效、副作用尚不清楚的药物，一定要谨慎而为。行为人认识到或预见到其行为的危险，仍继续为其行为，并不意味着行为人就有过失。在科技发达的社会，任何先进新产品或技术的运用，均伴随相当的危险性，并不能因为其有危险性就舍弃先进的科技设备，而危及生活品质的提高。德国学者创设了社会相当性理论，认为：科技发明若与社会大众生活品质的提升有关，纵使附带危险性，亦认为其适合于生活需要而容忍其危险。只是现代科技亦应有避免危险的方法，直至公认足以接受的程度，才能为法秩序所肯定。

若行为人已保持必要的注意并采取措施以防止这种不利结果发生，而不利结果仍然发生，如护士为患者注射青霉素，过敏试验为阴性，而注射青霉素后却迟发过敏反应，患者因过敏性休克，经抢救无效死亡；或者护士在做青霉素过敏试验时即发生了过敏性休克，虽然经过抢救，仍然造成患者死亡的后果，则行为人并不因此而承担责任。这种结果是无法避免的，医务人员不应承担责任。

案例6-3

征得同意的医疗风险应由患者及其亲属承担③

1998年7月24日12时15分，原告方某因左小腿被搅拌机绞伤，入住被告厦门某医院。经诊断，方某的左胫腓骨开放性骨折，左小腿软组织严重挫裂伤。方某诉称：由于被告的医师在手术中不按常规操作，未能将伤口内的泥沙清洗干净和消毒，引起伤口感染，造成骨髓炎和骨头坏死。后被告又在给我施行骨头移植手术时，造成左腿比右腿短4cm，使我终身残疾。被告在给我治疗的过程中存在过错，依法应承担赔偿责任。被告医院辩称：根据其伤情，如果要彻底避免手术后发生感染，最好的办法是截肢，但那样做肯定会使原告终身残疾。为了减少原告的损失，我院决定采用清洗创口以及钢板内固定、石膏外固定的手术，以求保住这条腿。但这样做，就要冒伤口感染和并发骨髓炎的风险。这个后果，我院是十分清楚的，因此术前将手术风险告知给原告及其亲属，经原告的亲属签字同意才开始手术。

---

① 《消费者权益保护法》第55条规定："经营者提供商品或者服务有欺诈行为的，应当按照消费者的要求增加赔偿其受到的损失，增加赔偿的金额为消费者购买商品的价款或者接受服务的费用的三倍；增加赔偿的金额不足五百元的，为五百元。法律另有规定的，依照其规定。经营者明知商品或者服务存在缺陷，仍然向消费者提供，造成消费者或者其他受害人死亡或者健康严重损害的，受害人有权要求经营者依照本法第四十九条、第五十一条等法律规定赔偿损失，并有权要求所受损失二倍以下的惩罚性赔偿。"

② 参见何颂跃：《医疗纠纷与损害赔偿新解释》，135页，北京，人民法院出版社，2002。

③ 《方金凯诉同安医院医疗损害赔偿纠纷案》，载《最高人民法院公报》，2004（2），36～40页。

法院经审理认为：第一次手术中清创不彻底与伤口感染并发骨髓炎之间存在因果关系，这是显而易见的事实。判断被告厦门某医院应否对此承担责任，不仅要看二者之间的因果关系，更要看导致被告厦门某医院不能履行彻底清创职责的原因是什么。正如多名医学专家分析的，方某的伤情决定了如果要保住这条腿，客观上难以一次彻底清创。“两害相权取其轻、两利相权取其重”，是人们面临两难问题时理智的选择。保住这条腿，既是医院更是患者的期望，因此当被告厦门某医院预告手术后可能出现的并发症时，原告方某及其亲属仍签字同意手术。当预料的风险出现后，原告方某闭口不谈自己事先愿意承担这个风险，只想以彻底清创是医院的职责为由追究医院的责任，这样的诉讼理由是不正当的。从手术记录可以看到，被告厦门某医院在对原告方某行植骨术时，手术全过程流畅、真实，符合操作规范，并无不当。原告方某没有任何其他根据，仅以其在术后X光片中未发现植入新骨为由怀疑被告厦门某医院的植骨术，申请切开活体进行探查。这样的鉴定没有必要，对该申请不予采纳。正如专家所言，骨髓炎并发骨头坏死以及手术后过度运动造成的再次骨折，是使原告方某左下肢因骨头重叠而短缩的原因。植骨术植入的新骨，只能加固骨折处的愈合，无法撑开骨折处的重叠。植骨术与腿短缩之间不存在因果关系，被告厦门某医院不能因此承担医疗事故责任。最终判决驳回原告方某的诉讼请求。

第五节 医务人员履行执业注意义务的判断

一、关于医师注意能力判断标准及其评价

如何判断医师是否有注意能力，学术界共有三种不同学说。

1. 主观说

主观说，亦称个人标准说，以医师个人的注意能力作为确定医师是否履行注意义务的标准。主观说认为注意能力的有无，应以行为人的主观能力为标准，判断注意能力需要分析行为人对自己行为后果的理解、判断、控制、认识等方面的状况，以意志产生的过程来确定注意义务的程度。

主观说充分考虑到医师的个人情况、专业知识、智力水平、实践经验等，但其有明显的不足：其对那些不认真研究医学知识的医师，实际起到一种保护作用，客观上是鼓励落后、打击先进。如在同一单位的两个医师，甲积极钻研业务，而乙相反。对同一医疗行为，产生同一医疗损害，依主观说，甲有注意能力，应承担过失责任；而乙无注意能力，不承担过失责任。这是很不合理的。主观说的严重缺陷就在于它只看到各个人不同的认识能力，而忽视了人的认识能力正常发挥作用所必需的客观环境和条件。因此在我国，目前关于采纳纯粹的主观标准的主张几乎销声匿迹。①

2. 客观说

客观说亦称平均标准说，以一般医师的注意能力作为标准来确定某一医师是否违反注意义务。客观说的立论基础是医疗法律法规是为全体医师制定的，不能迁就某些人，只有制定统一的标准，法律的执行才有保证。对人的生命、健康有高度责任的医师必须经过统一的考试，达到一定的知识水准，方能取得执业资格。这本身就是一种客观标准。如从事医疗行为时，不完

① 参见周光权：《注意义务研究》，80页，北京，中国政法大学出版社，1997。

全考虑自己的经验能力，而轻率地进行不能胜任的医疗行为即可认为违反注意义务。同时，达到一定专业技术水平的医师，不及时更新医学知识以达到与之相应的知识水平，本身同样是对注意义务的违反。医师所具有的学识技术能力应达到一定的水准，个人能力、经验差异不能左右对医师注意能力的认定与要求。

客观说由于是以一般医师的注意能力为标准，所以在实践中比较容易操作。但客观说存在两点不足：一是未能充分认识到医师的水平由于地域、上下级、专科、职务级别的不同而存在巨大的差异，使地域偏远、级别较低的医师承担的注意义务过重。这同他们收费低廉相比显然是不公平的。二是客观说也可能使那些本身注意能力较高的医师逃避责任。

3. 折中说

折中说是把具有相当情况的医师的注意能力加以抽象化，制定一般性标准，给医师执行医疗业务提供一种类型化标准。折中说有其一定的合理性：首先，应当为医师的注意能力制定一般的标准。这是由于医疗是关系人的生命的大事，医师从事医疗应有相应的医疗技术。同时，要充分考虑级别、地域等因素，对不同级别、地域的医师的注意能力要求应有所不同。其次，一般标准的制定应适当。过低，不能达到促进医师谨慎从事医疗行为的目的。我国目前存在的突出问题是医师和医疗机构执业标准过低，这一问题在广大农村地区尤为严重。过高，可能导致医师为了避免卷入诉讼而采取过度的防御性行为，过多地考虑自己的安全而较少地考虑患者的利益，抑制医师对患者进行治疗的积极性，甚至产生防卫性医疗现象，从而损害患者的利益。

在实践中有医师由于种种原因未能达到一般标准而对患者造成损害，对此同样应认为医师有过失，因为医疗行业实行严格的市场准入制度，一旦进入这一行业，即认为有相应的医疗水平。没有达到相应的医疗水平，明知自己的医疗技术不能够胜任特定的医疗行为，仍从事超越个人能力的业务，应认为有过失。这就是所谓的超越承担过失。此时，该医师无论是在主观上还是在客观上都应受到否定性评价。

二、对医师注意义务的判断标准

既然对医师的注意能力的判断采折中说比较合理，那么如何依据折中说为医师的注意义务履行情况设定一个合理的判断标准呢？医师注意义务判断的基准也是判断医疗过失的标准。

（一）美国的医师注意义务判断标准

在美国，司法实践中认定医师是否有过失，是否违反其注意义务的标准有两个：一是合理的技能与注意标准（reasonable skill and care）。这一标准要求医师的行为必须符合自己的同行在相同的情形下应当具有的技能与注意，如果不符合就认为具有过失。二是地方规则与全国标准（locality rule and national standard）。该规则产生于 19 世纪初期，当时交通、通信不发达，一个全国性的大医院与乡镇中的小医院，无论是在医疗设备还是在医务人员的技术水准方面都存在巨大的差距，因此，法院认为在认定医师的过失时应当将地理范围考虑进去，不能要求一个村诊所中的医师与纽约的大医院中的医师有相同的技能与注意义务。但是，到了 19 世纪晚期，随着交通、通信的发达，这一规则受到批评，于是该规则被修正为“一位医师应当保持与其邻近的或处于相同地域的医师在处理相同情形时，应当具有的通常的技能、知识与经验”①。

在医疗过失抽象判断标准上占据最重要地位的是医疗水准说。医疗水准说的产生是医疗过

① 蔡墩铭：《医学刑事法要论》，56 页，台北，景泰文化事业有限公司，1995。

失理论发展史上的一次革命，它使医疗过失问题真正在法学上形成了自己的理论，改变了在此之前纷繁复杂的局面。①

（二）日本的医师注意义务判断标准

医疗水准说的概念最早由日本教授松仓丰治提出。② 他认为医疗水准可分为“学术中的医疗水准”与“实践中的医疗水准”：前者为研究水准或学界水准，其核心经由学术界的一致认定而形成；后者为经验水准或技术水准，它是现实中医界已普遍实施的医疗技术。

在学者提出的概念的基础上，日本司法判例开始对此学说加以运用。日本福冈高等法院于昭和 57 年（1982 年）6 月 21 日的判决在此学说基础上对此问题阐述道：新治疗方法发表后，须进行多数之试验，每隔一段时间检讨其成绩，与自然经过相比较、确认治疗效果及副作用、经相关学会一致认定后，经过教育、普及，经临床医师确定该治疗方法后，即得初步确立临床医学实践上之医疗水准。③ 该段判词形成了司法判例中医疗水准的初步理论。此后经过上百件的早产儿网膜症事件④，这一理论的地位最终确立，成为医疗过失的抽象判断标准。⑤

早产儿网膜症引发诉讼的原因是医师未采用光凝固治疗法对患者加以治疗，使患者亲属认为医师使患者失去了治愈机会。诉讼中的争议是医师是否存在对光凝固疗法的说明义务及转医义务。对此，日本法院在判决中采取了如下态度：对发生于治疗基准发表前的事件，以疗法未达医疗水准为由，判定医师没有违反注意义务；对发生于治疗基准发表后的事件，则认定该疗法已在医学界得到普及，达到实践中的医疗水准，从而医师具有以该治疗方法加以治疗或在不具备治疗条件时说明转医的义务，不履行此义务为对注意义务的违反。⑥

其中日本最高法院昭和 61 年（1986 年）2 月 16 日的判决认为：从事人的生命健康管理业务的人，与业务之性质相适应，要求负有为防止危险的实际经验上必要的最善的注意义务，该注意义务的基准为诊疗时的临床医学实践中的医疗水准。⑦ 该判决中关于注意义务的基准为诊疗当时临床医学实践中的医疗水准的阐述得到法学界的多数赞成，从而使医疗水准成为注意义务的判断基准，确立了医疗水准说在司法实践中的地位。

（三）我国的医师注意义务判断标准

在我国，判断医务人员的注意义务是以当时的医疗水平作为标准。《民法典》第 1221 条规定，医务人员在诊疗活动中未尽到与当时的医疗水平相适应的诊疗义务，造成患者损害的，医疗机构应当承担赔偿责任。《最高人民法院关于审理医疗损害责任纠纷案件适用法律若干问题的解释》第 16 条规定，对医疗机构或者其医务人员的过错，应当依据法律、行政法规、规章

---

① 参见赵秉志主编：《犯罪总论问题探索》，295 页，北京，法律出版社，2002。

② 参见［日］饭田隆：《注意义务的程度（2）——医疗水准の重层购置と注意义务》，载［日］根本久编：《裁判实务大系——医疗过误诉讼法》，158～159 页，东京，青林书院，1990。

③ 参见［日］判例タイムブ第 415 号，54 页。

④ 所谓早产儿，依国际卫生组织设定的基准是指出生时体重不满 1 500 克，不满 37 周即出生的胎儿。由于其死亡率极高，大多出生后被置于保育箱内。依对早产儿网膜症的研究，人类在受胎四个月后网膜内的血管才开始发达，在受胎八个月后网膜内的血管才开始发达至鼻侧附近。早产儿接受氧气治疗固然可以维持其生命并防止神经损害，但是长期供给氧气可造成网膜血管增生。这是形成早产儿网膜症的主要原因。此病很难治愈，严重时可致失明。直到 1967 年，日本天理病院来田眼科医师才发表了以光凝固阻止病情发展的两件案例，1969 年又发表了四件成功的案例。到了 1972 年，日本各医疗机构进行的试验超过 100 例，成功率相当高。1974 年日本厚生省为统一本病的诊断与治疗，组成了统一基准研究班，并于 1975 年发表了早产儿网膜症的治疗基准。从此该病有了明确的治疗基准。

⑤ 参见唐得华主编：《〈医疗事故处理条例〉的理解与适用》，57 页，北京，中国社会科学出版社，2002。

⑥ 参见［日］饭田隆：《注意义务的程度（2）——医疗水准の重层购置と注意义务》，载［日］根本久编：《裁判实务大系——医疗过误诉讼法》，158～159 页，东京，青林书院，1990。

⑦ 参见日本最高裁判所第一小法庭 1961 年 2 月 16 日判决，载《民集》，第 15 卷 2 号，244 页。

以及其他有关诊疗规范进行认定，可以综合考虑患者病情的紧急程度、患者个体差异、当地的医疗水平、医疗机构与医务人员资质等因素。

关于将医疗水平作为医务人员注意义务的判断标准，作者认为有必要作如下说明。

（1）如何判断当时的医疗水平。作者认为，需要将医疗行为分为基本医疗行为与非基本医疗行为。基本医疗行为，是任何从事医疗业务的专业人员必须掌握的基本技术，因而，对基本医疗行为的注意义务的要求只有时间限制，并无地域、医疗机构级别、医务人员级别的限制。而对于非基本医疗行为，则需要考虑当时、当地、同级别医疗机构、相同级别医疗技术职称的医务人员等因素来加以判断。①

（2）医疗水准与医学惯行。医学惯行是指现阶段大多数医师所采用的医疗措施或行为习惯。而医疗水准则是医师注意义务的一个基准，它是一个已具备相应专业能力的医师，尽其钻研义务、转诊义务、说明同意义务的一个前提基准。

（3）医疗水准与医学水准。医学水准是指研究水准或学术水准。医疗水准是一种经验水准或技术水准，亦即针对医学上诸问题，基于使其能在医学上被加以实验，并普遍化，或基于能否加以普遍化，不断地从技术上、设备上力求改善，并累积经验，甚至试着对学说加以补充、修正，最后始告确定，得为专家加以适用的实践专业、技术水准。可见，医疗水准是实践水准，医学水准高于医疗水准。

三、超出医师的注意能力的几种情况

我国《医疗事故处理条例》第 33 条规定，有下列情形之一的，不属于医疗事故：（1）在紧急情况下为抢救垂危患者生命而采取紧急医学措施造成不良后果的；（2）在医疗活动中由于患者病情异常或者患者体质特殊而发生医疗意外的；（3）在现有医学科学技术条件下，发生无法预料或者不能防范的不良后果的；（4）无过错输血感染造成不良后果的；（5）因患方原因延误诊疗导致不良后果的；（6）因不可抗力造成不良后果的。《民法典》第 1224 条也规定，患者在诊疗活动中受到损害，有下列情形之一的，医疗机构不承担赔偿责任：（1）患者或者其近亲属不配合医疗机构进行符合诊疗规范的诊疗；（2）医务人员在抢救生命垂危的患者等紧急情况下已经尽到合理诊疗义务；（3）限于当时的医疗水平难以诊疗。这都是充分考虑到医疗技术的特殊性而作出的免除医务人员侵权责任的情形。其中，医疗意外和紧急救治系超出医务人员注意能力的最典型情形。

案例 6-4

美国 CLIA88 法案②

在美国由于连续几次实验室检测失误，数名宫颈癌患者因延误诊断而死亡。因此，美国众议院于 1998 年通过 CLIA88 法案。该法案认为美国妇女受到宫颈涂片检测不当的威胁，而且病理学家的自律机制不完善，需联邦机构的监督。此监督职能交由美国疾病控制中心（CDC）实施。美国医学界没有其他领域实行如此严格的规定。但这也引起美国病理医师的过度防御反应：其一，每份病理报告均打上 5%～10%的假阴性率，这使病理报告失去了临床价值；其二，增加患者重复检测的次数，大大加重了患者的经济负担。这些都导致宫颈涂片这一很有价

① 参见刘鑫：《医疗损害技术鉴定研究》，199～200 页，北京，中国政法大学出版社，2014。

② 为了加强实验室管理，美国国会于 1988 年通过了《临床实验室改进法案修正案》（Clinical Laboratory Improvement Amendment 1988，CLIA 88），《美国临床实验室改进修正法案最终规则》（CLIA Final Rule）于 2003 年 1 月 24 日通过、2003 年 4 月 24 日实施。

值的检查手段很可能被弃之不用。

思考题

1. 医师注意义务的概念及内容是什么?

2. 什么是医疗水准说?我国立法规定的“当时医疗水平”应当如何理解?

3. 如何认定医疗过失行为?

4. 如何认识医疗免责特约的法律意义?

5. 如何理解医疗注意义务的履行与医疗注意义务履行能力之间的关系?

6. 对我国《医疗事故处理条例》规定的不属于医疗事故的情形与《民法典》侵权责任编规定的医疗机构不承担责任的情形进行比较并作出评价。

第七章
医疗执业规则

医疗执业活动，关系人们的健康和生命，是维系生命和保障身体健康的重要措施，故不可马虎，不可随意而为之，必须遵守一定的规则，按照一定的要求来实施。唯有如此，才能真正保障患者的安全，实现保障全民健康的目标。本章将系统介绍在医疗执业活动中医务人员应当遵守的执业规则。

第一节　医疗执业规则概述

一、医疗执业规则的概念和特点

（一）概念

虽然医师的执业规则有时表现为医师的执业义务，但是由于规则有其特殊含义，因而不能简单将执业规则等同于执业义务。

规则，一般是指由一定群体共同制定、公认，或由代表一定群体的主体统一制定并通过的，由群体里的所有成员共同遵守的行为规范，在形式上一般表现为规范性文件，如法律、条例和章程。规则具有普遍性。从内容来说，规则是具体规定相关对象的权利、义务以及具体法律后果的准则，或者说是对一个事实状态赋予一种确定的具体后果的各种指示和规定。规则有较为严密的逻辑结构，包括“权利和义务规定”或曰“行为模式”（含假定的事实状态）和“法律后果”（含否定式后果和肯定式后果）两部分。缺少其中任何一部分，都不能算规则。①

医疗执业规则，是指医疗机构及其医务人员在对患者实施诊疗活动的过程中，其诊疗行为必须遵守的行为规范。在《医师法》中，医师的执业义务集中规定在第 23 条，但是医师的执业规则分布于第 24 条至第 35 条。此外，其他医疗卫生管理法律、法规和规章对一些特殊的医疗行为还规定了具体的执业规则。

（二）特点

1. 法定性

医疗执业规则法定，是医疗执业规则的第一个特点，也是其根本特点。医疗活动具有利弊两面性，二者呈现相互消长之态势，需要把握二者的平衡，在给患者提供医疗服务的同时，最大限度地减少对患者的伤害。要达到这一目的，只能是通过立法，制定相应的诊疗规范，强制性地要求医务人员在医疗过程中执行这些规范。如果医务人员在医疗过程中违反了这些诊疗规

① 参见张文显：《规则·原则·概念——论法的模式》，载《现代法学》，1989（3），27～30 页。

范，就可能构成医疗过失，成为认定医疗事故乃至医疗侵权的主要依据。

2. 技术性

医疗执业规则规范的不是一般的社会行为，而是带有明显技术特征和要求的医疗行为。医疗执业规则是从医疗执业活动中提炼和抽象出来的行为规则，是对诊疗技术活动的规范化要求，因此，其内容上必须符合诊疗技术活动本身的规律，也必须反映诊疗技术活动本身的内容。

3. 自觉性

医疗执业规则既强制性地要求医务人员在医疗过程中履行这些规范，也要求在医疗过程中必须自觉地遵守这些规范。医疗活动是医务人员发挥主观能动性的一项创造性工作，医务人员的自由裁量权很大，规范要求不可能面面俱到。抽象的规则要在具体医疗行为中体现，必须要求医务人员自觉地履行这些规则。

二、医疗执业规则的内容

医疗执业规则的内容是比较丰富的。在法律层面上，国家的相关立法直接规定了一些医疗执业规则，比如，《医师法》《医疗机构管理条例》《护士条例》等都规定了一些具体的执业规则。在国家卫生行政部门制定的部门规章中，也有大量的医疗执业规则的内容，比如《医疗技术临床应用管理办法》《处方管理办法》《医师外出会诊管理暂行规定》《医疗机构检查检验结果互认管理办法》等。另外，在行业学会、协会的技术性文件中也有一些医疗执业规则。对于如何看待行业学会、协会制定的技术性规范对医疗执业行为的约束力，尚有不同看法。作者认为，行业学会、协会是技术性行业的学术性或者自律性组织，它对于规范医疗行业的技术行为，保障医疗行为的有效性和安全性，纯洁医疗服务队伍，提高医疗技术和服务水平，推动医疗卫生事业的发展等，都具有非常重大的作用。它作出的推荐性的诊疗规范、技术操作指南，是医疗行业中权威专家根据当今世界最新研究成果，结合我国实际情况所编撰的技术作业指导书，应该为医疗执业人员所遵守，因此，这些文件仍然属于医疗执业规则的内容，在医疗事故技术鉴定和医疗侵权诉讼中，可以成为认定医疗机构及其医务人员执业是否存在过错的依据。

《医疗质量管理办法》第47条规定了医疗质量安全核心制度：指医疗机构及其医务人员在诊疗活动中应当严格遵守的相关制度，主要包括首诊负责制度、三级查房制度、会诊制度、分级护理制度、值班和交接班制度、疑难病例讨论制度、急危重患者抢救制度、术前讨论制度、死亡病例讨论制度、查对制度、手术安全核查制度、手术分级管理制度、新技术和新项目准入制度、危急值报告制度、病历管理制度、抗菌药物分级管理制度、临床用血审核制度、信息安全管理制度等。国家卫生健康委员会在2018年4月18日出台了《医疗质量安全核心制度要点》（医卫医发［2018］8号），对各项核心制度作出了定义，提出了基本要求，使上述18项核心制度具有可操作性。对该18项核心制度有必要分层管理，区别对待，可以进一步分为诊疗性核心制度、关联性核心制度。诊疗性核心制度是指医务人员对患者实施诊疗活动的具体要求，包括首诊负责制度、三级查房制度、会诊制度、分级护理制度、疑难病例讨论制度、急危重患者抢救制度、术前讨论制度、查对制度、手术安全核查制度、值班和交接班制度等。关联性核心制度则是指对医务人员的诊疗活动不直接发挥作用，但是如果执行了该制度，会让诊疗活动在程序上、实质上落实，医疗质量和医疗安全得到更为有效的保护。除10项诊疗性核心制度之外，其余的为关联性核心制度。

上述定义的落脚点在“严格遵守”，即这些制度是对医务人员开展医疗活动时提出的强制性要求，是必须严格、不折不扣执行的，不能出现变通、懈怠、不作为的情况。① 这对于规范医疗行为，考察医疗执业规则，判断医疗过错，具有非常重要的意义。

医疗执业规则主要包含以下内容。

（一）诊疗资格许可规则

诊疗资格是指执行医疗服务任务的主体所要具备的特定条件和资格要求。诊疗资格在任何国家（地区）的医疗卫生管理活动中，都是非常严格的，实行政府强制许可，未经政府的许可和授权，除非有法律规定的条件和情形，一般均属于违法。诊疗资格许可规则属于医疗执业主体规则，强调具备何种条件的机构和个人可以开展医疗执业活动。因此，诊疗资格许可规则包括两方面的内容：（1）医疗机构设立许可；（2）医务人员执业许可。有关内容已在第三章中予以介绍，此不赘述。

案例 7－1

医疗美容有别于生活美容，需要资格许可

蒋某因不满意自己的满脸雀斑欲做祛斑手术。20××年4月某日，蒋某来到吴某经营的“美容美发中心”做全脸祛斑术。蒋某支付了1 850元美容费后，吴某便开始为她做手术。约两小时后，吴某称手术完成。蒋某当晚回家便觉得脸部发痒，她猜可能是美容后的正常现象。可第二天起床后，蒋某却发现满脸发红发肿，几天后整个脸开始变黑，而且越来越严重。

当月26日，蒋某向该美容院讨说法无果后，来到该市第一医院检查，检查结果为“皮肤中毒性损伤，系使用过期产品所致”。蒋某当即向县消协投诉。县市场监督管理局在执法中查明，吴某的营业执照中经营范围为“理发”，并无“美容”一项。吴某随后承认自己给蒋某使用的是已经过期的产品，并退还了蒋某1 850元美容费。但蒋某还是将吴某告上法庭。

法院经审理认为：吴某没有履行术前告知义务，也没有经有关部门批准从事美容服务，违反了美容技术操作规程。手术中，吴某还违规使用过期产品，致使蒋某受轻微伤。对此吴某应当承担主要责任。遂据此判决美容院赔偿蒋某医疗费、续医费等共5 110元。

（二）医疗仪器、药品及医疗方法准入许可

医疗行为是医师运用医学理论和技术对患者所患疾病实施诊疗的活动，它首先是一种思维活动。但是，医疗过程中医师经过抽象的分析和思考之后，医师必须要对患者实施一定的操作。尤其是现代社会中，医师越来越多地需要借助其他仪器、设备、物质和方法来实现其诊疗的目的。那么哪些东西可以为医师的诊疗活动服务呢？医师可以在哪些范围内选择这些医疗辅助用品呢？这些医疗辅助用品有一个安全性的问题，同样具有利弊两面性，二者呈现相互消长之态势，需要把握二者的平衡，在给患者提供医疗服务的同时，最大限度减少对患者的伤害。因此，国家对用于医疗目的的医疗仪器、药品及医疗方法实施准入管理。《医师法》第28条规定，医师应当使用经依法批准或者备案的药品、消毒药剂、医疗器械，采用合法、合规、科学的诊疗方法。除按照规范用于诊断治疗外，不得使用麻醉药品、医疗用毒性药品、精神药品、放射性药品等。《医疗技术临床应用管理办法》对允许进入临床的医疗技术采取负面清单管理。有关内容将在本书第九章、第十一章详细介绍。

（三）诊断和治疗规则

1. 诊断和治疗的基本要求

对患者的诊断和治疗是医疗行为的核心。对诊断和治疗应当从以下几方面来规制：（1）亲

① 参见刘鑫、陈伟主编：《医疗质量安全核心制度理论与实践》，33页，北京，中华医学电子音像出版社，2018。

自诊察；（2）继续诊疗；（3）恰当诊疗。

2. 三级医师查房规则

查房，是以现象来定义的医学概念。查房，在医疗活动中具有特殊的含义，指在患者住院期间，由不同级别的医师以查房的形式实施患者评估、制订与调整诊疗方案、观察诊疗效果等医疗活动。医疗行为的技术专业性和复杂性，决定了医疗经验的重要性，因此，在允许实施医疗行为的技术人员中进行了技术职务的划分。技术职务的高低，体现了医疗技术能力和水平的高低。高级医疗技术人员是少数，且这种高年资的医务人员年龄也较大，一般都担负着一定的管理、教学、科研任务，且他们的精力有限。然而，疾病的发生率和普遍性是恒定的，病人的数量虽然比较庞大，但常见病、多发病患者占了大多数。患者生病就诊时不能不加区分地选择高年资的医师看病，而应当首先由低年资的医师诊疗，只有低年资的医师在诊疗过程中有困难，才能求助于高年资医师。这样也有助于低年资医师的成长。因此，医疗机构在对患者实施诊疗的过程中，应当严格遵循三级医师查房规则，以使病人能够得到及时诊疗，疑难杂症能够得到及时处置。有关内容将在本章第二节中详细介绍。

3. 紧急处置规则

疾病的发展往往不以人的意志为转移。有的疾病来势凶猛、迅速，短时间内即可危及患者的生命。有的疾病起病隐匿，不容易被患者重视，一旦症状典型，已危及患者生命，或者患者正身处远离医疗机构的环境。此种情况下，应当允许医务人员采取紧急措施救治患者，尽可能帮助患者转危为安。有关内容将在本章第二节中详细介绍。

4. 首诊、会诊、转诊、随诊

首位接诊医师（首诊医师）在一次就诊过程结束前或由其他医师接诊前，负责该患者全程诊疗管理；对于诊断不清的患者，应当及时请上级医师、专科医师会诊。医疗机构没有诊疗条件为患者实施诊疗行为的，应当及时将患者转诊。医疗活动结束后，医师应当注意对患者做随诊的交代。有关内容将在本章第二节中详细介绍。

（四）信息披露规则

信息披露规则源于民法上的诚实信用原则。诚实信用原则是民事行为成立和实施的基础，也是民事交易成功的保障。医疗行为本质上是一种为患者提供服务的民事行为，医者是服务的提供方，患者是被服务的对象。由于医疗工作的专业性，患者往往对医疗工作一无所知，这就决定了患者对医疗工作内容的陌生和容易产生误会。为了保障医疗工作顺利进行，取得患者对医疗工作的配合和支持，最大限度地达到预期的诊疗效果，医疗机构及其医务人员在诊疗过程中，必须将与患者利益相关的医疗信息及时而准确地向患者及其家属披露，使患者及其家属真正了解医疗机构及其医务人员的资质、水平，诊疗措施及其风险，患者的病情及其预后，等等。

在医疗卫生立法上，长期以来，我国一直将披露与患者相关的信息作为医者的执业义务来规定。披露与患者利益相关的必要的信息，也是医者执业的规则之一。医疗机构及其医务人员披露与患者利益相关的必要的信息，体现在医疗过程中就是医疗机构及其医务人员应当履行告知义务；体现在患者方面，就是保障患者知情权、同意权的实现。有关内容可以参见本书第五章第四节。

（五）诊疗信息规范记录和妥善保管规则

患者的诊疗信息，既包括记录患者诊疗信息的病历、各种证明文件，也包括记录执行医疗工作的医疗业务信息。病历包括门诊病历、门诊病历手册、急诊病历和住院病历，主要内容为患者的历次的就医记录、患者的体检记录和患者的治疗记录；各种证明文件主要是医疗机构为患者的各种特定用途出具的涉及患者健康和医疗方面内容的、带有专业证明效力的文件；医疗业务信息主要是医疗机构开展医疗工作需要记录和留存的信息治疗，包括门诊挂号记录、接诊记录、住院患者记录、护理值班记录、长期医嘱执行记录、输液记录、诊疗收费记录、医疗耗材购销记录以及各种影像检查信息库等。

医疗机构在医疗执业过程中，应当按照规范性文件的要求来书写这些文件，并且应当妥善保管这些文件。这既是医疗机构开展医疗工作的需要，也是医疗机构为患者提供诊疗服务时负有的法定义务。医疗行为是需要政府经过法定程序而许可的行为，属于行政许可的范畴。医疗工作事关人的生命和健康，因而必须在国家有关部门和法律的监管之下实施，不得任意而为之。医疗机构开展医疗工作，必须要有相关的记录备查。而就医，实际上是患者在有生之年都可能要经常做的事情，患者的就医有一定的连续性和继承性，前后就医关系密切，患者的就医记录对于医务人员快速、准确诊断患者疾病，提出正确的处置方案，具有非常重要的作用。另外，患者的病历还记载了大量的有关患者的身体自然状况的信息，有的是需要专业人员通过专业手段才能明确的信息，这些信息可能属于患者的隐私，如果其他人员查看到这些信息，医疗机构可能会涉嫌泄露患者隐私。因此，医疗机构有义务保管好患者的病历资料。有关内容可以参见本书第八章的介绍。

第二节　诊断和治疗规则

诊断和治疗是医疗服务的核心，是医疗服务合同的主要内容，也是最容易引发医疗纠纷、医疗争议乃至医疗诉讼的关键环节。

一、诊断和治疗的基本要求

（一）亲自诊查

医疗行为系有资格的专业人员在对患者的身体进行专业性检查之后，综合手中所掌握的患者的身体和疾病方面的信息，所作出的有关生理性之特定情况或者病理性异常状况的专业性判断，是医务人员执行下一步治疗措施的基础和保障。医师对患者治疗疾病的效果，与医师是否准确掌握患者的身体健康信息密切相关。而医师对患者信息的检查和掌握，又与医师检查的手法和对患者身体特异现象的观察有关。如果医师没有亲自诊查患者，对患者的病症的判断是通过其他医师甚至外行转述的，那么，医师的诊疗技术水平再高，也有可能对患者的病情判断失误，从而导致误诊误治。

亲自诊查是医疗行为实施的首要原则。执业医师对患者亲自诊查，是其确信患者的病情、作出准确的疾病诊断、提出恰当的处置方案的前提和基础，也是一个执业医师应当尽到的基本诊疗义务，是医师对患者负责、对自己负责的表现。正因为如此，亲自诊查在相关法律中是有明确规定的。

我国《医师法》第 24 条规定：医师实施医疗、预防、保健措施，签署有关医学证明文件，必须亲自诊查、调查。第 56 条还规定，医师在执业活动中，违反本法规定，未经亲自诊查、调查，签署诊断、治疗、流行病学等证明文件或者有关出生、死亡等证明文件的，依法追究法律责任。《医疗机构管理条例》第 31 条规定：未经医师（士）亲自诊查病人，医疗机构不得出具疾病诊断书、健康证明书或者死亡证明书等证明文件；未经医师（士）、助产人员亲自接产，医疗机构不得出具出生证明书或者死产报告书。该条例第 48 条规定：违反本条例第 31 条规定，出具虚假证明文件的，由县级以上人民政府卫生行政部门予以警告；对造成危害后果的，可以处以10 000元以上100 000元以下的罚款；对直接责任人员由所在单位或者上级机关给予行政处分。

亲自诊查要求执业医师在对患者提出处置方案、开具处方、出具医学证明文书之前，应当亲自与患者交谈询问，要亲自动手为患者实施必要的医学检查。从检查方法来说，这种检查可以是为了解患者病症所必需的徒手躯体检查和观察，也可以是借助医学上一般的检查辅助设备或者特殊的检查仪器设备进行检查。实施检查的医师亲自观察到患者的病症表现。从对病症的观察来说，可以是检查者运用自身的感觉器官，如眼、耳、鼻和担负着触觉功能的手，来捕捉患者的病症表现，如用手感觉患者的体温；也可以是借助一些科学仪器，诊查了解患者的病症，如运用X线的穿透性能，了解患者体内的情况。医师开动特殊的检查仪器设备属于医师亲自诊查行为，医师阅读患者的原始检查信息资料，作出必要的医学信息判断，也属于亲自诊查。后者如医师亲自查看患者的X线片、CT片、MRI片，并提出相应的医学诊断意见。

不过需要说明的是，医师亲自诊查，必须是在自己诊疗科目范围之内。超出自己专业范围的检查，医师不仅不得为之，而且如果擅自实施"诊查"，还可能属于"超范围执业"。如果超出自己的专业领域，一方面，医师技术不高，缺乏相应的经验，诊查了解到的结果不准确；另一方面，术业有专攻，在医学执业上，更是要求泾渭分明，各人在自己的职责范围内依法行事。因此，涉及其他专业范围内的诊疗行为，相关医师应当尽早启动转诊或者会诊程序，或者开具辅助检查，由其他专业技术医师实施诊查。

（二）继续诊疗

患者就医，即与医者形成了医疗服务合同关系。在这种合同关系中，医者不得擅自终止医疗服务合同。于医疗服务合同成立后，如无特别约定，医师有义务继续诊治以符合患者之需要，倘无故终止，除可能负刑事责任外，在民事上依债务不履行之规定，应负损害赔偿责任。①

继续诊疗，要求医疗机构及其医务人员，在对患者的诊疗过程中，不得随意终止医疗行为。关于继续诊疗，目前在我国医疗法律上没有明文规定，但在医疗行业中医务人员已经达成共识。何种行为构成无故终止医疗行为，应依个案情形、法理和公序良俗或公共政策之观念予以认定。医疗行为终止，必须要有法定事由出现。一般认为，医疗行为终止的法定事由主要包括以下几个方面。

第一，医疗活动结束。目前我国医疗机构提供的诊疗服务分为急诊、门诊和住院三种形式。住院形式比较好判断，以患者病情痊愈或者病情稳定而出院，作为终止医疗活动的事由。门诊和急诊，则是以就诊单元来判断。在一个就诊单元内，对患者的医疗服务不得随意终止，患者可以多次找医师寻求医疗意见。

第二，医疗机构及其医务人员已经没有能力提供医疗服务。丧失医疗服务能力，自然无法提供医疗服务。这包括医疗机构及其医务人员没有相应的诊疗资质，也包括医疗机构及其医务人员没有相应的医疗设备和条件。

第三，患者有履行医疗服务合同义务的能力而未履行。这种情况适用的条件比较特殊，强调的是患者有能力履行义务而没有履行。从合同的角度来看，这实际上属于恶意违约。在这种情况下医者可以解除合同。不过，对于"患者有能力履行义务而没有履行"需要认定，必须要有确凿的证据。

① 参见黄丁全：《医事法》，181～182页，北京，中国政法大学出版社，2003。

第四，患者主动提出终止医疗服务合同。医疗服务合同的终止权在患者手中，患者如果提出终止医疗服务合同，不同意医疗机构及其医务人员继续为其提供医疗服务的，医疗服务合同终止，医疗机构及其医务人员始得停止继续医疗。

第五，出现不可抗力事件。这实际上是医疗机构及其医务人员丧失提供医疗服务的能力的特殊情形。

（三）恰当诊疗

医疗机构及其医务人员为患者提供诊疗服务时，必须从患者的利益出发，无论是在诊疗措施的选择上，还是在诊疗费用的支出上，均不得损害患者的利益。

随着医学科学技术的发展，医疗措施和医疗技术手段日益先进和多样化，可用于特定患者身上的诊疗措施越来越多。到底患者适宜用什么样的诊疗技术和方法，是一个选择问题。虽然，法律上解决这个问题可以通过要求医者履行告知的义务来实现的，但事实上，在医者告知之前，面临医者应当将哪些方案提供给患者作为备选方案，也可能即使医者竭力告知患者，但患者也未必真正明白诊治方案。在一些特殊的案例中，还可能患者放弃知情同意权，由医者代为履行选择。这一切都要求医者在诊疗过程中，必须要将患者的利益放在首位，为患者的利益着想，选择最适合患者的诊疗方案。

关于恰当诊疗，首先要求医疗机构及其医务人员应当遵守诊疗技术规范和操作规程，按照技术标准的要求进行诊疗。《医师法》第23条第2项规定了医师在执业活动中有遵循临床诊疗指南、遵守临床技术操作规范和医学伦理规范的义务。《医疗机构管理条例》第24条规定：医疗机构执业，必须遵守有关法律、法规和医疗技术规范。诊疗技术规范和操作规程的范围比较广，包括国家卫生行政部门颁发的部门规章，如2004年4月1日卫生部颁布的《内镜清洗消毒技术操作规范（2004年版）》；也包括医学行业学会、协会制定和颁布的技术操作指南，如中华医学会发布的《肺癌临床诊疗指南（2022年版）》；还包括行业内公认的技术操作要求，即惯例。不过，有的指南由于只有部分专家参与起草，难免只反映部分专家，甚至个别专家的观点这些，而有的专家没有考虑国情，直接照搬国外的技术操作指南，使指南中存在不适应我国实际情况的地方。另外，有的诊疗操作规范和指南制定的时间比较早，相关的技术操作要领和要求早已经发生了变化，应当用更为先进的标准和要求来取代，但是我国尚未形成定期制定和修订技术操作指南的制度，因此，需要借助行业公认的惯例来补充。不过这在实践中很难操作和把握，在涉及纠纷的处理时，需要通过医学会的鉴定和专家辅助人出庭来实现。

从医疗实践来说，恰当诊疗的要求，与其说是法律的原则，倒不如说是医师职业道德的要求。恰当诊疗方案的选择，往往依赖医师的良心和职业素质，如果医师不是为患者的利益着想，而是意在谋求个人或者医疗机构的经济利益，他就可能选择昂贵的诊疗方法、过度的诊疗措施，给患者造成肉体上和经济上的损失。为患者的利益着想，以维护患者的利益为出发点，实际上是一个很难平衡的问题，从操作技术来看，也是一个难以把握的问题。在是否为患者利益着想发生分歧时，甚至难辨真伪和是非。

不过，在法律层面上，对恰当诊疗的要求，目前司法实践认定的原则是最善注意义务。有关内容详见第六章。

案例 7－2

患者术后肺栓塞死亡，医院承担赔偿责任

20××年3月11日，黄女士因“胆囊炎、胆石症”入住某医院普外科，并于当月15日行“胆囊切除术”治疗。术后第三天，黄女士出现呼吸急促、双唇发绀、神志恍惚等症状，经抢救无效死亡。经检查，死亡原因为急性肺栓塞。

同年7月，黄女士亲属起诉至法院，称：患者入院时各项常规检查正常，15日全麻行“胆囊切除术”后引流管内出血较多，用血速宁止血后病人感觉胸闷、呼吸困难，心跳加快、出虚汗等。当时曾多次向值班医护人员反映此异常情况，均被当作术后正常反应，未引起重视。直至术后第三天8时15分主任查房时才发现病危，5分钟后患者呼吸、心搏骤停，经抢救无效死亡。因此，死者亲属认为医院手术操作不当，用药过量、疏忽大意、贻误抢救时机，导致患者死亡，给亲属造成很大经济损失和精神损害。故要求医院承担全部责任，赔偿9.9万余元。

法院在审理过程中，应患者亲属要求委托某司法鉴定机构进行鉴定。该鉴定机构出具的鉴定结论认为，医院在术后应用较大剂量血速宁与病人死亡之间有很少部分因果关系（事件参与度为10%）。

法院经审理认为：医院在对黄女士诊疗的过程中存在不当之处，术后所用血速宁剂量超过正常使用剂量，该行为与黄女士死亡之间有很少部分因果关系，医院应当对此承担相应赔偿责任。患者亲属要求医院承担全部责任，依据不足，法院不予支持。最终法院作出被告医院赔偿原告各种费用共计8 400余元的判决。

二、三级医师查房规则

（一）三级医师查房的重要性

患者病情有疑难与复杂之别，医师的诊疗技术水平也有高低之分，二者交合，必然会出现影响患者疾病诊疗效果的情况。

一般来说，所有的病人都由技术职称高的专家级的医师实施诊疗，对保护患者的健康利益是再好不过的事情。然而，医学是一门经验性学科，医师的执业有赖于其知识和经验的丰富程度，而任何知识和经验的积累，都是需要时间的，因此，医师的成长有一个漫长的训练、学习和积累的过程，任何医师都遵循如下成长规律：医学生→见习医师→实习医师→住院医师→主治医师→副主任医师→主任医师。

这样，就存在两个问题需要解决：一是低年资医师的成长需要机会，如何在诊疗实践中给低年资医师提供锻炼的机会；二是高年资的医师毕竟数量有限，无力接待大量的患者。解决这两个矛盾的办法就是对患者进行分流，将患者按照病情的复杂、疑难程度进行分类，将一般的患者交由低年资医师诊疗，将疑难杂症患者交由高年资医师诊疗。这样做也只是解决了上述问题的一部分，其实分诊错误导致低年资医师接诊了疑难杂症患者的现象客观存在，同时，低年资医师长期接诊简单病例也难以向高年资医师成长、过渡。解决这个问题的最佳思路，就是落实三级医师查房制度。

（二）三级医师查房制度的内容与要求

1982年卫生部发布的《医院工作制度》中明确规定了三级医师查房制度，将三级医师查房作为我国医疗机构及其医务人员为患者提供诊疗服务的基本规则。医疗机构及其医务人员，在给患者提供医疗服务的过程中，是否遵守了三级医师查房制度，是考察医疗机构及其医务人员是否尽到诊疗义务的重要指标。三级医师查房制度，是一项重要的医疗质量安全核心制度，包括但不限于主任医师或副主任医师—主治医师—住院医师。遵循下级医师服从上级医师，所有医师服从科主任的工作原则。医疗机构应当严格明确查房周期。工作日每天至少查房2次，非工作日每天至少查房1次，三级医师中最高级别的医师每周至少查房2次，中间级别的医师每周至少查房3次。术者必须亲自在术前和术后24小时内查房。

根据《医院工作制度》“二十六、查房制度”的要求，三级医师查房有如下具体要求。

（1）查房的时间频率：科主任、主任医师查房每周1～2次，主治医师查房每日1次，住院医师对所管患者查房每日至少2次。

（2）查房的对象：所有接受医疗服务的患者。对危重病员，住院医师应随时观察病情变化并及时处理，必要时可请主治医师、科主任、主任医师临时检查病员。

（3）查房的程序：查房前医护人员要做好准备工作，如病历、X线片，各项有关检查报告及所需用的检查器材等。查房时要自上而下逐级严格要求，认真负责。经治的住院医师要报告简要病历、当前病情并提出需要解决的问题。主任或主治医师可根据情况作必要的检查和病情分析，并作出肯定性的指示。

（4）查房的内容：1）科主任、主任医师查房，要解决疑难病例；审查对新入院、重危病员的诊断、治疗计划；决定重大手术及特殊检查治疗；抽查医嘱、病历、护理质量；听取医师、护士对诊疗护理的意见；进行必要的教学工作。2）主治医师查房，要对所管患者分组进行系统查房，尤其对新入院、重危、诊断未明、治疗效果不好的病员进行重点检查与讨论；听取医师和护士的反映；倾听病员的陈述；检查病历并纠正其中错误的记录；了解病员病情变化并征求对饮食、生活的意见；检查医嘱执行情况及治疗效果；决定出院、转院问题。3）住院医师查房，要重点巡视重危、疑难、待诊断、新入院、手术后的病员，同时巡视一般病员；检查化验报告单，分析检查结果，提出进一步检查或治疗意见；检查当天医嘱执行情况；给予必要的临时医嘱并开写次晨特殊检查的医嘱；检查病员饮食情况；主动征求病员对医疗、护理、生活等方面的意见。

（三）三级医师查房的相关法律要求

在发生医疗纠纷时，对于医疗机构及其医务人员是否尽到了三级医师查房义务，需要用具体的法律规定来衡量。了解相关法律规定，对于确认医疗机构是否尽到三级医师查房义务非常重要。

2010年3月1日实施的卫生部《病历书写基本规范》对三级医师查房的有关内容作了明确的规定和要求。

1. 对住院医师的查房要求

住院医师包括已具有主治医师以上技术职称，但没有按照主治医师以上的职称聘用，仍然当作住院医师使用的医师。

（1）住院医师对患者的首次查房要求。

住院医师对患者的首次查房应当于接诊后尽快完成，并在患者入院8小时内制作首次病程记录。住院医师是接诊患者的第一个医师，因此，首次病程记录和住院志的书写，一般反映了住院医师的查房要求。

《病历书写基本规范》第22条第2款第1项规定：首次病程记录是指患者入院后由经治医师或值班医师书写的第一次病程记录，应当在患者入院8小时内完成。首次病程记录的内容包括病例特点、诊断依据及鉴别诊断、诊疗计划等。

《病历书写基本规范》第17条规定，入院记录是指患者入院后，由经治医师通过问诊、查体、辅助检查获得有关资料，并对这些资料归纳分析书写而成的记录。可分为入院记录、再次或多次入院记录、24小时内出院记录、24小时内入院死亡记录。入院记录、再次或多次入院记录应当于患者入院后24小时内完成；24小时内入出院记录应当于患者出院后24小时内完成，24小时内入院死亡记录应当于患者死亡后24小时内完成。住院医师对患者的首次查房应当在患者入院后第一个24小时内完成。

（2）住院医师对患者的日常查房要求。

《病历书写基本规范》第 22 条第 2 款第 2 项规定：日常病程记录是指对患者住院期间诊疗过程的经常性、连续性记录。由经治医师书写，也可以由实习医务人员或试用期医务人员书写，但应有经治医师签名。书写日常病程记录时，首先标明记录日期，另起一行记录具体内容。对病危患者应当根据病情变化随时书写病程记录，每天至少 1 次，记录时间应当具体到分钟。对病重患者，至少 2 天记录一次病程记录。对病情稳定的患者，至少 3 天记录一次病程记录。

2. 对主治医师的查房要求

主治医师包括已具有副主任医师以上技术职称，但没有按照副主任医师以上的职称聘用，仍然当作主治医师使用的医师。

《病历书写基本规范》第 22 条第 2 款第 3 项规定：主治医师首次查房记录应当于患者入院 48 小时内完成。内容包括查房医师的姓名、专业技术职务、补充的病史和体征、诊断依据与鉴别诊断的分析及诊疗计划等。主治医师日常查房记录间隔时间视病情和诊疗情况确定，内容包括查房医师的姓名、专业技术职务、对病情的分析和诊疗意见等。科主任或具有副主任医师以上专业技术职务任职资格医师查房的记录，内容包括查房医师的姓名、专业技术职务、对病情的分析和诊疗意见等。

3. 对科主任、副主任医师、主任医师的查房要求

对科主任、副主任、主任医师的查房要求《病历书写基本规范》中没有具体规定，依《医院工作制度》中的要求，科主任、主任医师查房每周 1～2 次。

但是《病历书写基本规范》规定的“疑难病历讨论记录”和“死亡讨论记录”中，对科主任、副主任医师、主任医师参与医疗工作是有要求的，尤其是“疑难病历讨论记录”直接反映了这一级别的医师参与诊疗工作的情况。

案例 7-3

医院违反三级医师查房制度承担赔偿责任

20××年 8 月 9 日起，蒋某因腹痛先后 10 次到某医院门诊就诊，其间还急诊留观两次，前后就诊时间持续一个多月，但该医院没有明确作出诊断。到了 2004 年 9 月 20 日，蒋某病情加重，出现了腹胀、无大便等症状，再次就诊该医院，后被该医院收入院。入院第七天，蒋某的症状进一步加重：发热，上腹疼痛，下腹疼痛呈阵发性加重，呈绞痛，无呕吐，未解大便；检查腹肌紧张明显，腹穿见血性腹水。随后在全麻下行急诊剖腹探查术，腹腔内可见大量黄色混浊液体，量约 1 500ml，无臭味，盲肠、升结肠、横结肠及脾区高度扩张，直径 12cm，肠壁厚约 2cm，结肠浆膜充血水肿，以横结肠为著，未见穿孔。全小肠轻度扩张，直径约 3.5cm，无缺血表现。术后蒋某的情况没有明显改善，于术后 6 小时死亡。经尸体解剖，其死亡原因为假膜性结肠炎及中毒性巨结肠致感染中毒性休克死亡。蒋某父母认为该医院在治疗过程中存在过错，要求该医院赔偿。

法院在审理本案的过程中，委托某司法鉴定机构对医院的医疗行为是否存在过错进行鉴定。在法庭及鉴定会上，医院答辩强调：本案中患者蒋某所患疾病为罕见病，发生误诊系“患者病情异常”和“现有科学技术水平的局限性”所导致的，根据《医疗事故处理条例》第 33 条的规定，医院依法不承担责任。但原告认为：患者在被告医院前后就诊一个多月，医院没有及时会诊和转院，尤其是在被告医院收患者入院后，住院 7 天，除有住院医师、主治医师看过患者之外，没有高级职称的医师查过患者。因此，医院对患者病情的误诊，系不

尽医疗义务的结果。鉴定机构在鉴定中，查阅医院提供的病历资料，确实没有发现副高职称以上医师的查房记录。最终认为医院违反三级医师查房制度的有关规定，认定医院对患者病情误诊属于不尽医疗注意义务的结果，存在医疗过错。法院据此判决医院承担民事赔偿责任。

三、紧急处置规则

（一）紧急处置规则的要求

紧急处置规则是指医疗机构及其医务人员在面对重危患者的时候，应当对患者实施紧急救治，不应当因为诊治经费不到位、没有相应的诊疗资质和条件、没有签署知情同意书、没有家属在场等一系列原因，医疗机构就拒绝诊治。这是法律上强调的医疗机构及其医务人员有救死扶伤的义务所决定的。

1949 年在伦敦举行的世界医学会第三次大会所通过的《国际医学伦理典章》指出：医师对于急症，必须施以所需之治疗，除非确知他医必能为之处理。《医疗机构管理条例》第 30 条规定：医疗机构对危重患者应当立即抢救。《道路交通安全法》第 75 条规定：医疗机构对交通事故中的受伤人员应当及时抢救，不得因抢救费用未及时支付而拖延救治。《民法典》中有 4 个法律条文与紧急处置规则有关联。《民法典》第 184 条规定，因自愿实施紧急救助行为造成受助人损害的，救助人不承担民事责任。第 1005 条规定，自然人的生命权、身体权、健康权受到侵害或者处于其他危难情形的，负有法定救助义务的组织或者个人应当及时施救。第 1220 条规定，因抢救生命垂危的患者等紧急情况，不能取得患者或者其近亲属意见的，经医疗机构负责人或者授权的负责人批准，可以立即实施相应的医疗措施。第 1224 条规定，医务人员在抢救生命垂危的患者等紧急情况下已经尽到合理诊疗义务的，医疗机构不承担责任。《医师法》第 27 条规定，对需要紧急救治的患者，医师应当采取紧急措施进行诊治，不得拒绝急救处置。因抢救生命垂危的患者等紧急情况，不能取得患者或者其近亲属意见的，经医疗机构负责人或者授权的负责人批准，可以立即实施相应的医疗措施。国家鼓励医师积极参与公共交通工具等公共场所急救服务；医师因自愿实施急救造成受助人损害的，不承担民事责任。这样的规定符合社会主义核心价值观，充分体现了我国《民法典》的人文关怀精神。①

因此，医师遇有重危患者时，无论是从医学伦理角度还是从法律规定来看，都负有紧急救治、处置的义务。医疗机构及其医务人员无正当理由，不得拒绝患者的诊治要求。

（二）紧急处置规则之冲突

医疗机构及其医务人员对重危患者，无正当理由，不得拒绝诊治。这项规则的适用，有时会面临一些法律上的冲突，必须予以明确。

1. 紧急处置与强制医疗

紧急处置与强制医疗应当没有矛盾，都是指在法定情形出现的时候，医疗机构及其医务人员应当无条件地对患者实施救治。紧急处置的适用条件是患者病情危重，不及时救治将危及患者生命；强制医疗是国家基于社会集体防卫的目的，以行政强制措施，强制患者接受医疗的行为，如预防接种、传染病防治、精神病人的强制治疗②、在押犯自伤自杀后的强制治疗等。紧

① 《民法典》第 1 条规定立法宗旨是：保护民事主体的合法权益，调整民事关系，维护社会和经济秩序，适应中国特色社会主义发展要求，弘扬社会主义核心价值观。近 5 年，越来越多司法判决都在弘扬社会主义核心价值观，充分体现正能量。

② 参见李大平主编：《医事法学》，160 页，广州，华南理工大学出版社，2007。

急救治是医疗机构履行法定义务的行为，而强制医疗是医疗机构执行行政强制措施的行为。强制医疗时医疗机构可以对抗不配合的患者及其家属，紧急处置时医疗机构无法也不能对抗不配合的患者及其家属。

2. 紧急处置与无因管理

无因管理是指如果某人在他人不在场或处于无行为能力的状态或在其他紧急情况下，未经请求又未经授权而自愿地介入他人事务，那么该人被免除其合理承担的责任，并有权就其维护不在场的人或处于无行为能力状态的人的利益而支出的合理费用得到补偿。[①] 医疗事务上的无因管理是指医疗机构及其医务人员在没有约定义务或法定义务的情况下，为避免患者的生命健康利益受到损害，自愿为患者提供医疗服务的行为。这种行为在医患之间引发一种债权债务关系。[②] 医疗事务上的无因管理实际上是患者的健康利益处于一种遭受危险威胁或者处于危险的状态，医疗机构及其医务人员如果不采取措施处置，患者的健康利益将受到损害。在这种情况下，虽然没有得到患者的同意，也没有得到患者的授权，医疗机构及其医务人员可以基于患者的利益，依照医学的原则进行紧急处置。无因管理和紧急处置实际上应当是一个问题的两种表述：前者是民法上的表述，后者是医疗卫生管理法律对医疗义务的表述。

医疗事务上的无因管理和医疗紧急处置所面临的问题主要是医疗过失责任的承担和诊疗费用的支付。关于诊疗费用由谁承担在法律上并无困难，目前所面临的问题实际上是我国实践中患者无能力承担、恶意拖欠医疗费和逃费以及医疗保障覆盖面窄的问题。与诊疗费拖欠相比，医疗过失责任的承担更令医者担心。在美国，为了避免医师于患者危急之际，因害怕负医疗过失责任而惮于主动施行急救，大多数州均订有《主动急救法》（Good Samaritan Statute），也称好撒玛利亚人法或者好人法，规定了任何人在紧急情况下对患者主动急救时所负的注意义务程度，施救者仅就故意或重大过失负责。有些州甚至将该规则的适用对象从医疗机构的急救室医师扩展到护士及急救人员。[③] 这对于医疗机构及其医务人员放心实施急救是非常有利的。

3. 紧急处置与患方的知情同意权

这是一对非常不好处理的矛盾。紧急处置是医疗机构及其医务人员履行法定义务的行为，这种行为的实施前提是患者的生命健康利益处于一种无人问津、无人管理的情况之下。强调患者的利益无人管理，便于医疗机构及其医务人员先于患方的授权和同意而实施诊疗行为。如果医疗机构及其医务人员要先寻找患者家属并征求意见，必然导致患者的健康利益受损。然而，医疗机构是一个专业诊疗机构，不享有有行政上的强制力，也无权实施任何强制措施，故在危重患者及其家属不同意救治患者的情况下，医疗机构无法也不能对抗不配合的患者及其家属去实施紧急处置措施。在这种情况下，医疗机构只能放弃治疗。如果片面强调医疗机构及其医务人员的紧急处置义务，在患方明确拒绝诊治的情况下，因为医者需要对抗患方的干扰，所以实际上医疗机构及其医务人员所实施的是强制医疗。不过在患者及其家属不同意救治患者时，医疗机构及其医务人员有义务告知患方不及时救治患者可能面临的风险和后果。如果医疗机构及其医务人员已经尽到告知的义务，将被免除法律上的责任。

四、首诊、会诊、转诊、随诊

会诊、转诊、随诊是医疗机构给患者提供诊疗服务的特殊情形，属于医疗服务的附随义

① 参见［英］David M. Walker：《牛津法律大词典》，李双元等译，793 页，北京，法律出版社，2003。

② 参见李大平主编：《医事法学》，157 页，广州，华南理工大学出版社，2007。

③ See John T. Pardun, "Good Samaritan Laws: A Global Perspective", 20 *Loy. L.A. Int'l & Comp. L. Rev.* 591 (1998).

务，是医疗机构及其医务人员在诊疗过程中遇诊断不清或者无力诊治或者患者病情不稳定之情形而必须要做的事情。

（一）首诊规则

为了明确患者在诊疗过程中不同阶段的责任主体，保障诊疗患者过程中诊疗服务的连续性，我国实行首诊负责制。其是指患者的首位接诊医师（首诊医师）在一次就诊过程结束前或由其他医师接诊前，负责该患者全程诊疗管理的制度。医疗机构和科室的首诊责任参照医师首诊责任执行。凡来医院就诊的病人，均实行医院首诊负责制。医院对诊疗范围内的病人一律不得拒诊；对非诊疗范围内的病人在病情危重，危及生命的情况下应就地抢救。落实首诊负责制，一是要求医疗机构在管理层面明确各岗位职责及工作细则，要有明确的考核要求，对医务人员执行首诊负责制的情况予以监督；二是要求建立有效的转诊机制。首诊负责制解决了患者到医院就医有人接待、有人管的问题，但接待患者的医师对该患者的病症诊治未必专业，该病症可能不属于该医师的执业范围，如果该患者转不出去，无人会诊，无人接收，只会耽误病情。属于下列情况的可以转诊：（1）非诊疗范围内的病人；（2）患者及其家属要求转院者，在告知了转诊风险及相关医疗费用政策后，患者仍坚持转院者；（3）病情确实需要住院或留观，但因为本医疗机构无床位，本医疗机构目前不具备诊治的条件和能力。当病情允许转运时，首诊医院的首诊医师必须写好病历，进行必要的医疗处置及充分的病情交代、途中风险告知，让患者家属在病历及知情书上签字同意，并在能力范围内协助患者落实接收医院。

（二）会诊规则

会诊是指出于诊疗需要，由本科室以外的或本机构以外的医务人员协助提出诊疗意见或提供诊疗服务的活动。会诊，实际上是一个医学技术概念，是指由多名医师共同对疑难杂症进行诊断。一个医师的知识、经验、能力等是有限的，而疾病的种类和表现形式是无限的，因此，一个医师单凭自己的个人学识和经验就能够完全把握所有的患者的病情，几乎是不可能的。当自己难以诊断清楚，难以把握治疗方案的时候，就需要请其他医师进行会诊。会诊包括请上级医疗机构的医师会诊，也包括请本医疗机构的上级医师会诊，还包括请本医疗机构或者其他医疗机构的专科医师会诊。

《医院工作制度》“二十九、会诊制度”规定了医疗机构的会诊制度：凡遇疑难病例，应及时申请会诊。因此，邀请会诊就成为医疗机构履行医疗服务合同的法定义务。《医院工作制度》将会诊分为科间会诊、急诊会诊、科内会诊、院内会诊、院外会诊，以及科内、院内、院外的集体会诊等六种，针对不同的患者、不同的病症，实施不同的会诊。

（三）转诊规则

1. 转诊的含义

医疗机构没有诊疗条件为患者实施诊疗行为的，应当及时将患者转诊。医疗机构应当为非本医疗机构诊疗范围内的或者超出本医疗机构诊治能力的急危重患者的转诊提供必要的帮助。所谓转诊，是指医疗机构、医师因设备或者专业技术水平所限，无法确定患者的病情，或者无法提供完整、有效的治疗方案时，医疗机构、医师主动或者建议患方将患者转移到其他医疗机构进行诊治。转诊包括转院、转科两种：由一个医疗机构转移到另外一个医疗机构叫作转院在同一个医疗机构内部由一个诊疗科室转移到另外一个诊疗科室叫作转科。

转院并不意味着患者必须由下级医院转至上级医院，还包括患者由综合性医院转至专科医院，即使专科医院的级别比转出患者的综合性医院级别低，也不影响对转院行为的认定。

《医院工作制度》“三十、转院、转科制度”规定了医疗机构的转诊制度：

（1）医院因限于技术和设备条件，对不能诊治的病员，由科内讨论或由科主任提出，经医务科报请院长或主管业务副院长批准，提前与转入医院联系，征得同意后方可转院。

（2）各省、市、自治区级医院病员（包括门诊病员）需转外地医院治疗时，应由所在医院科主任提出，经院长或业务副院长同意，报请省、市、自治区卫生行政部门批准办理手续。急性传染病、麻风病、精神病、截瘫患者，不得转外省市治疗。

（3）病员转院，如估计途中可能加重病情或死亡者，应留院处置，待病情稳定或危险过后，再行转院。较重病员转院时应派医护人员护送。病员转院时，应将病历摘要随病员转去。病员在转入医院出院时，应写治疗小结，交病案室，退回转出医院。转入疗养院的病员只带病历摘要。

（4）病员转科须经转入科会诊同意。转科前，由经治医师开转科医嘱，并写好转科记录，通知住院处登记，按联系的时间转科。转出科需派人陪送到转入科，向值班人员交代有关情况。转入科写转入记录，并通知住院处和营养室。

《医疗机构管理条例》第30条规定，对限于设备或者技术条件不能诊治的病人，应当及时转诊。

2. 转诊的情形

遇有下列情况时，医疗机构应当建议患者转诊：

（1）患者的疾病在医疗机构诊疗科目之外，或者医疗机构无相应的诊疗能力或者诊疗能力不充分时，或者对于患者的病症，医疗机构没有配备相应的人、物的设备，或者虽有配备但不充分，无法充分实现诊疗目的。

（2）对于患者所患病症，经一定时间观察或者经必要会诊后，仍难以诊断清楚。

（3）经过一段时间的治疗后，难以达到治疗目的，患者病情控制不住，并有恶化趋势。

（4）患者的治疗、康复需要，本医疗机构无法满足者。不过，在有社会医疗保障控制的情况下，患方主动要求转诊时，医疗机构尚有把关的义务，不能简单应患方要求就擅自转诊。

3. 转诊注意事项

（1）转诊前应当履行告知程序，经治医师应当告知患方转诊的必要性、转诊的风险和转诊的注意事项，征得患方同意并签字。

（2）对于重危患者和需要维系医疗措施的患者，在转诊过程中需要提供必要的继续治疗措施，必要时应当运用医用救护车转诊，并有医护人员随行。

（3）转诊前，医疗机构应当先行联系好转诊医疗机构，并通知接受转诊的医疗机构做好事先准备。

（4）医疗机构在将患者转诊交付接受转诊的医疗机构时，应当一并将患者的病历记录或者病情摘要及有关资料交付。

（四）随诊规则

医疗活动结束后，医师应当注意对患者作随诊的交代，对患者的后续医疗、复诊、康复、护理等事项作出明确的专业说明。随诊即患者就诊完毕或者出院之后，遇有不适、病情变化，或者达到一个康复阶段之后，必须再次就诊的要求。随诊并无特殊之处，唯要求医师做好对相关随诊事宜的交代。

五、医学教育临床实践规则

医学是一门实践性很强的应用科学，没有临床实践，便没有医学的进步与发展。相应地，医学教育也不能停留在纸上谈兵，医学生在系统学习了临床医学的知识、技能和经验之后，必须参与临床实践。只有临床实践，才能够让医学生巩固已经学习的书本知识，才能够让医学生对基本的诊治有一个形象而具体的认识。因此，临床医学教学是培养临床医学生向一名合格医师转变的重要医学教育过程，是医学理论实际运用的实践性教学环节。然而，随着社会的文明进步及发展，人们对个人的隐私的保护意识在提高。患者认为个人疾病情况及身体属于个人隐私，这些情况的泄露可能对他们的升学、入伍、升迁、恋爱、婚姻、家庭及周围的人际关系造成不良影响。① 加之不同的实习生在患者身上反复操作，增加患者的身体或者心理的不适，因而同意配合教学观摩的病例数越来越少，甚至有实习生观摩、实习引发诉讼的现象。究其原因，虽然有患者奉献精神不足、对医学生培养认识不够的一面，但也存在有的医疗机构、医务人员及实习生不执行实习规则，不顾患者的病情和直观感受，在患者身上操作鲁莽、粗暴，侵犯患者的合法权益的一面。因此，医学教育临床实践活动，必须制定实习规则，要求医疗机构、医务人员及实习生遵守。只有这样，才能在保护患者的合法权益的前提下保证实习任务的完成。

《医师法》第 35 条规定，参加临床教学实践的医学生和尚未取得医师执业证书、在医疗机构中参加医学专业工作实践的医学毕业生，应当在执业医师监督、指导下参与临床诊疗活动。医疗机构应当为有关医学生、医学毕业生参与临床诊疗活动提供必要的条件。给予临床医学的学生参加临床实习以合法地位。

为了规范医学教育临床实践活动，保护临床实践过程中患者、教师和学生的合法权益，保证医学教育教学质量，卫生部、教育部于 2008 年 8 月 18 日制定并发布了《医学教育临床实践管理暂行规定》（卫科教发［2008］45 号）。该规范性文件全面规范了医学教育临床实践活动，对临床实习过程中涉及的各环节、诸对象都提出了明确的要求。《关于卫生部办公厅正规医学专业学历毕业生试用期间的医疗活动是否属于非法行医的批复》（卫办医发［2002］58 号）对此也有明确规定。

（一）医务人员临床实习带教资质

临床实习是指医学生在有丰富临床经验和教学示范经验的医务人员的带领下开展医疗活动，因而对临床实习带教人员应当有明确的资质要求。临床实习带教人员包括临床带教教师和指导医务人员两种。临床带教教师是指经临床教学基地和相关院校核准，承担临床教学和人才培养任务的执业医师。指导医务人员是指经相关医疗机构核准，承担试用期医学毕业生指导任务的执业医务人员。

（二）医务人员临床实习带教要求

临床带教教师和指导医务人员负责监督指导医学生和实践期医学毕业生的医学教育临床实践活动，确定从事医学教育临床实践活动的具体内容，审签医学生和实践期医学毕业生书写的医疗文件。

临床教学基地及相关医疗机构应采取有效措施保护医学教育临床教实践活动中患者的知情同意权、隐私权和其他相关权益。临床带教教师和指导医务人员应牢固确立教学意识，增强医患沟通观念，积极说服相关患者配合医学教育临床实践活动；在安排和指导临床实践活动之前，应尽到告知义务并得到相关患者的同意。在教学实践中要保证患者的医疗安全和合法权益。

（三）对医学生的临床实习要求

在教学医院中实习的本科生、硕士研究生、博士研究生以及毕业第一年的医学生可以在执

① 参见阿赛古丽：《医学生临床见习教学的伦理困境及其解决》，载《基础医学与临床》，2007（9），1072～1074 页。

业医师的指导下进行临床工作，但不能单独从事医师执业活动。① 具体来说，医学生在临床带教教师的监督、指导下，可以接触观察患者、询问患者病史、检查患者体征、查阅患者有关资料、参与分析讨论患者病情、书写病历及住院患者病程记录，填写各类检查和处置单、医嘱和处方，对患者实施有关诊疗操作，参加有关的手术。实践期医学毕业生在指导医务人员的监督、指导下，可以为患者提供相应的临床诊疗服务。医学生和实践期医学毕业生参与医学教育临床实践活动必须由临床带教教师或指导医务人员监督、指导，不得独自为患者提供临床诊疗服务。临床实践过程中产生的有关诊疗的文字材料必须经临床带教教师或者指导医务人员审核签名后才能作为正式医疗文件。医学生和试用期医学毕业生在医学教育临床实践活动中应当尊重患者的知情同意权和隐私权，不得损害患者的合法权益。

不过，需要探讨“在临床带教教师的监督、指导下”的具体含义。作者认为，“在临床带教教师的监督、指导下”，并非指实习的医学生开展临床实习的全过程都必须有临床带教教师、指导医务人员在场，对于一些风险较小、操作简单的医疗行为，可以在带教教师、指导医务人员作过示范，并且认可实习生的操作合格之后，由实习生独立进行操作。对于风险大、难度大的医疗操作，临床带教教师、指导医务人员一般应当在场。

（四）临床实习责任

在医学教育临床实践过程中发生医疗事故或医疗纠纷，经鉴定，属于医者原因造成的，由临床教学基地和相关医疗机构承担责任。对于因临床带教教师和指导医务人员指导不当而导致的医疗事故或医疗纠纷，由临床带教教师或指导医务人员承担相应责任。

医学生和试用期医学毕业生在临床带教教师和指导医医务人员指导下参与医学教育临床实践活动，不承担医疗事故或医疗纠纷责任。取得省级以上教育行政部门认可的医学院校医学专业学历的毕业生在医疗机构实践期间，可以在上级医师的指导下从事相应的医疗活动，不属于非法行医。② 但医学生和实践期医学毕业生未经临床带教教师或指导医务人员同意，擅自开展临床诊疗活动的，应当承担相应的责任。

思考题

1. 简述医疗执业规则的定义和特征。
2. 简述医疗执业规则的体系和主要内容。
3. 诊断和治疗的基本原则是什么？请予以简要论述。
4. 简要论述三级医师查房制度。
5. 论述自愿实施的紧急救治与依法定救治义务实施的紧急救治的区别。

---

① 参见卫生部《关于取得医师资格但未经执业注册的人员开展医师执业活动有关问题的批复》（卫政法发［2004］178号）第3条。

② 参见2002年5月29日卫生部办公厅发布的《关于正规医学专业学历毕业生试用期间的医疗活动是否属于非法行医的批复》（卫办医发［2002］58号）。

第八章 医疗文书的法律问题

病历（medical record，record keeping）是医务人员在实施医疗行为过程中形成的记载患者病情变化及诊治活动信息的文件，是重要的再现医疗过程的记录文件，因而具有重要的法律意义。在我国的病历管理历史上，有两个重要的年份：一是 2002 年。在这一年《医疗事故处理条例》颁布了，规定了医疗机构及医务人员关于病历的一系列义务以及患者在病历上享有的权利，同时最高人民法院颁布的《关于民事诉讼证据的若干规定》规定了医疗侵权赔偿纠纷案件实行举证责任倒置，由此，卫生部颁布了与病历书写和管理相关的《医疗机构病历管理规定》《病历书写基本规范（试行）》。二是 2010 年。在这一年《侵权责任法》实施，该法涉及医疗侵权纠纷案件处理的总共 11 条，但涉及病历的有 3 条，因此，卫生部修订并发布了《病历书写基本规范》，制定了《电子病历基本规范（试行）》。这些规范性文件的制定与实施，标志着我国病历管理法律制度已经基本形成。本章将对病历管理法律制度的基本内容进行介绍。

第一节 医疗文书概述

一、医疗文书的种类

（一）病历和病案

1. 概念

病历是医务人员对患者疾病的发生、发展、转归，进行检查、诊断、治疗等医疗活动过程的记录，也是对采集到的资料进行归纳、整理、综合分析，按规定的格式和要求书写的患者医疗健康档案。病历既是临床实践工作的总结，又是探索疾病发展规律及处理医疗纠纷的法律依据，是国家的宝贵财富。病历对医疗、预防、教学、科研、医院管理等都有着重要的作用。病历是临床实践中的一个组成部分。高质量的病历可以有效支持患者的医疗安全，有效地护理、关怀患者和促进医患间良好沟通。[1]

根据 2010 年 3 月 1 日实施的《病历书写基本规范》第 1 条的规定，病历是指医务人员在医疗活动过程中形成的文字、符号、图表、影像、切片等资料的总和，包括门（急）诊病历和住院病历。这是当前我国卫生行政部门对病历所下的定义，但该定义在语义和逻辑上存在着问题，尤其是将“切片”纳入其中难以解释。从医院管理的角度讲，病案和病历的定义应当是有一定区别的。从病历资料的建立之时起到整理入档之前均应称为病历，即病历是指医务人员在

---

① See Griffiths P., Anderson A., Coyne C., et al., “Implementing an Interprofessional Patient Record”, 11 *Clin. Med.*, 128－131 (2011).

医疗活动过程中形成的文字、符号、图表、影像、切片等资料的总和。病案则是病历档案之简称，强调其档案属性。2014年1月1日实施的《医疗机构病历管理规定（2013年版）》（国卫医发［2013］31号）第2条规定，病历归档以后形成病案。病历交到病案室，并经病案管理人员整理、登记、归档之后即成为病案。病案是患者在门（急）诊、住院（留观）期间全部的医疗资料，并经医疗机构分类保存的各种病历及与病历有关的材料。

病历是医务人员对患者实施诊疗的全过程的专业性记录，是医务人员通过问诊、查体、辅助检查、诊断、治疗、护理等医疗活动获得的有关资料，并通过归纳、分析、整理形成医疗活动记录，因此，病历中所反映的医疗信息是医疗侵权诉讼中最为关键的证据。医疗损害技术鉴定主要依据病历来进行，医疗侵权诉讼实行医疗过错和因果关系的举证责任倒置，即要求医疗机构提供其病历。因此，医疗机构要想确保在医疗侵权诉讼中处于有利地位，必须要按照《病历书写基本规范》的要求来书写病历，并按照《医疗机构病历管理规定》来保管病历。患方要想在诉讼中处于有利地位，抓住医疗侵权诉讼的关键，应当运用法律允许患方复印病历的规定，及时取得客观病历复印件或者复制件，并对不能取得的主观病历资料部分进行有效封存、保全。

2. 病历的种类

病历中包含的文件很多，包括首页、住院记录、病程记录、检查报告、化验单、体温单、知情同意书、护理记录等。对病历文件，根据病历文件中包含的内容以及患者与医师的关系不同，可分为主观病历、客观病历两类。

主观病历是指在医疗活动中医务人员通过对患者病情发展、治疗过程进行观察、分析、讨论并提出诊治意见而记录的资料，记载的信息是医务人员对患者病情的分析和判断。主观病历的内容主要包括死亡病例讨论记录、疑难病例讨论记录、术前讨论记录、上级医师查房记录、会诊意见、日常病程记录①等。由于主观病历中的信息是医务人员主观思维的内容，不同的医务人员分析的观点会有差异，近年来有人担心这些不同意见容易诱发纠纷，因而认为不应当允许患者查阅和复制这些信息。作者认为：不同医务人员对患者的病情分析、判断有差异是正常的，将这种差异作为判定医疗机构存在医疗过错的依据本身就是错误的，并且会诱导医务人员弄虚作假，还会导致医务人员不敢放心大胆地开展医疗工作。因此，法律界人士应当正确对待主观病历内容中的这种差异。

客观病历是指记录患者的症状、体征、病史、检查结果、医嘱等客观情况的资料，还包括为患者进行手术、特殊检查以及其他特殊治疗时向患者交代情况、患者或其家属签字的医学文书资料。客观病历主要包括门诊病历、住院志、体温单、医嘱单、化验单（检验报告）、医学影像检查资料、特殊检查同意书、手术同意书、手术及麻醉记录单、病理资料、护理记录等。

（二）其他医疗文书

其他医疗文书主要包括：（1）医疗证明：出院证明书、病情证明、诊断证明、死亡证明、残疾证明、健康证明、出生证明等。（2）检验报告：病原微生物检测报告、临床生化检验报告等。（3）辅助检查报告：放射学检查报告、CT检查报告、同位素检查报告、血气分析报告等。（4）病理学读片报告、会诊报告等。（5）科室工作记录本：病房记录、护士交班本、医嘱本、病房日志。（6）处方及药房记录。（7）其他文书资料：取发血液登记本、收费清单、医疗物品

① 《医疗事故处理条例》第16条规定为“病程记录”，而本书表述为“日常病程记录”。这是因为病程记录是一类病历文件，包括23种病历文书资料，有的病程记录文件显然属于客观病历资料。参见《病历书写基本规范》第22条。

采购记录、医疗物品，等等。[①]

二、患者的病历权利

病历是记载患者的病情和诊疗情况等相关信息的专业文件。虽然是由医疗机构及其医务人员制作并保管病历，但是患者系病历中的主角，没有患者，病历便没有存在的价值。因此，患者对病历应当享有一定的权利，并且医疗机构及其医务人员应当保障患者的这些权利。

（一）患者的病历所有权

概括来说，患者对病历享有三项权利，即所有权、隐私权和知情权。当然，患者对病历享有的所有权是相对的，与医者共同共有，不可单独享有并独立行使。对此本章第二节将进行充分讨论。

（二）患者的病历隐私权

在医疗机构内，涉及患者隐私权的环节比较多，也比较复杂，但是，保护患者隐私权的重点应当放在患者的病历上。病历记载了患者的身体信息和生活信息，这些都属于患者的隐私范畴。《民法典》第1226条规定，医疗机构及其医务人员应当对患者的隐私和个人信息保密。泄露患者的隐私和个人信息，或者未经患者同意公开其病历资料的，应当承担侵权责任。在医疗活动中，患者为治疗疾病而需要向医师如实陈述病史及诊断疾病所需的个人信息，在一定情况下还应接受对其隐私部位进行的以诊断和治疗为目的的医学检查。患者的隐私就是指患者在就诊过程中向医务人员公开的，但不愿让其他人知道的个人信息、私人活动或私有领域，包括所有能够特定患者个人的信息。[②] 这些信息主要包括：（1）患者的一般个人信息，如家庭住址、电话号码、工作单位、年龄、籍贯、经济状况等；（2）患者的既往史如疾病史、家族史、生活史、婚姻史、生育史等；（3）患者身体的隐秘部位及通过诊疗探知或查明的心理生理缺陷；（4）患者的病名及病情；（5）血液、精液、血型等特殊检查的报告单。患者是这些信息的所有者，因而对这些信息享有不被他人了解、观看、拍摄、公开和干涉的一种人格权利。患者隐私权具有与一般隐私权不同的自身特性，表现在：其一，患者隐私权的客体侧重于患者与医疗相关的个人信息；其二，患者隐私权的义务主体，即对患者隐私权负有保护义务的主体具有特殊性，主要限于医疗机构及医务人员；其三，患者在医疗活动中出于治疗疾病的目的更愿意透露与自己疾病相关的任何信息，因而患者的隐私权更容易受到侵害。[③] 关于患者的隐私权，也可以参阅本书第五章的有关内容。

案例8-1

私自复印他人病历引发纠纷

20××年4月28日，吴某牙龈上火去，何某所在诊所就诊。何某为吴某注射“胸腺肽”后病情未见好转，吴某被送往××市友谊医院，经救治，病情好转后出院。5月13日，吴某又住进袁某所在医院中医科治疗。5月25日吴某病情好转，出院。6月10日，吴某到袁某所在医院的病案室复印病历，但打开病历时，发现首页上印有何某的身份证复印件，吴某意识到病历已被何某复印。6月11日，吴某向袁某所在医院进行举报，该医院经调查得知，原来是何某

① 参见邓振华、廖志钢、易旭夫等：《医疗文书作为证据的相关问题研究》，载《法律与医学杂志》，1999（6），70～73页。

② 参见刘兰秋、王力红、张英：《试论临床教学基地患者隐私权的限制与保护》，载《中国卫生法制》，2008（5），10页。

③ 参见陆俊杰：《患者隐私权的法理解读及其合理保护》，载《中国卫生法制》，2007（2），30页。

到该医院请同学袁某帮忙复印了吴某的病历。事发后，该医院将复印病历追回。同时，该医院对袁某作出处罚。但吴某认为，该医院只对袁某进行了处罚，但事件直接责任人是何某，他却一直未受到任何处理。为保护自己的隐私权，同年6月，吴某以隐私权被侵犯为由将何某、袁某起诉到法院。同年8月4日，人民法院经调查认为，病历属于病人所有，医务人员私自复印患者病历，侵犯了病人的隐私权，故判决何某与袁某赔偿吴某2万元人民币并当面道歉。

（三）患者的病历知情权

患者的病历知情权是指患者在医疗活动中享有的知情权中的一项具体的知情权。基于诚实信用原则、医疗服务合同中的附随义务、对自身健康状况的知情权，患者享有查阅、复制病历资料的权利。[①] 该权利具体表现为患者对病历资料享有查阅权、复制权。为了保障患者的病历知情权，医疗机构在病历管理中对患者提出的查看或者复制病历的请求，有提供病历并协助复制的义务。

《医疗事故处理条例》第10条首次规定了患者的病历知情权：患者有权复印或者复制其门诊病历、住院志、体温单、医嘱单、化验单（检验报告）、医学影像检查资料、特殊检查同意书、手术同意书、手术及麻醉记录单、病理资料、护理记录以及国务院卫生行政部门规定的其他病历资料。患者依照前述规定要求复印或者复制病历资料的，医疗机构应当提供复印或者复制服务并在复印或者复制的病历资料上加盖证明印记。复印或者复制病历资料时，应当有患者在场。医疗机构应患者的要求，为其复印或者复制病历资料，可以按照规定收取工本费。为了保障患者对病历资料的查阅、复制权，《民法典》第1225条第2款明确规定，患者要求查阅、复制前款规定的病历资料的，医疗机构应当及时提供。患者查阅、复制病历，包括客观病历、主观病历等全部病历资料；患者既可以查阅、复制终末病历，也可以查阅、复制环节病历。不过，患者查阅、复制环节病历，仍然应当向医疗机构的医务管理部门申请，并办理相关手续，而不是直接在病房向临床科室及医务人员申请。

三、医疗机构的病历义务

《民法典》第1225条规定：医疗机构及其医务人员应当按照规定填写并妥善保管住院志、医嘱单、检验报告、手术及麻醉记录、病理资料、护理记录、医疗费用等病历资料。患者要求查阅、复制前款规定的病历资料的，医疗机构应当提供。这意味着医疗机构在病历上具有三项义务：病历书写义务、病历保管义务和保障患者病历权利的义务。

（一）病历书写义务

病历书写是指医务人员通过问诊、查体、辅助检查、诊断、治疗、护理等医疗活动获得有关资料，并进行归纳、分析、整理形成医疗活动记录的行为。患者到医疗机构就医，患者与医疗机构之间就形成了医疗服务合同关系。在这种合同关系中，医者的义务是尽自己的能力为患者提供优质的医疗服务。在这种合同关系中，医者还应当履行一系列的附随义务，书写病历便是医疗机构的附随义务，因为书写病历为医疗机构及其医务人员的法定义务。医疗机构及其医务人员未尽病历书写义务，既不能保证医疗服务的质量，也不利于保障医疗安全，一旦发生医疗侵权纠纷，更是拿不出证据来证明自己的医疗行为没有问题。因此，病历书写的黄金法则是

---

① 参见丁春燕：《论患者对病历资料享有的权利》，载《法律与医学杂志》，2007（4），271页。

“所写即所为”①。

（二）病历保管义务

病历保管义务与病历书写义务密切相关：医疗机构在医疗活动中对患者的诊治情况进行了记录，却不能将记录的文件妥善保存，这与没有书写病历无异。因此，医疗机构及其医务人员不仅要按照规范要求书写病历，还要按照规范要求妥善保管病历。

《医疗机构病历管理规定（2013 年版）》第 5 条规定：医疗机构应当建立健全病历管理制度，设置病案管理部门或者配备专（兼）职人员，负责病历和病案管理工作。医疗机构应当建立病历质量定期检查、评估与反馈制度。医疗机构医务部门负责病历的质量管理。根据该规定，医疗机构对病历进行管理的具体要求包括：一是要求医疗机构应当有病历管理的部门，有病历管理的专门人员；二是医疗机构应当有病历管理规章制度，建立病历质量定期检查、评估与反馈制度；三是保障病历文本的安全，整个病历文件的内容真实，不被篡改、伪造；病历文本不被遗失、盗抢或者非法销毁。

（三）保障患者病历权利的义务

法谚云：权利依赖救济，无救济则无权利（remedy precedes rights）。这一为英美法系国家家喻户晓的法律格言强调了，救济对于权利实现的重要作用。如果人们关注权利的实现，就必须关注权利的救济。可以说，权利自始至终与救济紧密相连，没有救济，就没有权利。无论法律上的公民权利设计得如何全面，如果在这些权利受到侵害后，公民无法获得有效的法律救济，那么这些法律上的权利将成为一纸空文。没有保障的权利等于没有权利。

患者在病历上享有所有权、隐私权和知情权，这些权利不能仅仅停留在法律规定上。法律在规定患者享有这些权利的同时，还应当对患者实现这些权利提供保障措施。因此，法律必须明确规定医疗机构及其医务人员有保障患者这些权利实现的义务。因此，《民法典》《医疗事故处理条例》《医疗纠纷预防和处理条例》中都有相关的规定。

案例 8－2

某医院丢失患者病历引发纠纷

某医院不慎将多次来该院就诊的患者郑女士的病历丢失，恰巧郑女士办理病退需要拿该病历到有关鉴定中心作病退鉴定，病历丢失使鉴定无法顺利进行。郑女士认为医院将自己的病历丢失，导致自己不能如期正式退休，在工资差额、医保个人账户、医药费等报销上损失很大，遂起诉至法院，要求医院赔偿各项经济损失 5 万余元及精神损失费 2 000 元。最终法院判决医院赔偿郑女士相关损失共计 3 000 元。

第二节　病历的所有权

法律上的所有权是一种物权，即物的所有人依法可以对其占有、使用、收益和处分的权利。病历所有权是指谁对病历可以占有、使用、收益和处分的权利。对此，法律上并没有明确规定，医疗卫生管理行政法规中也没有相关内容。

① Murphy B. J., “Principles of Good Medical Record Documentation”, 3 *J. Med. Pract. Manage*, 258－260 (2001).

一、域外法的规定

病历权属的确定，可以转换为诊疗记录的所有权从属于谁和含诊疗记录在内的医疗信息从属于谁的问题。前者是指诊疗记录所有权的归属，后者是指医疗信息的归属。在日本，不管是纸质的，还是录音、录像、磁带，只要是医师亲手制作形成的诊疗记录，这份诊疗记录的所有权即属于医师或者医院，而有关患者个人的诊疗信息则属于医院。[①] 在美国，1985 年制定的《统一医疗信息法》(The Uniform Health Care Information Act) 虽然并不是一部正式的法律，但是它是基于判例作为立法和司法解释的标准而制定的医疗信息保护指南。[②] 美国虽然承认病人对于病历上之信息具有相当的利益，但病历仍被认为属于医院之诊疗财产，如密西西比、宾夕法尼亚、堪萨斯、肯塔基、北卡罗来纳、田纳西及犹他州等均有明确规定。[③] 在英国，《保健记录知情法》(Access to Health Records Act 1990) 第 3 条规定，不考虑医疗机构的公、私性质，而且也不考虑是计算机处理的信息，还是指南性质的信息，患者对于自己的医疗信息享有一般的知情权。但其第 5 条对这种知情权进行了限制：对于患者本人或者其他的个人可能在身体上或者精神上招致重大侵害的信息，或者与患者以外的个人相关，由患者以外的个人提供的，基于这一信息对于患者的病情能够加以识别的信息，对这些信息的知情权则严格地加以限制。[④]

二、我国法律的规定

根据《医疗事故处理条例》和《病历书写基本规范》的规定，形成后的病历可分为两类：一类是客观病历资料，是有关患者个人信息或与患者个人信息有关的客观部分，包括门诊病历、住院志、体温单、医嘱单、化验单（检验报告）、医学影像检查资料、特殊检查同意书、手术同意书、手术及麻醉记录单、病理资料及护理记录。这些病历材料都是医者在医疗服务过程中的对价给付，因为患者已经或必须要支付医疗费用。另一类是主观病历资料，是医护人员在诊疗护理过程中运用自己的医学知识对患者病情的分析和思考，是带有智力成果内容的主观部分，包括病程记录、诊断分析、疾病分析及治疗方案、会诊意见、疑难病例讨论记录、死亡病例讨论记录、术前讨论记录、上级医师查房记录等。这些病历材料是医者的智力创作成果（作品）。根据民法中债权、债务和原始取得的原理，第一类病历资料应属于患方，患方有权对其进行处分或复制使用；第二类病历资料依法应属于医者，医者可以不经患方同意而占有或使用。[⑤]

还有学者认为，患者的病历应分为客观病情部分、医师主观分析部分和治疗过程部分；并认为，客观病情部分病历归患者所有，医师主观分析部分归医疗机构所有，治疗过程部分为医

---

① 参见［日］植木哲：《医疗法律学》，冷罗生、陶芸、江涛译，144 页，北京，法律出版社，2006；黄丁全：《医事法》，209 页，北京，中国政法大学出版社，2003。

② 1985 年，美国全国统一州法律专员会议（the National Conference of Commissioners on Uniform State Law）颁布了《统一医疗保健信息法》。该法案规定，除非患者另有约定，或法院另有命令，或在其他狭义定义的情况下，医疗保健提供者持有的患者医疗保健记录应保密。违反本法案，故意披露医疗保健信息属于轻罪。蒙大拿州和华盛顿已通过该法案。

③ See Roach, Chernoff, Esley, *Medical Records and the Law*, 1985, p. 60. 转引自黄丁全：《医事法》，210 页，北京，中国政法大学出版社，2003。

④ 参见［日］植木哲：《医疗法律学》，冷罗生、陶芸、江涛译，150 页，北京，法律出版社，2006。

⑤ 参见刘鑫、刘爱民：《病历规范化书写与举证》，103～108 页，北京，华夏出版社，2002。

患双方共有。[1] 这也是一种划分方法。其所谓“治疗过程部分”实际上是从前述的主观病历、客观病历中分离出来的，似乎没有太多实际价值，且在实践中难以操控。

作者认为，无论是主观病历还是客观病历，只能从理论上进行划分，其客观的表现是一种信息，它并不能脱离“病历”这种医疗上的特殊载体而存在，因此，对于患者所享有的病历信息，主要是从知情权角度加以考虑的，即对于患者享有所有权的部分，其可以享有知情权；对于患者不能享有所有权的部分，其就不能享有知情权。域外法上也是这样规定的。病历作为一个整体，具体保管时只能是由医疗机构保管，患者并不能因为享有所有权而行使所有权的四项权能。因此，从这个角度说，我们赞成主观病历归医疗机构所有，客观病历由医患共有。

需要说明的是，由于客观病历属于医患双方共有，医疗机构负有保管病历的义务，如果医疗机构保管不当，造成病历丢失，医疗机构应当承担病历丢失的民事责任和行政责任；医疗机构故意伪造、销毁、涂改病历的，还可能要承担相应的刑事责任。

第三节　病历复制制度

一、病历复制的概念

（一）病历复制的含义

病历复制是指对病历文件制作副本。病历复制的方法很多，包括对病历文件进行扫描、拍照、复印等。对计算机打印病历和电子病历，还可以采用刻盘、拷贝等方法进行复制。

（二）病历复制的意义

对病历进行复制，既是医疗机构进行病历管理的需要，也是医疗机构保障患者的病历知情权的需要，还是其他政府部门、司法机关处理法律事务的需要。具体来说，病历复制具有以下三方面的意义：其一，医疗机构在对病历进行管理的过程中，出于管理的需要可以对病历文件制作副本，尤其是当病历文件具有重要科研价值、历史档案价值、防病治病价值时，可以对病历进行复制，但应当避免对病历的非法复制和传播，否则容易侵犯患者的隐私权；其二，当患者需要了解自己的病情、诊治经过、治疗效果等信息时，或者出于转诊、会诊、复诊的需要，或者出于办理医疗保险、商业保险或者法律事务的需要，患者及其家属都可能会要求医疗机构为其复制病历资料；其三，公安机关、司法机关、劳动社会保障部门等在处理相关法律事务时，也有必要了解与其所处理法律事务相关的当事人的病历材料，此时病历材料是处理相关法律事务的证据。

（三）病历复制的法律规定

目前关于病历复制的法律、法规、规章主要是《民法典》《医疗事故处理条例》《医疗纠纷预防和处理条例》《医疗机构病历管理规定（2013 年版）》。《医疗事故处理条例》第 10 条首次规定了患者享有病历知情权，患者有权要求复制自己的病历。《民法典》第 1225 条第 2 款规定，患者要求查阅、复制第 1225 条第 1 款规定的病历资料的，医疗机构应当提供。《医疗机构病历管理规定（2013 年版）》中具体规定了患者要求复制病历的具体实现路径，并具体规定了病历复制的申请主体、允许复制病历的内容、病历复制的要求等。

---

① 参见王文革、王宏翼：《关于病历所有权的探讨》，载《法律与医学杂志》，2006（3），200～203 页。

二、病历复制的要求

（一）病历复制申请人

病历复制申请人是指有权利提出病历复制要求且医疗机构应当予以配合的人。病历复制申请人包括两类：第一类是患者或者与患者相关的人。这类人包括患者本人、患者近亲属、患者代理人以及死亡患者的继承人等，基于患者的病历知情权而有权提出病历复制申请。第二类是公权力主体，基于办理公务的需要而向医疗机构提出病历复制申请。

第一类病历复制申请人申请复制病历的权利是绝对的，一般不应当受到限制，除非涉及国家机密或者他人秘密。涉及他人秘密的情况，比如在人类辅助生殖的病历中有捐精者或者捐卵者的个人信息，如果捐精者、捐卵者不愿意泄露自己的个人信息，医疗机构便有义务为其保密，患方查阅病历时无权查阅这部分资料，在患方申请复制病历时，医疗机构也不得将该资料复制给患方。第二类病历复制申请人申请复制病历的权利是相对的，并非出于办理公务的需要都应当无条件将患者的病历予以提供，只有系为了办理涉及公共利益的公务，并且需要依照法律程序，才能提出病历复制要求。目前我国医疗卫生管理法律、法规在病历复制问题上的做法是正好相反的：对第一类病历复制申请人作了不应有的限制，对第二类病历复制申请人却没有任何限制，甚至 2013 年修订后的《医疗机构病历管理规定》将商业保险公司、医疗损害技术鉴定机构都纳入进来，显然不合适。

（二）申请复制病历需要提交的文件

无论是谁，即使其有权利申请病历复制，也应当提交相应的证件和法律文件，经医疗机构审查符合法律要求之后，其病历复制的申请才能获得通过，其病历复制的要求才能实现。《医疗机构病历管理规定（2013 年版）》第 18 条、第 20 条规定了不同的病历复制申请人所应提交的证件和文件，归纳起来主要包括两类：一类是证明病历申请的自然人或者证明病历申请的法人委托执行业务的自然人身份的证件或者文件；另一类是证明其申请复制病历的法律手续。根据病历复制申请人身份的不同，需要提交不同的证件、法律手续。

（三）病历复制的内容

关于病历复制的内容，业界长期以来存在较大争议，主要争议点在于患方是否能够复制包括主观病历资料在内的全部病历资料。形成这种争议的源头在于《医疗事故处理条例》第 10 条、第 16 条的规定。《医疗事故处理条例》第 10 条规定了患方可以复制的病历文件，列举了五种主观病历资料以外的几乎全部客观病历资料。同时其第 16 条规定了对五种主观病历资料封存的要求。该条例的制定者希望通过这种制度设计，既保障患方的病历知情权，也防止主观病历资料中医师对患者病情分析的内容误导患方，引发不必要的麻烦和纠纷，同时还保证了病历的真实性。但是 2018 年 6 月 20 日出台的《医疗纠纷预防和处理条例》第 16 条规定患方可以复制全部病历治疗，从而彻底终结了这种争议，只是目前仍有医院执行不到位。

患方查阅、复制病历有无时间和次数的限制呢？应当没有。只要病历复制申请人符合法律规定，就应当允许其查阅、复制病历。无论是患者尚未出院的运行中病历，还是归档后的病案，均无限制。《医疗机构病历管理规定（2013 年版）》第 21 条规定，在病历尚未完成而申请人要求复制病历时，可以对已完成病历先行复制，在医务人员按照规定完成病历后，再对新完成部分进行复制。

第四节　医疗文书的证据价值

医疗文书属于书证，是我国诉讼法所规定的法定证据的一种。[①] 不仅在我国如此，在其他国家也一样。不过，病历中的病史部分很容易被质疑为传闻证据而被认定为无效。在美国的证据法体系中，根据传闻规则中的商业记录例外情况或公共文件例外情况，医院记录由于其高度的可靠性，在不考虑医患特权的情况下，可以作为证据。病历中的医师诊疗部分，如果记录了医师的诊断、实验室报告、处方药、护士或护理人员的医嘱，或患者个人知道或认可的其他事项，只要基于科学设备上获得的公认、可靠的证据，并且其中包含的任何意见都是从合理的基础上充分得出的，则该部分是可接受的。另外，如果信息是患者或其代表所作陈述的记录，则存在双重传闻问题，第一级传闻必须满足传闻规则中的某些例外情况，才能成为医院记录的合格部分。[②]《美国联邦证据规则》之规则 803 作为传闻证据规则的例外，具有证据效力，不受传闻证据规则的限制。[③] 美国各州的法律中都有相应的规定，比如明尼苏达州《作为证据的工作记录》（Minn. ST § 600. 02. Business Records as Evidence），承认医院记录是传闻规则的一个例外，该法案允许把日常工作过程中所作的某些记录当作证据。[④]

一、在医疗纠纷诉讼中的作用

在医疗纠纷案例鉴定中，原始资料是病情发展的真实记录，从病历记载能够了解诊治是否正确，处理是否恰当、及时，因而病历资料是判断医疗事故、医疗过错以及医疗意外最重要的原始依据之一。在 2002 年 4 月 4 日颁布的《医疗事故处理条例》第 28 条规定，在进行医疗事故技术鉴定时，医疗机构应当在接到医学会的鉴定通知后 10 日内提交包括病程记录、死亡病例讨论记录、会诊意见、住院志、手术记录等在内的病历资料。第 30 条规定，医学会的专家鉴定组成员在鉴定时应该仔细阅读当事人提交的包括病历材料在内的所有资料。该条例第 31 条和 2002 年 7 月颁布的《医疗事故技术鉴定暂行办法》第 35 条都规定，医学会的专家鉴定组出具的鉴定文书中应当包含当事人提交的病历等资料的内容。可见，病历等医疗文书在医疗事故鉴定中作用巨大，不容忽视。[⑤]

病历在医疗纠纷诉讼中属于关键性证据，如果医疗机构拒绝提供与纠纷有关的病历资料，依照《民法典》第 1222 条的规定，法院将推定医疗机构有过错；医疗机构在诉讼中虽然能够提交病历，但是病历不完整或者有书写缺陷或者病历被证明系伪造的，病历同样失去其应有的证据价值，医疗机构还是举证不能，同样要承担不利后果。如果医疗机构对病历保管不当，诉

---

① 参见刘鑫、刘爱民主编：《病历规范化书写与举证》，64～65 页，北京，华夏出版社，2002。

② Robert E. Powell, "Admissibility of Hospital Records into Evidence", 21 *Md. L. Rev.* 22 (1961).

③ Federal Rules of Evidence Rule 803. Exceptions to the Rule Against Hearsay: …… (4) Statement Made for Medical Diagnosis or Treatment. A statement that: (A) is made for — and is reasonably pertinent to — medical diagnosis or treatment; and (B) describes medical history; past or present symptoms or sensations; their inception; or their general cause, at https: //www. law. cornell. edu/rules/fre/rule _ 803.

④ Minnesota Statutes: 600. 02 Business Records as Evidence, at https: //www. revisor. mn. gov/statutes/cite/600. 02.

⑤ 参见［日］鹿内清三：《医疗证明的证据价值》，王群译，载《国外医学・医院管理分册》，1992 (1)，171～177 页。

讼中无法提交证据的，很可能就属于诉讼中的举证不能，就要承担不利后果。

二、在医疗损害技术鉴定中的作用

医疗损害技术鉴定作为司法鉴定，必须在充分占有客观资料的基础上，运用科学的方法来分析、研究问题。这里的客观资料，既包括医院的住院病历、门诊病历，也包括有关人员的陈述、证人证言，还包括能够反映案件真实情况的一切其他证据。所谓的科学方法，既包括运用先进的仪器设备来检查被鉴定人，检测有关物证，也包括科学的思维方法和科学的分析方法。

在医疗侵权纠纷中，病历扮演着十分重要的角色。从目前的情况来看，绝大多数医疗侵权纠纷都发生在医疗行为结束后的一段时间内，有的甚至长达 1 年或更长。相隔这么长的时间，时过境迁，医院及科室负责人可能已经发生变化，如何证明当时的诊疗行为没有发生差错呢？当然，有关医务人员的陈述具有证明作用，但是如果这种证明的内容与事实发生冲突，与患者的陈述发生矛盾，或者说与病历记载发生冲突，那么这种陈述将没有证明效力，也不被法庭采信。这时医疗损害技术鉴定作为司法鉴定，将主要依据病历记载的内容和其他旁证材料；法庭采信的也只是病历记载的内容、其他旁证材料和法医的鉴定文书。病历作为医疗损害技术鉴定的重要文件，在医疗损害纠纷中具有举足轻重的作用。

从诉讼法的角度看，病历既然在涉及诉讼的医疗损害纠纷中是证据，就必然具有证据的一般特征。医院负有安全、完整保管病历的义务，也有协助司法人员调阅病历的义务，医院应该无条件服从，不得以这样那样的理由加以拒绝或阻挠。能够提供影印件的，可以提供影印件；不能提供影印件，或者司法人员认为影印件不能反映实际情况，或者有其他原因需要调阅病历原件的，医院应该配合。对于拒绝调阅者，法院可以依法采取强制措施，或者通过证据规则判定医院承担不利后果。

三、在人身伤害案件中的作用

在人身伤害案件中受害人的医疗文书，能证明损伤事实和后果，甚至推测案件性质、损伤机制，有时还能进行案件重建，同时是法医损伤程度、伤残程度鉴定的重要依据。①

在人身损害赔偿纠纷案件中，医疗文书也是受害人诉请医疗费用赔偿的参考依据。《最高人民法院关于审理人身损害赔偿案件适用法律若干问题的解释》第 6 条第 1 款规定：医疗费根据医疗机构出具的医药费、住院费等收款凭证，结合病历和诊断证明等相关证据确定。赔偿义务人对治疗的必要性和合理性有异议的，应当承担相应的举证责任。

四、在工伤案件中的作用

工伤证明和职业病诊断，是工伤认定的重要依据。《职业病防治法》第 46 条规定：职业病诊断，应当综合分析下列因素：（1）病人的职业史；（2）职业病危害接触史和工作场所职业病危害因素情况；（3）临床表现以及辅助检查结果等。没有证据否定职业病危害因素与病人临床表现之间的必然联系的，应当诊断为职业病。职业病诊断证明书应当由参与诊断的取得职业病诊断资格的执业医师签署，并经承担职业病诊断的医疗机构审核盖章。《工伤保险条例》第 18 条规定：提出工伤认定申请，应当提交包括医疗诊断证明或者职业病诊断证明书（或者职业病

---

① See George J. E., "The Emergency Department Medical Record", 11 *Emerg. Med. Clin. North Am.* 889 - 903 (1993).

诊断鉴定书）在内的有关材料。

五、在保外就医案件中的作用

取得授权的医师出具的在押人犯的健康证明是保外就医的参考依据。《刑事诉讼法》第265条第4款规定，对于罪犯确有严重疾病，必须保外就医的，由省级人民政府指定的医院诊断并开具证明文件，具体操作按照最高人民法院、最高人民检察院、公安部、司法部、国家卫生计生委发布的《暂予监外执行规定》（司发通［2014］112号）执行。

六、其他作用

（1）出生证明和母婴健康状况证明。根据法律规定和授权，医师可以为在本医疗机构出生的婴儿出具“出生证明书”，出生证明书是拥有中国国籍的法定文件。根据卫生部于2002年6月17日颁布的《婚前保健工作规范（修订）》，在妇幼保健机构，医师还可以开展婚前健康检查，填写“婚前医学检查表”，出具“婚前医学检查证明”。

（2）出具死亡证明文件。国家卫生计生委、公安部、民政部联合发布的《关于进一步规范人口死亡医学证明和信息登记管理工作的通知》（国卫规划发［2013］57号）规定，人口死亡医学证明是医疗机构出具的、说明居民死亡及其原因的医学证明。“死亡证”签发单位为负责救治或正常死亡调查的医疗机构。“死亡证”签章后生效。医疗机构和公安部门必须准确、完整、及时地填写“死亡证”四联（后三联一致）及“死亡调查记录”，严禁任何单位和个人伪造、私自涂改。“死亡证”第一联是原始凭证，由出具单位随病案保存或按档案管理永久保存，以备查询。第二联由死者户籍所在地公安部门永久保存。第三联由死者家属保存，第四联由民政部门收集保存。

第五节　病历保全

一、证据保全的概念及意义

（一）证据保全的概念

证据保全即证据的固定和保管，是指为了防止特定证据的自然泯灭、人为毁灭或者以后难以取得，在收集时、诉讼前或诉讼中用一定的形式将证据固定下来，加以妥善保管，以便诉讼中司法人员或者律师在分析、认定案件事实时使用。《民事诉讼法》第84条第1款规定，在证据可能灭失或者以后难以取得的情况下，诉讼参加人可以向人民法院申请保全证据，人民法院也可以主动采取保全措施。[①] 不过这是指在诉讼程序启动之后，而医疗侵权纠纷从发生到诉讼往往要经历一段漫长的过程，因此，医患双方不可能申请人民法院进行证据保全。《医疗事故处理条例》第16条、条17条，《医疗纠纷预防和处理条例》第24条、第25条，分别对病历和可疑医疗物品的保全进行了规定，要求医患双方当事人自行实施证据保全。

① 《民事诉讼法》第84条规定：在证据可能灭失或者以后难以取得的情况下，当事人可以在诉讼过程中向人民法院申请保全证据，人民法院也可以主动采取保全措施。因情况紧急，在证据可能灭失或者以后难以取得的情况下，利害关系人可以在提起诉讼或者申请仲裁前向证据所在地、被申请人住所地或者对案件有管辖权的人民法院申请保全证据。证据保全的其他程序，参照适用本法第九章保全的有关规定。

（二）证据保全的意义

证据保全是取证制度的重要环节，是收集证据工作不可分割的一部分。发现证据后应妥善保管，及时提存、固定，否则证据一旦被毁坏、灭失，就达不到收集证据的目的，将给今后诉讼中认定案件事实带来麻烦，造成被动的局面。

证据保全的目的是保证证据的真实性和证明力，因此所采取的证据保全方法要得当；当医患双方当事人自行保全证据时，更要注意保全的方法，否则一方反悔或者对保全证据进行破坏，将使整个证据保全工作无效。

二、病历等医疗文书保全的具体操作

（一）对法规中规定的病历封存的理解

关于证据保全的方法，最高人民法院《关于民事诉讼证据的若干规定》第 27 条规定：人民法院进行证据保全，可以采取查封、扣押、录音、录像、复制、鉴定、勘验方法进行证据保全，并制作笔录。在符合证据保全目的的情况下，人民法院应当选择对证据持有人利益影响最小的保全措施。《医疗事故处理条例》第 16 条、第 17 条，《医疗纠纷预防和处理条例》第 24 条、第 25 条规定了封存的方法。

病历的保全实际上就是指病历的封存，为了保证病历的真实性，对病历等医疗文书进行封存是必要的。《医疗事故处理条例》第 16 条对此予以专门规定："发生医疗事故争议时，死亡病例讨论记录、疑难病例讨论记录、上级医师查房记录、会诊意见、病程记录应当在医患双方在场的情况下封存和启封。封存的病历资料可以是复印件，由医疗机构保管。"《医疗纠纷预防和处理条例》第 24 条规定，发生医疗纠纷需要封存、启封病历的，应当在医患双方在场的情况下进行。封存的病历可以是原件，也可以是复制件，由医疗机构保管。病历尚未完成需要封存的，对已完成病历先行封存；病历按照规定完成后，再对后续完成部分进行封存。医疗机构应当对封存的病历开列封存清单，由医患双方签字或者盖章，各执一份。病历封存后医疗侵权纠纷已经解决，或者患者在病历封存满 3 年未再提出解决医疗侵权纠纷要求的，医疗机构可以自行启封。根据该项规定，病历的封存必须做到以下几点。

第一，医患双方共同封存，或者在中立第三方见证下封存，任何单独一方进行封存均属无效封存。无论是封存病历还是启封病历，都要求医患双方共同参加进行。

第二，封存的病历资料主要包括死亡病例讨论记录、疑难病例讨论记录、上级医师查房记录、会诊意见、病程记录等五种思想性、意见性比较强的主观病历资料，当然，如果主观病历资料、客观病历资料难以分开的（现实中常常如此），可以对全部病历资料进行封存，也可以径直对全部病历资料进行封存。

第三，封存的病历可以是运行病历，即患者尚未出院，应患者或其近亲属要求，医患双方对真正住院的患者的运行病历的复制件进行封存。《医疗机构病历管理规定（2013 年版）》第 26 条第 2 款规定，可以对运行中病历复制件进行封存。

第四，封存的对象可以是病历原件，也可以是复印件。从便于医疗机构对病历进行管理的角度来看，最好封存病历复印件，以利于对患者今后的病情复查和就诊，也有利于医疗机构的病历归档，统一管理。《医疗机构病历管理规定（2013 年版）》第 24 条第 1 款规定，应当封存病历的复制件。不过这条规定与《医疗事故处理条例》第 16 条的规定矛盾。

第五，封存的病历资料应当列清单，标注封存病历资料的内容、页数，参与病历资料封存的双方代表签字确认，由医疗机构负责保管病历资料的封存件，医疗机构应当指定专人负责此项工作。

（二）法规规定存在的问题

显然，病历封存制度是《医疗事故处理条例》《医疗纠纷预防和处理条例》的特色，该制度能够有效保证争议医疗事件所涉病历资料的真实性，从而促进医疗侵权纠纷的解决和处理，有利于保障医患双方的合法权益。但是，由于国务院卫生行政部门没有规定具体的病历保全方法，且法规规定病历封存是医患双方自己进行，因而在实际操作中各家医疗机构完全凭着感觉操作，既不规范，还漏洞百出，导致病历保全无效或者发生争议的事件时有发生。

主要问题包括：（1）病历保全仅仅是医患双方参与，没有第三方见证，任何一方翻悔、否认以及医疗机构对保全的病历进行改动等，都可能引发对封存病历的争议。（2）病历封存的时间，是患者住院期间，还是患者出院、治疗终结之后，法规没有规定。实际上，有的纠纷发生在患者住院期间，病历并不完整，如抢救记录还来不及补记，且如果患者还在住院治疗，可能影响患者的治疗，患者在以后的治疗中还会产生新的病历资料。虽然《医疗机构病历管理规定（2013 年版）》第 26 条第 2 款规定可以对运行中的病历复制件进行封存，但很多医疗机构都没有执行到位。（3）病历保管由医疗机构承担，加大了医疗机构的责任，如果医疗机构将封存病历“丢失”，又否认曾经保全过病历，怎么办？（4）具体的封存方法和封存期限没有规定。（5）除医患双方之外，作为案件处理的第三方，如卫生行政部门工作人员、法官，是否有权启封病历，没有规定。

（三）病历封存操作程序建议

鉴于《医疗事故处理条例》对病历封存的规定存在诸多缺陷和问题，我们建议，医患双方在进行病历封存时，在程序上应规范，以保证病历封存的证据效力。

1. 参加病历封存的人员

法规规定由医患双方共同封存，建议增加作为见证人的第三方参加病历封存。如果有卫生行政部门的工作人员在场，可以由其作为见证人；也可以邀请公证机关进行公证；还可以邀请两位中立的具有完全民事行为能力的自然人担任见证人。当然，我们强调第三方见证，并不排除医患双方共同封存，只要满足后面的封存建议，封存的病历仍然具有证据效力。

2. 制作“封存记录（笔录）”

“封存记录”是采用文字表述的方式对整个封存过程进行描述，以避免日后双方对封存病历发生争议时，缺乏认定的根据。病历启封也要制作“启封记录”。参加病历封存或者启封的当事人、见证人，都要在“封存记录”或者“启封记录”上签字或者盖章。

第六节　病历真实性的认定

一、纸质病历真实性的认定

（一）病历真实性认定的重要性

病历具有重要的证据价值，但其前提是病历的内容是客观、真实的，如果病历的内容不能被证明为真，那么病历的证据价值也不复存在。可见，病历的真实性认定至关重要。

真实性（authenticity）也称为客观性，源于希腊语，意思是“自己做的”“最初的”。该概念最初用于描述博物馆的艺术展品，之后被借用到哲学领域的人类存在主义的研究中。客观性是哲学的一个核心概念，指一个事物不受主观思想或意识影响而独立存在的性质，跟“主观性”相对应。客观的事实，不受人的思想、感觉、工具、计算等主观手段的影响，而能保持其真实性。在证据是否能够作为定案依据的审查中，真实性也是最为重要的审查条件。《民事诉讼法》第66条第2款规定，证据必须查证属实，才能作为认定事实的根据。之所以对病历进行审查，是因为案件裁判者在审理医疗侵权纠纷案件的时候，对当事人提交的病历能否作为定案依据，面临对方当事人的质疑且基于专业问题而难以定夺，启动病历评价程序。从这个角度来说，病历评价的目的就是希望专业人员对病历的真实性作出评价。甚至可以说，法院启动病历评价的最终目的，就是希望病历评价的专业人员协助法官判断病历的真实性，否则法院也不会启动病历评价程序。对病历是否具有真实性进行评价是最为困难的事情，甚至不可能进行。①

病历是一个庞大的信息复合体，形式和内容多，形成的时间长，涉及的环节多，参与制作的主体多，病历中某一个文件、某一个细节不规范是很正常的事情，现实中几乎不存在没有瑕疵的病历文件。对病历真实性有争议时，我们建议，应当就有疑问部分进行甄别，无法确认真实性的，可以否定有疑问的病历资料，但尽量不要对病历的真实性进行全盘否定，否则不利于案件的审理。

这里附带讨论伪造、篡改病历与违法的问题。关于病历违法性认定的问题更为复杂。《民法典》《医师法》等法律、法规都有涉及病历伪造、篡改的内容，如果医疗机构伪造、篡改、违法销毁病历，无疑是违法行为，可以适用《医疗纠纷预防和处理条例》第45条、第47条进行处罚；在民事诉讼中，可以依据《民法典》第1222条的规定进行过错推定。但是，病历书写存在一般的不符合规范性文件规定的情形时，不宜笼统认定违法。实际上，《病历书写基本规范》《医疗机构病历管理规定（2013年版）》等规范性文件大多数都属于行业质量管理文件，以此认定违法，甚至予以处罚，显然有违公平正义。

案例8-3

何晓某与原国家卫生和计划生育委员会行政诉讼案②

2017年8月16日，何晓某向四川省卫生和计划生育委员会（以下简称卫计委）投诉四川省某医院违反《病历书写基本规范》第28条的规定，在患者何克某的整个医嘱中没有2012年1月31日的抢救医嘱；请求：四川卫计委对四川省某医院无2012年1月31日患者何克某的抢救医嘱问题进行调查处理；依法依职责查处，认定违法事实，将查处结果书面答复并公开。何晓某对行政答复、行政复议不服，提起行政诉讼。法院经审理认为，《病历书写基本规范》是原卫生部为规范医疗机构书写病历的行为颁布的技术规范，卫生行政部门对医疗机构病历书写不符合上述规范的行为进行查处，其目的是提高病历质量，保障医疗质量和安全。卫生行政部门对医疗机构病历书写不符合上述规范的行为进行查处，与患者个人不具有法律上的利害关系。故四川卫计委作出的答复，系告知何晓某该委对其举报事项调查的情况，该答复对何晓某的权利、义务不产生实际影响，依法不属于行政复议范围。遂驳回起诉。

（二）病历真实性认定的要求

《民法典》对病历的真实性有相应规定。其第1222条规定，患者有损害，有下列情形之一的，推定医疗机构有过错：（1）违反法律、行政法规、规章以及其他有关诊疗规范的规定；

① 参见刘鑫：《医疗损害技术鉴定研究》，281～287页，北京，中国政法大学出版社，2014。

② 北京市高级人民法院（2018）京行终6359号行政判决书，北京市第一中级人民法院（2018）京01行初455号行政判决书。

（2）隐匿或者拒绝提供与纠纷有关的病历资料；（3）遗失、伪造、篡改或者违法销毁病历资料。第三种过错推定的情形涉及了病历的真实性问题，只要患方能举证证明，或者可以确认，医疗机构的病历存在伪造或者篡改的情形，即可推定医疗机构存在过错。那么，何谓伪造、篡改呢？按照《现代汉语词典》的解释，“伪造”是指假造[①]，即变造根本不存在的情况，弄虚作假，是一种无中生有的行为。例如：医务人员没有实施医疗行为，在病历中却出现了对该医疗行为的记录；医疗机构没有给患者做某项检查，但是病历中出现了该检查的报告单；等等。“篡改”是指用作伪的手段改动或曲解[②]，即将某一内容或者某一事物改为另一内容或者另一事物，是一种由此记作彼的改动。无论是伪造还是篡改，都是一种法律事实，都需要具备一定的条件才能加以认定，至少需要具备三个条件：其一，病历中出现了无中生有的情形或者将此记作彼等客观情况；其二，病历记录人主观上存在作假的故意，其三，病历记录人的主观作假故意与病历不真实的内容之间具有因果关系。并非病历中出现了与实施不符的内容就是伪造、篡改。在病历记录人是否具有作假的主观故意上，让患方承担举证责任基本上不可能实现。不过，这显示了立法者对病历真实性的关注和要求，也体现了病历真实性在医疗侵权纠纷案件处理中的重要意义。不过，从病历法律评价的角度来看，只需要确认病历内容是不真实的，无须考虑病历记录人的主观意图，也就是无须确认病历是伪造的还是篡改的。

（三）病历真实性认定的方法

病历等医疗文书在成为认定案件事实的证据之前，必须经过双方当事人在法庭上当庭质证，通过质证来确定病历的真实性。质证的具体要求如下。

1. 应当对病历的形式和格式进行质证

病历书写应当符合《病历书写基本规范》的要求，包括病历的完整性、书写错误的修正方法、上级医师的审批方法、医师签字等。《病历书写基本规范》第 7 条规定，病历书写过程中出现错字时，应当用双线划在错字上，不得采用刮、粘、涂等方法掩盖或去除原来的字迹。

2. 应当对病历中的内容进行质证

质证应当注意病历内容是否前后一致，是否符合疾病发生、发展、演变的规律。有时，在接诊病人的初期，症状可能不典型，或者有的症状、体征没有表现出来，因而难以作出正确诊断。这是正常的医学现象，也符合疾病发展规律。有时医护人员之间的记录有差异，尤其是在抢救部分：医师作出口头医嘱，护士做实时记录，抢救完毕之后医师对抢救经过进行回忆性补记，在时间上可能存在一些偏差。这些都属于正常现象。

3. 将病历与其他证据资料进行印证

病历作为关键证据固然重要，但不是唯一证据，在诉讼中可能还存在其他证据，因此，法庭质证和法官审核认定时，一定要注意将病历与其他证据进行相互印证，排除矛盾和不一致的方面。

在实际工作中，经常会发生患方当事人否认病历的真实性的情况，法官应当如何把握和认定呢？这里涉及举证责任的问题。如果医疗机构提供的病历没有形式上的缺陷，经过质证也没有发现影响病历真实性的因素，患方仍然否定病历真实性的，其应当提供相应的证据予以证明，否则法官应当确认病历的真实性。

---

① 参见中国社会科学院语言研究所词典编辑室编：《现代汉语词典》，5 版，1418 页，北京，商务印书馆，2005。

② 参见中国社会科学院语言研究所词典编辑室编：《现代汉语词典》，5 版，233 页，北京，商务印书馆，2005。

二、计算机打印病历真实性的认定

电子病历及计算机打印病历是随着计算机技术发展和普及而出现的新生事物，对传统病历书写和管理带来很大挑战。电子病历与计算机打印病历的区别在于病历内容的载体不同：电子病历属于无纸化病历，其载体是电子设备，病历的内容以电子信号体现；而计算机打印病历的载体是纸张，病历内容是由打印机打印出来，呈现在纸张上。

计算机打印病历仍然属于纸质病历，其制作应当符合《病历书写基本规范》的相关规定，比如第四章（第 31 条至第 33 条）。计算机打印病历应当有手写签名。《病历书写基本规范》第 4 条规定：住院病历书写应当使用蓝黑墨水、碳素墨水，门（急）诊病历和需复写的资料可以使用蓝或黑色油水的圆珠笔。显然电子病历及计算机打印病历是不符合要求的。然而，随着计算机技术的发展和普及，计算机技术必然要运用于医疗服务活动，不能因法规规定的滞后而阻碍先进办公设备的使用。其实除病历存在打印方式之外，医疗辅助检查报告单、现代实验室成套化验、检测仪器出具的检验结果等，也多采用打印方式出具报告。

计算机打印病历是目前很多医院经常采用的管理病历的手段，只要医疗机构实时打印，或者发生医疗侵权纠纷时与患方代表立即打印并封存，计算机打印病历的真实性应当确认。

三、电子病历真实性的认定

1. 法律文件对电子病历效力的确认

《电子病历应用管理规范（试行）》第 3 条规定：电子病历是指医务人员在医疗活动过程中，使用信息系统生成的文字、符号、图表、图形、数字、影像等数字化信息，并能实现存储、管理、传输和重现的医疗记录；是病历的一种记录形式，包括门（急）诊病历和住院病历。使用文字处理软件编辑、打印的病历文档，不属于该规范所称的电子病历。关于电子病历的效力问题，《医疗机构病历管理规定（2013 年版）》第 4 条规定，按照病历记录形式不同，可区分为纸质病历和电子病历。电子病历与纸质病历具有同等效力。这样就解决了长期以来困扰医疗界、法律界的电子病历是否合法的问题。但不能因此就简单认定电子病历具有法律效力。这条规定只是从形式上确认了电子病历的效力，具体到某一份电子病历是否具有法律效力，是否可以作为定案依据，还应当满足证据法的要求——真实性、合法性、关联性，其中真实性是关键。

2. 影响电子病历真实性的因素

目前影响电子病历真实性的因素比较多，主要有三个方面：第一，电子病历不具有符合法律要求的可靠的电子签名，包括可信时间戳。第二，目前我国已经建立起来的电子病历计算机管理系统，在生成、储存或者传递数据电文方法的可靠性和保持内容完整性方面，都是有欠缺的。主要问题是，这些电子病历系统的服务器由医疗机构自行保管，计算机系统管理员也是医疗机构工作人员，虽然有计算机访问权限的设定，但是这种设定完全由医疗机构自行控制。第三，在计算机的硬件设备上，对于用户多次访问和修改的历史记录与可修改性，也缺乏权威的认证。因此，目前我国医疗机构的电子病历的真实性在司法实践中往往遭遇患方的质疑。

如果医疗机构对电子病历完全采用电脑化管理，实现医疗办公的无纸化，则这样的病历书写系统必须有相应的防篡改功能，或者在发生诉讼时及时打印、封存相关资料，这样的电子病历仍然有效，否则在诉讼进行之后医疗机构再提交电子病历，无论是硬盘、软盘、光盘还是磁带，由于医疗机构可以单方面任意修改，其真实性难以认定。

3. 对医疗机构保障电子病历真实性的实务建议

由于电子病历是在电脑终端显示病历内容，显示方式与传统的纸质病历明显不同，医疗机构具有保障电子病历真实性、完整性的义务，因此，在发生医疗纠纷时，医疗机构向法庭或者鉴定机构提交病历的同时，还需要对电子病历的真实性、完整性加以说明，并提出相关证据补强。电子病历如果采用普通电子签名方式，医疗机构可以采取以下措施来保障电子病历的真实性。

（1）计算机主机托管。由其他专业的、经过电子签名认证的机构对医疗机构的电子病历系统的主机进行管理，医疗机构与主机管理机构在病历制作和管理的访问方式与权限上相互独立，严格限制医疗机构对主机的访问权限，杜绝医疗机构对服务器的直接干预和后台接触。

（2）电子病历系统的计算机通过互联网由其他经过电子签名认证的机构管理。这种管理方式与第一种方式相似，不同之处在于它充分利用了互联网的功能，服务器由第三方保管，严格限制医疗机构对主机的访问权限。这在杜绝医疗机构对服务器的直接干预和后台接触方面更具有可操作性，更具有说服力。

（3）用于电子病历制作和管理的计算机设备及技术具有完整记录每次访问和修改的痕迹的功能，并不能修改、删除。这主要是要求医疗机构用于制作电子病历的硬件设备具有这些功能，比如SONY公司生产的具有WORM（一写多读）功能的磁带，就是专门为税务、海关、医院等数据存储具有法律意义的机构提供的专用存储设备。

当然，以上三方面的措施都可以通过可信时间戳来帮助解决。

4. 电子病历中的可信时间戳及提取

电子签名也称数字签名，包括普通电子签名和带时间戳的电子签名。多数网络安全设计会在签名时加入本地系统时间数据作为时间戳，用来表明签名的序号或者产生的时间。但是数字签名的过程和系统本地时间不是独立的，这可能造成两个签名的时间戳相同而无法区分的问题，即数字签名不具有时间敏感性。针对此类问题，有人提出了可信时间戳的概念。①

可信时间戳是由权威时间戳服务中心签发的一个能证明数据电文（各种电子文件和电子数据）在一个时间点是已经存在的、完整的、可验证的，具备法律效力的电子凭证，是解决《电子签名法》对数据电文原件形式要求的必要技术保障。我国权威的时间戳服务中心（www.tsa.cn）由国家法定授时机构（国家授时中心）和联合信任共同建设，按照有关标准和规定运营，对各行业提供权威可信时间戳服务。

在发生医疗纠纷需要对医疗电子数据进行验证时，需要提取医院加盖时间戳的电子数据原文和时间戳存储服务器上的时间戳电子文件或时间戳服务中心存储的时间戳，由时间戳服务中心或其他第三方鉴定机构按照时间戳技术标准出具验证报告，证明相关数据是否被篡改和产生的时间。

四、未封存病历真实性的认定

诉讼中，常常会有当事人以病历没有封存为由，对病历的真实性提出质疑。如何对待？作者认为，病历的封存在医疗机构病历管理中不是必需的，医疗机构也没有自行封存病历的义务。根据《医疗事故处理条例》第10条的规定，患方可以对客观病历要求复印，如果患方没有提出病历复印的要求，患方对此承担责任；如果患方提出复印病历的要求，而医疗机构不予配合或者拒绝复印的，医疗机构应当承担责任。对于法定不予复印的主观病历，《医疗事故处

① See Stapleton J., Doyle P., Esquire S. T., "The Digital Signature Paradox. Systems, Man and Cybernetics (SMC) Information Assurance Workshop", 2005 Proceedings from the Sixth Annual IEEE 15 - 17 June 2005, pp. 456 - 457.

理条例》第16条和《医疗纠纷预防和处理条例》第24条规定，病历封存要具备两个条件：其一，必须是患方与本医疗机构发生了医疗侵权纠纷。患方与其他医疗机构发生侵权纠纷的不在此列。其二，必须是医患双方在场，共同进行封存。根据《医疗纠纷预防和处理条例》第23条规定，应当由患方启动病历封存的程序，提出病历封存要求，医疗机构有告知患者及其近亲属有要求封存病历的权利。

医疗机构没有单方面封存病历的义务，即使封存了，也没有法律效力。客观上，医疗机构有病历保管的义务，是否封存病历，应当由患方提出，但医疗机构应当向患方告知该项规定，或者在医疗场所明示该项规定。当然，根据《医疗机构病历管理规定》第24条第2款的要求，医疗机构希望封存病历时，可以主动向患者或者其代理人提出共同实施病历封存的建议，若患者或者其代理人拒绝或者放弃实施病历封存，医疗机构可以在第三方见证的情况下，对病历进行确认、签封。

因此，病历没有封存不影响病历的真实性，不能以病历没有封存而要求医疗机构承担证明病历真实性的责任。

案例 8－4

电子病历未“锁定”，医院承担5万元鉴定费①

王某因间断出现头晕、四肢乏力等症状到北京某医院就医。该院诊断为心律失常Ⅲ°、冠状动脉粥样硬化性心脏病等。经治一段时间后，王某开始出现咳嗽、咳黄痰伴暗红色血丝及喘息等症。由于治疗效果不明显，王某转诊至北京某三甲医院，半个月后去世。王某家属认为两家医院对王某的治疗存在过错。随后，为保全证据，提出了封存病历要求。北京某医院解释称，因电子病历书写完后每日存档，因此不需要锁定，且已经封存与电子病历相同的纸质病历，病历号为唯一标识号码，电子签名真实可靠，医师登录电子病历系统有唯一用户名、密码，二线医师有权对一线医师的诊断、治疗进行指导并修改病历，因此电子病历真实可靠。根据当事人的申请，法院决定就电子病历进行鉴定，鉴定意见认为涉案电子病历在数据生成后未发现伪造、篡改痕迹。该案自患方提出病历异议至鉴定意见出具、鉴定人出庭接受质询等历时近一年，产生了鉴定费及鉴定人出庭费。法院经审理后判定北京某医院在承担50%医疗损害赔偿的基础上，负担电子病历鉴定近5万元的全部费用。法官解释其裁判理由是：北京某医院不服从法院关于鉴定费的分担，法院经复核，认为北京某医院未按照《电子病历基本规范》的规定锁定电子病历，以致患方质疑，从而导致了诉讼期间的鉴定，故该项鉴定费应由北京某医院负担。

思考题

1. 病历和病案的概念是什么？二者之间有何区别？
2. 病历与其他医疗文书有何区别与联系。
3. 试述病历的所有权。
4. 简述患者病历知情权制度。
5. 简述病历复制的要求。
6. 如何进行病历的证据保全？
7. 如何认定病历的真实性？请列举两到三种具体情形。

① 北京市朝阳区人民法院（2013）朝民初字第12569号民事判决书。

第九章 医疗技术准入

医疗技术是一把双刃剑：一方面，它丰富了临床诊疗手段，提高了人类健康水平，促进了医学发展；另一方面，技术本身的缺陷、使用者能力不足以及技术欠缺，产生了费用攀升、资源浪费、医疗安全隐患等消极作用。一些物美价廉的新技术完全可以取代老的落后技术，但由于这样那样的原因却不被临床使用；一些全新、还不成熟的技术却在部分医疗机构大范围应用，给患者和医疗机构带来不应有的事故、纠纷和损失。如何保证应用的医疗新技术安全、有效、经济和符合社会伦理？建立一套行之有效的医疗技术临床应用的准入与评估制度是必要的。① 本章主要介绍医疗技术准入的基本概念、理论，我国医疗技术准入管理的基本制度以及国外医疗技术准入的情况。

第一节 医疗技术准入制度概述

一、医疗技术的概念与分类

（一）医疗技术的概念

医疗技术是指用于卫生保健领域和医疗服务系统的特定知识体系，包括医疗方式、程序及相关的组织系统。② 医疗技术是技术的一种，是医学科学和其他科学知识应用于医疗实践的产物，是人类认识、调整、控制人类自身及其生存环境的设备、工具、技巧、能力、方法的总和。我们既要把医疗技术理解为人类特有的目的、知识、经验、能力等观念的东西，包括在医学实践中积累起来的各种知识、经验、技能、技巧等，又要把医疗技术理解为工具、设备等物质的东西，包括药物、医疗器械、实验设备等。医疗技术绝不是单纯的手术器械，也不是单纯的新手术设想，而是由技术硬件（设备、手段）和技术软件（技能、知识）构成的有机统一体。

医疗技术是由诸多因素组成的动态系统和动态过程，即构成医疗技术的各要素，只有在医疗实践活动中，才能实现其技术目的。构成医疗技术的要素有：一是客体要素，即物质技术，包括药物、医疗器械、仪器等；二是主体要素，即技术能力，包括各种知识、经验、技能、技巧等。医疗技术客体和主体要素，是互相结合的。人们诊治疾病的知识、经验、技能、技巧，只有通过医疗的物质技术才能体现出来。同样，医疗的物质技术只有通过医务人员诊治疾病的知识、经验、技能、技巧才能发挥作用。但二者的地位和作用有区别，主体要素的技术能

① 参见孙菊枝：《我国医疗技术准入管理制度分析》，载《医院管理论坛》，2008（5），34～38页。

② 参见李绍元：《试论我国探索性医疗技术准入的伦理审查》，载《广东医学院学报》，2010（2），214～216页。

力——临床思维能力、发明创造能力、临床各种操作技能和技巧，以及其他实践能力，是医疗技术活动的主体，是人特有的主观能动性的突出表现。在同样的物质技术条件下，因医务人员的技术能力不同，医疗技术水平也有高低之别。[①]

（二）医疗技术的分类

根据不同的标准，对医疗技术可以作出不同的分类。作者认为，根据医疗技术的发展程度和应用范围，可以将医疗技术分为探索性医疗技术、应用性医疗技术。禁止实施的医疗技术不允许在临床上使用，因而不被纳入医疗技术分类之中。这两类技术又分别可分为临床前探索性医疗技术、临床试验中探索性医疗技术，以及限制应用性医疗技术和推广应用性医疗技术（见图 9-1）。探索性医疗技术是指医院引进或自主开发的、在国内尚未使用的新技术；限制应用的技术（高难、高新技术），其技术难度大、技术要求高，在限定范围内和具备一定条件时方可使用，这类技术包括颅脑外科、心脏外科、大器官移植、介入治疗等；推广应用性医疗技术是指已在国内外使用的成熟技术，在医院为新开展的常用诊疗项目。

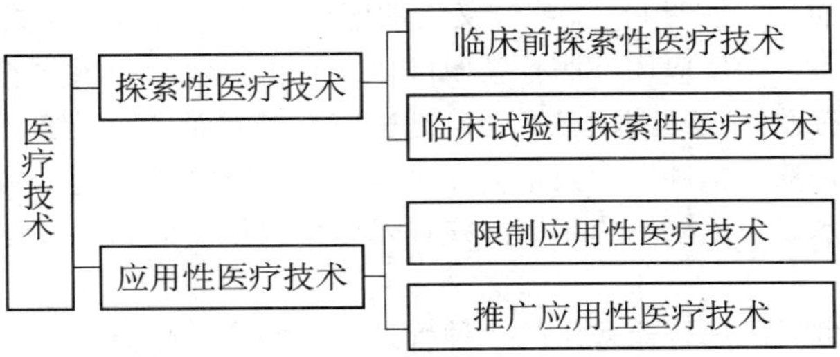

图 9-1　医疗技术的分类

二、医疗技术准入

（一）准入的概念

准入是一个新词汇。我们见得最多的与准入有关的词是“市场准入”。“市场准入”（market access）一词是在我国准备加入关税与贸易总协定（GATT）的过程中，国内有关专家、学者开始研究其他国家的相关制度，介绍和翻译相关的法律文件时引入的。有学者将 market access 直译为“市场准入”，此后逐渐成为通用的术语，在正式法律文件中最早出现在 1992 年的《中美市场准入谅解备忘录》中。近些年来，随着我国医疗市场逐渐开放，医疗界与国外同行的交流日渐增多，许多境外的技术和诊疗方法被介绍到国内并开始运用于临床，甚至有一些不成熟的技术也被一些大胆的医师直接运用到患者身上，引发了一系列伦理和法律问题。由此，国内又出现了“医疗技术准入”的概念。

综合分析各种与准入有关的概念，“准入”有如下含义：

（1）准入是一种管理制度。在国际范围内，它是国家或者地区进行国际或者区域合作时共同认可的管理活动；在一个国家范围内，它是国家的行政管理行为；在国内一个行业范围内，它是行业参与者共同认可的一种带有自律性质的组织管理行为。

（2）准入是对特定行业或者特定区域内的某类活动实施的参与主体和运行规则的管理。

（3）准入需要国家授权的机构，或者参与者共同认可的机构来实施。

① 参见陈剑纬：《医疗服务新技术评估与管理机制研究》，第二军医大学 2000 年硕士学位论文，63 页。

（二）医疗技术准入的概念

医疗技术准入就是设置一个医疗技术应用的门槛，具体包含：（1）医疗技术本身的准入，即对医疗技术本身从有效性、安全性、经济性和社会适应性四个方面进行评估，在此基础上决定其是否可在临床上应用；（2）开展医疗技术主体的准入，即对开展医疗技术主体的资格和条件作出严格规定，只有符合条件者方可开展医疗技术；（3）接受医疗技术客体的准入，即应当制定并严格遵守各项医疗技术的适应证和禁忌证。[①] 医疗技术准入可以是一种行为，对医疗技术是否允许在临床上应用进行评估；医疗技术准入可以是一种结果，获得医疗技术准入许可的医疗机构可以在临床上应用；医疗技术准入可以是一种管理，对医疗技术是否允许在临床上应用进行评价、公布；医疗技术准入更是一种制度，是对医疗技术是否允许在临床上应用进行有针对性的评价，包含程序、方法、原则、标准等在内的一整套规章制度。

（三）医疗技术准入制度

医疗技术准入制度是国家为保护和促进民众健康，制定的具有一定强制性、规范性的医疗技术评估、医疗技术准入的规章制度。[②] 广义上的医疗技术准入包括探索性医疗技术准入、限制应用性医疗技术准入、推广应用性医疗技术准入。它主要包括应用循证医学原理和方法，对医疗技术的安全性、有效性、经济性和社会伦理适应性等方面进行系统评估，决定其是否能进入临床试验阶段，能否从探索性医疗技术转变为应用性医疗技术，能否从探索性医疗技术转变为限制应用性医疗技术以及从限制应用性医疗技术转变为推广应用性医疗技术。

1. 行政许可制度

行政许可是当今世界各国普遍采用的一种管理社会经济、政治、文化等事务的手段。作为一种制度，行政许可“具有将所有涉及社会公共安全、经济秩序以及公民权益的活动纳入国家统一管理体系的特点”。对医疗技术准入的行政许可制度可以保证进行探索性医疗技术试验的医疗机构有相当的技术水平，保证进行医疗技术试验的医疗技术本身在经过充分安全评价的基础上进行，保证受试者参加临床试验所承受的风险与受试者或社会的预期受益处于合理水平，保证应用到临床的医疗技术是在经过完善的效用、安全评估后才进入临床应用。在 2015 年之前，我国对医疗技术采用行政许可的方式进行准入审批；在 2015 年之后，在国家“放管服”行政管理改革的大背景下，取消了三类医疗技术准入许可审批，改采行政备案准入的方式。

2. 伦理审查委员会制度

如果一个医疗机构要开展探索性医疗技术研究和限制应用性医疗技术的临床应用，必须进行伦理审查。建立伦理审查委员会以保护受试者权益为研究机构自律的首要方式，旨在保护所有实际的或可能的受试者的尊严、权利、安全和福利，保证研究结果的可信性，促进社会公正。伦理审查委员会的审查是取得开展探索性医疗技术研究和开展限制应用性医疗技术临床应用的必要条件，只有通过了伦理审查委员会审查的申请才能提交到卫生行政部门，申请行政许可，因此，伦理审查委员会审查制度的完善与否直接决定了医疗技术临床试验法律制度的完善程度及实施效果。其中，评价医疗技术风险与受益比是否合理，考察探索性医疗技术的临床试验和限制应用性医疗技术的临床应用是否经过患者的知情同意，是伦理审查委员会必须作出的伦理判断。[③]

---

① 参见郭锋、曹志辉：《浅谈医疗技术准入控制》，载《中国医院管理》，2004（1），12～13 页。

② 参见李大平：《探索性医疗技术准入立法的基本原则和基本制度》，载《法律与医学杂志》，2007（2），89～101 页。

③ 参见王元昆：《美国医疗知情同意案例评介》，载《医学与哲学》，2003（1），34～36 页。

3. 医疗技术准入评估制度

评估是指按照明确的目标来测定对象的属性，并将这种属性变为主观效用，即明确价值的过程。医疗技术准入评估是指对医疗技术的技术特性、临床安全性、有效性（效能、效果和生存质量）、经济学特性（成本—效果、成本—效益、成本—效用）和社会适应性（社会、法律、伦理、政治）等进行系统全面的评价，为医务人员提供科学的信息和决策依据，对医疗技术的开发、应用、推广与淘汰实行政策干预，从而合理配置卫生资源。医疗技术准入评估是医疗技术准入制度中最基本和最主要的内容，只有通过医疗技术准入评估后才能根据评估的情况决定该医疗技术是否进入临床应用。医疗技术准入评估主要确定的内容包括：(1) 医学技术方案的医疗目标、技术特征及技术发展状况；(2) 医学技术方案的有效性；(3) 医学技术方案对患者生命的影响；(4) 医疗技术方案对患者家属的影响；(5) 医学技术方案对社会的一般影响；(6) 医学技术方案是否涉及法律、道德；(7) 医学技术方案对经济的影响。

4. 医疗技术试验管理制度

要建立相应的医疗技术非临床试验研究的质量管理规范、医疗技术临床试验的质量管理规范，以保证医疗技术临床试验的可靠性，保证医疗技术临床试验结论的可靠性，并保障患者的权利，维护社会伦理安全。

医疗技术临床试验总是存在一定的我们无法预见的风险，为此有必要加强对风险的预防、评估和管理机制。要建立科学的风险决策机制，强化管理，提高医疗技术临床试验的风险评估与安全管理的有效性。

案例 9-1

“开颅戒毒术”事件

“开颅戒毒术”又称“边缘环路阻断术”，该手术针对具有毒瘾的患者，通过两条深入脑内的金属针发射正负相反的电流，摧毁吸毒形成的犒赏性神经中枢，消除毒瘾患者的关于吸毒的身体和心理记忆。这项手术是由俄罗斯圣彼得堡脑科研究所医师于 2000 年首次进行的。2004 年 2 月 27 日，广东三九脑科医院对患者进行“开颅戒毒手术”，开启国内先河。随后，四川、陕西、湖南、江苏、上海、北京等省市的二十多家医疗机构纷纷开展这项手术，全国各地共有五百多名吸毒者接受了手术治疗。同年 11 月 2 日，国家卫生部发出“叫停”通知，称：“为保障患者健康权益，促进科学技术的进步，经专家论证，决定停止脑科手术戒毒临床服务项目。”

在上述案例中，前期的动物实验证明该方法对毒瘾有抑制作用，但无法确定其是否会对机体的其他功能造成影响。基于人脑的复杂性和重要性，在关于手术的损毁位点、适应症、技术要点、安全性和有效性还没有得出最后的结论之前，盲目地允许该技术的使用，极有可能造成对接受手术者个人权益的侵害。医疗技术事关患者的个人权益，随着大量新技术和新成果涌入医疗市场，面对日新月异的变化，制定相应的管理规范既是医疗市场良性发展的需要，也是患者权益保障的需要。

三、各国医疗技术评估、准入概况

在 20 世纪 80 年代至 90 年代早期，一些国家的卫生保健费用急剧上涨，对卫生政策产生了较大影响。在美国，急剧上涨的卫生保健费用对于为广大人群提供高质量的服务，已构成了威胁。对于卫生保健费用的急剧上涨，除通货膨胀、工资与物价上涨、人口老龄化、疾病谱发生变化、残疾者增多这些客观因素外，医疗资源的滥用与浪费无疑是一个主要的原因，而在医疗资源的滥用中，高新技术资源的滥用又是一个重要方面。国家谋求对卫生费用的控制，就势必要对医疗行业新技术的开发、估价、实施及应用予以控制和规范。另外，从安全性角度出发，加强对医疗行业新技术的控制也是很必要的。医学技术评估、准入已成为世界各国卫生决策的重要组成部分。目前，美国、日本及瑞典等西方发达国家一般都有相应的医疗技术准入法律制度，并建立了相关的技术评估和准入的管理机构。如在1972年美国国会成立了技术评估办公室，负责对包括医疗技术在内的各类新技术进行严格评估，并且施行技术许可证制度。欧洲实行技术评估始于1980年，世界卫生组织欧洲地区办公室要求各成员国必须在1990年前建立正式技术评估机构。发展中国家建立这一制度始于20世纪90年代，泰国、马来西亚、菲律宾和印度尼西亚相继成立了医疗技术评估机构。迄今，大多数国家实施了一定的医疗技术评估、准入制度，以决定医疗技术的取舍。这些专门的国家机关或社会机构在医疗技术评估和准入方面起到了积极的作用。但受不同的经济模式和医疗技术发展水平，以及法律传统的影响，各国医疗技术准入法律制度呈现出不同的特点，其研究的深入程度也存在差异。从总体上看，各国还没有建立较为完善的医疗技术准入制度。

第二节　我国医疗技术准入法律制度

一、我国医疗技术准入的相关立法

我国的医疗技术准入方面的规范性法律文件比较多，如《产前诊断技术管理办法》《母婴保健专项技术服务许可及人员资格管理办法》《人类辅助生殖技术管理办法》《人类辅助生殖技术规范》《人类辅助生殖技术和人类精子库伦理规则》《人类辅助生殖技术与人类精子库评审、审核和审批管理程序》《人体器官移植技术临床应用管理暂行规定》《非血缘造血干细胞移植技术管理规范》《非血缘造血干细胞采集技术管理规范》。国务院卫生行政部门还制定并发布了一些技术管理规范，比如2022年国家卫生健康委办公厅发布了《国家限制类技术目录》和《临床应用管理规范（2022年版）》。2009年3月2日，卫生部制定并发布了《医疗技术临床应月管理办法》，国家卫生健康委员会于2018年8月13日修改并重新发布。这对于加强医疗技术临床应用管理，建立医疗技术准入和管理制度，促进医学科学发展和医疗技术的进步，迈出了重要一步。但总体来说，医疗技术准入制度立法的层次仍较低，仍需要全国人大以法律形式对其加以规范。在地方层面，只有少数几个省份制定了专门的法规。

二、医疗技术评估和准入管理现状

四个中心自成立以来，在国务院卫生行政部门的指导下，已举办了多种类型卫生技术评估和循证医学理论与方法研讨班。通过技术评估，全国共淘汰了一些临床检验技术，同时确定了相应的替代技术，使我国临床检验水平迈上了一个新台阶；开展了多项有关医疗设备、临床技术与预防技术等方面的技术评估，如对“关于咖玛刀使用医学技术评估研究”“人类辅助生殖技术”“生物芯片检验技术”评估等。[①] 在评估的基础上，正在逐步形成我国的卫生技术管理机构和机制。现已制定《医疗技术临床应用管理办法》《医疗器械临床使用管理办法》《人类辅助生殖技术管理办法》《人类精子库管理办法》《产前诊断技术管理办法》等。这些规章和办法

① 参见李大平、陈琴：《医疗技术准入的组织与管理》，载《中国卫生事业管理》，2006（10），605～607页。

对于推动我国卫生技术评估和准入制度的建立，缩短我国同发达国家的差距，赶超世界科技发展领先水平，必将起到积极的推动作用。

三、现行医疗技术评估和准入管理制度存在的问题

我国的医疗技术评估和准入制度起步较晚，虽然我国在医疗技术评估和准入方面取得了一些成绩，但是我国的医疗技术评估和准入管理制度还存在许多问题。

（1）体系建设不完善，组织机构少，专业人员缺乏。我国全国性的医疗技术评估和准入主要由国务院卫生行政部门领导下的四家卫生技术评估机构负责，另外，已经成立的中国医院协会医疗技术应用专业委员会（MTA）作为全国性的学术团体，也为我国的医疗技术评估、准入作出了很多贡献。但是地方性的管理机构建设不到位，专业人员缺乏，整个医疗技术评估的体系建设不完善。广东省和上海市规定医疗技术管理是卫生行政部门的职权，没有建立相应的组织机构，往往由医政部门管理，医政部门相关人员不具备专业知识，最多只是进行形式审查。即使医疗技术由专家委员会评估，也没有相应的专家挑选的妥当程序，导致内部人相互评估鉴定。

（2）分工不明确，即对探索性医疗技术、限制应用性医疗技术和推广应用性医疗技术的管理应该区别对待，但对医疗技术的分类，各地不尽相同（比如上海市与广东省），因此在具体的管理上，各地也不尽相同。如果从体系建设的角度考虑，国务院卫生行政部门应该界定划分的标准，便于对不同的医疗技术的准入进行不同的准入管理制度，区别对待。同样，探索性医疗技术本身也存在风险高低不一致的情况，在管理上也应有所不同。

（3）技术评估与政策制定脱节，结果向政策的转化率低。技术评估的最终目的是要为政策服务，作为决策的依据。我国的政策制定不完善，只有完善的政策，才能为医疗技术准入评估工作提供政策指导，反过来，医疗技术准入评估工作的成果可以作为决策的重要依据。

（4）缺乏 HTA/EBM 高层管理和研究人才的培训条件和经费；缺乏开展重要医疗技术准入评估的人才和经费支撑。建设好我国的医疗技术准入、评估体系，需要一批高层次的管理和研究人才，但是目前医疗技术准入评估并没有成为卫生投入中的优先项目，因此，不仅开展重要医疗技术准入评估的人才缺乏，经费也是一个很严重的问题。

（5）缺乏有效的信息沟通渠道和手段等。评估组织体系与研究单位之间存在信息不对称，只有该新信息技术的研究者对其了解最多。评审专家来自不同部门，他们对某一领域非常专业，但对总体评价缺乏了解，缺少相关法律法规基本知识。评估是以开评估会议的形式进行，而专家往往仅提前一两天来审阅研究者多年研究后的申报材料。这就导致很难进行实质评估，使得评估流于形式并且缺乏监督。

各部门之间信息渠道不畅通，药品管理与医疗技术管理分属不同部门，但新的医疗技术往往同新药、新医疗器械同时开展、同时出现。医疗技术准入评估往往依赖专家，而医疗技术管理部门往往只是联系人的角色。专家与专家之间也存在着信息不对称，几乎没有沟通，没有建立起相互联系的信息渠道，只是开会时简单碰头。这必然导致准入评估质量存在严重的问题，有着较大的不可靠性。

四、大型医用设备配置准入许可

为合理配置和有效使用大型医用设备，控制卫生费用过快增长，维护患者权益，促进卫生事业的健康发展，2018 年 5 月 22 日国家卫生健康委员会、国家药品监督管理局联合发布《大型医用设备配置与使用管理办法（试行）》。国家卫生健康委员会根据医疗服务需求和医疗器

械发展状况，结合资金投入、运行成本和使用费用、技术要求等因素，提出大型医用设备配置管理目录建议。大型医用设备配置管理目录分为甲、乙两类。甲类大型医用设备由国家卫生委员会负责配置管理并核发配置许可证；乙类大型医用设备由省级卫生行政部门负责配置管理并核发配置许可证。国家卫生健康委员会应当对大型医疗器械使用的安全性、有效性、经济性、适宜性等进行评估，适时提出大型医用设备管理目录调整建议。2022 年 12 月 21 日修改的《医疗器械监督管理条例》第 48 条到第 51 条规定了对大型医用设备配置许可管理的要求，第 82 条规定了处罚措施。

第三节　《医疗技术临床应用管理办法》介绍

为加强医疗技术临床应用管理，建立医疗技术准入和管理制度，促进医学科学发展和医疗技术进步，提高医疗质量，保障医疗安全。卫生部于 2009 年 3 月 2 日制定并发布了《医疗技术临床应用管理办法》，并于 2009 年 5 月 1 日开始实施。2018 年 8 月 13 日，国家卫生健康委员会对该办法予以修改并重新公布，自 2018 年 11 月 1 日起施行。

一、医疗技术临床应用的基本原则及要求

我国医疗技术临床应用应当遵循科学、安全、规范、有效、经济、符合伦理的原则。医疗机构开展医疗技术服务应当与其技术能力相适应，医疗机构不得开展临床应用安全性、有效性不确切的医疗技术。医疗机构对本机构的医疗技术临床应用和管理承担主体责任。

国家建立医疗技术临床应用负面清单管理制度，对禁止临床应用的医疗技术实施负面清单管理，对部分需要严格监管的医疗技术进行重点管理。其他临床应用的医疗技术由决定使用该类技术的医疗机构自我管理。

医疗机构在医疗技术临床应用过程中出现下列情形之一的，应当立即停止该项医疗技术的临床应用：（1）该医疗技术被国家卫生健康委员会列为“禁止类技术”；（2）从事该医疗技术的主要专业技术人员或者关键设备、设施及其他辅助条件发生变化，不能满足相关技术临床应用管理规范要求，或者影响临床应用效果；（3）该医疗技术在本机构应用过程中出现重大医疗质量、医疗安全或者伦理问题，或者发生与技术相关的严重不良后果；（4）发现该项医疗技术临床应用效果不确切，或者存在重大质量、安全或者伦理缺陷。

医疗机构出现上述第 2、3 种情形，属于限制类技术的，应当立即将有关情况向核发其“医疗机构执业许可证”的卫生行政部门报告。卫生行政部门应当及时取消该医疗机构相应医疗技术临床应用备案，在该机构“医疗机构执业许可证”副本备注栏予以注明，并逐级向省级卫生行政部门报告。医疗机构出现上述第 4 种情形的，应当立即将有关情况向核发其“医疗机构执业许可证”的卫生行政部门和省级卫生行政部门报告。省级卫生行政部门应当立即组织对该项医疗技术临床应用情况进行核查，确属医疗技术本身存在问题的，可以暂停该项医疗技术在本地区的临床应用，并向国家卫生健康委员会报告。国家卫生健康委员会收到报告后，组织专家进行评估，决定需要采取的进一步管理措施。

二、医疗技术分类管理

（一）医疗技术临床应用分类

（1）禁止应用于临床的医疗技术（以下简称禁止类技术），是指具有下列情形之一的医疗

技术：1）临床应用安全性、有效性不确切；2）存在重大伦理问题；3）该技术已经被临床淘汰；4）未经临床研究论证的医疗新技术。禁止类技术目录由国家卫生健康委员会制定发布或者委托专业组织制定发布，并根据情况适时予以调整。

（2）需要重点加强管理的医疗技术（以下简称限制类技术），是指禁止类技术目录以外并具有下列情形之一的医疗技术：1）技术难度大、风险高，对医疗机构的服务能力、人员水平有较高专业要求，需要设置限定条件的；2）需要消耗稀缺资源的；3）涉及重大伦理风险的；4）存在不合理临床应用，需要重点管理的。国家限制类技术目录及其临床应用管理规范由国家卫生健康委员会制定发布或者委托专业组织制定发布，并根据临床应用实际情况予以调整。省级卫生行政部门可以结合本行政区域实际情况，在国家限制类技术目录基础上增补省级限制类技术相关项目，制定发布相关技术临床应用管理规范，并报国家卫生健康委员会备案。

（3）非禁止非限制实施的医疗技术，是指未被纳入禁止类技术和限制类技术目录的医疗技术，医疗机构可以根据自身功能、任务、技术能力等自行决定开展临床应用，并应当对开展的医疗技术临床应用实施严格管理。

（二）禁止类技术和限制类技术目录

1. 禁止类技术目录

一是临床应用安全性、有效性存在重大问题的医疗技术（如脑下垂体酒精毁损术）；二是存在重大伦理问题的医疗技术（如克隆治疗技术、代孕技术）；三是国家卫生行政部门明令禁止临床应用的医疗技术（如除医疗目的以外的肢体延长术、小腿神经离断瘦腿手术）；四是临床淘汰的医疗技术（如角膜放射状切开术）。

涉及使用药品、医疗器械或具有相似属性的相关产品、制剂等的医疗技术，在药品、医疗器械或具有相似属性的相关产品、制剂等经药品监督管理部门批准上市前，医疗机构不得开展临床应用。

2. 限制类技术目录

国家卫生健康委员会公布的，需要在国家卫生健康委员会备案的限制类技术包括两大类：一类是安全性、有效性确切，但是技术难度大、风险高，对医疗机构的服务能力和人员技术水平有较高要求，需要限定条件的医疗技术，如，造血干细胞（包括脐带血造血干细胞）移植治疗血液系统疾病技术，质子、重离子加速器放射治疗技术，放射性粒子植入治疗技术（包括口腔颌面部恶性肿瘤放射性粒子植入治疗技术），肿瘤深部热疗和全身热疗技术，肿瘤消融治疗技术，心室辅助装置应用技术，颅颌面畸形颅面外科矫治术，口腔颌面部肿瘤颅颌联合根治术，人工智能辅助诊断、治疗技术等。另一类是存在重大伦理风险或使用稀缺资源，需要严格管理的医疗技术，如，同种胰岛移植治疗糖尿病技术，同种异体组织移植治疗技术（仅限于角膜、骨、软骨、皮肤移植治疗技术），性别重置技术等。未在上述名单内的《首批允许临床应用的第三类医疗技术目录》其他在列技术，按照临床研究的相关规定执行。

省级卫生行政部门在国家目录之外，根据当地的具体情况，制定发布本地区的限制类技术目录。

三、医疗手术分级管理

2012年8月3日，卫生部办公厅发布《医疗机构手术分级管理办法（试行）》（卫办医政发［2012］94号），规定：医疗机构应当建立健全手术分级管理工作制度，建立手术准入制度，严格执行手术部位标记和手术安全核查制度，由医务部门负责日常管理工作。医疗机构应当开展与其级别和诊疗科目相适应的手术。医疗机构应当根据手术级别、专业特点、医师实际被聘任的专业技术岗位和手术技能，组织本机构专家组对医师进行临床应用能力技术审核，审核合格后授予相应的手术权限。医疗机构应当定期评估医师技术能力，适时调整医师手术权限，并纳入医师技术档案管理。

根据风险性和难易程度不同，手术分为四级：一级手术，是指风险较低、过程简单、技术难度低的手术；二级手术，是指有一定风险、过程复杂程度一般、有一定技术难度的手术；三级手术，是指风险较高、过程较复杂、难度较大的手术；四级手术，是指风险高、过程复杂、难度大的手术。

医疗机构按照《医疗技术临床应用管理办法》的规定，获得第二类、第三类医疗技术临床应用资格后，方可开展相应手术。三级医院重点开展三、四级手术。二级医院重点开展二、三级手术。一级医院、乡镇卫生院可以开展一、二级手术，重点开展一级手术。

案例 9-2

医院因违规实施“增高术”而承担医疗损害责任①

某骨外固定技术研究所（夏某系法定代表人及最大股东）与河北某医院合作，双方约定该研究所提供技术并介绍患者到河北某医院实施手术。2015 年 9 月至 2016 年 6 月，原告靳某因“后天性膝内翻”共计七次入住被告河北某医院处行手术治疗。因对手术效果不满意，其遂将某骨外固定技术研究所、夏某及河北某医院起诉至人民法院。诉讼中法院委托的司法鉴定机构认为：虽然医院病历显示，被告医院给原告靳某实施“双胫腓骨畸形截骨、外固定器矫形术治疗”，但靳某在陈述材料中表明“因身份矮小，虽然身体健康，但是希望长高一直是自己的梦想……”。结合现有的病历资料，医院对患者实施的手术实质是胫腓骨截骨延长增高手术，不是针对人体疾病进行的治疗，不属于必要的医疗活动，应是一种双方自愿的医疗整形美容。法院经审理后采纳了该鉴定意见，并认为河北某医院虽然并非该医疗损害责任纠纷的侵权主体，但是其作为国家卫生行政部门许可的正规医疗机构，开展不适当的医疗行为，收取场地费用，明显有悖国家卫生健康委员会的相关规定。最终判决，酌定被告应当就原告的实际损失承担 40%的赔偿责任，即 93 477.52 元（=233 693.81 元×40%）。考虑原告的伤情及该项手术系原、被告双方的自愿行为，法院酌定给予原告精神损害抚慰金 10 000 元。综上，被告某骨外固定技术研究所赔偿原告 82 036.98 元，被告夏某对上述赔偿承担连带责任。被告河北某医院赔偿原告 21 440.54 元。

思考题

1. 什么叫医疗技术准入？
2. 怎样正确对待“医疗新技术”？
3. 主要发达国家是如何管理医疗技术的临床应用的？
4. 如何完善我国医疗技术准入制度？
5. 简述我国医疗手术分级管理制度。

① 河北省三河市人民法院（2018）冀 1082 民初 2344 号民事判决书，河北省廊坊市中级人民法院（2019）冀 10 民终 6217 号民事判决书。

第十章
医学发展面临的法律挑战

随着社会的进步、科技的发展，越来越多的新技术、新方法被运用于医疗实践，医学发展面临一系列的法律问题。这些新技术、新方法在解决人类病痛疾苦的同时，也存在较大的风险，存在未知的潜在的威胁。如果将新出现的所有技术、方法未加限制地任意运用于临床，难免会给患者乃至人类带来意想不到的危害，甚至可能造成比患者自身疾病更为严重的结果。另外，一些新技术、新方法往往突破传统的理论和价值观念，解决一些过去难以解决的医学难题，同时也对传统观念和伦理道德产生冲击。本章将对医学发展中面临的法律挑战进行讨论。

第一节　医学研究中临床试验的相关法律问题

一、临床试验的概念、历史沿革

（一）临床试验的概念

临床试验（clinical trial），指以人体（患者或健康受试者）为对象的试验，意在发现或验证某种试验药物的临床医学、药理学以及其他药效学作用、不良反应，或者试验药物的吸收、分布、代谢和排泄，以确定药物的疗效与安全性的系统性试验。① 世界上的大部分国家将临床试验分为四期，并对每期临床试验的基本准则和技术要求作出规定。

临床试验的法律定位应当属于广义医疗行为②中的实验性医疗行为。狭义的医疗行为，是指医务人员通过检查，使用药品、器械及手术等方法，对疾病作出判断，消除疾病、缓解病情、改善功能、帮助患者恢复健康的活动。随着医疗技术的发展和民众生活观念的变化，狭义的医疗行为已不能适应医学的发展和对患者保护的需要。在广义医疗行为中，使用危险与疗效均属未知的新药品、新器械或新技术，其主要是为了医学进步，而诊疗目的居于次要地位的医疗行为即为实验性医疗行为。

药物临床试验是确证新药的有效性和安全性必不可少的步骤，直接关系到某种新药是否具

---

① 参见《药物临床试验质量管理规范》第 11 条。

② 广义的医疗行为包括四种：(1) 诊疗目的性医疗行为，即上述狭义的医疗行为。(2) 不具治疗性的医疗行为。随着医疗技术的发展，许多医疗领域的范围，已大大超越以诊疗为目的。例如仅以美容为目的的整形手术、变性手术、非治疗性堕胎手术。这些行为不仅不具诊疗目的，甚至具有破坏目的。而全球争论的安乐死更是逼近医学伦理的核心，挑战医师“必不将所学危害人类健康”的职业道德。(3) 实验性医疗行为。使用危险与疗效均属未知的新药物或新技术，其主要目的是医学进步，而诊疗的目的居于次要地位。(4) 侵袭性医疗行为，即对人体造成一定危险的医疗行为。随着经验及知识的积累，许多过去被用于治疗疾病的药物、检查或手术方法，被发现对人体并不都是有利的。医疗本身带有某种程度的侵害性质，已为医学界所接受。如果此侵害性质超过诊疗所能产生的利益，则这种行为就属于侵袭性医疗行为。

有疗效、副作用如何以及是否能够上市等，因而药物临床试验是医疗领域的重要行为。由于临床试验的目的在于测试新药，而该新药的安全性、有效性需要通过临床试验来确定，可能对临床试验受试者的生命和健康构成威胁，因而必须严谨而慎重，与临床试验相关的法律制度也愈显重要。目前我国规范药品和医疗器械临床试验的规范是国家药品监督管理局、国家卫生健康委员会联合发布的《药物临床试验质量管理规范》《医疗器械临床试验质量管理规范》。

（二）临床试验的历史沿革

1. 国外临床试验的历史

西方国家的药物临床试验可追溯到公元前605年—562年，古巴比伦王尼布甲尼撒二世进行了第一个临床试验。不过，真正意义上涉及药物的临床试验是在1537年，文艺复兴时期的外科医师昂布罗斯·马莱将玫瑰油、松节油和蛋黄混合，用作处理开放创口的药剂。在这无意的试验之后，马莱发现用传统配方处理的伤口容易腐烂并且十分疼痛，而用试验性的混合物处理的伤口不痛。马莱推断新的药膏比以前常用的油要更有用。到了19世纪才出现了使用安慰剂的试验。

人类医学的进步在很大程度上依赖临床实践中积累的经验，可以说，前一次的使用是后一次的试验。然而，在第二次世界大战结束之后，德国纳粹医师使用人体进行试验的恶行遭到曝光。在对德国纳粹医师进行纽伦堡审判[①]后，人们开始关注人体临床试验，有关以人为对象进行医学研究时必须遵守的伦理纲领逐渐出现，人体试验遵循受试者自愿同意原则产生，被称为人体试验伦理准则（Nuremberg Code for Human Experimentation），通称纽伦堡准则。随着医学的迅速发展，人体试验的必要性被不断提及。1964年，在赫尔辛基召开的第18届世界医学大会通过了《赫尔辛基宣言》（Declaration of Helsinki），该宣言成为许多国家进行人体试验的基本原则。[②]

2. 中国临床试验的历史

中国传统医学充满了人体临床试验的历史，但这种人体临床试验与近代西方医学史上的人体实验是两个完全不同的概念。中国早期的人体临床试验可以追溯到神农尝百草。传说神农通过亲自品尝，知道了多种药物的功效，能够区分出发热药、清凉药、镇痛药、催吐药、剧毒药，神农的药物学知识成为古人的宝贵财富。[③] 在19世纪末，西医开始进入中国，出现了中西医学并存的局面。在20世纪，中国本土西医学力量日益膨大，西医学的分类方法、研究方法、治疗方法和预防方法逐渐渗透。中国的西医学追随着国外医学的发展而发展，西医学中的基础实验方法和人体临床试验方法同样被引进到中国。

---

① 在第二次世界大战期间，德国医师在纳粹的命令下，进行了一连串骇人听闻的人体医学实验。在战争结束后的1946年11月21日的纽伦堡审判中，进行人体试验的德国纳粹医师被告上法庭。1947年8月20日纽伦堡法庭作出终审判决，23名被告人中有16人被判有罪。

② 《赫尔辛基宣言》宣布后，1975年10月，在日本东京举办的第29届世界医学大会，1983年10月，在意大利威尼斯举办的第35届世界医学大会，1989年9月，在香港举办的第41届世界医学大会，1996年10月，在南非举办的第48届世界医学大会，2000年10月，在苏格兰爱丁堡举办的第52届世界医学大会，2002年，在美国华盛顿举办的第53届世界医学大会，2004年，在日本东京举办的第55届世界医学大会，2008年10月，在韩国首尔举办的第59届世界医学大会，2013年10月，在巴西福塔莱萨举办的第64届世界医学协会联合大会上，均对《赫尔辛基宣言》作出了不同程度的修改。

③ 神农和药的关系最早见于《淮南子·修务训》："神农乃始教民，尝百草之滋味，当时一日而遇七十毒，由此医者兴焉。"这是说神农氏尝百草，有了药而医学勃兴。后又见于《史记补·三皇本纪》："神农氏以赭鞭鞭草木，始尝百草，始有医药。"

二、临床试验的法律原则

临床试验的原则，既包括临床试验设计的原则，也包括临床试验过程中须遵守的法律原则。临床试验的法律原则，是在临床试验过程中，包括受试对象的选择、试验的实施以及善后处理等诸环节，主持临床试验的单位必须遵守的符合法律规定要求的原则。临床试验的法律原则的核心是保护受试者知情同意并保障其生命健康安全。具体来说，临床试验的法律原则包括知情原则、自主原则和不伤害原则、对价与补偿原则。

（一）知情原则

知情，是指了解事件的原委情状。知情一词应当出自汉代扬雄《扬子法言·孝至卷》。① 随着法制的进步以及公民权利意识的增强，知情的要求逐步上升为公民在法律上享有的一项基本权利的自由与权利。广义知情权是指知悉、获取信息的自由与权利，包括从官方或非官方知悉、获取相关信息的自由与权利。狭义知情权仅指知悉、获取官方信息的自由与权利。随着知情权外延的不断扩展，知情权既有公法权利的属性，也有民事权利的属性，特别是对个人信息的知情权，是公民作为民事主体所必须享有的人格权的一部分。

药物临床试验关涉受试者的生命健康权，受试者当然享有知情权，由此，知情原则便成为药物临床试验的基本原则。因此，药物临床试验的主持方应当保障受试者这项权利的实现。知情的前提是药物临床试验主持方尽到告知与说明的义务，只有试验主持方尽到相关的告知与说明义务，受试者的知情权才得到保障。我国《药物临床试验质量管理规范》规定知情同意的四个基本要素为必要信息、充分理解、完全自愿以及书面签署，同时不允许受试者对试验不明了或者强制其参加试验。②《药物临床试验质量管理规范》第 23 条详细规定了研究者或其指定的代表必须向受试者说明有关临床试验的详细情况。

基于人体临床试验的复杂性和不确定性，受试者所作出的意思表示必须是在充分理解临床试验的性质、风险、过程与自身权利等内容后所作出的真实意思表示。试验人员的意思表示有欠缺时，必将影响受试者意思表示的法律效力。此即意思表示的瑕疵问题。当试验人员未告知受试者其参与的是临床试验活动，试验人员就所使用的术语未对受试者作出解读、受试者因被诈欺或被胁迫参与试验等时，受试者均得撤销其意思表示。

（二）自主原则

自主原则就是强调在临床试验中，受试者享有自我决定参加或者不参加临床试验的权利。自主原则本质上属于患者的决定权，但又有别于患者在医疗活动中的决定权。临床试验中的自主权有两方面的含义：一方面是受试者有权决定参加临床试验，也有权决定不参加临床试验；另一方面，受试者即便决定并已经参加了临床试验，在临床试验的过程中，受试者也有权决定退出临床试验，并且不因其退出临床试验而对临床试验主持方所遭受的损失进行任何赔偿或者补偿。《赫尔辛基宣言》第 31 条规定：医师必须完全告知患者医疗中的哪些方面与研究有关。绝不能因患者拒绝参加研究或决定退出研究而对医患关系造成不利影响。在我国《药物临床试验质量管理规范》第 24 条详细规定了临床试验主持方提供给受试者的知情同意书和其他资料。

临床试验与常规诊疗不同，临床试验涉及的内容纯属未知或未经科学证实。在临床试验

① 参见（汉）扬雄撰，（晋）李轨注：《扬子法言·孝至卷》第十三："知情天地。"注："与天地合其德，知鬼神之情状。"

② 参见钟旋、刘秋生、刘大钺等：《药物临床试验知情同意书常见的伦理问题与对策》，载《中国医学伦理学》，2008（6），121～132 页。

中，受试者常常不了解或不能充分了解试验的治疗方法或可能的危险，或者对医师的敬畏之情，也可能使受试者对医师的要求认识不清，或者基于对治愈疾病的迫切心情，往往不能正确判断是否值得冒险。因此，临床试验应当充分尊重受试者的个人选择的权利，至少应包括两个方面：一是个体对该临床试验具有自主权，二是保护丧失自决能力的个体。尊重个体自主权就是尊重有自决能力的个人的意见和选择。对有自决能力的个人不尊重，指的是否定个体深思熟虑后的看法和选择，剥夺他按这些想法去做的自由，以及毫无理由地隐瞒、虚构对他作决定有用的信息。当然，不是所有的人都有自决能力。一个人的自决能力随他的成长而提高，而有些人由于疾病、精神障碍而全部或部分丧失这一能力。尊重自决能力尚未完全的人，就有必要在他们还没成熟或被剥夺能力时进行保护。在人类以往的人体研究中，受试者有患者、儿童、精神失常者、罪犯、孕妇等，不一而足。

（三）不伤害原则

最先提出“不伤害原则”（primum non nocere）的西方医学家是希波克拉底。[①] 不伤害原则是指在诊治过程中不使患者的身心受到损伤。这是医务人员应遵循的基本原则。在临床试验中，由于临床试验的风险更大，损害结果难以预计，所以更要强调不伤害原则。对受试者实施临床试验时，不仅要尊重个体的决定及保护他免遭伤害，还要尽力确保他的安全与健康。这就是不伤害原则，也有称之为善行原则（the principle of beneficence）。“善行”更能突出试验人员应当秉承仁慈、博爱的精神。《药物临床试验质量管理规范》第 3 条规定：药物临床试验应当符合《赫尔辛基宣言》的原则及相关伦理要求，受试者的权益和安全是考虑的首要因素，优先于对科学和社会的获益。伦理审查与知情同意是保障受试者权益的重要措施。

人类天生就是冒险者，不断地在冒险中重新安排和改变我们的环境，以保证我们的健康，创造我们更好的生活。人体临床试验也是一种冒险，但在试验中，我们不可能有超人的洞察力，知晓所有伴随而来的危险，因此，为减少遗憾，必须尽可能地保留较多的选择。这就意味着在进行人体临床试验时，选择不那么激进，甚至更为保守的方式，并遵循一定的原则。首先就是“不伤害”亦即“无害”原则。其实“不伤害”早在希波克拉底时就成为医界的格言，是医界长期以来普遍被接受和遵守的基本道德原则。这一原则被伯纳德（Claude Bernard）延伸到研究领域，声称不管有多大好处也不应伤害人。然而，即便是躲避伤害也需了解什么是有害的，在获取这一信息的过程中会有被伤害的危险。另外，希波克拉底誓言要求医师“根据自己的最佳判断”为患者造福，因而要了解什么会带来益处也会带来危险，关键是要决定何时尽管危险也应追寻益处，何时又由于危险性而放弃追寻益处。对善行原则的遵守不仅牵涉个别试验人员，也涉及整个社会，因为它将二者与具体试验项目及整个试验领域联系起来。就具体课题来说，试验人员以及成员必须事先筹划以便最大限度增加益处，降低试验可能带来的危险。就整体科学研究来看，人们必须认清由于知识进步以及医学、心理治疗和社会的发展而带来的较长期的利益和危险。

不伤害原则在研究人体临床试验对象的许多领域都有明确的作用，涉及儿童的人体临床试验就是一个例子：有效地治疗儿科疾病，促进儿童健康地发展是涉及儿童的人体临床试验所带来的好处——即使个别试验对象并没有受益。有些以前被认可的常规处理经仔细检查后被证明是有危险的，试验研究可以避免这些常规处理所造成的伤害。但是不伤害原则所起的作用也不是很分明。带有一定风险而又不能给儿童带来直接好处的试验就存在实施可行性及合法性

① 《希波克拉底誓言》中关于“不伤害原则”的表述是：我要竭尽全力，采取我认为有利于患者的医疗措施，不能给患者带来痛苦与危害。我不把毒药给任何人，也绝不授意别人使用它。

难题。

不伤害原则要求医务人员不损害患者的身体和健康，也不得因医疗行为加重患者的病情。我国法律并未明文规定“不加重患者病情义务”，但此义务的确立对于正确分配医疗风险有着重要的现实意义。此义务其实应被视为医疗机构最基本的义务。但由于医疗行为的复杂性，在实践中较难界定。该义务是指不能因为医者治疗行为本身而使患者的病情加重，否则，不仅有悖患者就医治病的初衷，也违背医疗机构治病救人的宗旨。但认定医疗机构违反该义务不能仅从治疗结果来进行评判，而应严格区分两种关系：一是正常的治疗行为与治疗无效的关系。如果医者采取的医疗措施符合常规，但患者疾病本身的不可救治性导致自然转归，则医者免责。二是正常的治疗行为与难以避免的并发症的关系。难以避免的并发症属医疗风险，此风险一般而言应由患者负担，而不应由医疗机构负担。只要医者操作正当，对并发症采取了必要的防范措施而仍不能避免，医者不承担责任。在目前法无明文规定的情况下，如果发生此情形，而医疗机构又不能证明患者病情的加重系疾病的自然转归和难以避免的并发症的，即可以过错推定的形式推定医疗机构在对患者治疗的过程中存在过错而令其承担责任。

案例 10－1

临床试验期间受试者身体出现异常如何处理

A 抗生素是某药品生产企业研发的某类市场前景很好的抗生素。甲和乙参与了某医院 A 抗生素的药物临床试验。试验进行中的一日，你作为主治医师查房时发现甲和乙都出现了肾脏功能损伤的迹象。你思考再三后，高度怀疑甲和乙的肾脏功能损伤很可能是 A 抗生素的使用造成的。实际上，按照药物临床试验的计划书，再用药 3 天，试验就结束了。可以说，如果目前停止甲和乙的用药，会影响该药物的临床试验结束时间，进而影响该药物的上市。你建议甲和乙停止使用该抗生素，观察一下。甲和乙考虑到目前使用的 A 抗生素前期效果不错，并免费服用，坚决要求继续用药，拒绝停药。为此，甲和乙还写了一份保证书，声称：如果自己在后期用药期间，身体发生任何问题，均与医院无关。

试问：作为研究者（医师）的你该怎么办？

（四）对价与补偿原则

人体临床试验，不论是治疗性的人体临床试验还是实验性的人体临床试验，常需耗费巨额经费，此经费由谁负担？临床试验的目的是促进医疗技术的进步及开发新药，但直接的受益方是研究者和试验主持者。因此，涉及临床试验的费用应由实施试验的受益人——教学医院负担。新药药效试验的费用应由生产该项药品的制药公司负担，不得由受试者负担。

人体临床试验，如以健康的人为试验对象，因试验途中是否有副作用、有无危险性都不能确定，对受试者应否给予试验的对价？对此，目前我国现行医事法律法规并无明确规定。但是作者认为，法律既无禁止性规定，且为鼓励健康的人勇于同意试验，给予相当对价应无不可，但应注意避免以对价的给付，作为诱使成年人参加试验的方法，而影响同意的任意性。此外，应注意的是，新药试验，宜避免以药厂工作人员或实习学生作为临床试验对象，因为这样也会影响同意的任意性，而且难保受试者对药品的试验成果有所隐瞒。

当人体临床试验使受试者受有损害时，试验前受试者的同意，可以阻却行为的违法性，除非违反法律法规关于人体临床试验的强制性规定，否则受试者不得以之为民法侵权行为请求损害赔偿。但是，如果确实发生了损害结果，研究人员即使能举证证明在试验期间已尽注意义务，即无过失，也不可完全免责，而应当依据《民法典》有关公平原则的要求给予受试者一定补偿。

三、受试者的知情同意权

基于临床试验中的知情原则、自主原则，受试者在临床试验中享有知情同意权。知情同意是指向受试者告知一项试验的各方面情况后，受试者自愿确认其同意参加该项临床试验的过程，须以签名和注明日期的知情同意书作为文件证明。知情同意书（informed consent form），是每位受试者表示自愿参加某一试验的证明文件。我国《药物临床试验质量管理规范》第3条规定：药物临床试验应当符合《赫尔辛基宣言》原则及相关伦理要求，受试者的权益和安全是考虑的首要因素，优先于对科学和社会的获益。伦理审查与知情同意是保障受试者权益的重要措施。

现代意义上的知情同意权是鉴于第二次世界大战中德国法西斯的暴行而被突出强调的。自1946年对纳粹的审判和《纽伦堡法典》通过以来，西方国家普遍接受了不取得患者或当事人在自由意志下的知情同意，就不许对他们进行任何医学实验的原则。此后，该原则由人体实验扩大到治疗，并被包括在患者权利之中。① 在纽伦堡审判期间，纳粹在集中营中强迫受害者接受人体实验的令人发指、触目惊心的事实，使人们开始关注利用没有征得同意的受试者进行人体实验的问题。纽伦堡审判揭露了纳粹医师强迫受试者接受不人道的野蛮的实验的大量事实，在审判后通过的《纽伦堡法典》中规定："人类受试者的自愿同意是绝对必要的"，"应该使他能够行使自由选择的权利，而没有任何暴力、欺骗、欺诈、强迫、哄骗以及其他隐蔽形式的强制或强迫等因素的干预"，"应该使他对所涉及的问题有充分的知识和理解，以便能够作出明智的决定"。这要求在受试者作出决定前使他知道试验的性质、持续时间和目的、进行试验的方法和手段、可能发生的不方便和危害、他的参与对他的健康和个人可能产生的影响。

四、伦理委员会在临床试验中的作用

临床试验涉及法律问题，更涉及伦理问题，因此，在临床试验中伦理委员会是不可或缺的。2016年10月12日国家卫生和计划生育委员会发布了修改后的《涉及人的生物医学研究伦理审查办法》，其第7条规定：从事涉及人的生物医学研究的医疗机构是涉及人的生物医学研究伦理审查工作的管理责任主体，应当设立伦理委员会，并采取有效措施保障伦理委员会独立开展伦理审查工作。医疗机构未设立伦理委员会的，不得开展涉及人的生物医学研究工作。这对于人体临床试验的规范起到了重要作用。

伦理委员会是由医学专业人员、法律专家及非医务人员组成的独立组织，其职责为核查临床试验方案及附件是否合乎道德，并为之提供公众保证，确保受试者的安全、健康和权益受到保护。该委员会的组成和一切活动不应受临床试验组织和实施者的干扰或影响。设立伦理委员会与签订知情同意书是保障受试者权益的主要措施。《涉及人的生物医学研究伦理审查办法》第14条规定：医疗机构应当在伦理委员会设立之日起3个月内向本机构的执业登记机关备案，并在医学研究登记备案信息系统登记。医疗机构还应当于每年3月31日前向备案的执业登记机关提交上一年度伦理委员会工作报告。

研究项目、临床试验方案经伦理委员会审议同意并签署批准意见后方可实施。在试验进行期间，试验方案的任何修改均应经伦理委员会批准；试验中发生严重不良事件，应及时向伦理

① 参见土丽艳、郭照江：《知情同意原则与文化背景——中美生命伦理学比较研究之一》，载《中国医学伦理学》，2001（5），30～31页。

委员会报告；伦理委员会对临床试验方案的审查意见应在讨论后以投票方式作出，参与该临床试验的委员应当回避；因工作需要可邀请非委员的专家出席会议，但不投票。伦理委员会应建立工作程序，所有会议及其决议均应有书面记录，记录保存至临床试验结束后5年。伦理委员会应当保留伦理审查的全部记录，包括伦理审查的书面记录、委员信息、递交的文件、会议记录和相关往来记录等。所有记录应当至少保存至临床试验结束后5年。研究者、申办者或者药品监督管理部门可以要求伦理委员会提供其标准操作规程和伦理审查委员名单。《涉及人的生物医学研究伦理审查办法》第20条规定了研究项目伦理审查的具体要求，第22条规定了伦理委员会批准研究项目的基本标准。《药物临床试验质量管理规范》第12条规定了临床试验伦理审查的具体要求。

第二节　人类辅助生殖技术临床应用的相关法律问题

自古以来，人类就是通过有性生殖方式来完成人类社会的繁衍和延续。但是随着社会的进步、工业化程度的提高和自然环境的改变，人类社会中的不育现象逐年增多，成为一个社会性问题。人类辅助生殖技术的出现为患有不育症的夫妻带来福音，为患有遗传性疾病或有遗传性疾病家族史的夫妻避免了其后代再现相同疾病的危险。但是，这种技术的应用打破了传统的自然生殖方式，由此引发了人类社会中伦理、法律等一系列制度的改变，也带来了巨大的争议。怎样才能通过法律来规范人工生殖技术的应用，调整该技术所引发的伦理道德等社会关系的冲突？这正是科技立法要解决的问题。

一、人类辅助生殖技术概述

人类辅助生殖技术（assisted reproductive technology，ART）是指运用医学技术和方法对配子、合子、胚胎进行人工操作，以达到受孕目的的技术方法，分为人工授精（artificial insemination，AI）和体外受精—胚胎移植（I Vitro fertilization and embryo transfer，IVFET）及其各种衍生技术两大类。[①]

（一）人工授精

人工授精，是指用人工方式将精液注入女性体内以取代性交途径，使其妊娠的一种方法。根据精液来源不同，分为丈夫精液人工授精和供精人工授精。在1953年美国阿肯色大学医学中心利用干冰冷冻精子复温后人工授精并获得成功后，自20世纪60年代以来，美国、法国、英国、意大利等国家纷纷建立人类冷冻精子库。人工授精作为治疗男性不育的技术被广泛运用，世界各地通过人工授精而诞生的婴儿已逾30万名。

（二）体外受精

体外受精—胚胎移植技术及其各种衍生技术，是指从女性体内取出卵子，在器皿内培养后，加入经技术处理的精子，待卵子受精后，继续培养，到形成早期胚胎时，再转移到子宫内着床，发育成胎儿，直至分娩的技术。用这种技术生育的婴儿称为“试管婴儿”。自1978年7月25日世界上第一个试管婴儿诞生以来，随着医学技术的不断进步，体外受精技术已成为一种广泛应用的方法。体外受精技术主要适用于妇女输卵管阻塞或男子精子数量低下等导致的不

① 参见刘鑫、王岳、李大平：《医事法学》，181页，北京，中国人民大学出版社，2009。

孕症，同时对开展人类胚胎学和遗传工程学的研究具有重要意义。

（三）无性生殖

无性生殖（cloning），也称克隆（clone），是指生物体并不是通过性细胞的受精，而是通过一个共同的细胞、组织或器官繁殖而得到一群遗传结构完全相同的细胞或生物，即无性繁殖。高等生物繁衍生命的自然规律本是有性繁殖，即精子和卵子两性细胞的结合。克隆技术却改变了这种自然规律，以无性繁殖代替有性繁殖。

1997年2月英国克隆羊“多利”的出生标志着高级哺乳动物的繁殖研究取得重大进步，这为解决因当时世界各国人口问题而愈显严峻的粮食和资源的缺乏提供了崭新的途径和方法。但因其成果应用到人类并不难，而引发了一场如何看待克隆技术及如何应用克隆技术的全球性争论。目前国际上普遍禁止对克隆人的研究。2003年7月，卫生部颁布的新的《人类辅助生殖技术规范》中明确规定：禁止开展人类嵌合体胚胎试验研究，禁止克隆人。

二、我国对人类辅助生殖技术应用的法律管理

人类辅助生殖技术在我国的应用与普及，造成父母多元化和亲属关系的混乱，使户政管理无所适从；同时由于生育与婚姻分离，也使我国现行的基于婚姻家庭的计划生育管理制度受到冲击。而在人工授精和胚胎孕育过程中技术操作的失误与失控，更使我国的医疗卫生行政管理面临新的一系列问题。

为保证我国人类辅助生殖技术安全、有效和健康发展，规范人类辅助生殖技术的应用和管理，保障人民健康，使辅助生殖技术真正应用在有适应证的患者身上，最大限度地降低多胎率和双胎率，避免实施这一特殊技术给社会伦理、道德、法律乃至妇女及子孙后代带来的负面影响和危害，彻底整顿目前较为混乱的辅助生殖技术服务市场，保障人民健康，卫生部发布了《人类辅助生殖技术管理办法》，并自2001年8月1日起施行。遗传生物技术发展很快，遗憾的是，我国目前调整人工辅助生育的却仍然是这么一部过时的部门规章。2003年10月1日，卫生部又颁布了《人类辅助生殖技术规范》、《人类精子库技术基本标准和技术规范》和《人类辅助生殖技术和人类精子库伦理原则》，原《人类辅助生殖技术规范》、《人类精子库基本标准》、《人类精子库技术规范》和《实施人类辅助生殖技术的伦理原则》同时废止。

《人类辅助生殖技术管理办法》明确我国对人类辅助生殖技术和精子库技术实行严格准入制度，规定由国务院卫生行政部门主管全国人类辅助生殖技术应用和全国人类精子库的监督管理工作，县级以上地方人民政府卫生行政部门负责本行政区域内人类辅助生殖技术和人类精子库的日常监督管理。

三、人类辅助生殖技术对传统法律观念的冲击

现代生殖技术的问世和应用，既给不育夫妇带来福音，使患有遗传性疾病或有遗传性家族史的夫妇杜绝了其后代再患此病的危险，同时也给人类带来了许多社会伦理和法律问题，如：提供精子（或卵子）的人是不是婴儿的父亲（或母亲），他们去世后婴儿是否有权继承其遗产；受精卵和胚胎是否享有生命权与法律地位如何；代理母亲与婴儿是何关系；等。随着人类辅助生殖技术的推广，成千上万的人类辅助生殖人口来到人世，打破了自然法则，使目前的亲子身份和户籍管理无所适从。对一个采用现代生殖技术出生的婴儿来说，有可能存在五个父母：精子赠与人、卵子赠与人、怀育胎儿的代理母亲、抚育该婴儿的夫妇。那么究竟谁才是婴儿的父母？法律应该承认谁具有父母的权利和义务？

（一）与代孕母亲相关的法律问题

代孕（surrogacy）是指有生育能力的女性借助现代医疗技术，为他人妊娠、分娩的行为；可分为完全代孕、部分代孕或无偿代孕、有偿代孕。代孕母亲（surrogate mother），是指代人妊娠的妇女。代孕方法是将他人的受精卵植入该妇女的子宫或用人工授精方法使该妇女怀孕妊娠，分娩后由委托人收养婴儿，并支付一定报酬。胚胎移植与器官移植不同：受精卵完全来自他人，接受受精卵的母体不会产生排异反应。这为胚胎移植技术以及代孕的发展提供了先天的条件。

1. 代孕是否合法

这种代理生育的契约即代孕契约最早出现于20世纪70年代的美国，现在在西方“代理母亲”已成为一种职业。由于“代理生育”总是以金钱交易为基础，无论代孕正当性如何，都不可避免将代孕母亲的子宫和身体工具化和商品化，容易使代孕母亲与出生的婴儿被视为商品，从而引发法律问题和社会伦理问题。而“婴儿科顿事件”及据此拍摄的电影《谁是母亲》使更多的人思考这种行为是否合乎人道。2000年美国《统一亲子法》（Uniform Parentage Act 2000）对代孕内容作了较为详细的规定，其中包括代孕契约的效力、契约当事人，报酬、费用的支付，契约的终止等。

案例 10-2

英国首位商业代孕母亲金·科顿①

1985年，金·科顿（Kim Cotton）成为英国首位商业性质的代孕母亲。在一个美国中介机构经纪人的安排下，金·科顿以6 500英镑的价格为一对无法生育的瑞典夫妇代孕，并顺利产下一名女婴。

在代孕事情被泄露以后，金·科顿以15 000英镑的价格出售了自己的故事，并且在社会上呼吁那些无法生育的夫妇寻找代孕母亲。而在当时，找一名代孕母亲比到儿童福利院领养一名孤儿花费要高得多。由于代孕行为的泄露，小“科顿”的归属被交由法庭裁决。其间，由医院的护士负责照看这名婴儿。几天之后，法院判决婴儿应该由那对付钱的夫妇收养。

金·科顿在答应成为代孕母亲的时候已经结婚，并有两个孩子。“在我20岁的时候，我就像是一只胆小的老鼠，我甚至不敢呵斥一只鹅。那时我觉得我什么都不是，一事无成，但是通过代孕，我觉得我也是个有作为的人。”金·科顿说。不过她也承认，金钱也是促使她成为代孕母亲的一个因素。

世界上大多数国家都禁止代孕，即使在代孕合法化的国家，也多存在非商业代孕，且禁止为外国人提供代孕服务。目前仅有少数国家或者地区允许商业代孕及为外国人提供代孕服务。② 乌克兰因广泛提供国际代孕服务而被称为“欧洲子宫”。因国际代孕引发的各种问题非常突出，比如存在出租子宫收取酬金的现象，代孕母亲被当作生育机器，妇女的尊严被侵犯，同时婴儿被当作商品，自由买卖。此外，有的是母亲替女儿代孕，有的是祖母替孙女代孕，导致婴儿在家庭中的地位微妙。亲属关系的“超时空”，既破坏了现行亲属关系制度，又使婚姻管理中对近亲婚配的限制处于尴尬境地。法国认为代孕是“奴役妇女”的行为；在德国1990

① See Golombok, S., “Surrogacy Families”, in *Modern Families: Parents and Children in New Family Forms*, Cambridge: Cambridge University Press, 2015, pp. 117-137.

② Viveca Söderström-Anttila, Ulla-Britt Wennerholm, Anne Loft, et al., “Surrogacy: Outcomes for Surrogate Mothers, Children and the Resulting Families—a Systematic Review”, *Human Reproduction Update*, 2016, 22 (2): 260-276.

年颁布的《胚胎保护法》认为代孕滥用生殖技术，规定对为代孕母亲进行人工授精或胚胎移植者，处以徒刑或罚金；英国允许代理生育服务，但禁止代孕商业化，除了妊娠所需的“必要费用”，禁止从中营利。由于这些问题的存在，许多国家都明文禁止代孕行为，代孕协议被视为无效。

在我国，考虑到代孕技术的实施可能对社会、对伦理道德产生非常大的影响，我国法律、法规明令禁止医疗机构及医务人员实施代孕，但对于自然人提供代孕母亲服务和寻找代孕服务没有明确禁止。《民法典》第1007条仅规定禁止以任何形式买卖人体细胞、人体组织、人体器官，但没有涉及对人体器官出租、出借的禁止。现实中存在通过非法代孕牟取利益的机构和个人，也有一些无生育能力但希望有自己的孩子的人在国内寻找非法代孕或者在国外寻找代孕。

2. 孩子母亲的认定

关于“谁是代孕母亲所生婴儿的母亲”，世界各国法律的规定不尽相同，主要有四种学说：第一种是“血统说”：以遗传学为根据确定亲子关系。这是人类在漫长的历史中一直适用的最基本原则。当遗传母亲与孕育母亲不为同一人时，此说认为提供卵子者为生物学上的真正母亲，即“生物学上的母亲”，法律不能违背自然事实。第二种是“子宫分娩说”。此说认为“谁分娩，谁为母”，代孕母亲在怀孕期间承担着各种风险，在婴儿出生前负起大部分照顾责任，支持其为婴儿母亲。第三种是“契约说”。此说本着私法自治的原则，根据双方签订的契约中所作出的约定来确定亲子关系，代孕母亲在契约中已经承认精卵提供者为婴儿父母，就应当遵守约定。第四种是“子女最佳利益说”。此说认为，儿童并非父母的私有财产，而是国家、社会的公有财产，事关公共利益，为保护此种公共利益，国家公权力有必要介入以保护儿童的最大利益。

案例 10-3

美国安娜（Anna）诉卡尔贝特（Calvert）案①

卡尔贝特因无法生育，与安娜达成协议：卡尔贝特支付报酬由安娜为其代理生育。卡尔贝特的卵子与其丈夫的精子受精后被植入安娜的子宫，婴儿出生后被送到卡尔贝特家作为卡尔贝特的孩子，安娜同意放弃“所有母亲权利”。1990年9月19日，孩子出生后，双方关系恶化，安娜反悔，声称自己是孩子的母亲，卡尔贝特遂诉至法院。1990年10月22日，美国加利福尼亚州奥治县高级法官理查德·帕斯洛判决称：“传统关于母亲的定义因为生殖技术的原因而作废，在非血缘关系的代理孕母的做法中，生身母亲不再是法律定义的母亲。”随后安娜上诉。1993年5月20日，加利福尼亚州最高法院维持了帕斯洛的判决，认为血缘与分娩都可作为证明母亲身份的证据，当两项证据分属两个妇女时，应认为希望想要孩子的一方为孩子的母亲。但唯一一位女性法官乔伊斯·肯纳德对法院的判决提出异议，认为：十月怀胎及分娩期间，代孕母亲的奉献就是在尽一个母亲的义务。一位孕妇对腹中的胎儿所作出的贡献不仅是生理上的，而且是心理上及感情上的。生母就是母亲，把生母当作市场上的一件商品，我们就失去了人性。后来案件被上诉到美国联邦最高法院。1993年10月4日，美国联邦最高法院拒绝复审这一案件。这是法律史上第一件宣判生母没有法定母亲权利的案件。

（二）冷冻胚胎的相关法律问题

冷冻胚胎技术，是将准胚胎冷冻保存以供将来使用。研究表明，细胞团冷冻几年，解冻后被植入体内，其成功率可能与新创建的胚胎一样。冷冻胚胎技术的发展为体外受精的临床应用

---

① Johnson v. Calvert，5 Cal. 4th 84（1993）.

拓展了空间。据统计，1990 年美国就有 23 865 个胚胎被冷冻。同时冷冻胚胎技术的使用也引发如何确定胚胎的法律地位及其他的法律问题。

1. 胚胎的法律地位

胚胎是否可以被视为享有权利的“人”？对这个问题的不同回答，对司法实践有着极大影响：如果胚胎被视为“人”，就意味着从胚胎形成那一刻起法律就要保护他的相关权利，当胚胎移植失败时，就意味着医师存在触犯杀人罪的可能；如果不被视为“人”，那如何对其定性呢？关于胚胎的法律性质，主要存在三种观点。一是“主体说”。该说将胚胎认定为早期阶段的自然人，如依 1986 年美国路易斯安那州制定的《受精卵保护法》，受精卵被认为具有法律上的人格而存在。二是“客体说”。此说主张胚胎仅是精子和卵子捐赠者的财产，应将其视为民事法律关系中的客体，作为一种法律上的物，受物权法调整。三是“中间说”。此说主张胚胎处于中间地位，既不是一种单纯的财产，也不是一个被法律承认的自然人，如 1981 年欧洲理事会各委员均认为，胚胎既不是物也不是社会人，但是其是具有发展为社会人潜力的生物人，因此，其应当享有比一般物更高的道德地位，即使胚胎不具有权利主体的地位，也应给予法律保护。

案例 10－4

美国大卫诉大卫案件①

在美国田纳西州，一对夫妇 Junior Lewis Davis 与 Mary Sue Davis 在离婚前用体外受精的方式孕育了 7 个胚胎，在被植入妻子体内之前婚姻即告破裂。离婚前妻子希望生育，而丈夫极力反对，于是妻子起诉至法院，要求拥有这些冷冻胚胎的所有权。最终在 1992 年 6 月，田纳西州最高法院作出裁决，既认为一审法院赋予人类胚胎人格权的观点不能成立，也驳回了上诉法院作出的胚胎是财产的判决，而是将冷冻胚胎视为“准胚胎”，并认为未出生儿从来不曾也不能被视为“人”。

2. 冷冻胚胎的归属

案例 10－5

中国首例冷冻胚胎继承案②

沈某与刘某都是独生子女，两人于 2010 年 10 月登记结婚。2012 年 8 月，因自然生育困难，沈某与刘某到南京某医院，通过人类辅助生殖方式培育了 13 枚受精胚胎，其中 4 枚符合移植标准。但就在植入母体前一天，夫妻二人因交通事故而死亡。夫妻双方的父母就 4 枚冷冻胚胎的归属产生争议，协商不成，诉诸法院。

2013 年 11 月 25 日，江苏省宜兴市人民法院立案后，依法追加南京某医院为第三人。南京某医院认为，根据卫生部的相关规定，胚胎不能买卖、赠送和禁止实施代孕。由此提出，胚胎不具有财产的属性，原、被告都无法继承；沈某夫妇生前已与医院签署手术同意书，同意将过期胚胎丢弃，所以请求法院驳回原告的诉讼请求。由此，双方父母间的争夺，逐渐转向了与医院的争夺。

一审法院经审理认为：体外受精胚胎具有发展为生命的潜能，是含有未来生命特征的特殊之物，不能像一般物一样任意转让或继承，故其不能成为继承的标的。沈某夫妇已死亡，通过手术达到生育的目的已无法实现，故手术过程中留下的胚胎不能被继承。一审法院驳回了原告

① Davis v. Davis，842 S. W. 2d 588，597（Tenn.，1992）.

② 江苏省无锡市中级人民法院（2014）锡民终字第 01235 号民事判决书。

的诉讼请求。原告不服，提起上诉。

二审法院在审理期间，在充分了解当事人诉讼请求之实质的基础上，对一审确定的案由进行了变更，将四名失独老人就子女遗留的冷冻胚胎权属矛盾确定为“监管、处置权纠纷”。二审法院审理后认为：虽然沈某夫妇生前与医院签订了相关知情同意书，约定胚胎冷冻保存期为一年，超过保存期同意将胚胎丢弃，但是沈某夫妇因意外而死亡，导致合同不能继续履行，南京某医院不能根据知情同意书中的相关条款单方面处置涉案胚胎。在我国现行法律对胚胎的法律属性没有明确规定的情况下，确定涉案胚胎的相关权利归属，还应考虑以下因素：一是伦理。该受精胚胎不仅含有沈某夫妇的DNA等遗传物质，而且含有双方父母两个家族的遗传信息，双方父母与涉案胚胎亦具有生命伦理上的密切关联性。二是情感。双方父母“失独”之痛，非常人所能体味。沈某夫妇遗留下的胚胎成为双方家族血脉的唯一载体，承载着精神慰藉、情感抚慰等人格利益。三是特殊利益保护。胚胎具有孕育成生命的潜质，比非生命体具有更高的道德地位，应受到特殊尊重与保护。二审法院同时认为，卫生部的相关规定，是卫生行政部门对相关医疗机构和医务人员在从事人类生殖辅助技术时的管理规定。南京某医院不得以部门规章的行政管理规定对抗当事人基于法律享有的正当权利。二审法院作出终审判决：撤销一审判决；沈某夫妇存放于南京某医院的4枚冷冻胚胎由上诉人（沈某父母）和被上诉人（刘某父母）共同监管和处置。

看到这个案件，有必要介绍澳大利亚的一个案件：1984年6月，一对美国加利福尼亚州的夫妇在澳大利亚搭乘飞机失事，双双遇难。二人在澳大利亚维多利亚省某医院留下了两个冷冻胚胎和巨额的无人继承的遗产。事发后，保管胚胎的医院所在的维多利亚省伦理委员会决议：“解冻胚胎，放在实验室。”而这一决定无异于摧毁胚胎，于是当地议会否定了这一决议，禁止摧毁胚胎。同时，美国加利福尼亚州法院宣布，不论是胚胎还是胚胎发育而成的儿童，都没有权利继承死者留下的遗产。1987年，澳大利亚维多利亚省卫生部部长宣布应当解冻胚胎，可植入志愿母亲的子宫中，然而却无人理睬，冷冻胚胎一直保存在当地医学中心的液氮槽中。

事实上，国外对于失去主人的离体受精胚胎的归属，往往认为视为“人”“物”“中间状态”都不是最好的保护相关权益的方式，与我国有些案例反映出来的问题有着本质的区别。从继承法的角度讲，冷冻胚胎为一种特殊的物，死者父母不能像继承普通的财产一样“继承”该胚胎；而从合同法的角度讲，死者与医院签订协议，双方即产生了债权债务关系，医院负有保管冷冻胚胎的约定义务，而在死者去世之后，死者父母基于继承法具备继受死者债权债务的权利。按照此种逻辑，父母继受的是死者处分冷冻胚胎的权利，而不是由医院随意处分胚胎。另外，离体受精胚胎原主人的直系亲属与其具有基因上的自然关联性，离体精子或者卵子原主人的配偶与其具有最为密切的感情关联性，由他们取得该离体受精胚胎、离体精子或者卵子的所有权最为合理，此种取得可以视为原始取得。

3. 单身女性冻卵问题

冻卵，这是女性的权利，并且在国家相关法律和规范性文件中均无禁止性规定。现在能够查到的是《人类辅助生殖技术和人类精子库伦理原则》是出于计划生育的考虑，禁止对单身女性实施人类辅助生殖技术。该伦理原则仅仅是一部规范性文件，不属于法律范畴，无论对医疗机构还是自然人，都没有法律上的约束力。而且这里的禁止，也是指向人类辅助生殖技术，而非冻卵。因此，相关管理部门应当允许单身女性冻卵，相关机构应当为单身女性提供冻卵服务。虽然冻卵的目的是生育，但冻卵与生育是两回事，不能画等号。从冻卵到生育有一个过程，单身女性冻卵不等于单身女性生育：有的女性冻卵是因为目前没有准备结婚、生育，有的女性冻卵是因为没有找到合适的对象，还有的女性冻卵是因为现在不想生育。但以后可能想生育。更有一些身患疾病需要化疗、放疗的女性，在治疗前需要先行冷冻卵子。当然，也不排除有的女性冻卵有其他目的，比如出售、捐卵子。当前我国的人口形势日趋严峻，人口政策已作调整，以增强生育政策包容性，促进人口长期均衡发展。顺应时代的变化，对实施了二三十年的人类辅助生殖技术方面的规定应当适时修改，提高立法位阶。

第三节　基因技术临床应用的相关法律问题

一、国外关于基因技术在医学上运用的立法情况

基因技术的法律调控同这门科学自身一样年轻，在绝大多数国家，法律上仍是空白。广泛开展实验室研究和临床试验的几个国家，对基因技术的控制也主要依靠弹性很大的政府规章或行业伦理规范，仅有极少数国家有正式的刑事立法。[①] 英国、美国、法国、德国等对基因技术持较为开放态度的国家，都是先制定行政法规和行业伦理规范，来适度介入和谨慎推动基因研究和基因治疗。

1976 年 6 月 23 日，针对重组 DNA 研究工作的潜在危险性，美国国家卫生研究院（NIH）制定并公布了世界上第一个实验室基因工程应用法规——《重组 DNA 分子实验室准则》。这是政府对生物技术的发展进行控制的第一部法规。随后，英国、德国、法国、日本、澳大利亚、瑞士、巴西、墨西哥等 25 个国家也相继颁布了类似法规。这些法规对立法的目的、适用范围、基因研究的控制要求、研究机构的职责和审批条件，以及研究和工作人员的卫生和安全条件，都作了比较详细的规定。相对而言，美国的 DNA 重组准则最为宽松，仅有极少的几种实验需得到事先批准。日本和欧洲的重组 DNA 研究准则则要严格得多，审批程序非常复杂，同意使用的宿主载体系统极少，严格限制大规模的试验工作。随着人们对重组 DNA 危险担忧的减弱，各国已逐步放宽对重组 DNA 研究的限制。[②]

1989 年，英国政府成立基因疗法伦理委员会，作为基因疗法临床治疗的审批和监督机构。1998 年，英国人类生育与胚胎学管理局和人类基因顾问委员会提出了一项法案，允许科学家对复制人类胚胎进行有限制的研究，以便制造备用的人体四肢和器官，用于器官移植和临床治疗癌症。如果这项法规获得通过，则意味着医学界允许使用复制的人类身体组织。但英国的法律仍然禁止克隆人的研究，并对有关人类胚胎的研究实施严格管制。而在德国，1984 年，司法部和科研部召集医师、生物学家、哲学家、法学家、宗教代表组成了一个基因分析和基因治疗的研究小组，为政府的立法提供咨询报告。德国政府在报告的基础上，制定了一系列相关的法律法规。法国关于基因治疗的法律比较健全。20 世纪 90 年代初，《法国刑法典》曾经将某些基因治疗行为规定为犯罪。1994 年 3 月，法国议会通过了强化尊重人格和公共卫生措施的三个法案，其内容涉及基因疗法、人工生殖和器官移植三个方面。因此，1994 年新通过的《法国刑法典》，没有再专门规定有关现代生物医学技术方面的犯罪。

二、基因技术的影响层面与价值冲突性

基因技术的影响层面有多大？作者认为，凡是与生命现象有关的事物都属于基因技术的影

① 参见郭自力：《基因治疗与法律调控》，载《北京大学学报（哲学社会科学版）》，2001（1），69～77 页。

② 参见冯建妹：《现代医学与法律研究》，94 页，南京，南京大学出版社，1994。

响范围。除目前一般人熟知的生物复制和医疗、制药以外，举凡农林渔牧生产、生态保育、公共卫生、人类生理信息的识别判断等，都与生物技术息息相关。将这些问题简单加以归类，则可以分成人与人的社会关系以及人与自然的生态关系两类。

就社会关系而言，由于生物技术的进步，人类对人体的操作塑造以及信息探知能力可望获得提升，因而未来建立在身份与人体生理信息基础上的各种伦理、法律与社会关系，将面临调整与重组的压力。凡亲子身份关系、医病关系、就学就业关系、公共卫生、人力资源、人口优生、证据法则、DNA数据库、样本采集、强制筛检、基因歧视、研究伦理、行政管制、个人隐私、生理信息所有权、基因物质支配权、智能财产权、生物科技商品化、商品责任等问题，日后势必一一成为社会论争的议题。

就生态关系而言，基因技术将影响人类的基因发展方向，对于人类未来的生物演化以及文明进展，具有关键性的影响。此外，以基因技术改造或创新其他动植物，并且将这些物种引进现有生态系统，将会对自然界产生何种影响，而且其中的危险应如何加以评估与管制，对于生态稳定及人类生活环境安全关系重大，因此，这些问题也将是未来国际社会关注的重要公共政策问题。

新兴的基因技术与以往改变基因物质的传统方法的不同在于，基因技术具有计划性、目的性、高度人为操控可能性以及可预见性。由于基因技术并非随机地自然发展，运用基因技术的结果，无疑将是人类有能力大幅度甚至有效地改变环境生态以及人类自身。在一定程度上可以说，基因技术是提升人类生存条件与质量的一大利器。从这一角度而言，基因技术是促进经济发展、提高人类生活质量的一种手段。

但是，随着基因技术运用范围日益广泛，人类生活与生态环境所面临的威胁也日益加大。经基因改造的食物或药品，往往隐含着使人体吸收不明病毒、抗生素或过敏源的潜在危险，甚至可能引起人体基因改变的后果。即使基因技术产品不直接供人类食用，它对生态系统仍具有难以评估的威胁性，尤其是转基因技术多以动物或微生物为对象，转基因技术如果运用不当，势必破坏生态的结构和稳定。若考虑到这些伴随着基因技术发展而产生的种种危险，可以说，基因技术也是一种新兴的“环境生态危险源”。

基于以上的认知，作者认为，对于这些在未来可能发生的问题，亟须在伦理、社会、法律等层面进行广泛深入的研究，才能够为将来的政策与制度奠立合理基础，使我国能尽早建立基因技术研究的良好环境，并且在这一次产业科技革命之下，顺利完成社会结构与法律体系的相应调整，创造一个美好的人文科技王国。

三、我国基因技术立法

1. 我国基因技术立法概况

1999年9月中国获准加入人类基因组计划，负责测定人类基因组全部序列的1%，即3号染色体上的3 000万个碱基对。为了防止人类基因组计划引发的伦理、法律、社会等方面的问题，国家人类基因组南方、北方两个中心成立了伦理、法律、社会问题工作组，对有关问题进行研究，提出相应的伦理及法律对策。其目的是在认识人类基因的基础上，重新认识社会成员之间，家庭之间，个人、家庭与社会之间的关系；认识人类、生物界与自然界的关系，保证人类基因组计划沿着健康的轨道进行，重建人类社会内部、人类社会与自然界和睦、和谐的关系。

中国的遗传资源是非常丰富的，因为中国有56个民族和诸多的遗传隔离人群，基因资源具有多样性，是研究人类基因组多样性和疾病易感性不可多得的材料。但由于管理上的问题，在资源的采集、研究、开发中存在盲目、无序、流失的现象。为了有效保护和合理利用我国的人类遗传资源，必须加强人类已启动的研究与开发，促进平等互利的国际合作与交流。

近些年来我国在基因技术领域的立法力度显著加大：1993 年 12 月国家科学技术委员会发布了《基因工程安全管理办法》；国务院于 2001 年 5 月 23 日公布并于 2017 年 10 月 7 日修订《农业转基因生物安全管理条例》；2019 年 5 月 28 日国务院公布了《人类遗传资源管理条例》，目前科技部正在制定该条例的实施细则；2021 年 4 月 15 日《生物安全法》实施，其第六章规定了人类遗传资源与生物资源安全。

2. 克隆人的禁止性立法

克隆人在技术、伦理和法律层面都有难以克服的障碍。在 20 世纪初，韦伯（H. J. Webber）创造了“克隆”这一词，其含义是由单个祖先个体经过无性繁殖而产生的其他个体。1938 年，德国科学家首次提出了哺乳动物克隆的思想。1963 年 J. B. S. Haldane 在题为“人类种族在未来两万年的生物可能性”的演讲上采用“克隆”（clone）的术语。[①]“生殖性克隆”被大多数国家所反对。全世界已有 20 多个国家明令禁止生殖性克隆。英国于 2001 年年底通过了禁止克隆人法案，成为世界上第一个从法律上禁止克隆人的国家。美国也通过一项法案，确定克隆人研究为非法。在第五十九届联大六委关于“禁止人的生殖性克隆国际公约”大会上，关于克隆的讨论陷入僵局，在联合国最终放弃制定禁止克隆人公约的尝试，最终通过了不具法律约束力的《联合国关于人的克隆的宣言》（United Nations Declaration on Human Cloning）。我国对克隆技术的发展采取一种谨慎的态度。原卫生部曾召开专门会议研究克隆技术的发展，达成比较一致的意见：克隆技术是人类科技的一大进步，有突破性的意义，应当支持科学家采用科学技术探讨医学领域的重大课题，但是在中国境内禁止开展克隆人的研究。中国代表贾桂德先生在这次大会上发言，表明了我国对以任何形式开展克隆人研究的态度是：不赞成、不支持、不允许、不接受。[②]

3. 基因编辑的限制性立法

基因编辑技术发展很快，相关立法跟不上其发展的节奏。2015 年，美国、中国等国家曾在华盛顿召开“人类基因编辑峰会”上达成共识，允许开展有关基础研究，但强调把该技术投入临床使用的做法是“不负责任”的，首次为基因编辑研究划定了“红线”[③]。2014 年，日本北海道大学发表了一份关于全球有关转基因的立法和实践的研究报告。报告显示，在接受审查的 39 个国家中，有 29 个国家禁止对人类生殖基因进行编辑。在 25 个国家中，这项禁令具有法律约束力。加拿大 2004 年的《人类辅助生殖法》规定，违法编辑人类基因组将面临最高 10 年的监禁。澳大利亚 2002 年的《禁止克隆人法案》规定，改变胚胎细胞的基因组是违法行为，违者有可能面临 15 年的监禁。德国在人类胚胎研究方面一直持严格限制的立场。历经 3 年的争论和斟酌，法国议会于 2004 年通过《生物伦理法案》（Loi Bioéthique），禁止以繁殖人为目的的生殖性克隆，并且明确注明这种行为是“反人类物种的罪行”[④]。2015 年 2 月 3 日，英国下议院通过了允许对卵子进行线粒体 DNA 替代疗法以防止脑损伤、心脏病等严重遗传疾病的法案。此法案实际上在技术成熟的基础上允许对人类生殖系统进行基因干预的临床操作。英国也由此成为第一个允许通过线粒体移植技术诞生“三亲婴儿”的国家，这被认为可以解决严重

① Silver L.，“What are Clones?”，*Nature*，2001，412：21.

② 参见《中国代表贾桂德先生在第五十九届联大六委关于“禁止人的生殖性克隆国际公约”议题的发言（2004 年 10 月 21 日）》，载外交部网站：https：//www. fmprc. gov. cn/ce/ceun/chn/lhghywj/fyywj/wn/fy04/t166611. htm，最后访问日期：2022－03－27。

③ National Academies of Sciences，Engineering，and Medicine，“International Summit on Human Gene Editing：A Global Discussion”，Washington，DC：the National Academies Press，at https：//doi. org/10. 17226/21913.

④ 《全球 20 多国已立法禁止基因编辑》，载《检察风云》，2018（24），7 页。

线粒体疾病患者的生育难题。[①] 但对于是否为基因编辑合法化开窗，英国也十分谨慎。英国纳菲尔德生命伦理委员会于 2018 年 7 月发布的报告称，建议任何使用基因编辑的干预措施都应遵循两个总体原则：必须旨在确保人类未来的福祉与之保持一致；不应该增加社会的劣势、歧视或分裂。纳菲尔德生命伦理委员会表示："需要做更多的工作来确定是否能够满足这些原则。"[②] 中国对于基因编辑并无专门的法律规范，相关规定散见于《人类胚胎干细胞研究的伦理指导原则》《干细胞临床研究管理办法（试行）》《涉及人的生物医学研究伦理审查办法》等部门文件。不过，《民法典》第 1009 条对人体基因、人体胚胎等有关的医学和科研活动作出了原则性规定，《刑法修正案（十一）》规定了"非法植入基因编辑、克隆胚胎罪"。

第四节 人体器官移植临床应用的相关法律问题

一、器官移植概述

（一）器官移植的概念

器官是由多种组织构成的能行使特定功能的结构单位。器官移植（organ transplant）是将一个个体的某一器官整体或部分地转移到另一个体（或本体的另一位置，如自体皮肤移植）的过程，其目的是用来自供体的完好、健全的器官替代损坏的或功能丧失的器官。提供器官的一方为器官移植的供体，可以是在世的人，也可以是刚刚去世的人。接受器官的一方为器官移植的受体。器官移植分为三大类：自体移植、同种移植和异种移植。从临床上看，则包括脏器移植、组织移植和细胞移植三种类型。

（二）器官移植的历史

器官移植的设想早在古希腊时代已产生，但直到 20 世纪才成为现实。1902 年，卡雷尔和古斯里发展了血管缝合技术。同时低温生物学的发展，奠定了器官移植临床技术的基础。此后，美国、苏联和一些欧洲国家相继进行过一些肾移植手术，但均因无法解决人体免疫排斥反应而失败。1954 年，第一例同卵双生子之间的肾移植在美国波士顿一家医院获得成功，从而为器官移植带来新的曙光。在此后几十年间，由于新的免疫抑制药物的研制和应用、组织配型技术的提高以及外科手术的改进，器官移植取得很大成就。1963 年首例肝移植，1967 年首例心脏移植等，一次次轰动世界。目前人体内除神经系统以外的所有器官和组织都可以移植，但肾脏移植的应用最广泛，人数已逾 10 万，存活率也最高。据统计，肾移植 5 年以上的，存活率已接近 90%，许多患者已存活 20 年。

（三）我国器官移植的现状

中国红十字总会和卫生部于 2009 年 8 月 25 日在全国人体器官捐献工作会议上公布的数据显示，截至 2008 年，全国累计完成肾移植 86 800 例，肝移植 14 643 例，心脏移植 717 例，肺移植 165 例，小肠移植 17 例，胰肾联合移植 209 例。2014 年，国家卫生计生委公布的数据统计显示，我国年均器官移植 8 000 多例，2013 年更是达到了 9 116 例，数量仅次于美国，位居世界第二。《中国器官移植发展报告（2020）》显示，2015 年～2020 年，我国公民逝世后器官捐献累计完成 29 334 例；每百万人口器官捐献率从 2015 年的 2.01 升至 2020 年的 3.70，其中

---

① See Callaway E., "UK Moves Closer to Allowing 'Three-Parent' Babies", *Nature*, 2016.

② Drabiak K., "The Nuffield Council's Green Light for Genome Editing Human Embryos Defies Fundamental Human Rights Law", *Bioethics*, 2020, 34 (3): 223 - 227.

2018 年最高，达到 4.53；器官捐献、移植数量均居世界第二位。2020 年，我国具有器官移植资质的医院有 180 家，器官获取组织有 113 个，公民逝世后器官捐献 5 222 例，完成器官移植手术 17 897 例。

二、器官的法律属性

离体器官和尸体器官的法律属性如何，存在较大争议，主要有物权说、器官权说和人格权说三种观点。

(1) 物权说。该说认为：已经被摘除的器官，在植入受体之前，因丧失其自身的原有功能，不再是捐赠人身体的有机组成部分，并取得了独立存在的性质，是民法上一种特殊的物，受物权法的调整。

(2) 器官权说。该说认为：器官权是一个权利群，而不是一种单一的独立的新型权利，我们在现行民法的框架内就足以给它定性，即：存在于活体内的器官是身体权的客体；而从活体摘除的器官以及尸体器官则是物，是财产权的客体。①

(3) 身体权说。该说认为：医学和科学技术的进步使离体器官经过特殊处理，移植入新的身体内仍能与身体结合并恢复其自身正常功能，刻意地将离体器官定义为一种"特殊的物"，便会出现器官在两个身体内都属于身体权的一部分，而中间短暂状态为"物"的情况。若损害离体器官，与侵害人的身体权有相同之处。然而，身体权说无法解释尸体器官的法律性质。

三、国外关于器官移植的法律制度

对于器官移植手术而言，最重要的莫过于供体器官的获得，而供体器官来源的不足已成为阻碍器官移植的重要因素。为了解决供体器官的来源，许多国家制定了一些相应的法律。

(一) 自愿捐献

自愿捐献即由死者生前自愿或其家属自愿将死者器官捐献给他人。它强调鼓励自愿和知情同意两大基本原则。死者生前同意捐献则可切除其遗体的器官。如果死者生前明确表示死后不愿捐献器官，则他人无权摘取其器官。美国于 1968 年通过的《统一组织捐献法》规定：(1) 超过 18 岁的个人可以捐其身体的全部或一部分器官用于教学、研究、治疗或移植。(2) 如果个人死前未作捐献表示，他的近亲有权作出捐赠表示，除非已知死者反对。(3) 如果个人已作出捐赠表示，则不能被亲属取消。

对于采集活体器官，许多国家的法律规定：(1) 必须优先考虑供体利益，并预料对供体的健康不会发生损害。(2) 该器官的移植足以挽救受体的生命或者足以恢复或改善受体的健康状况。(3) 没有任何第三者压力，保证同意是在真实自愿的基础上作出的。知情同意是必经程序。(4) 供体必须是已达法定年龄的成年人。

(二) 推定同意

推定同意是指法律规定公民在生前未作出不愿意捐献器官的表示，都可被认为是自愿的器官捐献者。推定同意原则是针对人口中大多数既未表示同意又未表示反对的人提出的。有以下两种：一是医师推定同意。只要死者生前未表示反对，医师就可推定其同意而不必考虑亲属的意愿。法国、匈牙利、奥地利、瑞士、丹麦、新加坡等国家采取了这种做法，如 1987 年新加坡颁布的《人体器官移植法》规定：所有新加坡公民和在新加坡长期居住、年龄在 21 岁～60

---

① 参见曹玲玲：《器官权利及其归属》，载《黑龙江教育学院学报》，2008 (9)，102 页。

岁之间的居民，在意外事件中丧生后，如果生前死者没有不愿捐出肾脏表示的，都可推定为自愿捐赠者。采取这种方式既能大大增加可用于移植的器官的数量，又可避免因征求家属意见延误时间而影响移植的质量。但其具有强制处理死者尸体的性质，因而难以为一些国家所接受和采用。二是亲属推定同意。这要求医师在明确家属无反对意见、同意捐献时才可。其优点是避免死者家属诉讼。芬兰、希腊、瑞典、挪威等国家的法律采用了这种形式。

（三）关于器官移植商业化

由于用于移植的器官严重供不应求，出现器官捐赠者变相收费和医师收取介绍器官捐献者费用的事件。1983 年美国一名医师曾成立"国际肾脏交易所"来购买穷人的肾脏。这些买卖或变相买卖人体器官的做法受到公众舆论的谴责，因为器官市场必然会出现有钱人购买器官，移植受益，而穷人迫于贫困出卖器官，甚至损害生命。因此，世界卫生组织呼吁制定一个有关人体器官交易的全球性禁令，并敦促其成员国制定限制人体器官交易的法律。美国、加拿大、法国、印度等国家通过法律明文禁止人体器官买卖。

四、我国器官移植法律制度

（一）我国器官移植立法概况

我国临床器官移植较其他国家为晚，但发展较快，迄今已开展了 28 种同种异体器官移植，肾移植达世界先进水平，胰岛移植、血管全脾移植、胎器官移植等属国际领先。尽管如此，我国的器官移植，特别是大器官移植，与发达国家相比，在移植例数、存活时间、生存质量上都有较大差距，究其原因，并不完全在于技术、药物等条件，而在于供体的匮乏与器官质量低下。

卫生部于 2006 年公布了《人体器官移植技术临床应用管理暂行规定》。为了规范人体器官移植，保证医疗质量，保障人体健康，维护公民的合法权益，国务院于 2007 年制定了《人体器官移植条例》。自此我国关于人体器官移植的立法才上升到行政法规层次。2009 年 12 月，卫生部根据《人体器官移植条例》制定了《关于规范活体器官移植的若干规定》。自此我国人体器官移植有了一定的具体操作规则。在我国境内从事人体器官移植，均适用《人体器官移植条例》，但从事人体细胞和角膜、骨髓等人体组织移植，不适用《人体器官移植条例》。2011 年 2 月 25 日，全国人大常务委员会通过《刑法修正案（八）》，规定了组织出卖人体器官罪，从刑法的角度进一步规范了我国的器官使用。《红十字会法》第 11 条规定红十字会履行参与、推动无偿献血、遗体和人体器官捐献工作，参与开展造血干细胞捐献的相关工作的职责。《民法典》第 1006 条第 1 款规定，完全民事行为能力人有权依法自主决定无偿捐献其人体细胞、人体组织、人体器官、遗体。任何组织或者个人不得强迫、欺骗、利诱其捐献。第 1007 条规定，禁止以任何形式买卖人体细胞、人体组织、人体器官、遗体。违反前述规定的买卖行为无效。

（二）我国关于人体器官捐献的规定

1. 人体器官捐献的基本原则

在我国，人体器官捐献遵循自愿、无偿的原则。公民享有捐献或者不捐献其人体器官的权利，任何组织或者个人不得强迫、欺骗或者利诱他人捐献人体器官。

2. 人体器官捐献的合法主体

捐献人体器官的公民应当具有完全民事行为能力。任何组织或者个人不得摘取未满 18 周岁公民的活体器官用于移植。

公民捐献其人体器官应当有书面形式的捐献意愿，对已经表示捐献其人体器官的意愿，有权予以撤销。公民生前表示不同意捐献其人体器官的，任何组织或者个人不得捐献、摘取该公民的人体器官；公民生前未表示不同意捐献其人体器官的，该公民死亡后，其配偶、成年子女、父母可以以书面形式共同表示同意捐献该公民人体器官的意愿。

活体器官的接受人限于活体器官捐献人的配偶、直系血亲或者三代以内旁系血亲，或者有证据证明与活体器官捐献人存在因帮扶等形成的亲情关系的人员。

3. 关于“换肾”的规定

为了解决供体器官来源不足的问题，长期以来我国医疗实践中存在着家庭成员之间换肾的情况，但《人体器官移植条例》对此并不支持。家庭成员间的交叉移植表面上是平等的“以物易物”，其实由于不同的供、受者的年龄、性别、身体素质、免疫配型等指标的不同，交叉移植后的效果很有可能不同。为了避免各方的矛盾和纠纷，在活体亲属器官移植还不够成熟完善的今天，医师应该慎重考虑家庭成员间的交叉移植。此外，《人体器官移植条例》如果将配偶捐献者进一步限定为结婚3年以上或生育有一个以上子女的夫或妻，可以防止不法者为获取器官而假结婚。而至于直系血亲或者三代以内旁系血亲的配偶，比如儿媳、表姐夫表嫂、舅妈婶娘、姨父姑父之类，因他们的关系属于联姻形成的亲情关系，故他们可以作为活体器官移植的接受人或捐献人。①

案例 10－6

“交叉换肾”引发伦理与法律争议

2007年年底，湖南两位尿毒症患者17岁少女甲和39岁男子乙原本不相识，为换肾与各自亲属配型，均不成功，但两家的肾源恰恰能与对方匹配。为了挽救二人的生命，双方家庭同意“交叉换肾”，准备在广州某医院施行手术。但没想到在该医院依照《人体器官移植条例》相关规定报该医院伦理委员会审批时，被医院伦理委员会以8∶1的票数要求暂缓。该事件经媒体报道后，引起了各方关注。海南省某医院见到报道后主动与双方家属联系，表示可以为其提供手术，并随后在该医院伦理委员会进行的审批中以13票全票通过，“交叉换肾”手术成功进行。该事件中“交叉换肾”是否合法、有关法规是否需要修改，在相关管理部门、专家、读者间引发了激烈的争论。

第五节　脑死亡的相关立法

一、脑死亡概述

脑死亡（brain death）是指包括脑干在内的全脑处于不可逆性的机能丧失状态，是某种病理原因引起脑组织缺血、缺氧、坏死，致使脑组织机能和呼吸中枢功能达到不可逆转的消失阶段，最终导致病理死亡。脑死亡是从脑的功能状态来判断个体是否死亡。

依中国传统的临床经验判断死亡的标准是心脏停止跳动，自主呼吸消失，血压为零，即“心肺死”的标准。随着医学科技的发展，患者的心跳、呼吸、血压等生命体征都可以通过一系列药物和先进设备加以逆转或长期维持。但是如果脑干发生结构性损伤，无论采取何种医疗手段，最终都将发展为心脏死亡。因此，与心脏死亡相比，脑死亡显得更为科学，更为可靠。

① 参见朱兰、陈知水、马先松：《〈人体器官移植条例〉颁布后面临的问题与对策》，载《医学与哲学（人文社会医学版）》，2008（8），1～3页。

据了解，自1968年美国哈佛大学死亡定义审查特别委员会提出脑死亡诊断指标以来①，目前世界上比较有权威性的脑死亡判断标准是哈佛标准。中国在这方面相对滞后：曾经，在临床医疗中，医务人员往往对那些已经脑死亡的患者，进行没有任何价值的"抢救"，家属也要付出大量的精力、财力。这种没有意义的医疗行为，既不科学，又无价值。在这样的背景下，脑死亡的概念开始出现并逐渐为人们所接受。

二、确立脑死亡的意义

（一）有利于促进器官移植的开展

确定脑死亡标准的最大社会意义在于可以为器官移植的顺利进行提供方便。器官移植要求器官越新鲜越好，但是在目前的死亡标准下器官移植往往存在许多顾虑：器官摘取过早会被认为是杀人，过晚会使器官的可用性大大降低。一旦确定脑死亡的标准，对于器官的摘除时机的选择就有了实际操作性，并且依靠先进的科技可以通过维持脑死亡者的呼吸与循环功能，为人体器官的移植提供一个优良的储备系统。中国科学院院士及中国器官移植创始人之一裘法祖教授指出，中国如能采用国际通用的"脑死亡就等同机体整体死亡"的概念，并把脑死亡者作为器官来源，将会使成千上万的患者得到新生。

（二）有利于医疗资源的合理配置

科技的发展使更多的患者被治疗、被救治，但仍然有许多患者是无法救治的，而在医疗机构中有许多只能靠机械维持生命的脑死亡患者。这样就出现了一个进退两难的问题，即对于一些已经无抢救可能的患者，是继续无济于事地花费大量的医疗资源进行安慰性的治疗，还是适时地终止医疗措施，从而减少不必要的医疗支出，把有限的医疗资源用于其他急需并有希望救治的患者身上。

（三）有利于法律关系的稳定与法律的实施

众所周知，死亡在诸多法律领域都有着重要的作用。死亡决定着故意杀人罪的成立、刑事责任的免除、民事权利的终止、继承的开始、婚姻关系的消灭，以及诸如合伙、代理等关系的变更等。因此，如何界定死亡在司法实践中有着重要的意义。鉴于前面提到的传统的死亡标准的局限性，并且我国的法律中并无对死亡的明确的界定，确立脑死亡标准，在我国的法律中对死亡的概念加以明确规定，就有了重要的意义。

三、脑死亡立法情况

（一）国外脑死亡立法情况

芬兰是世界上第一个以国家法律形式确定脑死亡为人体死亡标准的国家，它的判定标准是在1971年公布的。1978年，美国统一州法全国委员会通过《统一脑死亡法》（Uniform Brain Death Act，UBDA）。1981年，美国医学和生物学及行为研究伦理学问题总统委员会通过了《确定死亡：死亡判定的医学、法律和伦理问题报告》，明确规定脑死亡是人的个体死亡标准之一（人的中枢神经系统死亡标准）。1983年，美国医学会、美国律师协会、美国统一州法全国委员会以及美国医学和生物学及行为研究伦理学问题总统委员会通过《统一死亡判定法案》

① 1968年由哈佛大学医学院提出的标准可以概括为：不可逆的深度昏迷，患者无感受性、无反应；自发呼吸停止；脑干反射消失；脑电图平坦。世界卫生组织的标准为：对环境失去一切反应，完全没有肌肉反射和肌肉张力；停止自主呼吸；动脉压骤降和脑电图平直。

(Uniform Determination of Death Act，UDDA)。现有 31 个州和哥伦比亚特区采用了 UDDA，另外有 13 个州接受了 UDDA 的基本原则而制定了本州的脑死亡法律，亚拉巴马和西弗吉尼亚 2 个州接受了 UBDA。1997 年日本也通过了《脑死亡法》。2020 年，由多个国家、多个学科专家代表共同完成的《全球脑死亡建议案—脑死亡/神经病学标准死亡的判定》(World Brain Death Project-Determination of Brain Death/Death by Neurologic Criteria) 在美国医学会杂志上发表。① 目前世界上已有九十多个国家和地区陆续建立了脑死亡标准，一些国家还制定了脑死亡法。另外，比利时、南非、新西兰、韩国、泰国等数十个国家虽然没有正式制定法律条文承认脑死亡，但在临床上已承认脑死亡状态并作为宣布死亡的依据。

（二）我国脑死亡立法情况

我国对脑死亡的研究始于 20 世纪 80 年代，主要是改革开放后受到国外研究情况的影响。早在 1986 年，在南京举行的“心肺脑复苏专题座谈会”就草拟了第一个《脑死亡诊断标准（草案）》。该标准的内容包括：深昏迷，对任何刺激无反应；自主呼吸停止；脑干反射消失；脑电图呈等电位；头颅超声波中线搏动消失等。这是我国第一次提出“脑死亡的概念”②。

2001 年 7 月 3 日，中国器官移植发展基金会和中华医学会器官移植分会、中华医学杂志编委会在武汉召开了“全国器官移植法律问题专家研讨会”。同时，中华医学杂志编委会还召开了“全国脑死亡标准（草案）专家研讨会”，提出了《脑死亡标准及实施办法（草案）》。随后在 2002 年，卫生部推出《中国脑死亡诊断标准（成人）（草案）》。2004 年，中华医学会第七次全国神经病学学术会议正式宣布，我国《脑死亡判定标准（成人）》和《脑死亡判定技术规范》已经通过专家审定。③ 2009 年 4 月 2 日，卫生部发布消息，即将发布脑死亡标准起草小组制定的《脑死亡判定标准（成人）（修订稿）》和《脑死亡判定技术规范（成人）（修订稿）》。④ 不过由于争议很大⑤，至今这两个规范性技术文件也没有发布。2021 年国家卫生健康委员会脑损伤质控评价中心推出《脑死亡判定实施与管理：专家指导意见（2021）》。⑥ 从官方文件来看，目前认可脑死亡层级最高的文件是卫生部办公厅《关于启动心脏死亡捐献器官移植试点工作的通知》(卫办医管发〔2011〕62 号) 附件 1《中国心脏死亡器官捐献分类标准》，其中提道：经过严格的医学检查后，各项指标符合脑死亡国际现行标准和国内最新脑死亡标准，由认证专家明确判断为脑死亡。⑦ 前卫生部副部长黄杰夫在 2011 年 3 月“两会”期间表示：我国从 20 世纪 80 年代就开始讨论有关脑死亡的立法，但是目前时机仍未成熟。⑧ 由此可

① Greer D. M., Shemie S. D., Lewis A., et al., “Determination of Brain Death/Death by Neurologic Criteria: The World Brain Death Project”, *JAMA*, 2020, 324 (11): 1078 - 1097.

② 《诊断脑死亡的标准和意义》，载《羊城晚报》网站：http://www.ycwb.com/gb/content/2004-10/11/content_773743.htm，访问日期：2014 - 06 - 13。

③ 参见田晓青：《〈脑死亡判定标准（成人）〉通过专家审定》，载《中国医学论坛报》，2004 - 05 - 13。

④ 参见曾利明：《我国将发布脑死亡判定标准 有助维护死者尊严》，载中国新闻网：http://news.qq.com/a/20090402/001463.htm。

⑤ 参见李斯璐、陈杨、谢源源：《卫生部即将公布脑死亡标准再引激烈争论》，载 http://news.sohu.com/20090404/n263200392.shtml。

⑥ 国家卫生健康委员会脑损伤质控评价中心、中华医学会神经病学分会神经重症协作组、中国医师协会神经内科医师分会神经重症专业委员会：《脑死亡判定实施与管理：专家指导意见（2021）》，载《中华医学杂志》，2021，101 (23)，1766～1771 页。

⑦ 参见卫生部脑死亡判定标准起草小组：《脑死亡判定标准（成人）（修订稿）》《脑死亡判定技术规范（成人）（修订稿）》，载《中国脑血管病杂志》，2009 (4)，220～224 页。

⑧ 参见李秋萌，黄洁夫：《脑死亡不到立法时，鉴定标准不清易被误解》，载《京华时报》，2011 - 03 - 12。

见，目前我国仅有脑死亡学术标准，权威部门并没有确认可以通过脑死亡判定自然人的死亡。

案例 10-7

男子“脑死亡”，心脏摘除救人一命

2014 年 5 月 3 日，报纸、电视广泛报道了一则“千里护送心脏，重病男孩获救”的感人消息。据报道：江西籍重病的男孩小包急需进行心脏移植手术，以挽救生命。幸运的是，远在千里之外的广州市，有位患脑瘤的叶姓男子，其家人愿意捐献心脏。在心脏主人叶某被医院确定为脑死亡后，医师将这颗还在跳动的心脏取出运往北京，在全社会关注和有关机构的全力支持配合下，开展了一场生命的接力。

第六节　安乐死的相关法律问题

一、尊严死与安乐死概述

（一）尊严死

自然死亡（natural death）或非暴力死亡（nonviolent death）是指符合生命和疾病自然发展规律，没有暴力干预而发生的死亡。与此最相似的是尊严死。所谓尊严死（death with dignity），是指患有当今医学水平难以治愈疾病的患者，在疾病所致的极端痛苦的精神与躯体折磨下，自我作出终结医疗，结束自己生命的决定。① 同时，患者希望医务人员及其亲属尊重、维护其能尊严走向死亡的临终的真实心愿。尊严死涉及适用对象、实施程序与实施方法等问题。对尊严死的适用对象应当严格界定为陷入不可逆转的无意识状态之生命末期植物人患者。② 尊严死实施的方法应当是撤掉人工呼吸机、人工透析机，而单纯给予营养水分。这样做虽不必然，但是方有可能给予患者临终前的尊严，因为患者一旦失去营养和水分的补给，很可能不是因为疾病而终止生命，而是因为缺乏营养和水分而终止生命。③ 尊严死意味着放弃抢救的合法化，本质上属于剥夺他人生命的行为，因而需要通过立法予以规制。目前欧美已经通过立法的方式允许公民采取生命预嘱和预立生命授权委托书的方式来决定是否放弃抢救。我国《民法典》第 1002 条有关生命权的规定中首次提到了“生命尊严受法律保护”，第 33 条确定了意定监护制度。《基本医疗卫生与健康促进法》将“安宁疗护”纳入“医疗卫生服务”范畴。这为我国制定尊严死相关法律及操作指南奠定了基础。

（二）安乐死

安乐死（euthanasia）一语源自希腊语“美丽的死”，又称安乐术、怜杀（mercy killing），是指对于死期迫在眼前而有难忍的、剧烈的身体痛苦而又患有不治之症的患者，应其真挚而恳切的要求，为了使其摆脱痛苦而采取人道的方法让其安然死去的行为。④ 根据一般的分类方法，安乐死可分为积极安乐死和消极安乐死，还可以分为自愿安乐死、非自愿安乐死和无法知悉本人意愿的安乐死（如患者为婴儿或植物人等）。积极安乐死是指采用积极的措施去结束垂危患者弥留在痛苦之中的生命，具体做法是给患者注射毒剂或给服毒性药品等。

---

① 参见宋文质：《卫生法学》，220 页，北京，北京大学医学出版社，2005。

② 参见［日］曾根威彦：《刑法学基础》，黎宏译，79～80 页，北京，法律出版社，2005。

③ 参见王岳：《论尊严死》，载《江苏警官学院学报》，2012（3），81～88 页。

④ 参见夏强：《安乐死合法化探究》，载《中国刑事法杂志》，2001（5），23～30 页。

安乐死在医学实践中的引入经历了一番周折。早在17世纪，英国哲学家培根在其《新大西洋》一文中就说，“医师的职责不仅是治愈患者，还要帮助他们减轻痛苦和悲伤。如此，不但有利于他们健康的恢复，而且也可能当他们需要时，使他们安逸地死去”。安乐死近年来成为世界各国特别关心的课题，其涉及医学、哲学、经济、法律、宗教、伦理、社会学等领域。随着科技的发展和人们观念的改变，人们已经逐渐理智地面对这一严肃话题，在20世纪30年代欧美早就有人积极提倡安乐死。1976年9月30日，美国的加利福尼亚州通过了世界上第一个正式的安乐死法令——《自然死亡法》（Natural Death Act）。该法令明文规定：当有两个以上的医师证明患者已处于不可逆转的临终状态时，根据患者的愿望而终止维持生命的措施是合法的。荷兰是第一个将安乐死合法化的国家。世界上目前已立法容许安乐死的国家和地区有荷兰、比利时、卢森堡、瑞士和美国的俄勒冈州、华盛顿州、蒙大拿州等。奥地利、丹麦、法国、德国、匈牙利、挪威、斯洛伐克、西班牙、瑞典、瑞士和印度等国家允许“被动”安乐死，只准终止为延续个人生命而治疗的做法。但是，在我国实施安乐死缺乏法律依据。

在20世纪90年代，安乐死已成为国内外医学界、法学界、伦理学界及社会公众关注的热点问题之一。部分人认为，人有权决定自己生命终结的方式。我国传统文化对死亡极为避讳，人在死亡之前就人为地结束其生命，于情于理都无法接受。但是，前些年我国一些地区的少数晚期肾衰患者、癌病患者曾集体公开要求给予安乐死，这引起各界人士的关注。

二、安乐死的类型及实践

在安乐死实施问题上存在着两种性质截然不同的做法：一种是主动地仁慈地结束一条生命，另一种是仁慈地终止治疗，等待死亡。积极安乐死，又称主动安乐死，是指患者自己或医师等人主动采取措施终结生命，积极或主动地介入死亡结果的安乐死形式；消极安乐死，又称被动安乐死，是指对一个垂死的患者，为不延长其痛苦，不采取任何治疗行为影响其生命，任由其死亡的安乐死形式。目前法律明确规定积极安乐死合法的国家有荷兰、比利时、哥伦比亚、卢森堡、加拿大、澳大利亚的维多利亚州，明确规定被动安乐死合法的国家有芬兰、印度、英国、爱尔兰、挪威、丹麦、西班牙、法国、匈牙利、奥地利、瑞典、葡萄牙、瑞士、希腊等。法律规定模棱两可的国家有意大利、美国、塞尔维亚、瑞士、德国等，法律明确规定安乐死非法的国家是波兰。

积极安乐死与消极安乐死最大的不同在于：于前者主动缩短患者生命，以实现死亡结果的发生，而于后者不再采取治疗手段，不再寻求延长患者生命，被动等待死亡结果的发生。划分主动和被动，一般是以“作为”和“不作为”为区分标准，显然，这里的“作为”是指积极主动采取行动，而“不作为”是指终止维持生命的治疗。但事实上，“作为”与“不作为”是难以截然分开的，所谓的“不作为”，如医师拔除患者的呼吸机，也是一种作为。

（一）消极安乐死与协助自杀

尊严死、消极安乐死、被动安乐死、协助自杀等概念有很大相似之处。经过几十年的讨论，消极安乐死已广泛为人接受，争议不大，在世界上很多国家和地区都允许在一定程度上适用消极安乐死。

协助自杀（Assisted Suicide）是指绝症病患要求旁人协助，完成自杀行为。它是安乐死的又一种形式，与积极安乐死有本质区别（见表10-1），一般由医师协助自杀的完成。协助自杀本质上就是尊严死、消极安乐死，只不过是针对不同主体所作的不同表述。

但是，我国目前在法律上不认可安乐死，医务人员协助患者自杀的行为属于犯罪行为。

表 10-1　积极安乐死与协助自杀的区别

积极安乐死	协助自杀
为了减轻持续的痛苦而故意结束生命的行为	故意帮助或鼓励某人自杀的行为
由患者或第三方作出自杀决定	自杀的决定是由患者作出的
第三方是自杀的主要代理人	患者是自杀的主要诱因
通常涉及更复杂的行为	通常是更简单的操作

扩展阅读

1. 英国

英国是世界上最早开展安乐死合法化活动的国家。早在 1935 年，全世界第一个自愿安乐死团体（the Voluntary Euthanasia Society）在英国成立。安乐死一直未得到英国法律的认可，直到 1992 年 11 月 15 日，一位名为布兰德的患者在 1989 年的一场足球球迷骚乱中，因人群挤压受伤后成为植物人，英国高等法院判定陷入持续性植物状态的布兰德有权利死亡，医师可以拔除维持其生命的人工喂食管，停止给予防止感染的抗生素，让他在无痛苦状态下在“最大尊严和最少痛苦中平静地”死去。[①]

2004 年 12 月 15 日，英国下议院通过了一项涉及安乐死问题的法案——《神智判断能力法案》(Mental Capacity Bill)，认定每个人都能够决定是否接受治疗，除非他被证明丧失了判断能力。该法案并未在实质上改变英国否定安乐死的法律规定，只是加强了对丧失判断能力的患者的保护。

英国妇女黛比·普尔迪是一名多动脉硬化症患者，她失去了大部分基本活动能力。随着病情恶化，普尔迪打算前往瑞士的一家诊所结束自己的生命，但是她担心，陪同她前往瑞士的丈夫可能由于涉嫌协助自杀而坐牢。为了避免丈夫和亲人帮助绝症的自己实施平静的死亡方式而受到起诉，普尔迪随即向法院提出就这一问题重新进行司法解释的要求。根据英国 1961 年的《自杀法》(Suicide Act 1961)，“任何协助、教唆、劝告或者实施他人自杀者”将面临最高可达 14 年的刑期。2009 年 7 月 30 日英国上议院高级法官作出一项历史性裁决，决定就协助他人自杀的相关法律重新作出司法解释，上议院法官并首次作出了“可接受协助自杀”的裁决[②]，这项裁决具有里程碑意义。

2. 美国

美国联邦和各州立法均禁止积极安乐死的适用，虽然在陪审团审理安乐死的案件中，往往对这种“仁慈杀人”予以适当的宽容，但司法层面并未予以认可。

1976 年，美国加利福尼亚州议会通过了《自然死亡法案》(Natural Death Act)。该法案允许成年患者在疾病的终末期，通过书面的“生前预嘱”(living will)，表示自己在死亡迫在眼前之时，授权医师停止延续生命的措施。

美国第一个安乐死（结束生命而不受痛苦）法案可以追溯到 1906 年。该法案虽然没有成功，但 Rev. Charles Potter 于 1938 年在纽约州成立了美国安乐死协会。据报道，截至 1947 年，37%的人支持医师协助死亡。医师协助自杀的历史就是一场关于死亡权利的对话，一直持续到 20 世纪。1990 年，美国华盛顿州提出全美第一个自愿安乐死及医师协助自杀的公民法案：美

① 参见黄丁全：《医疗法律与生命伦理》，146 页，北京，法律出版社，2007。
② R v. DPP ex p Purdy [2009] EWCA Civ. 92.

国医疗协会只要确定患者同意，医师就可以停止对生命末期患者的治疗，也可以拆除维持永久性昏迷患者生命的仪器。在 Cruzan v. Director 案①中，法院确认神志清醒、能够自主决定的成年患者享有拒绝治疗的权利。

1994 年 11 月，美国俄勒冈州举行全民公决，通过《俄勒冈州尊严死法案》(Oregon Death with Dignity Act，DWDA)。这一法案使安乐死和医师协助自杀在特定的条件下是合法的，这是美国第一部州议会通过的协助患者自杀的法案。然而这一法案一经颁布便陷入法律诉讼。1995 年 8 月，美国联邦地区法院在审理 Lee v. State of Oregon 案时，判决《俄勒冈州尊严死法案》违背宪法平等原则。1996 年，美国两个巡回上诉法院都判决华盛顿州及美国西部各州禁止医师协助自杀的法律违宪，同时推翻联邦地区法院关于《俄勒冈州尊严死法案》违宪的决定。1997 年，美国联邦最高法院就“协助自杀”作出重要判决，指出国家有权为了保护人民而禁止帮助自杀，尤其是协助病患自杀合法后可能产生滥用，同时否定了全面禁止帮助自杀违宪的主张，因此又推翻了两个巡回上诉法院的判决。而在 1997 年 11 月，美国俄勒冈州再次举行全民公决，通过了《俄勒冈州尊严死法案》。自此该州成为全美唯一一个医师协助自杀合法的州。2001 年 11 月，美国司法部部长阿什克罗夫特宣布美国联邦政府依据《管制药品法》(Controlled Substance Act) 禁止医师为危重患者开处联邦政府管制的安乐死药物，架空了《俄勒冈州尊严死法案》。目前美国有 10 个州允许医师协助患者自杀。

美国联邦最高法院于 2006 年裁定，医疗行为包括协助自杀，由各州自行管理。2008 年 11 月，华盛顿州近 60%的选民投票通过了第 1000 号动议案，使该州成为继俄勒冈州以后第二个由选民投票允许实施安乐死的州。华盛顿州允许实施安乐死的法律自 2009 年 3 月 5 日生效，规定：如果患不治之症的患者剩下的时间不到 6 个月，可以要求医师对其实施安乐死；要求实施安乐死的患者必须年满 18 岁，有行为能力并是该州居民；患者必须提出两次口头申请，间隔 15 天，并在有两名见证人在场的情况下提出书面申请，至少有一名见证人不能是患者的亲属、继承人、负责治疗的医师或与申请者所住医院相关的人；开致命性处方或实施安乐死的医师还必须向州卫生行政部门提交实施记录的复印件，州卫生行政部门就法律的实施情况撰写年度报告。

3. 印度

印度最高法院于 2011 年 3 月 7 日裁定，医院可在法院监督下，对患绝症而无法医治的患者实施“消极安乐死”。这是印度首次允许对患者实施安乐死。印度最高法院于当天召开听证会，讨论是否应对护士阿鲁娜・沙恩鲍格 (Aruna Ramchandra Shanbaug) 实施安乐死：沙恩鲍格 37 年前遭人强奸并被用链子勒致窒息，成为植物人。沙恩鲍格的朋友、记者品基・维拉尼先前多次代表沙恩鲍格向医院申请安乐死，撤掉生命维持系统。②

(二) 积极安乐死

因为适用积极安乐死涉及主动作为致人死亡，所以争议很大。荷兰和比利时是最早进行安乐死合法化立法的国家。荷兰议会 2001 年通过了安乐死法案，并于 2002 年 4 月 1 日正式生效，从而使荷兰成为世界上第一个将安乐死合法化的国家。比利时效仿荷兰，也于 2001 年 10 月由参议院通过一项草案，批准医师在特定条件下帮助患绝症的患者死亡。

荷兰安乐死法案规定：安乐死的请求必须是由成年患者自愿提出，所患疾病无法治愈且病痛无法忍受，其负责治疗的主治医师必须对此征询至少一名以上其他医师的意见，认为没有挽

① See Cruzan v. Director，Missouri Department of Health，497 U. S. 261 (1990).

② Aruna Ramchandra Shanbaug v. Union of India，2011 (3) SCALE 298 ：MANU/SC/0176/2011.

救患者生命的其他手段与方法，当经过一切努力均不可能时，方可实施安乐死。12 岁至 16 岁的青少年，必须由家长或监护人作出决定；16 到 18 岁的未成年患者，可以在家长商讨后共同作出决定。法案还规定，安乐死的手段必须是医学方法，或主治医师发放药物由患者自己服用，或由主治医师使用药物，帮助患者结束生命。

案例 10－8

我国安乐死第一案

2000 年年底，陕西某印染厂职工王某被查出患有胃癌，并施行了 3/4 胃部切除术。2002 年 11 月，王某到医院检查后发现，腹腔内又有了癌细胞。病痛使王某瘦骨嶙峋，体重下降到不足 40 公斤。作为我国安乐死第一案的当事人，同时也是我国第一个安乐死患者夏某的儿子，王某于 2003 年 2 月 4 日向医院提出要求安乐死，希望像母亲一样获得迅速解脱。王某认为，安乐死能解除自己的痛苦，还可以无偿捐献自己的角膜、肾脏等器官，家里也不必再花钱进行这种无望的治疗。但医院对于王某的申请明确表示，在没有法律规定的情况下，为王某实施安乐死是不可能的。再三权衡之下，王某放弃了最后治疗而出院回家，他说：既然不能安乐死，只有回家等着了。2003 年 8 月 3 日凌晨 3 时 30 分，王某没有等到天亮就带着遗憾停止了呼吸。随着他的去世，一场 17 年来一直未曾停止过的话题——“安乐死”再掀波澜！

17 年前，王某的母亲夏某因肝病晚期而饱受病痛折磨。1986 年 6 月 23 日，夏某病危，被其子王某送往汉中市传染病医院治疗。6 月 25 日上午，王某和妹妹向主管医师蒲某询问母亲病情，蒲某说治疗无望。王某不忍心让母亲再受病痛折磨，于 6 月 28 日要求蒲某给夏某实施“安乐死”，蒲某不同意。后因王某和其妹妹一再要求，蒲某给夏某开了 100 毫克复方冬眠灵，由值班护士作了注射。夏某在 6 月 29 日凌晨 5 时死去。

夏某死后，汉中市公安局遂对此案立案侦查。检察院于同年 9 月以故意杀人罪批准逮捕蒲某、王某，并于 1988 年 2 月 8 日向人民法院提起公诉。法院于 1990 年 3 月 15 日至 17 日公开审理了此案。

一审开庭审理后，按照最高人民法院的指示，汉中市人民法院、汉中地区中级人民法院、陕西省高级人民法院逐级递交了审理报告。

最高人民法院收到报告后于 1991 年 2 月 28 日批复陕西省高级人民法院：“安乐死”的定性问题有待立法解决，就本案的具体情节，不提“安乐死”问题，可以依照《刑法》（1979 年）第 10 条的规定，对蒲某、王某的行为不作犯罪处理。

思考题

1. 临床试验的法律基本原则有哪些？
2. 简述代孕母亲的利弊，并阐述你的观点和主张。
3. 对基因治疗的安全性应当如何通过立法进行保障？
4. 简述家庭互助器官移植的利弊，并阐述你的观点和主张。
5. 简述脑死亡的法律意义。
6. 我国多数学者认为的脑死亡指标有哪些？
7. 简述尊严死与安乐死的关系。

第十一章 药品和医疗器械管理法律制度

药品及医疗器械是医疗机构及其医务人员在开展医疗服务的过程中必然要使用的物品，医务人员只有借助这些特殊的物品，才能顺利地实施既定的医疗行为。而药品及医疗器械是由第三方提供的，存在研发、审批、生产、运输、保管等环节，且这些问题常常会与医疗侵权纠纷交织在一起，导致医疗侵权纠纷变得更为复杂。本章将对药品及医疗器械相关法律问题进行讨论。

第一节 我国药品管理法律制度

一、药品的概述

（一）药品的概念

药品，是指用于预防、治疗、诊断人的疾病，有目的地调节人的生理机能并规定有适应证或者功能主治、用法和用量的物质，包括中药、化学药和生物制品等。[①] 药物概念的外延则要广泛得多，除包括药品之外，还包括其他具有药用价值的自然之物等。

人类在与自然抗争的过程中逐渐发现某些天然物质具有治疗疾病的效果，我国的《神农本草经》及埃及的《埃伯斯医药籍》是世界上最早记录药物的典籍之一。随着化学合成药物的发明，药物治疗疾病进入了新时期。药品，对于疾病的治疗具有重要的作用。每一种药品都有其各自的用法、用量、治疗的疾病、禁忌证以及因使用带来的副作用等，俗话说，“是药三分毒”，使用药品治疗疾病时也要承受其所带来的风险。

（二）药品的特殊性

人们可以通过医疗机构和药房等渠道获取药品，因此，药品具有与一般商品一样的商品属性。然而，药品又与普通商品不同，由于药品直接关系到人的身体健康和生命安危，事关公共利益，世界各国及我国通常采取药品注册制度，严格限制药品进入市场，使其成了一种特殊的商品。药品作为一种特殊商品，主要表现在以下几个方面。

（1）疾病治疗的专属性。不同的药品、剂量、配伍、使用途径等对不同疾病的治疗通常会起到不一样的作用，药品使用不当或滥用会给使用者造成适得其反的效果。美国的一份调查显示，每年约有 10 万住院患者死于用药不当。[②] 因此，患者必须按照医师的指导或者药品说明书中记载的要求合理用药，以实现防病、治病和保护健康的目的。反之，药品的不合理使用容易

---

① 参见《药品管理法》第 2 条。

② 参见黄丁全：《医事法新论》，383 页，北京，法律出版社，2013。

造成中毒或产生药源性疾病等不良后果。

(2) 治疗效果的两重性。药品可以防病治病、康复保健，但多数药品又有不同程度的毒副作用，给使用者造成不同程度的侵害，因此需要对药品进行有序的管理，使之使用得当，防止药品滥用，发挥药品治疗疾病、保护健康的目的。否则，可能危害人体健康和生命安全。①

(3) 药品获得的特殊性。药品具有一般商品的属性，却与一般商品不同。并非所有的药品都可以轻而易举地购得，我国实行处方药和非处方药分类管理的制度②，患者想要获得处方药需要由有资质的医师开具，药师审查后才能获得③；再如国家特殊管理的药品④，国家对这几类药品施行特殊管理，其生产、经营、使用都有严格的规定，严防其滥用和流入非法渠道。

(4) 药品标准的强制性。我国《药品管理法》第 28 条第 1 款规定，“药品应当符合国家药品标准”。2002 年 12 月 1 日，我国完成了全部上市药品的国家药品标准制定工作，并取消了地方标准。⑤ 符合标准是药品质量的保证，是药品发挥作用的前提。因此，进入流通渠道的药品，必须是符合药品标准的药品，必须是合格品，绝对不允许有次品或等外品。

二、药品管理立法历史与现状

(一) 药品管理立法历史

药品的上述特殊性要求国家强化对药品的法制管理。我国早在封建时代，就有对药品管理的规定。对药事方面的管理规范最早可以追溯到两千多年前的西周，《周礼》中对当时司理药事的机构进行了记载。再如《唐律疏议》中记载有合和御药，误不入本方，及题封误，造畜蛊毒以毒药药人，医违方诈疗病，医合药不如方等方面的刑律。自近代以来，西方首先有了专门的药事立法，由于西方法律制度的影响以及医学和法学的发展与结合，我国陆续出现了一些药品管理方面的法规，如民国时期国民党政府制定的《药师暂行条例》《药商管理规则》等。新中国成立后，为配合禁止鸦片烟毒工作和解决旧中国遗留的伪劣药品充斥市场的情况，1950 年 11 月政务院批准颁发了《管理麻醉药品暂行条例》，这是我国药品管理的第一个行政法规。1963 年经国务院批准，卫生部、化工部、商业部联合颁布了我国药品管理的第一个综合性法规——《关于加强药政管理的若干规定（草案）》，对药品的生产、经营、使用和进出口管理起到了重要作用。

(二) 药品管理立法现状

随着社会主义经济建设的发展和人民生活水平的日益提高，为了强化对药品的监督管理，保证药品质量，增进药品疗效，保障公民用药安全，维护公民身体健康，1984 年 9 月 20 日第六届全国人民代表大会常务委员会第七次会议通过了《药品管理法》。这是新中国成立以来我国第一部药品管理法律，它把党和国家有关药品监督的方针政策和原则用国家法律的形式确定下来，将药品质量与安全置于国家和广大人民群众的严格监督之下，为人民群众用药的合理有

---

① 参见宋文质主编：《卫生法学》，181 页，北京，北京大学医学出版社，2005。

② 《药品管理法》第 54 条：“国家对药品实行处方药与非处方药分类管理制度。具体办法由国务院药品监督管理部门会同国务院卫生健康主管部门制定。”

③ 《处方管理办法》第 2 条：“本办法所称处方，是指由注册的执业医师和执业助理医师（以下简称医师）在诊疗活动中为患者开具的、由取得药学专业技术职务任职资格的药学专业技术人员（以下简称药师）审核、调配、核对，并作为患者用药凭证的医疗文书。处方包括医疗机构病区用药医嘱单。”

④ 《药品管理法》第 112 条：“国务院对麻醉药品、精神药品、医疗用毒性药品、放射性药品、药品类易制毒化学等有其他特殊管理规定的，依据其规定。”

⑤ 国家食品药品监督管理局《关于印发提高国家药品标准行动计划的通知》（国食药监注［2004］35 号）。

效提供了法律保证。《药品管理法》颁布施行十多年后，我国社会经济生活发生了深刻变化，科学技术有了很大发展，原有内容已不能完全适应形势需要和人民用药日益多样化的要求，必须进行修订。2019 年 8 月 26 日第十三届全国人民代表大会常务委员会第十二次会议对《药品管理法》实施了第二次修订。第十三届全国人民代表大会常务委员会第十一次会议于 2019 年 6 月 29 日通过并于 2019 年 12 月 1 日起施行的《疫苗管理法》，加强了疫苗管理。

为了保证《药品管理法》的贯彻实施，经国务院批准《药品管理法实施办法》颁布了，而此前已经颁布了《医疗用毒性药品管理办法》《放射性药品管理办法》等行政法规，卫生部和国家药品监督管理局先后制定了二十多个配套规章。1998 年重新组建的药品监督管理局陆续制定颁布了《新药审批办法》、《新生物制品审批办法》、《新药保护和技术转让的规定》、《仿制药品审批办法》、《进口药品管理办法》、《药品生产质量管理规范》（2010 年修订）、《戒毒药品管理办法》、《麻黄素管理办法》、《处方药与非处方药分类管理办法》、《药品流通监督管理办法》等；各省、自治区、直辖市人民政府也相应制定了一系列地方政府规章。2005 年 8 月 3 日，国务院将原麻醉药品和精神药品两个管理办法，合并修订为《麻醉药品和精神药品管理条例》，并于 2016 年 2 月 6 日作局部修改。

此外，《产品质量法》《广告法》《价格法》《刑法》等法律中涉及药品的法律条款都属于广义的药品管理法的范畴。因此广义的药品管理法是指调整药品监督管理，保证药品质量，保障人体用药安全，维护人民身体健康和用药合法权益的活动中产生的各种社会关系的法律规范的总称。而《药品管理法》则属于狭义的药品管理法。

三、我国药品监督管理机构

1998 年国务院机构改革中国家医药管理局、卫生部药政司、国家中医药管理局合并成立了国家药品监督管理局（SDA），作为国务院药品监督管理的主管部门，承担药品生产、流通监管职能，承担卫生部的药政、药检职能以及中药生产流通监管职能。2003 年国家药品监督管理局改组为国家食品药品监督管理局（SFDA）。2008 年，国家食品药品监督管理局改为卫生部管理的国家局，再次调整了医疗管理和药品监管的关系，强化药品监管。在这次改革中，食品药品监督管理机构省级以下由垂直领导改为地方分级管理，业务上接受上级主管部门和同级卫生行部部门的组织指导和监督。2013 年，国家食品药品监督管理总局（CFDA）（正部级）设立，为国务院直属机构。2018 年，根据党的十九届三中全会审议通过的《中共中央关于深化党和国家机构改革的决定》《深化党和国家机构改革方案》和第十三届全国人民代表大会第一次会议批准的《国务院机构改革方案》，在国家市场监管总局下设立国家药品监督管理局。

四、我国药品管理法律分类

（一）药品生产管理的法律规范

药品生产管理的法律，主要规范了从事药品生产活动的主体应当具备的条件和资格。《药品管理法》规定，药品生产企业必须按照《药品生产质量管理规范》（Good Manufacturing Practice，GMP）组织生产。

所谓 GMP，是一种特别注重制造过程中的产品质量与卫生安全的自主性管理制度。它是一套适用于制药、食品等行业的强制性标准，要求企业在原料、人员、设施设备、生产过程、包装运输、质量控制等方面，达到国家有关法规规定的卫生质量要求，形成一套可操作的作业规范，帮助企业改善企业卫生环境，及时发现生产过程中存在的问题，加以改善。

药品包装是药品生产过程中很重要的一个环节，其首先是为了保证药品质量的稳定，其次才是出于商业的需要。因此，《药品管理法》规定：直接接触药品的包装材料和容器，必须符合药用要求，符合保障人体健康、安全的标准，并由药品监督管理部门在审批药品时一并审批。药品生产企业不得使用未经批准的直接接触药品的包装材料和容器。

药品包装必须适合药品质量的要求，方便储存、运输和医疗使用。运输中药材必须有包装。在每件包装上，必须注明药品的品名、产地、日期、调出单位，并附有质量合格标志。如2006年3月15日国家食品药品监督管理局颁布的《药品说明书和标签管理规定》明确规定，药品包装必须按照规定印有或者贴有标签并附有说明书，标签或者说明书上必须注明与药品有关的信息。

（二）药品经营管理的法律规范

药品经营管理的法律，主要规范了从事药品经营活动的主体应当具备的条件和资格。由于药品的特殊性，其经营的质量管理较之一般商品更为严格。《药品管理法》规定，药品经营企业必须按照《药品经营质量管理规范》（Good Supply Practice，GSP）经营药品。

所谓GSP，是控制医药商品流通环节所有可能引发质量事故的因素，从而防止质量事故发生的一整套管理程序。医药商品在其生产、经营和销售的全过程中，由于内外因素作用，随时都有可能发生质量问题，必须在所有这些环节上采取严格措施，才能从根本上保证医药商品的质量。

药品经营企业购进药品，必须建立并执行进货检查验收制度，验明药品合格证明和其他标识，不符合规定要求的，不得购进。购销药品，必须有完整、真实的购销记录。销售药品必须准确无误，并正确说明用法、用量和注意事项，调配处方必须经过核对，对处方所列药品不得更改或者代用。对有配伍禁忌或者超剂量的处方应拒绝调配，必要时经处方医师更正或者重新签字方可调配。销售中药材必须标明产地。药品经营企业必须制定和执行药品保管制度，保证药品质量。药品进库和出库必须执行检查制度。

（三）药品流通管理的法律规范

药品流通管理的法律，主要规范了医疗机构调配处方、购药、贮存药品等。《药品流通监督管理办法》规定：药品生产、经营企业对其药品购销行为负责，对其销售人员或设立的办事机构以本企业名义从事的药品购销行为承担法律责任。药品生产、经营企业应当对其购销人员进行与药品相关的法律、法规和专业知识培训，建立培训档案，培训档案中应当记录培训时间、地点、内容及接受培训的人员。药品生产企业、药品批发企业派出销售人员销售药品的，应当提供加盖本企业原印章的授权书复印件。授权书原件应当载明授权销售的品种、地域、期限，注明销售人员的身份证号码，并加盖本企业原印章和企业法定代表人印章（或者签名）。销售人员应当出示授权书原件及本人身份证原件，供药品采购方核实。药品零售企业应当按照国家食品药品监督管理局药品分类管理规定的要求，凭处方销售处方药。经营处方药和甲类非处方药的药品零售企业，执业药师或者其他依法经资格认定的药学技术人员不在岗时，应当挂牌告知，并停止销售处方药和甲类非处方药。药品生产、经营企业不得以搭售、买药品赠药品、买商品赠药品等方式向公众赠送处方药或者甲类非处方药。药品生产、经营企业不得采用邮售、互联网交易等方式直接向公众销售处方药。禁止非法收购药品。

（四）医疗机构药品监督管理的法律规范

1. 医疗机构配制制剂的条件

医疗机构配制制剂是指医疗机构依法报批后自行配制制剂以用于本单位的临床和科研。《药品管理法》第74～76条及《医疗机构制剂配制监督管理办法（试行）》《医疗机构制剂注册管理办法（试行）》对此予以规定。医疗机构配制制剂必须经过所在地省级卫生行政部门审核同意，由省级药品监督管理部门批准，并发给医疗机构制剂许可证。医疗机构制剂许可证有效期为 5 年，到期重新审查发证。

2. 医疗机构配制制剂的使用

医疗机构配制的制剂应当是本单位临床需要而市场上没有供应的品种，并须经省级药品监督管理部门批准后方可配制。配制的制剂必须按照规定进行质量检验，合格的，凭医师处方在本医疗机构使用。特殊情况下，经国务院或省级药品监督管理部门批准，可以在指定的医疗机构之间调剂使用。医疗机构配制的制剂不得在市场销售。

3. 医疗机构的药品管理

《药品管理法》第六章第 69～73 条及《医疗机构药事管理规定》对此予以规定。医疗机构购进药品，必须建立并执行进货检查验收制度，验明药品合格证明和其他标识。不符合规定要求的，不得购进和使用。医疗机构的药剂人员调配处方，必须经过核对，对处方所列药品不得擅自更改或者代用。对有配伍禁忌或者超剂量的处方，应拒绝调配，必要时经处方医师更正或者重新签字方可调配。医疗机构必须制定和执行药品保管制度，保证药品质量。

（五）药品标准

药品标准，是国家对药品质量规格及检验方法所作的技术性规定，是药品生产、销售、使用和检验单位共同遵守的法定依据。《药品管理法》规定，我国的药品标准只有国家标准。国家药品标准由国家药品监督管理局批准颁行，其对所颁布的药品标准有解释、修订、废止的权力。

国家药品标准包括《中华人民共和国药典》、国家药品监督管理局颁布的药品标准以及《中国生物制品规程》。根据《标准化法》的规定，标准分为国家标准、行业标准、地方标准、团体标准、企业标准等。国家标准分为强制性标准、推荐性标准，行业标准、地方标准是推荐性标准。强制性标准必须执行。国家鼓励采用推荐性标准。对保障人身健康和生命财产安全、国家安全、生态环境安全以及满足经济社会管理基本需要的技术要求，应当制定强制性国家标准。只有符合国家药品标准的药品才是合格药品，方可销售使用。我国的药品标准最早可以追溯到东汉时期第一部药学专著《神农本草经》；在唐高宗时期颁布的《新修本草》，是世界上公认的第一部药典。在 1950 年，卫生部设立了中国药典编纂委员会，并于 1953 年印制了第 1 版《中华人民共和国药典》，到 2020 年修订时已是第 11 版。[①]

由于历史原因，我国药品标准曾有国家标准和地方标准两种。两套标准并行在中成药方面出现的问题尤为突出。《药品管理法》不仅取消了地方审批药品标准的权力，同时也明确取消了地方药品标准。已被纳入国家标准的原地方标准药品可以流通和使用至 2003 年 6 月 30 日，没有纳入国家标准的地方标准药品立即停止生产、销售和使用，从 2003 年 7 月 1 日开始全面停止地方标准药品的流通和使用。

五、保健食品管理法律制度

国家对保健食品、特殊医学用途配方食品和婴幼儿配方食品等特殊食品实行严格监督管理。

---

① 1953 年国家药典编纂委员会颁布了我国第 1 版《中华人民共和国药典》，随后在 1963 年、1977 年、1985 年、1990 年、1995 年、2000 年、2005 年、2010 年、2015 年、2020 年先后 10 次进行修改，2020 年版《中华人民共和国药典》已是第 11 版。

保健食品（dietary supplement），是指具有保健功能或者以补充维生素、矿物质等营养物质为目的的食品。保健食品适宜于特定人群食用，具有调节机体的功能，不以治疗疾病为目的，并且对人体不产生任何急性、亚急性或慢性危害的食品。《食品安全法》第 75 条第 1 款规定，保健食品声称有保健功能，应当具有科学依据，不得对人体产生急性、亚急性或者慢性危害。

目前，对保健食品进行管理的法律规范包括：《食品安全法》、《保健食品管理办法》（卫生部第 46 号令）、《保健（功能）食品通用标准》（GB16740—1997）、《保健食品注册与备案管理办法》等。

保健食品原料目录应当包括原料名称、用量及其对应的功效；列入保健食品原料目录的原料只能用于保健食品生产，不得用于其他食品生产。使用保健食品原料目录以外的原料的保健食品和首次进口的保健食品应当经国务院药品监督管理部门注册。但是，首次进口的保健食品中属于补充维生素、矿物质等营养物质的，应当报国务院药品监督管理部门备案。其他保健食品应当报省、自治区、直辖市人民政府药品监督管理部门备案。

根据《食品经营许可管理办法》的规定，特殊食品（保健食品、特殊医学用途配方食品、婴幼儿配方乳粉、其他婴幼儿配方食品）销售应当在其经营许可证上予以标注。《保健食品广告审查暂行规定》规定，保健食品广告中必须说明或者标明“本品不能代替药物”的忠告语；电视广告中保健食品标识和忠告语必须始终出现。

第二节　问题药品法律规制

一、概述

最近几年，我国药品致害事件频发，给受害者带来侵害的同时也引发了社会对药品致害问题的思考。为此，国家在问题药品方面也出台了相应的法律文件予以规制。问题药品是指药品存在缺陷或者药品属于假药、劣药，主要有两类：一是有缺陷的药品，二是假药、劣药。

不过，我国相关法律对产品缺陷的认定标准语焉不详①，更没有药品缺陷的认定标准。我国《民法典》涉及药品的法律责任，但并没有药品缺陷的相关规定。药品作为一种特殊的产品，具有产品的法律属性，因此，也可以将药品缺陷责任视为一种产品责任。我国《产品质量法》第 46 条规定：“本法所称缺陷，是指产品存在危及人身、他人财产安全的不合理的危险；产品有保障人体健康和人身、财产安全的国家标准、行业标准的，是指不符合该标准”。药品缺陷责任可适用产品责任相关法律制度。

关于假药和劣药的认定，2019 年修订后的《药品管理法》对此有较大调整。该法第 98 条中有明确规定，在对假药、劣药实施管理时可以依据该法律规定的标准加以认定。

二、药品缺陷的类型

药品具有治疗疾病与损害健康的双重性，即使符合国家标准的药品，被患者使用后也存在产生不良后果的可能，因此不能认为出现不良后果就是因为药品存在缺陷，这样做必将扩大药品缺陷的范围。目前，所认识的药品缺陷主要有以下三个方面：药品设计缺陷、药品制造缺陷

① 参见杨代雄、于卉、邢丹：《论产品缺陷的认定标准》，载《当代法学》，2000（5），67 页。

和药品说明缺陷。

（一）药品设计缺陷

药品设计缺陷又称为药品研究缺陷。一个药品往往要经历漫长的研发阶段，并且通过药物临床试验后才能上市销售。然而药品研发和药物临床试验具有极大的局限性，药品适用人群的扩大、剂量的改变、联合药用的发现（药物相互作用）、不良反应、疗效的认识等诸多方面，在药品设计之初是不可能完全被认知的，仅仅通过临床试验也是不够的。这会随着临床使用而不断深化，会逐渐被研究者所发现。

如20世纪五六十年代初发生在欧美地区震惊世界的“反应停”事件就是药品设计缺陷的典型代表。孕妇服用“反应停”导致出生的婴儿没有胳膊、没有腿，像海豹一样，人们把他们称作“海豹婴儿”，据统计受害的婴儿多达1.2万名。

可以说，对药品的研究不仅要在药品研发阶段进行，而且在药品上市流通整个过程中都需要对其进行检测和研究，直至药品的最后有效期或者退市之日。

（二）药品制造缺陷

药品制造缺陷又称为药品生产缺陷。药品事关公共利益，各国政府对于药品的生产一般都特别立法予以严格的行政管制。我国药品实行国家标准，我国《药品管理法》第44条规定：药品应当按照国家药品标准和经药品监督管理部门核准的生产工艺进行生产。生产、检验记录应当完整准确，不得编造。未按照批准的工艺和GMP等规范要求生产的药品存在缺陷毋庸置疑，即使按照规定生产的药品亦可能存在缺陷。

我国曾发生“龙胆泻肝丸事件”：龙胆泻肝丸是1999年国家药品监督管理局公布的第一批经过审定的非处方中成药，该药组方中的“木通”被改为了“关木通”。因关木通中含有马兜铃酸，患者虽按照医嘱和药品使用说明书服用该药，但服用一至两年，甚至两三个月后就会出现肾脏受损的症状。据调查，当时我国约有十万人因服用龙胆泻肝丸而受到不同程度的肾脏损害。

（三）药品说明缺陷

药品说明缺陷又称为药品警示缺陷。药品的说明义务应当包含两个层面：一是药品生产者的说明责任。我国《药品管理法》第49条第2款规定：标签或者说明书应当注明药品的通用名称、成分、规格、上市许可持有人及其地址、生产企业及其地址、批准文号、产品批号、生产日期、有效期、适应症或者功能主治、用法、用量、禁忌、不良反应和注意事项。标签、说明书中的文字应当清晰，生产日期、有效期等事项应当显著标注，容易辨识。药品的说明书由国家食品药品监督管理部门予以核准。药品说明书作为药品合格的一部分，生产者应对其内容负责，承担相应的说明责任。二是医师开立处方时的说明责任。虽然绝大多数开立的处方药中都有说明书和标签，但此时，医师仍然具有一定的说明义务，提醒该药物的用法、用量、禁忌证、不良反应等相关信息。

尽管对药品说明书的监管十分严格，但药品说明缺陷导致的损害时有发生。如我国曾发生深圳某医院龟分枝杆菌感染事件，消毒液戊二醛说明书标识不明是其发生原因之一：深圳某医院使用深圳某公司生产的戊二醛，该消毒液的标签在说明书中注明“医疗器械浸泡消毒使用原液”，但未标明戊二醛的浓度。该医院药师连续两个月错将1%浓度的戊二醛当作20%浓度的消毒液，稀释成0.005%，因达不到灭菌消毒的要求，166名患者发生术后感染，伤口长时间不能治愈。

判断药品是否存在说明缺陷，应当考虑药品说明中的警告内容是否充分揭示了危险范围，是否适当判断指出药品误用时所致损害的严重性，说明中警告内容醒目的程度能否引起理性患者、医师的注意。对于处方药和非处方药可以适当加以区分。非处方药可由患者直接购买使用，故其说明应当注意通俗性，说明的内容应易于理解，对危险的披露也应更加细致、明了。处方药说明的对象为医师，虽然按照循证医学的理念，超说明书用药的情况确实存在，但大多数时候医师是通过药品说明书作评估选择，因此处方药说明要更充分。

三、药品缺陷的归责及思考

（一）我国药品缺陷归责原则

我国《民法典》第1223条规定了我国的医疗产品缺陷责任制度，其具体规定为："因药品、消毒产品、医疗器械的缺陷，或者输入不合格的血液造成患者损害的，患者可以向药品上市许可持有人、生产者、血液提供机构请求赔偿，也可以向医疗机构请求赔偿。患者向医疗机构请求赔偿的，医疗机构赔偿后，有权向负有责任的药品上市许可持有人、生产者、血液提供机构追偿。"这一规定对于解决药品缺陷造成侵害的纠纷具有积极意义。我国学界通说认为，《民法典》第1223条规定的医疗产品损害责任，适用的是无过错责任原则，医疗机构应被视为药品销售者，是责任主体之一，与药品生产者承担不真正的连带责任。

不真正连带责任是产品责任分配机制的核心，我国《产品质量法》第43条规定：因产品存在缺陷造成人身、他人财产损害的，受害人可以向产品的生产者要求赔偿，也可以向产品的销售者要求赔偿。属于产品的生产者的责任，产品的销售者赔偿的，产品的销售者有权向产品的生产者追偿。属于产品的销售者的责任，产品的生产者赔偿的，产品的生产者有权向产品的销售者追偿。

药品缺陷责任的立法本意是防止医疗机构和药品生产者之间相互推诿责任的情况出现，切实保护受害者的合法权益。但是，有一个问题值得考虑。我国《民法典》第1218条规定："患者在诊疗活动中受到损害，医疗机构及其医务人员有过错的，由医疗机构承担赔偿责任。"从本条可以看出，对于医疗机构提供的诊疗服务适用过错责任原则，即医疗机构及其医务人员在存有过错时承担相应的责任。然而，对于医疗机构来说，由于药品缺陷责任适用无过错责任，所以一旦出现药品缺陷致害现象，即使医疗机构不存在过错，患者也可以依据无过错责任起诉至法院。这一规定无疑加重了医疗机构的责任。因此，我国《民法典》将这一产品责任制度引入药品缺陷责任制度之中，是否完全恰当，值得考虑。

（二）医疗机构在药品缺陷责任中的定位

1. 医疗机构是不是药品的销售者

患者往往通过医疗机构获得药品，但是医疗机构并非典型的销售者。首先，患者来到医疗机构并非单纯为了购买药品；其次，医疗机构的医务人员基于对患者病情的诊断，为其提供诊疗服务，药品只是其治疗疾病的辅助行为；最后，在医师开立处方之后，患者有权决定是否购买该药品以及在何处购买该药品。

1998年美国《侵权法重述第三次》产品责任第19条规定："服务，即使是通过商业方式提供的服务，也不是产品。"① 从实务角度来看，美国绝大多数州认定医院和医师提供的是服务，即医学治疗，应免除他们就医疗过程中使用的缺陷产品所导致的伤害承担严格责任，无论该产品是被移植到患者身上，还是借给患者使用，抑或只是作为一种工具。② 即便医疗机构和医师

① 叶正明：《一个法律难题的诊断：美国药品缺陷的判断标准》，载《延边大学学报（社会科学版）》，2011(2)，135～139页。

② 参见廖焕国：《医疗机构连带承担药品缺陷责任之质疑》，载《法学评论》，2011(4)，57页。

有销售行为，也应该看到医疗机构和医务人员的用药目的，其行为主体部分是提供诊疗服务而不是简单的药品销售。美国法上的“销售与服务混合交易”充分考虑了医疗服务的特性，值得我们借鉴。

2. 医疗机构承担无过错责任不符合无过错责任的立法宗旨

按照大陆法系一般理论，侵权责任基础的两大支柱为：过错和风险。在过错责任下，责任基础是过错；而在严格责任下，责任基础是风险，即创造风险者负担由此产生的责任。从危险活动受益的人就应当对危险活动造成的损害负责，即“利之所在，损之所归”①。

首先，医疗机构和医务人员并没有开启或制造风险。药品的安全性取决于药品的研发和药品监督部门的监管，医务人员仅仅是将该药品用于疾病治疗。其次，医疗机构和医务人员没有预见和控制风险的能力。我国实行药品集中招标采购制度，对于药品质量如何医疗机构和医务人员无法判断，对于药品的来源医疗机构和医务人员无法决定。在这样的情况下，医疗机构和医务人员承担无过错责任显然有失公允。

四、我国法律对假药、劣药的规制

我国《标准化法》第 10 条第 1 款规定：对保障人身健康和生命财产安全、国家安全、生态环境安全以及满足经济社会管理基本需要的技术要求，应当制定强制性国家标准。药品的质量事关人体健康，事关公共利益。评价药品质量的标准主要有两个方面：一是安全性，是指药品能够充分发挥作用而又减少损伤和不良影响的发生；二是有效性，是指药品能够发挥治疗效果，这是药品治疗疾病的基础。违背国家标准生产的药品其安全性、有效性很难保证，因此对使用者的危害程度也就大大增加。

在我国，药品标准是国家为保证药品质量，保证人民用药安全、质量可控而制定的规则，是保证药品质量的国家法定技术依据，是药品生产、销售、使用和监督管理的重要技术保障。药品的成分组成不同、含量不同，往往治疗效果不同，使用时安全性也不同。国家对于药品成分、组成有着十分严格的审批程序，擅自改变国家标准中规定的药品成分，添加、删减或替换都会影响到药物的治疗效果，轻者会延误患者的病情，重者有危及使用者生命安全的危险。因此，我国《药品管理法》第 98 条规定，禁止生产（包括配制，下同）、销售、使用假药、劣药；禁止未取得药品批准证明文件生产、进口药品；禁止使用未按照规定审评、审批的原料药、包装材料和容器生产药品。此外，《药品管理法》对假药、劣药进行了明确的界定，不再规定按假药论处或按劣药论处的情形。《刑法》规定了“生产、销售、提供假药罪”“生产、销售、提供劣药罪”“妨害药品管理罪”。《药品管理法》第 144 条第 3 款规定，生产假药、劣药或者明知是假药、劣药仍然销售、使用的，受害人或者其近亲属除请求赔偿损失外，还可以请求支付价款 10 倍或者损失 3 倍的赔偿金。

（1）假药。有下列情形之一的，为假药：1）药品所含成分与国家药品标准规定的成分不符；2）以非药品冒充药品或者以他种药品冒充此种药品；3）变质的药品；4）药品所标明的适应症或者功能主治超出规定范围。

（2）劣药。有下列情形之一的，为劣药：1）药品成分的含量不符合国家药品标准；2）被污染的药品；3）未标明或者更改有效期的药品；4）未注明或者更改产品批号的药品；5）超过有效期的药品；6）擅自添加防腐剂、辅料的药品；7）其他不符合药品标准的药品。

---

① 徐喜荣：《药品缺陷责任研究》，载《法制与社会》，2012（30），22～25 页。

案例 11-1

“齐二药”假药事件

2006 年 4 月 24 日，中山大学附属第三医院（以下简称“中山三院”）有患者使用齐齐哈尔第二制药有限公司（以下简称“齐二药”）生产的“亮菌甲素注射液”后出现急性肾衰竭临床症状。随后，类似情况陆续出现，65 名使用该批号的患者中 13 人死亡，另有 2 人身体损害严重。医院遂按照法定程序向有关部门报告。

2006 年 5 月 3 日，广东省食品药品监督管理局报告，发现部分患者使用“齐二药”生产的“亮菌甲素注射液”后，出现严重不良反应。2006 年 5 月 11 日，国家食品药品监督管理总局发出紧急通知，在全国范围内停止销售和使用“齐二药”生产的所有药品，同时要求各地药监部门在本辖区范围内就地查封、扣押。经调查，“齐二药”生产的“亮菌甲素注射液”为假药，其生产环节存在明显漏洞。为保证民众用药安全，国家食品药品监督管理总局决定停止销售和使用该厂生产的所有药品。

2006 年 4 月底，甲因为肝病到广州某医院就诊。出于病情需要，4 月底至 5 月上旬的 12 天时间里，某医院共给他注射了 24 支“齐二药”生产的“亮菌甲素注射液”。在此治疗过程中，受害人的凝血酶、总胆红素的数值急剧上升，各种体征发生变化，出现肾衰竭、神志不清等症状并不断加重。院方在得知病变的不妥情况下，停用了该注射液。2006 年 7 月 18 日，甲因为肾衰竭而终告不治。甲的家属索赔 300 万元，认为“齐二药”是涉案产品的制造者，金蘅源公司、医保公司是销售者。中山三院虽然有别于一般意义的销售者，但其为患者治疗用药，属于具有营利性的行为，医院购进药品的价格与给患者使用药品的价格存在明显的价差，中山三院具有经营者的性质，亦属于销售者。

试问：本案是否属于药品不良反应案件？本案中的各被告是否应当承担连带赔偿责任？

第三节　药品不良反应相关法律问题

一、药品不良反应的概念

药品不良反应（Adverse Drug Reaction，ADR），与此相关的概念有“药物不良反应”、“不良事件”或“药害事件”等。世界卫生组织于 1971 年在日内瓦建立了“国际药品检查合作中心”，专门负责收集与反馈各国的药品不良反应信息。世界卫生组织对药品不良反应的定义是：在预防治疗疾病或调解生理机能过程中，给予正常用法和用量的药品时所出现的有害的和与用药目的无关的反应。[①]《药品不良反应报告和监测管理办法》中规定：药品不良反应是指合格药品在正常用法用量下出现的与用药目的无关的有害反应。可以看出，构成药品不良反应必须具备三个要件。

（1）引发不良后果的药品为合格药品。我国实行国家药品标准制度，包括《中华人民共和国药典》、药品注册标准和其他药品标准。[②] 引发药品不良反应的药品必须是合格药品，即符合国家标准的药品。假药、劣药和其他各种不符合药品标准[③]的不合格药品所引发的身体不

① 参见焦艳玲：《药品不良反应法律救济制度研究》，24 页，北京，知识产权出版社，2011。

② 参见田侃：《中国药事法》，2 版，42 页，南京，东南大学出版社，2011。

③ 参见《中国药学大辞典》，942 页，北京，人民卫生出版社，2010。药品标准（drug standard），是指国家对药品质量规格及检验方法所作的技术规定，是药品生产、供应、使用、检验和管理部门共同遵循的法定依据。

适、造成的身体损害不能被认定为药品不良反应。

(2) 按照正常用法用量使用药品。医师使用药品应当遵循法律法规、诊疗规范并参照药品说明书，而患者使用药品必须按照医嘱或者药品说明书的要求，在正常用法用量下使用药品，因患者自身、医师或者其他原因患者没有按照正常用法用量、滥用或误用药品，而引发的药品侵害也不能被认定为药品不良反应。

(3) 出现与用药目的无关的有害反应。患者使用合格药品，并按照正常用法用量使用后，发生了与用药目的无关的有害反应，发生药品不良反应必须对患者造成损害，同时药品与造成的损害之间存在着因果关系。

二、我国药品不良反应管理现状

1957 年德国“沙利度胺事件”发生后，世界各国逐渐加大了对药品不良反应问题的关注。我国于 1984 年制定的《药品管理法》即规定了药品不良反应。我国于 1988 年开始开展药品不良反应监测报告试点工作，于 1998 年 3 月正式加入世界卫生组织国际药品监测合作中心，于 1999 年 11 月颁布《药品不良反应监测管理办法（试行）》，于 2002 年在全国 31 个省市建立药品不良反应监测中心，于 2004 年 3 月国家食品药品监督管理局和卫生部制定了《药品不良反应报告和监测办法》，于 2011 年 5 月卫生部制定了《药品不良反应报告和监测管理办法》。截至 2011 年，我国三百余个地市组建了药品不良反应监测机构或指派专人开展监测工作，药品不良反应监测网络基本做到了地市级全覆盖，并快速向县级延伸。2012 年新的不良反应在线报告系统正式启用，药品不良反应监测系统网络终端机构用户数量达到了 15 万家。[①]

截至 2017 年年底，可在线实时报送药品不良反应的药品生产企业、经营企业和医疗机构注册用户达 34 万余个。

我国药品不良反应现象依然存在，药品不良反应已成为危害人类生命安全的重要因素之一。《国家药品不良反应监测年度报告（2021 年）》显示，2021 年全国药品不良反应监测网络收到“药品不良反应/事件报告表”196.2 万份。1999 年至 2021 年，全国药品不良反应监测网络累计收到“药品不良反应/事件报告表”1 883 万份。2021 年全国药品不良反应监测网络收到新的和严重药品不良反应/事件报告 59.7 万份，新的和严重药品不良反应/事件报告占同期报告总数的 30.4%。2021 年全国药品不良反应监测网络收到严重药品不良反应/事件报告 21.6 万份，严重药品不良反应/事件报告占同期报告总数的 11.0%。

药品不良反应是无法避免的，解决这一问题的有效方案是建立药品不良反应监测体系。我国《药品管理法》第 81 条第 1 款规定，药品上市许可持有人、药品生产企业、药品经营企业和医疗机构应当经常考察本单位所生产、经营、使用的药品质量、疗效和不良反应。发现疑似不良反应的，应当及时向药品监督管理部门和卫生行政部门报告。《药品不良反应报告和监测管理办法》也作出了相应的规定。应当说，我国在药品不良反应监测方面逐渐走向规范化。但是，在司法实践过程中，因药品不良反应而导致的人身损害赔偿纠纷案件中存在着大量误解和两难的现象。

预防接种异常反应属于药品不良反应的一种，国家加强了预防接种异常反应监测。《疫苗管理法》第 52 条规定：预防接种异常反应，是指合格的疫苗在实施规范接种过程中或者实施规范接种后造成受种者机体组织器官、功能损害，相关各方均无过错的药品不良反应。下列情

---

① 参见王丹、程刚：《药品不良反应监测数据年度趋势分析》，载《药物流行病学杂志》，2013 (5)，238～241 页。

形不属于预防接种异常反应：（1）因疫苗本身特性引起的接种后一般反应；（2）因疫苗质量问题给受种者造成的损害；（3）因接种单位违反预防接种工作规范、免疫程序、疫苗使用指导原则、接种方案给受种者造成的损害；（4）受种者在接种时正处于某种疾病的潜伏期或者前驱期，接种后偶合发病；（5）受种者有疫苗说明书规定的接种禁忌，在接种前受种者或者其监护人未如实提供受种者的健康状况和接种禁忌等情况，接种后受种者原有疾病急性复发或者病情加重；（6）因心理因素发生的个体或者群体的心因性反应。

三、药品不良反应归责原则

（一）过错责任原则

药品生产者、经营者在药品发生不良反应中存有过错，应由其就其过错承担相应的责任。其过错具体包括以下四种类型。

（1）发现药品不良反应应当报告而未报告的。我国对药品不良反应实行逐级、定期的报告制度，药品生产者、经营者必须严格履行报告义务。生产经营者不履行该义务给受害者造成损害的，应当予以赔偿。

（2）擅自删除药品说明书中的不良反应记录的。药品生产关系到药品使用者的生命健康，应严格依法进行。擅自删除药品说明书中的重要内容，造成使用者身体受损害的严重后果的，药品生产者理应承担法律责任。

（3）药品使用说明书上应补充注明不良反应而未补充的。药品生产者未按药品监督管理部门要求补充注明不良反应，或抗拒紧急控制措施的，其产生的危害和擅自删除药品说明书中的不良反应记录一样严重，药品生产者应承担因此造成的损害。

（4）未按规定报送或隐瞒药品不良反应资料的。《药品管理法》规定，研制新药，必须按照药品监督管理部门的规定如实报送研制方法、质量指标、药理及毒理试验结果等有关资料和样品，经批准后，方可进行临床试验。禁止进口疗效不确切、不良反应大或者有其他原因可能危害人体健康的药品。未按规定报送或隐瞒药品不良反应资料，违反《药品管理法》的规定，给受害者造成损害的，药品生产者应予赔偿。

（二）无过错责任原则

我国《民法典》第1223条明确了药品缺陷致害的生产者和经营者承担无过错责任，即药品缺陷导致使用者受到损害的，该药品的生产者和经营者就要承担相应的赔偿责任。药品不良反应是否属于药品缺陷，理论界是存有争议的。

由于我国《民法典》侵权责任编中没有对药品缺陷进行明确规定，因此我们采用我国《产品质量法》第46条对于产品缺陷的规定。按照该规定，产品有相应的国家标准、行业标准的，产品缺陷是指不符合该标准的产品。这就意味着不符合标准是产品缺陷的前提，而药品不良反应则与之不同，药品不良反应是指合格药品在正常用法用量下出现的与用药目的无关的有害反应。这便带来了一个问题：药品不良反应是否属于药品缺陷？如果答案是肯定的，那么将与《产品质量法》第46条相冲突；如果答案是否定的，药物纠纷一经鉴定为“药品不良反应”，将出现有受害者而无责任人的令人很难理解的悖论，但患者的利益毕竟受到了损害。在法治社会，国家和社会在此情况下必须为无辜受害者提供救济途径。

同时，有学者主张依据民法的公平原则，由当事各方均摊责任。但是，此种“和稀泥”的办法往往不能令当事各方满意，患者更是不理解为什么自己的不幸就得不到经济上的补偿。

案例 11-2

"龙胆泻肝丸事件"

2003 年 3 月，我国发生了"龙胆泻肝丸事件"。龙胆泻肝丸是一个具有悠久历史的古方，也是 1999 年国家药品监督管理局公布的第一批经过审定的非处方中成药。但其组方中的"木通"被改为了"关木通"。因关木通中含有马兜铃酸，患者虽按照医嘱和药品使用说明书服用该药，但服用一至两年，甚至两三个月后就会出现肾脏受损的症状。受害者起诉至法院，最终法院以龙胆泻肝丸符合当时国家药典标准，而且受害者很难证明所受损害与龙胆泻肝丸的缺陷之间存在因果关系为由判决大部分受害者败诉。据调查，当时我国约有十万人因服用龙胆泻肝丸而受到不同程度的肾脏损害，而绝大部分受害者并没有获得赔偿。

我国许多药品损害事件是因制造缺陷而导致，此类纠纷中，致害药品多已被患者使用，由于举证困难，受害者大多难以获得应有的赔偿。

第四节　超药品说明书用药的相关法律问题

一、概述

关于超药品说明书用药（unlabeled uses，off-label uses，out-of label usage，outside of labeling)，我国目前尚无明确的定义，其并非一个严格意义上的法律概念。2010 年卫生部和国家中医药管理局颁布的《医院处方点评管理规范（试行）》首次在法律法规的层面提出"超说明书用药"这一说法，但对其概念、适用范围等均无进一步明确规定。因此，有学者称之为药品说明书之外的用法、药品未注册用法。超药品说明书用药具体是指临床实际使用药品的用法、用量、适应证、适应人群、适应年龄、给药途径等与药品监督管理部门批准的药品说明书中的内容不同的情况。美国卫生系统药师协会（American Society of Health System Pharmacists，ASHP）将超药品说明书用药定义为临床实际使用药品的适应证、给药方法或剂量不在具有法律效力的说明书之内的用法，包括年龄、给药剂量、适应人群、适应证或给药途径等与药品说明书有关的内容。① 2010 年 3 月，广东省药学会发表的《药品未注册用法专家共识》对它的定义是：药品使用的适应证、给药方法或剂量不在药品监督管理部门批准的说明书之内的用法。②《医师法》第 29 条第 2 款规定：在尚无有效或者更好治疗手段等特殊情况下，医师取得患者明确知情同意后，可以采用药品说明书中未明确但具有循证医学证据的药品用法实施治疗。医疗机构应当建立管理制度，对医师处方、用药医嘱的适宜性进行审核，严格规范医师用药行为。这是我国立法上首次认可超药品说明书用药。

案例 11-3

某环孢菌素用于类风湿性关节炎是否属于超药品说明书用药

某环孢菌素的说明书对适应证是这样描述的：

【适应证】

适用于预防同种异体肾、肝、心、骨髓等器官或组织移植所发生的排斥反应，也适用于预

① 参见黄亮、申向黎、陈力等：《正确认识并有效规范超说明书用药行为》，载《中国医学院药学杂志》，2009(11)，949～951 页。

② 参见王岳：《药品未注册用法的法律风险问题》，载《中国医学论坛报》，2005-10-13。

防与治疗骨髓移植时发生的移植物抗宿主反应，本品常与肾上腺皮质激素等免疫抑制剂联合应用，以提高疗效。近年来有报道适用于治疗眼色素层炎、重型再生障碍性贫血及难治性自身免疫性血小板减少性紫癜、银屑病、难治性狼疮肾炎等。

医务人员是否可以将此药用于类风湿性关节炎患者呢？这是否属于超药品说明书用药？

二、药品说明书的性质

药品说明书是载明药品重要信息的法定文件，是选用药品的法定指南。新药审批后的说明书，不得自行修改。药品说明书的内容包括药品的品名、规格、生产企业、药品批准文号、产品批号、有效期、主要成分、适应证或功能主治、用法、用量、禁忌、不良反应和注意事项，中药制剂的说明书还应包括主要药味（成分）性状、药理作用、贮藏等。《处方管理办法》第14条第1款规定："医师应当根据医疗、预防、保健需要，按照诊疗规范、药品说明书中的药品适应证、药理作用、用法、用量、禁忌、不良反应和注意事项等开具处方。"药品说明书提供的用药信息，是医务人员、患者了解药品的重要途径，因此，药品说明书的规范程度与医疗质量密切相关。

目前规范药品说明书的规范性法律文件有《药品管理法》《药品说明书和标签管理规定》《化学药品和治疗用生物制品说明书规范细则》，这些规范性法律文件规定了药品说明书的法律地位、制作和审批程序、具体格式和内容等。

根据《药品管理法》第49条的规定，药品必须附有药品说明书。根据《药品说明书和标签管理规定》第9条的规定，药品说明书应当包含药品安全性、有效性的重要科学数据、结论和信息，用以指导安全、合理使用药品。考察我国药品管理相关法律，可以发现药品说明书有着更加广泛而重要的法律意义，药品说明书可以作为药品管理领域一系列法律事实的认定依据，包括用于判定假药劣药、缺陷药品、虚假药品广告和药品召回对象。1995年，某药厂擅自删减了卡马西平的说明书中不良反应的部分内容，结果患者服药后出现严重皮肤皮疹。经抢救脱离危险后，患者状告药厂擅自删减药品说明书中的重要内容，造成患者服药后身体遭受严重损害。这是我国首例患者状告药厂的案例。虽然当前药品说明书存在各种各样的问题，但这并不影响药品说明书的法律属性。①

案例 11-4

我国首例患者起诉药厂私改药品说明书案

1995年8月18日，51岁的患者胡某某因患三叉神经痛到上海市某医院就诊，医师开出处方，让其服用上海某某制药厂生产的卡马西平。胡某某遵照医嘱，头3天每日3次，每次1片，第4天起每日3次，每次服半片。服药7天后，胡某某的腰部、下肢出现皮疹。她在服药前和服药期间多次仔细看过该药品说明书，未见到不良反应中有"皮疹"内容，故继续服药。8月31日，胡某某的体温上升到40度，视力模糊，上下眼皮及口腔溃疡，腹部绞痛，昏迷，随即被送往另一家医院急诊。经医师会诊，诊断为"因卡马西平引起的多型红斑药疹"。

患者事后了解到其服用的卡马西平为上海××制药厂生产。胡某某遂找到该药厂，要求了解厂方为何在药品说明书中不写明对皮肤的不良反应。厂方解释其说明书是经上海市卫生局审批同意的，厂方无权修改市卫生局批件。上海市卫生局也出示了1988年1月19日批复同意该药厂生产卡马西平的原始文件。但患者经比对药品说明书后发现，药厂擅自删除了市卫生局批

① 参见尚童心：《状告厂家祸起药品——全国首例病家告药厂案始末》，载《中国技术监督》，1997（3），22～23页。

准的卡马西平说明书中应写明的 29 项不良反应。

随后患者向上海市第一中级人民法院起诉上海某某制药厂，以被告擅自删除药品说明书的内容，误导患者用药，造成其身体损害为由，提出索赔要求。1996 年 12 月 18 日，上海市第一中级人民法院公开开庭作出终审判决：被告上海某某制药厂赔偿原告胡某某医疗费、误工费、营养费等共计 5.5 万元。

三、超药品说明书用药的原因

首先，从医学发展的角度讲，临床医学在探索中不断前进，在药物使用中必然不断有新的发现和经验积累，药品说明书中记载的仅代表一般的常规学术状态，不可能达到学术前沿水平，超药品说明书用药变得不可避免，这也在某种程度上促进了临床药物治疗学的发展。

其次，从药品生产者的角度讲，生产者对于药品说明书的修改缺乏动力。修改药品说明书通常需要漫长复杂的审批程序，而且需要大量临床试验的数据，耗资巨大，对于药品专利保护即将到期的药品生产而言，修改说明书增加适应证并不会带来太多的直接效益。在这种费时、费钱又没有利益的情况下，生产者显然缺乏修改的动力。另外，药品生产者自身对药品说明书规范不足。通过对比发现，同一种药物由不同厂家生产，药品说明书往往不统一，这种不规范给医师和患者用药带来了困难。

再次，从医师和患者的角度讲，一些客观因素导致患者对药物治疗的依从性存在差异，从而产生超药品说明书用药的现象。如患者受到药品广告或受当地医疗条件的限制，会有意或无意影响到医师对用药的决策，造成超药品说明书用药。

最后，从药品治疗的特殊性来讲，特殊人群和特殊疾病中超说明书用药的情形较为普遍，而儿童用药剂型的严重匮乏，使得患儿经常被迫使用成人药物，由此催生一些超药品说明书用药行为；对于某些医学界尚无有效治疗方法的疾病或当患者处于危重状态时，医师根据患者状态选择性用药，可能会超出说明书范围。

案例 11－5

上海市某医院“眼药门”事件

2010 年 9 月 9 日，上海市某医院眼科在为 116 名眼底黄斑变性患者眼内注射自费药品阿伐斯汀（Avastin）后，患者出现眼部红肿、视力模糊等局部反应症状。其中，61 名患者入院治疗，有 17 例施行了玻璃体手术，有 28 例进行了眼内注射治疗，其余进行静脉滴注治疗，有 56 位患者病情好转。

阿伐斯汀是罗氏公司生产的用于治疗过敏性鼻炎的药物，后来发现该药物对于黄斑变性有很好的疗效。黄斑变性在阿伐斯汀问世前堪称绝症，大部分患者因无药可治最终失明。随后，罗氏公司通过对阿伐斯汀进行分子结构剪切，生产出专用于眼科的兰尼单抗。该药物单次治疗费用为 1 592 美元，而阿伐斯汀的单剂售价为 42 美元。由于费用差距巨大，临床上很多医师仍然选择阿伐斯汀治疗黄斑变性。

在美国，这款药物以标示外使用（off-label）的方式用于眼科，并有大量文献报道该药物具有治疗效果。我国对阿伐斯汀的超药品说明书用药由来已久，全国有三十多家三级甲等医院眼科超适应证用药治疗黄斑变性，效果良好。上海市某医院眼科自 2007 年使用该药物治疗患者近万例，临床疗效确切。

四、当前药品说明书存在的问题

虽然，药品说明书具有指导医师、患者用药的作用，具有规范性文件的法律性质，甚至是直接判定药品生产者、医疗机构是否应当承担责任的依据，但是当前我国的药品说明书存在的问题比较多。

虽然，国务院药品监督管理部门对药品说明书的内容和质量的审查做了不少工作，甚至在药品说明书质量管理和质量控制上设定了一些必要的制度，但仍然存在不少问题。比如，有学者①对审评校核人员对120份化学药品、生物制品说明书的校核修改进行了抽样、调查和统计，结果显示：涉及药品说明书校核修改的共有23项、335频次。其中，校核修改频次和占总频次百分率排在前三位的是：注意事项45频次（13%），用法用量35频次（10%），不良反应35频次（10%）。而这三项恰恰与药物应用有着密切关系。

自2006年《药品说明书和标签管理规定》实施之后，各厂家依据该规定印制了新版药品说明书。虽然新版药品说明书的内容和格式与以往的药品说明书相比，更加科学、规范、准确，起到了“说明”药品的作用。但有关药学专家认为新版药品说明书中仍存在一些不可忽视的问题。有学者对②药品说明书存在的问题进行归纳，主要包括：药品说明书缺项，药品说明书中内容表达错误，药品说明书中含量计算不一致，药品说明书专业表达不规范，药品说明书规格、批准文号表达混乱，药品说明书不同项目内容重复，药品说明书“成分”中语句不完整，药品说明书内容格式不对等。

五、规范超药品说明书用药行为

1. 建立完善的合理用药监管体系

首先，按照要求进一步明确和细化各病种的诊疗规范、用药指南、临床路径等，促进医务人员合理用药。其次，进一步完善监管机制，提高违规成本，夯实监管责任；加强医疗机构的内部监管，在医疗机构内部营造正确的价值导向，加强职业道德建设。再次，借助信息化手段，引进合理用药软件，除提供药物信息查询功能外，应能使医师在开具处方后自动对其合理性进行审核，并拦截不合格处方，提醒医师修改，同时通知药师进行复核和干预。最后还可进行处方点评、用药统计和分析，以有效降低不合格处方率，保障患者用药安全。

2. 医疗机构应当建立本院“超药品说明书用药目录”

规范超药品说明书用药审批和医师用药流程，吸收借鉴业界认可的目录，比如广东省药学会定期发布“超药品说明书用药目录”。同时，建立本院的超药品说明书用药审判制度和规范使用制度，由药学、医务管理部门审批。对目录之外的超药品说明书用药的审批，申请人应当提交超说明书用药的循证医学证据及其他有关资料。

3. 制定超说明书用药管理流程

医疗机构必须制定严格、规范的具备可操作性的超说明书用药管理流程并严格执行。同时，坚持权利本位，尊重和保障患者对超药品说明书用药的知情同意权。医师在实施超药品说明书用药之前，除要告知患者该药物的毒副作用和相关风险之外，还要明确告知患者这属于超药品说明书用药，并签署书面的知情同意书。

---

① 参见华尉利、程鲁榕、萧惠来：《从技术审评角度对中国药品说明书存在问题的思考》，载《中国临床药理学杂志》，2011（8），645～653页。

② 参见李玉衡、肖小川：《新版化学药品说明书内容表达仍错误百出》，载《首都医药》，2007（6），22～24页。

4. 培养医师规范用药意识

通过定期培训、学习、组织讲座等方式，确保每一位临床医师对合理用药、超说明书用药有一个明确的认知，明确在临床实际用药中合理用药、超说明书用药的裨益，不断提高对药代动力学、药理性质、药效的了解、掌握程度，便于临床医师在实际用药治疗中明确药物使用的合理性。

第五节　药品召回法律制度

一、概述

药品召回，是指药品生产企业按照规定的程序收回已经上市销售的存在安全隐患的药品。美国 FDA 对其定义为："所谓药品召回，即是指药品生产企业对已上市药品的撤回或改正行为。"欧盟将其定义为："药品企业不遵守生产药物的根本目的，生产违禁药品或质量不合格药品，违反了药品监督机制的相关法律法规，并且对消费者的身体健康构成危害，对其已在市场上流通的药品进行下架回收的行为。"

药品存在缺陷和安全隐患的原因是多方面的，仅仅通过研发阶段和临床试验阶段无法对药品进行充分的了解，严格的监管也不能完全保证药品绝对安全，因此对药品的监测应该贯穿于药品使用的每一个阶段。2004 年 10 月 1 日，美国默沙东制药公司主动召回其生产的罗非考昔。这是我国境内第一次药品召回事件，对于我国药品召回制度的建立具有积极的推动作用。2007 年 12 月 10 日，国家食品药品监督管理局颁布了《药品召回管理办法》。

二、药品召回等级制度

我国根据药品安全隐患的严重程度不同，将药品召回分为三个等级。一级召回：使用该药品可能引起严重健康危害的。此等级对人体健康伤害程度最高。二级召回：使用该药品可能引起暂时的或者可逆的健康危害的。三级召回：使用该药品一般不会引起健康危害，但由于其他原因需要召回的。

因此，对于安全隐患严重程度不同的药品，经过调查和评估确定药品危害程度，结合药品具体情况制订适宜的召回计划。

三、药品召回方式

根据我国《药品召回管理办法》的规定，我国主要采用药品生产企业主动召回和药品监督管理部门责令召回两种召回方式。

（一）主动召回

第一，药品生产企业主动收集药品使用的安全性信息，并对相关信息进行分析；第二，药品生产企业对于可能存在安全隐患的药品进行调查评估，确定药品安全隐患严重程度；第三，药品生产企业发现药品确实存在安全隐患的，应当决定召回，并制订相应的召回计划。对于进口药品，境外制药厂商在境外实施药品召回的，应当及时报告国务院食品药品监督管理部门；在境内进行召回的，由进口单位按照《药品召回管理办法》的规定负责具体实施。

（二）责令召回

首先，药品生产企业应当召回药品而未主动召回时，药品监督管理部门经过调查评估，认为该药品存在安全隐患，责令药品生产企业召回药品；其次，药品监督管理部门作出责令召回的决定后，将责令召回通知书送达药品生产企业；最后，药品监督管理部门有责任监督药品主产企业药品召回实施情况。

四、美国药品召回制度介绍

（一）法律依据

美国食品药品安全监督管理是目前世界上最严格的药品监管之一，其药品召回制度对于完善我国药品召回制度具有借鉴意义。《美国法典》（United States Code，USC）的第21个主题和《美国联邦法规》（Code of Federal Regulation，CFR）的第21个主题对于药品召回的定义、分级、类型和程序有明确的规定；同时《联邦食品、药品和化妆品法案》（Federal Food，Drug，and Cosmetic Act，FDCA）表明不会授权FDA强制企业召回药品，只有在婴儿、配方、医疗器械和人用生物制品对人体健康造成危害时，法律才会明确授予FDA在特定范围和区域内强制召回的权力。

（二）药品召回的程序

1. 召回的启动

根据药品召回的类型不同，启动召回也分为三种不同的方式：企业自愿启动召回、FDA要求启动召回和强制启动召回。企业自愿启动召回，是指当企业发现其所生产或销售的药品对消费者的健康（可能）造成损害时，或药品违反有关的法律规定时，企业主动向FDA报告并提交召回申请，申请启动召回。在紧急情况下，FDA会要求企业启动召回；当药品严重违反法律规定时，FDA会强制企业进行召回。

2. FDA专家委员会评估

FDA专家委员会负责对欲召回的药品进行健康危险评估，该药品是否需要召回以及确定召回的级别。属于药品召回的范围主要包括：（1）药品或说明书的错误使用；（2）市场销售药品的微生物污染、理化性质的显著变化、其他显著变化或变质、一个或多个批次药品不符合规定的标准规范；（3）对健康具有急迫或实质性危害的生物制品。

FDA将药品召回分为Ⅰ级、Ⅱ级和Ⅲ级。Ⅰ级：使用或暴露出问题的药品有理由认为会导致严重的不良健康后果或死亡。Ⅱ级：使用或暴露出问题的药品会引起短暂或一段时间的不良健康后果。Ⅲ级：使用或暴露出问题的药品不会产生不良健康后果。

3. 制定召回策略

召回策略，即召回计划书，包括召回的范围和程度、公众警示、效力检查。其中召回的范围和程度是指，对销售链的召回级别进行说明，如：消费者—零售药店（使用级别）、零售药店—零售连锁企业（零售级别）、零售连锁企业—批发企业（批发级别）等。公众警示是为了向公众警示正在被召回药品的健康危害。决定发布公众警示的召回企业，需向FDA提交其欲进行的公众警示和发布该警示的计划，以便于FDA审查和评价。在召回策略中需要说明是否发布公众警示和发布的方式，FDA与召回企业协商后将发布该警示。效力检查是为了确保各召回主体都已收到召回通知并采取适当的措施，一般由企业进行，FDA给予适当协助。

4. 召回的实施

召回企业要在第一时间发布召回信息，通知其直接客户。信息的形式、格式、内容、范围，需要与召回计划相一致。召回信息可以通过电报或紧急信函的方式发布，最好在信函封面标注相关的召回警示色，如“红色”，主要针对紧急的召回。

5. 召回的监督检查

召回企业定期（一般要求2周～4周）向FDA地区办公室提交召回报告，以便FDA评估召回进程，具体报告频率由FDA根据召回的紧急程度在具体个案中具体确定。随着召回的终止，报告的提交也就终止。FDA地区办公室负责药品召回的具体工作，其中由区域协调员负责整个过程的协调和检查。

6. 召回的终止

一般FDA认为召回企业已按召回策略实施了所有可能的撤回或改正，同时可以推断出对召回的范围和危害程度都作出了合理的部署，此时召回就终止了，FDA地区办公室会向企业发出书面的终止通告。此外，召回企业也可以向FDA地区办公室提交终止召回申请，说明其已按照规定执行了有效地召回，同时提交最终的召回报告和召回药品的处理情况报告。

第六节　我国医疗器械管理法律制度

一、医疗器械的概念

医疗器械，是指直接或者间接用于人体的仪器、设备、器具、体外诊断试剂及校准物、材料以及其他类似或者相关的物品，包括所需要的计算机软件。其效用主要通过物理等方式获得，不是通过药理学、免疫学或者代谢的方式获得，或者虽然有这些方式参与，但是只起辅助作用。其目的是：（1）疾病的诊断、预防、监护、治疗或者缓解；（2）损伤的诊断、监护、治疗、缓解或者功能补偿；（3）生理结构或者生理过程的检验、替代、调节或者支持；（4）生命的支持或者维持；（5）妊娠控制；（6）通过对来自人体的样本进行检查，为医疗或者诊断目的提供信息。①

医疗器械在中国的出现，可以追溯到几千年以前。根据医学史书记载，在商代以前人们已能借助某些专门工具，医治内、外科疾病，如针灸使用的针具，最早由石头雕琢而成，后来逐步由竹针、骨针替代。在商代以后，中国已掌握冶炼技术，又逐步以钢、铁、金、银为材料先后制作了金属针灸针。此外，还创造了手术用的刀、剪、钳、镊，以及骨折作固定、复位用的“杉篱”、“软垫”和“小夹板”等医疗用具。到了19世纪中叶，随着西方医学在中国传播、推行，外国制造的医疗器械开始输入中国。由于旧中国经济技术落后且工业不发达，国内需要的医疗器械长期以来只能依靠进口。自新中国成立后，经过几十年的努力，我国医疗器械生产有了很大发展，产品的数量、品种不断增多，质量、性能逐步提高，为防病治病、保护人体健康发挥了积极作用。②

二、医疗器械监督管理立法

（一）国外医疗器械管理立法概况

20世纪70年代以来，随着现代科学技术的发展，使用高新技术的医疗器械工业迅速发展，在医疗卫生事业发展方面起到越来越重要的作用。同时，对医疗器械的监督管理也越来越

① 参见《医疗器械监督管理条例》第103条。

② 参见宋文质主编：《卫生法学》，205页，北京，北京大学医学出版社，2005。

受到重视。

1976 年美国国会正式通过了《联邦食品、药品和化妆品法》（Federal Food，Drug，and Cosmetic Act）的修正案，加强了对医疗器械的监督和管理，并确立了对医疗器械实行分类管理的办法。这个法案是国际上第一个国家立法，并由政府行政部门——食品药物管理局中的器械和放射卫生中心（CDRH）负责医疗器械的监督管理。1990 年美国颁布了《医疗器械安全法》。

在日本，医疗器械的监督管理由厚生省负责；1989 年药物局颁布了《医疗用具质量体系》；1994 年日本对药事法进行了较大修改，进一步完善了医疗器械管理办法，并从 1995 年起对医疗器械进行全面管理。

澳大利亚于 1989 年通过《治疗品法》（Therapeutic Goods Act）的修正案，把药品和医疗器械统称为治疗品，并于 1990 年成立治疗品管理局，直属联邦卫生福利部。

欧共体委员会（EM）从 1988 年就开始讨论欧共体医疗器械管理立法问题，至今已制定了一套管理法规。欧共体内各个成员国则在欧共体指令的基础上陆续制定了各自的法规，例如 1993 年瑞典颁布了《医疗器械法》。①

（二）我国医疗器械管理立法

2000 年国务院发布的《医疗器械监督管理条例》是我国第一个关于医疗器械监督管理的行政法规。2020 年 12 月 21 日国务院对《医疗器械监督管理条例》进行修订，在多个方面都作出了不小的修改和完善，主要体现在：完善了分类管理制度，适当减少事前许可，加大生产经营企业和使用单位的责任，创新监管手段及强化日常监管，按照违法行为的轻重分条分项设立了法律责任等内容。这次修订标志着我国医疗器械的监督管理进入新的阶段。此外，原国家食品药品监督管理局还颁发了一些医疗器械管理的规定，如《医疗器械标准管理办法》《医疗器械生产监督管理办法》《医疗器械经营监督管理办法》② 等。《产品质量法》《民法典》的相关内容对医疗器械管理也有相应的法律效力。

医疗器械监督管理遵循风险管理、全程管控、科学监管、社会共治的原则。国家对医疗器械按照风险程度实行分类管理，建立了医疗器械备案、注册管理制度，医疗器械临床评价与临床试验制度，医疗器械不良事件报告制度和产品召回制度等。医疗器械产品应当符合医疗器械强制性国家标准；尚无强制性国家标准的，应当符合医疗器械强制性行业标准。

三、医疗器械的分类

国家依据医疗器械的结构特征、医疗器械的使用形式和医疗器械使用状况，对医疗器械实行分类管理。2016 年 1 月 1 日开始实施的《医疗器械分类规则》制定了医疗器械分类的基本规则。按照风险程度由低到高，医疗器械管理类别依次分为第一类、第二类和第三类。医疗器械风险程度，应当根据医疗器械的预期目的，通过结构特征、使用形式、使用状态、是否接触人体等因素综合判定。

第一类是风险程度低，实行常规管理可以保证其安全、有效的医疗器械。此类如拆钉钳、根管锉针、齿科反光镜、酒精棉片、碘酒棉棒等。

第二类是具有中度风险，需要严格控制管理以保证其安全、有效的医疗器械。此类如硅橡

① 参见赵同刚主编：《卫生法学》，188～189 页，北京，人民卫生出版社，2001。

② 《医疗器械生产监督管理办法》由国家市场监督管理总局于 2022 年 3 月 10 日修改，《医疗器械经营监督管理办法》由国家市场监督管理总局于 2022 年 3 月 10 日修改。

胶齿状弹力拉伸线（连续使用时间不超过 30 天）、眼科理疗仪、妇科阴道数字观察系统、内窥镜套管等。

第三类是具有较高风险，需要采取特别措施严格控制管理以保证其安全、有效的医疗器械。此类如心血管自动反馈控制给药治疗仪、内镜定位标记液、羊水细胞完全培养基、高压注射器针筒及附件、整形重建用填充物、硅橡胶齿状弹力拉伸线（连续使用时间超过 30 天）等。

四、医疗器械的研发和注册管理

（一）医疗器械的注册

国家对医疗器械实行产品备案管理制度和生产注册制度。《医疗器械监督管理条例》修改后医疗器械生产者先申请产品注册证，后申请生产许可证。其中，第一类医疗器械实行产品备案管理，由备案人向所在地设区的市级人民政府负责药品监督管理的部门提交备案资料。第二类、第三类医疗器械必须进行注册登记，注册第二类医疗器械，注册申请人应当向所在地省、自治区、直辖市人民政府药品监督管理部门提交注册申请资料；注册第三类医疗器械，注册申请人应当向国务院药品监督管理部门提交注册申请资料。未经注册或未取得注册证件的第二类、第三类医疗器械产品，不得进入市场，不得进行广告宣传及展销活动。

第一类医疗器械实行产品备案管理，第二类、第三类医疗器械实行产品注册管理。医疗器械注册人、备案人应当加强医疗器械全生命周期质量管理，对研制、生产、经营、使用全过程中医疗器械的安全性、有效性依法承担责任。第一类医疗器械产品备案，由备案人向所在地设区的市级人民政府负责药品监督管理的部门提交备案资料。申请第二类医疗器械产品注册，注册申请人应当向所在地省、自治区、直辖市人民政府药品监督管理部门提交注册申请资料。申请第三类医疗器械产品注册，注册申请人应当向国务院药品监督管理部门提交注册申请资料。医疗器械产品注册证书有效期为 5 年，持证单位应当在产品注册证书有效期满前 6 个月内提出延续注册的申请。

（二）医疗器械的临床评价和临床试验

医疗器械产品申请备案、注册时，应当提交临床评价资料。进行医疗器械临床评价，可以根据产品特征、临床风险、已有临床数据等情形，通过开展临床试验，或者通过对同品种医疗器械临床文献资料、临床数据进行分析评价，证明医疗器械安全、有效。按照国务院药品监督管理部门的规定，进行医疗器械临床评价时，已有临床文献资料、临床数据不足以确认产品安全、有效的医疗器械，应当开展临床试验。

符合下列情形之一，可以免于进行临床评价：（1）工作机理明确、设计定型，生产工艺成熟，已上市的同品种医疗器械临床应用多年且无严重不良事件记录，不改变常规用途的；（2）其他通过非临床评价能够证明该医疗器械安全、有效的。

五、医疗器械生产管理

（一）医疗器械生产企业许可证的取得

《医疗器械生产监督管理办法》规定，开办第一类医疗器械生产企业的，应当向所在地设区的市级负责药品监督管理的部门办理第一类医疗器械生产备案。开办第二类、第三类医疗器械生产企业的，应当经所在地省、自治区、直辖市药品监督管理部门批准，依法取得医疗器械生产许可证。医疗器械生产许可证有效期 5 年，期满前 6 个月，企业应提出换证申请，按规定办理换证手续。

（二）医疗器械生产管理

企业在取得医疗器械产品生产注册证书后，方可生产医疗器械。医疗器械生产不得违反下列规定：医疗器械生产企业应当按照经注册或者备案的产品技术要求组织生产，保证出厂的医疗器械符合强制性标准以及经注册或者备案的产品技术要求。出厂的医疗器械应当经检验合格并附有合格证明文件；未经备案，不得审查第一类医疗器械，未取得医疗器械生产许可证不得生产第二类、第三类医疗器械；医疗器械委托生产的委托方应当是委托生产医疗器械的境内注册人或者备案人。其中，委托生产不属于按照创新医疗器械特别审批程序审批的境内医疗器械的，委托方应当取得委托生产医疗器械的生产许可或者办理第一类医疗器械生产备案。医疗器械委托生产的受托方应当是取得受托生产医疗器械相应生产范围的生产许可或者办理第一类医疗器械生产备案的境内生产企业。受托方对受托生产医疗器械的质量负相应责任。

六、医疗器械经营管理

（一）医疗器械经营企业许可证的取得

《医疗器械经营监督管理办法》规定，从事第二类医疗器械经营的，经营企业应当向所在地设区的市级负责药品监督管理的部门备案。从事第三类医疗器械经营的，经营企业应当向所在地设区的市级负责药品监督管理的部门提出申请，符合规定条件的，作出准予许可的书面决定，并于10个工作日内发给医疗器械经营许可证。“医疗器械经营企业许可证”有效期5年，期满前90个工作日至30个工作日内，企业应提出延续申请，按规定办理延续手续。

（二）医疗器械经营管理

未经备案，不得经营第二类医疗器械；未取得医疗器械经营许可证不得经营第三类医疗器械。医疗器械经营企业在经营中不得有下列行为：（1）伪造、变造、转让、出租医疗器械经营许可证；（2）经营质量不合格的产品；（3）经营未经备案或未取得医疗器械生产许可证的企业生产的医疗器械；（4）无合格证明文件以及过期、失效、淘汰的医疗器械；（5）禁止进口、销售过期、失效、淘汰等已使用过的医疗器械；（6）法律、法规、规章禁止的其他行为。

案例11-6

程某诉心脏起搏器质量纠纷赔偿案

1992年1月，程某因患有冠心病、病态窦房结合综合征，在中国人民解放军某医院住院治疗。由于程某身体及治疗的需要，经医院推荐，征得程某及亲属的同意，医院购买了被告某医学仪器有限公司销售的美国某公司生产的VI. ASTRAT4型心脏起搏器。随机发给患者的起搏器患者安全卡注明：该机保证年限为终身。同年3月，被告医院为程某实施了心脏起搏器植入手术，手术后起搏器工作正常，程某出院。1994年6月，程某又因病入住被告医院治疗。住院期间，程某的心律出现失常，窦房传导阻滞，经检查诊断确定为心脏起搏器电极导线于程某右锁骨部位折断。为及时救治程某，经程某的亲属与医院商议，医院实施了在将原心脏起搏器留在程某体内的情况下，再为程某植入一个心脏起搏器的方案。1994年6月，该医院为程某做了第二次心脏起搏器植入手术，将被告某医学仪器公司销售的SIEMENS（西门子）公司生产的DIALOG2037K型心脏起搏器植入程某体内，并另行植入一电极导线。至程某向法院起诉前，再植入的心脏起搏器工作正常。

1996年4月，程某起诉至天津市某区人民法院，诉请判令二被告赔偿第二次安置心脏起搏器的医疗费、护理费、相关损失及精神损害赔偿费等总计人民币33万余元。法院依据《产品质量法》《消费者权益保护法》《民法通则》（已失效）的有关规定，判决被告某医学仪器有限公司一次性赔偿程某购买心脏起搏器的费用及其亲属护理程某的误工损失总计 3 万余元，并给予程某因精神上受到损害的补偿 4 万元。

思考题

1. 我国医疗机构的制剂管理有哪些具体规定?

2. 在临床常用药品中，国家法律按照特殊药品管理的有哪几类?

3. 药品生产经营企业不能对药品不良反应完全免责的情形包括哪些?

4. 试谈您对建立药品不良反应研发与救济基金制度的看法。

5. 试谈《产品质量法》第 41 条关于产品投入流通时的科学技术水平尚不能发现缺陷免除赔偿责任的规定在药品及医疗器械侵权案件中的适用。

6. 谈谈您对我国“超药品说明书用药”规范化使用的看法。

第十二章
医疗损害技术鉴定

在医疗行为出现了偏离预期的目的，出现了损害患者身体健康，甚至剥夺了患者生命的结果之后，容易发生医疗纠纷。由于医疗行为的专业性和技术性，医患双方在对患者损害结果的认识上也会出现较大分歧，即使将纷争提交法院，法官也难以依据法律规则作出判断。凡是涉及医疗技术争议的医疗侵权纠纷案件，都需要提请医疗损害技术鉴定。正是从这个角度出发，可以说医疗损害技术鉴定是医疗侵权赔偿纠纷案件处理的核心。本章主要介绍我国现行的医疗损害技术鉴定制度。

第一节　医疗损害技术鉴定概述

一、医疗损害技术鉴定的概念和特点

（一）医疗损害技术鉴定的概念

医疗损害技术鉴定是指人民法院在审理医疗侵权纠纷案件的过程中，为了解决争议诊疗行为是否存在过错、过错医疗行为与损害结果之间是否具有因果关系、医疗过错对损害结果发生的参与程度以及后续治疗要求的认定等，由人民法院委托专门鉴定机构组织具有相关临床医学专业学科知识和经验的专家所作的有针对性的技术分析、解释和报告的活动。[①]

在医疗纠纷事件发生后，由于医疗行为的专业性，常常要启动第三方的技术鉴定程序，以协助案件处理者对争议医疗行为是否存在过错及有过错的医疗行为与损害后果之间是否具有应该关系进行判断，从而适用相关法律对纠纷事件进行处理。长期以来，在医疗纠纷处理上习惯于用医疗事故的概念，因此，多年来一直采用医疗事故技术鉴定的概念。现在医疗事故技术鉴定特指依照《医疗事故处理条例》的规定，由医学会医疗事故技术鉴定办公室依法组织进行的鉴定，鉴定意见主要供卫生行政部门对医疗纠纷事件进行行政处理服务。但是，由于医疗事故技术鉴定也回答了医疗行为是否有过错、医疗行为与损害后果是否具有因果关系，所以有关部门也会依据医疗事故技术鉴定意见处理医疗损害赔偿纠纷。近年来出现的医疗损害技术鉴定有别于医疗事故技术鉴定。医疗损害鉴定是依据《民法典》的相关规定，对医疗纠纷事件中医疗行为是否有过错、医疗行为与损害后果是否具有因果关系进行的专业技术判断，鉴定意见供有关单位依法处理患者的损害赔偿请求。不过，无论是哪一类鉴定，鉴定思路和鉴定要解决的问题大致相同，只是医疗事故技术鉴定在回答了医疗过程、因果关系等问题之后，还需要结合《医疗事故处理条例》关于医疗事故构成要件的规定，判断是否构成医疗事故以及构成几级医

① 参见刘鑫、梁俊超：《论我国医疗损害技术鉴定制度构建》，载《证据科学》，2011（3），261～274页。

疗事故。从这个角度来说，医疗事故技术鉴定更为复杂，难度更大，也更容易引起争议。

（二）医疗损害技术鉴定的特点

虽然医疗损害技术鉴定被称为鉴定，其实它与我国诉讼制度中所说的“鉴定结论”有着很大的区别，但它仍然属于我国诉讼法上所称的鉴定意见①，在诉讼中仍然是法定证据之一。医疗损害技术鉴定具有如下几个特点。

1. 技术性

医疗损害技术鉴定的本质，在于对医疗行为的技术判断。无论法律上对其如何界定，也无论鉴定过程中如何适用医疗卫生管理法律、法规、部门规章和诊疗技术规程，实际上鉴定是由没有系统的法律知识和理论但具有医学技术经验的专家来进行的，鉴定的过程也是这些法律外行对医疗行为作技术上的分析。因此，医疗损害技术鉴定是对既往发生的医疗行为所作的全面技术回顾、技术细节重建的过程，是一种技术性分析和判断活动。

2. 法定性

医疗损害技术鉴定活动，从鉴定的组织、鉴定的过程、鉴定的形式以及鉴定结论的构成等方面来看，都具有法定性。医疗损害技术鉴定的组织，是依法设立的专门从事医疗损害技术鉴定的机构，目前医学会下属的医疗损害技术鉴定机构和在司法行政机关登记注册的司法鉴定机构为合法的鉴定机构；鉴定的启动必须依照法定的启动程序，由卫生行政部门、人民法院或者其他相关办案单位来委托，鉴定机构依照法定的程序进行操作；鉴定结论，无论是其表现形式——鉴定文书，还是结论的实质内容，都需要依照具体法律规定的标准来确定。这些都体现了法定性的特点，不能违背法律的规定和要求。

3. 证据性

无论我们怎么去强调医疗损害技术鉴定结论在医疗损害诉讼中的意义和作用，从根本上说，医疗损害鉴定结论仍然属于法定证据之一，属于诉讼法上所规定的法定证据——鉴定结论。既然是证据，就具有证据的属性，就应当符合证据的要求。不过，医疗损害技术鉴定与诉讼法上所称的其他司法鉴定不同，具体表现为：一是鉴定的对象不是人，也不是物，而是医疗行为或者医疗活动；二是在鉴定过程中，鉴定专家要甄别证据真伪，判断证据的证据能力和证明力，进而运用证据来确认事实；三是鉴定专家在作出事实判断的基础上，需要进一步适用法律，比照法律规定，结合自己对法律条文的理解来回答医疗事故技术鉴定中必须回答的专门性问题；四是鉴定活动不是一个单纯的技术是否违规的判断，也不是一个简单的事实判断，而是要在技术和事实判断的基础上，最终上升到法律层面，根据医疗法律规定及相关判断标准作出判断。

案例 12-1

医疗损害技术鉴定能否适用证据规则

张某，1995 年 11 月因车祸入住四川省某县医院（以下简称县医院），县医院经救治后作出如下诊断：盆骨粉碎性骨折、流产死胎，造成输卵管、小肠损伤，膀胱损伤。在接下来 5 个月的住院治疗期间，县医院为张某进行了手术治疗，对膀胱进行了导尿手术。1996 年 4 月出院后，张某经常感到小腹、膀胱疼痛难忍。几年来，张某不断奔波在各大医院就诊，终无定论，长年的疼痛不仅使其丧失了劳动能力，连正常的夫妻生活都不能进行。2003 年，经另一家医

① 在 2013 年 1 月 1 日以前涉及专门性问题、由相关专家提供的证据形式被称为鉴定结论，2013 年 1 月 1 日修订的《民事诉讼法》将该证据形式称为鉴定意见。《民事诉讼法》第 63 条规定，证据包括：（1）当事人的陈述；（2）书证；（3）物证；（4）视听资料；（5）电子数据；（6）证人证言；（7）鉴定意见；（8）勘验笔录。

院确诊，由该医院进行手术时，从膀胱中取出 2cm×1.8cm 的椭圆形结石，结石击碎后其内核是一块黄白色橡胶皮。当地医学会对此作出县医院无责任的鉴定结论，理由是张某无证据证明其体内的橡胶皮是县医院放进去的。县法院告知张某需再交 6 600 元鉴定费到省医学会申请鉴定。

请问：本案中，当地医学会作出的鉴定结论是否恰当？

二、医疗损害技术鉴定沿革

我国与医疗纠纷处理有关的鉴定经历了一个比较复杂的发展过程，目前呈现出医学会组织的医疗损害技术鉴定和法医鉴定机构组织的医疗损害技术鉴定两种模式。除江苏省、上海市明确由医学会组织鉴定之外，其他地方基本上是两种鉴定模式并存的局面，有的地方表现出医学会鉴定边缘化，涉及诉讼的医疗纠纷案件更多启动法医鉴定机构组织的医疗损害技术鉴定。

新中国成立之前，医疗纠纷或医疗事故案件（医讼案）无专门的裁判机关，仍由法院进行审理和裁判，鉴定和处理上也没有统一的程序和规范文件。该时期的医疗纠纷案件的鉴定工作一般由中华医学会、地方医师公会承担①，只在个别地方的个别案件中，偶有法医参加。② 在新中国成立之后，医疗损害技术鉴定大致经历了无统一鉴定体系、单一鉴定体系和双轨制鉴定体系三个阶段。

（一）无统一鉴定体系阶段（1949 年至 1987 年）

这一阶段的时间跨度长达 38 年，患者及其家属与医疗机构的医疗纠纷亦时有发生。但因该阶段我国涉及医疗纠纷处理的文献资料极其匮乏，大部分学术文章或专著对该阶段的介绍未注明其资料来源，使得对此阶段医疗纠纷鉴定体制的研究变得非常困难。最早提到医疗事故这个概念的是 1950 年的《人民日报》③，最早从技术角度讨论医疗事故的文献发表在 1956 年的《人民军医》上。④ 有学者将这一阶段医疗纠纷处理又分为三个小阶段。第一阶段：1950 年至 1959 年，侧重法律裁决。尽管卫生部于 1950 年发布的《解剖尸体暂行规则》规定医疗事故案件要经过尸体解剖鉴定，部分医院也成立了医疗事故技术鉴定委员会，但法院处理医疗纠纷案件时经常不经医疗事故技术鉴定，而是直接审理，甚至传唤医务人员，直至对其判处刑罚。第二阶段：1959 年至 1977 年，侧重卫生行政部门定性处理。法院对医疗纠纷案件一般不予受理，其结果是患者往往投诉无门，医患双方的合法权益都未能得到保护。第三阶段：1978 年后，医法结合处理医疗纠纷阶段。我国各地先后制定出台有关地方性法规或文件以规范医疗纠纷处理是其主要标志。⑤ 这一阶段的鉴定处于一种无序状态，主要原因是这一阶段没有统一的医疗纠纷处理方面的法律法规。⑥ 在这一阶段有中国人民解放军总后勤部于 1973 年发布的《关于积

---

① 参见刘鑫：《医疗损害技术鉴定研究》，58～60 页，北京，中国政法大学出版社，2014。

② 参见刘鑫：《医疗损害技术鉴定研究》，59～60 页，北京，中国政法大学出版社，2014。

③ 参见《粗枝大叶玩忽人命 领导机关通令普遍检查工作》，载《人民日报》，1950－04－05；《石市铁路医院再度进行工作检查 继续发现严重医疗事故 错误人员已得应有处分》，载《人民日报》，1950－05－10。《人民日报》两次刊登有关医疗事故的文章，报道太原铁路局在对下属石家庄市铁路医院开展检查工作中发现其存在严重医疗事故，并对相关医务人员作出开除、警告等处分。这也是本书作者在查阅文献时发现的我国最早使用“医疗事故”词汇的正规出版物。《人民日报》甚至专门对此发表了社论。参见《消灭医疗事故》，载《人民日报》，1955－11－30，1 版。

④ 参见沈阳军区后勤部卫生部：《1955 年医疗事故发生情况检讨报告》，载《人民军医》，1956（5），277～284 页。

⑤ 参见梁华仁：《医疗事故的认定与法律处理》，24～30 页，北京，法律出版社，1998。

⑥ 参见肖启亨、刘世沧：《某医院三十三年医疗事故的初步分析》，载《华西医讯》，1986（1），29～30 页。

极预防和正确处理医疗事故的规定》[1]，各地也制定了地方性的医疗事故预防与处理暂行规定。这些文件成了1987年国务院制定《医疗事故处理办法》的基础。

（二）单一鉴定体系阶段（1987年至1998年）

1987年6月29日国务院出台的《医疗事故处理办法》（以下简称《办法》）是新中国第一部专门处理医疗纠纷的行政法规。与其相配套的，是卫生部于1988年3月30日发布的《医疗事故分级标准（试行）》、1988年5月10日下发的《关于〈医疗事故处理办法〉若干问题的说明》。关于鉴定，《办法》明确规定分为省级、地市级和县级三级医疗事故技术鉴定委员会，鉴定委员会隶属于各级卫生行政部门。相应地，医疗事故也分为三级：一级最重，三级最轻；同时分为技术事故和责任事故。患者及其家属和医疗机构对医疗事故或事件的确认和处理有争议时，可提请当地医疗事故技术鉴定委员会进行鉴定，由卫生行政部门处理。以《办法》的施行为标志，我国统一的医疗事故技术鉴定制度初步建立，形成了单一鉴定体系。

（三）双轨制鉴定体系阶段（1998年至今）

自1998年以后，医疗纠纷案件的技术鉴定发生了很大变化，即由各地医疗事故技术鉴定委员会的单一鉴定体制，逐步向医疗事故技术鉴定委员会与法医学鉴定机构或司法鉴定机构并存的双轨制鉴定体系发展，出现了明显的医疗纠纷案件鉴定的“二元化”现象。根据其发展成熟程度，又可以将此阶段为分为三期，即双轨制初级阶段、发展阶段和成熟阶段。在《办法》实施期间，各地审判机关已注意到了《办法》与《民法通则》（已失效）之间的冲突，部分地方法院对医疗纠纷案件的立案受理、鉴定、举证责任、法律适用等问题进行了积极的探索，其中最为突出的是泸州市中级人民法院：1999年11月5日，泸州市中级人民法院下发了《关于审理医疗损害赔偿案件的若干意见（试行）》（泸中法发［1999］35号），明确规定“医疗事故鉴定委员会和法庭科学技术鉴定所对医疗损害因果关系的鉴定结论，均为诉讼证据，二者没有级别之分、证明力大小之分，具体采信何种鉴定结论作定案证据，由法庭根据案件事实予以决定”。泸州市中级人民法院这部司法审判指导文件的出台，对医疗纠纷鉴定二元化的形成有着重要影响。2002年9月1日《医疗事故处理条例》生效后，最高人民法院于2003年1月6日发布了《关于参照〈医疗事故处理条例〉审理医疗纠纷民事案件的通知》（已失效）。至此，二元化的医疗损害技术鉴定的模式正式形成，并在2010年7月1日《侵权责任法》实施后得到加强。当然，进入《民法典》时代，医疗损害鉴定二元化局面没有明显变化，但也出现了一些变化的端倪：一是有些过去一直强调医学会鉴定的地区，比如江苏省、上海市，开始出现法医鉴定；二是法医鉴定占主导地位的地区，比如北京市，开始出现医学会鉴定的回潮。相关现象和原因有待于进一步考察。

第二节　医疗损害技术鉴定组织

一、医疗损害技术鉴定机构

（一）医学会医疗事故技术鉴定办公室

目前医学会开展医疗损害鉴定的依据主要有《医疗事故处理条例》《医疗纠纷预防和处理

---

① 参见牛凡：《谈谈医疗事故的正确判定问题》，载《广后医学资料》，1983（2），44～48页。

条例》以及国家卫生健康委员会发布的《关于加强医疗损害鉴定管理工作的通知》（国卫医函〔2021〕1号）、《医学会医疗损害鉴定规则（试行）》。我国医学会的医疗损害技术鉴定机构采用三级结构的模式，但是在鉴定的实施上，并非三级模式，而是“2＋1”的模式：所谓“2”是初次鉴定和再次鉴定，所谓“1”是由中华医学会组织的鉴定。

初次鉴定：设区的市级地方医学会和省、自治区、直辖市直接管辖的县（市）、区地方医学会负责组织首次医疗事故技术鉴定工作。

再次鉴定：省、自治区、直辖市地方医学会负责组织再次鉴定工作。

与过去医疗事故鉴定委员会不同的是，新的医疗事故技术鉴定制度在中华医学会也设立了医疗事故技术鉴定办公室，负责全国的医疗事故技术鉴定的管理、督导和调研工作，同时可以组织疑难、复杂并在全国有重大影响的医疗事故争议的技术鉴定工作。

一般而言，医疗事故技术鉴定只能经历地市级和省级两级鉴定，非疑难、复杂并在全国有重大影响的医疗事故争议，不能启动中华医学会组织的鉴定。但在医疗损害鉴定上，医学会并没有这样的鉴定层级的区别。

（二）法医学司法鉴定机构

根据《司法鉴定机构登记管理办法》第3条的规定，司法鉴定机构是指从事《全国人民代表大会常务委员会关于司法鉴定管理问题的决定》第2条规定的司法鉴定业务的法人或者其他组织。法医学司法鉴定机构是法医专业司法鉴定人的执业机构，应当具备《司法鉴定机构登记管理办法》规定的条件，经省级司法行政机关审核登记，取得“司法鉴定许可证”，其登记的司法鉴定业务范围中有法医病理、法医临床、法医物证、法医毒物、法医精神病等科目，并据此开展法医学司法鉴定活动。随着法医逐步涉及医疗损害纠纷案件的鉴定，有人开始将医疗损害鉴定纳入法医临床学。2020年5月14日司法部发布的《法医类司法鉴定执业分类规定》（司规〔2020〕3号）将医疗损害鉴定的内容分散到法医病理鉴定、法医临床鉴定和法医精神鉴定之中。由此可见，法医从事医疗损害纠纷鉴定是得到司法部认可的，有司法部的相关规定为依据。

案例12-2

北京某民营医院以医疗事故技术鉴定侵犯其名誉权为由起诉医学会

北京某民营医院以某市医学会出具的鉴定书认为其“不具备正确诊断和治疗疾病的能力”，将该市医学会起诉到北京市××区人民法院，要求该市医学会为其恢复名誉、消除影响、赔礼道歉，并赔偿名誉及经济损失3万元。

原告北京某民营医院称：医院与患者王女士之间发生医疗服务合同纠纷后，王女士向某市医学会申请医疗事故鉴定。2004年3月31日，某市医学会作出不属于医疗事故的鉴定结论。同年5月9日，王女士再次向该市医学会申请重新鉴定。该市医学会的鉴定书中，对原告的医疗行为表述为“不具备正确诊断和治疗疾病的能力……该院在对患者王某的诊治过程中，门诊病历、门诊登记书写及管理均不规范，医院应认真整改”。

原告认为：北京某民营医院是经国家卫生行政部门批准成立的正式医疗机构，不但具备诊断治疗能力，而且在某市骨伤科领域具有一定声誉。从职责范围看，被告只应对申请鉴定的医疗纠纷是否构成医疗事故作出鉴定结论，而无权对原告是否具有诊断能力进行评判，这应当是医疗卫生行政机关的权力。被告越权鉴定的行为不仅严重侵害了原告的名誉权，也是对民办医疗机构的歧视。为此提出上述诉讼请求。

二、医疗损害技术鉴定主体

（一）医学会鉴定之鉴定主体

1. 鉴定专家

鉴定专家是被遴选进入鉴定专家库的有丰富经验的医学专业技术人员，是鉴定专家库的基本组成元素，也是具体鉴定案件中鉴定专家组的组成人员。目前，鉴定专家分为卫生专业技术人员和法医两大类。

2. 鉴定专家库

鉴定专家库是医学会建立的供医患双方选择进行医疗损害技术鉴定的专家储存库。

鉴定专家库是以医学学科为单位，在每个具体的学科下预先遴选一定数量的鉴定专家。根据 2002 年 8 月 2 日卫生部、国家中医药管理局发布的《医疗事故技术鉴定专家库的学科专业组名录（试行）》的规定，目前医疗事故技术鉴定专家库下设 26 个专业组，其中，内科、外科、妇产科、口腔科、皮肤科、中医科、民族医学科、中西医结合科下面又设立了若干亚学科。医学会在具体执行中可以根据本地区医疗工作和医疗事故技术鉴定实际，对本专家库的学科专业设立予以适当增减和调整。负责组织医疗事故技术鉴定工作的医学会依照《医疗事故处理条例》的规定聘请医疗卫生专业技术人员和法医进入专家库，可以不受行政区域的限制。

3. 鉴定专家组

鉴定专家组是指在医学会鉴定办公室工作人员的协助下，由具体案件中医患双方当事人抽签遴选确定，对具体的医疗事故争议事件是否构成医疗事故及事故的等级和责任程度进行判断并作出结论的组织。医疗事故鉴定专家组是一个临时性的组织，不是一级机构，也并非法人组织，因而无法承担民事责任。其所作出的鉴定行为涉及的法律责任，由相应的医学会来承担。

医疗事故鉴定专家组由若干名专家组成，但要求人数必须是 3 人以上的单数。医疗事故争议涉及多学科的，其中主要学科的专家不得少于专家鉴定组成员的 1/2。涉及死因、伤残等级鉴定的，应当按照《医疗事故技术鉴定暂行办法》第 21 条第 3 款由双方当事人各自随机抽取一名法医参加鉴定组。鉴定专家组成员应当推选一名该医疗事故争议案件所涉及的主要学科的专家担任组长，并由组长主持具体鉴定事宜，签发医疗事故技术鉴定文书。

（二）法医学司法鉴定之鉴定主体

在法医学司法鉴定机构中执业，并实施医疗损害技术鉴定的人是法医学司法鉴定人。法医学司法鉴定人的产生与法医学司法鉴定机构的产生是捆绑在一起的，因此，无须回顾法医学司法鉴定人的产生历史。因此，面向社会的法医学司法鉴定人并不是一开始就有，也是自 1998 年国务院机构改革确定司法部负责对面向社会的司法鉴定机构的管理开始的。2005 年全国人民代表大会常务委员会发布《全国人民代表大会常务委员会关于司法鉴定管理问题的决定》（2015 年修订）。之后，司法部于 2000 年发布、于 2005 年修订的《司法鉴定人登记管理办法》（司法部令第 96 号）规定，从事医疗损害技术鉴定的法医，必须按照该办法的规定取得法医临床学鉴定类的执业资格。

长期以来，法医从事医疗损害技术鉴定一直饱受争议和质疑，主要原因在于法医不懂具体的临床医学，不具有相应的临床知识和经验。对此，从事医疗损害技术鉴定的法医回应称，鉴定过程中可以要求临床专家参加鉴定，提供会诊意见或者咨询意见。不过，鉴定过程中邀请哪一位临床专家，邀请多少位临床专家进行会诊，却缺乏程序性规定。

三、医学会鉴定与法医学司法鉴定优、缺点比较

通过多年实践考察，这两种鉴定模式各有利弊，对于两种鉴定模式的利弊分析与比较，见表 12－1。① 虽然，国内理论界、实务界有许多人呼吁，要求融合两种鉴定模式，这样便可以消除当前的这种二元化的混沌状态，但是，我们注意到在表 12－1 罗列的两种鉴定模式的优、缺点中，相互之间的利弊并不具有互补性，因此，难以通过简单的融合来产生一种全新的医疗损害技术鉴定模式。而应该寻求建立一种新的鉴定模式，最好是在原有两种鉴定模式的基础上进行改进。这是比较便捷而又经济的做法，除非两种鉴定模式的弊端已经到了不可救药的地步。

表 12－1　医学会鉴定模式与法医学司法鉴定模式的优、缺点比较

医学会鉴定模式		
优点	1.1　鉴定人是临床专家，部分案件有少数法医参加	扩大且加强，可替代 3.1，弥补 4.1
	1.2　鉴定人经严格法定程序产生	弥补 4.2
	1.3　鉴定活动在严格的程序控制下实施	弥补 4.3、4.4
	1.4　鉴定收费低	弥补 4.6
缺点	2.1　鉴定专家来源比较单一，法医相对较少	
	2.2　鉴定专家积极性不高	
	2.3　鉴定专家匿名鉴定，鉴定文书不署名，鉴定人的权责不清	与 4.5 为相似缺陷
	2.4　鉴定人不出庭作证	与 4.5 为相似缺陷
法医学司法鉴定模式		
优点	3.1　独立于医疗机构，容易为患方信任	弥补 2.1
缺点	4.1　法医的临床医学知识有限	
	4.2　临床专家匿名产生，且没有法定程序保障	
	4.3　鉴定过程比较随意，没有严格的鉴定程序	
	4.4　临床专家的结论可能被法医更改	
	4.5　法医署名，临床专家不署名，临床专家权责不清；法医出庭，临床专家不出庭	与 2.3、2.4 为相似缺陷
	4.6　鉴定收费高	

第三节　医疗损害技术鉴定程序

一、医疗损害技术鉴定程序概述

医疗损害技术鉴定程序，是指医疗损害技术鉴定的组织者和实施者，对医疗损害纠纷事件受理、决定鉴定专家及回避、鉴定听证、评议以及最后作出鉴定结论的一系列有序的过程。医疗损害技术鉴定的实施，必须按照法定的医疗损害技术鉴定程序来进行，任何环节不符合医疗

① 参见刘鑫、梁俊超：《论我国医疗损害技术鉴定制度构建》，载《证据科学》，2011（3），261～274 页。

损害技术鉴定的程序，所作出的鉴定结论就存在瑕疵。由于程序上的瑕疵，鉴定结论的效力也受到影响。

医疗损害技术鉴定程序包括鉴定前程序、鉴定实施程序、鉴定后程序三个环节所对应的三个程序。不过，由于当前医疗损害技术鉴定呈现二元化的态势，因而医疗损害鉴定程序也因鉴定主体不同而有所差别，详见表 12－2。

表 12－2 医疗损害技术鉴定程序、内容及参与主体总汇

<table>
<tr><td rowspan="3">鉴定前程序</td><td>流程</td><td colspan="5">鉴定启动</td><td colspan="3">鉴定人遴选</td><td colspan="2">鉴定人回避</td><td colspan="5">鉴定准备</td></tr>
<tr><td>内容</td><td>鉴定申请</td><td>鉴定审查</td><td>鉴定决定</td><td>委托鉴定</td><td>受理鉴定</td><td>确定鉴定学科</td><td>鉴定人数</td><td>抽签遴选</td><td>申请回避</td><td>自我回避</td><td>充分阅卷</td><td>查阅文献</td><td>归纳焦点</td><td>补充资料</td><td>通知双方</td></tr>
<tr><td>主体</td><td>当事人</td><td colspan="3">案件处理单位
（委托人）</td><td>鉴定机构</td><td colspan="3">鉴定
机构</td><td colspan="2">鉴定机构
当事人</td><td colspan="5">鉴定机构及鉴定人</td></tr>
</table>
<table>
<tr><td rowspan="2">鉴定实施程序</td><td>流程</td><td>鉴定风险提示</td><td>召开鉴定会</td><td>检查患者</td><td>会诊</td><td>推导鉴定意见</td><td>鉴定文书</td></tr>
<tr><td>主体</td><td>鉴定人
双方当事人</td><td>鉴定人
双方当事人</td><td>鉴定人
患者</td><td>鉴定人
患者
会诊者</td><td>鉴定人合议</td><td>鉴定机构
委托人</td></tr>
</table>
<table>
<tr><td rowspan="3">鉴定后程序</td><td rowspan="2">流程</td><td rowspan="2">鉴定意见咨询</td><td colspan="3">再鉴定程序</td><td rowspan="2">鉴定人出庭</td></tr>
<tr><td>补充鉴定</td><td>重新鉴定</td><td>复核鉴定</td></tr>
<tr><td>主体</td><td>鉴定人
委托人
当事人</td><td>鉴定人
委托人
当事人</td><td>其他鉴定人
委托人
当事人</td><td>其他鉴定人
委托人
当事人</td><td>鉴定人
委托人
当事人</td></tr>
</table>

医疗损害技术鉴定程序的重要性，是与当前我国司法上所提出的程序正义相一致的，是由司法诉讼程序正义所决定的。这种程序的正义，目前已经从司法领域逐渐扩展到其他方面，影响到仲裁乃至行政执法领域。鉴定是为执法、司法服务的，鉴定结论是行政执法和司法的重要证据，因此，鉴定的程序正义就成为其法定的必然要求。不过，由于与鉴定相关的立法比较滞后，鉴定管理者、鉴定组织者、鉴定实施者的法律素质和法律意识都与我国当前的法律要求有一定的距离，鉴定中不符合程序正义的做法还存在，因而规范鉴定程序，对鉴定行为提出必要的法律要求是当前司法上的紧迫任务。

二、医疗损害技术鉴定程序启动

鉴定程序的启动，就是指鉴定事项的委托与受理。实际上包含两个方面：有权委托鉴定事项的主体向有权实施鉴定行为的机构提交鉴定委托书；有权实施鉴定的机构收到鉴定委托书后予以审查，并作出是否受理该鉴定的决定。

目前有权提请医疗损害技术鉴定的主体为两种：一是案件处理单位，包括卫生行政部门、仲裁单位、司法机关、公安机关、医疗纠纷调解机构等；二是医患双方当事人。对于后者，依《医疗事故处理条例》的规定应当是双方共同委托，任何单方的鉴定委托，鉴定机构不予受理。不过，在鉴定实践中，由于医疗损害技术鉴定所需材料复杂，争议事项技术性和专业性强，为慎重起见，鉴定单位一般不接受当事人个人委托，因此，在医疗纠纷案件处理过程中需要进行鉴定的，当事人仅有申请鉴定的权利，是否同意鉴定并最终启动鉴定，则由案件处理单位决定。

三、医疗损害技术鉴定专家的遴选与回避

（一）鉴定专业组的确定

关于鉴定涉及什么专业学科，即应当在哪些学科专业组范围内抽取鉴定专家，相关法律没有规定。本书作者认为医疗事故争议涉及的临床医学学科的确定应当遵循以下原则。

1. 准确定位的原则

现代医学分科越来越细，而患者的疾病越来越复杂，因此，对患者的疾病诊治更加强调综合性、群体性、协作性，对每一个患者的诊治往往是多学科、多科室、多位医务人员的共同参与，因此，一旦发生医疗纠纷，纠纷到底涉及哪一个临床学科，确定起来有一定困难，因而需要准确定性、定位。

2. 宜少不宜多的原则

任何患者在医疗机构就医，一旦发生纠纷，在确定纠纷所涉及学科的时候，如果不限制学科的数量，尽可能多地确定临床学科，纠纷所涉及的临床科室都是可以被纳入进来的，这样问题就变得复杂了，比如，哪一个/些学科是纠纷的主要学科，这些学科如何分配鉴定专家名额。因此，学科多了只会让问题变得更加复杂，不利于后续医疗损害技术鉴定工作的开展。在确定纠纷所涉及的临床学科方面，第二个原则就是宜少不宜多的原则，对纠纷所涉及的医学问题如果能用一个学科来解释就不用两个学科来解释。

3. 确定主学科与次学科的原则

主学科与次学科中的“主”“次”，不是临床医学学科领域中的主干学科与分支学科的关系，而是医疗纠纷事件中涉及的主要学科和次要学科，而在临床医学学科分类中的主干学科，比如外科、内科，在医疗纠纷事件涉及的学科中可能被定为次学科。也即主学科与次学科是相对医疗纠纷争议事件而言的。

（二）医疗损害技术鉴定专家的遴选

鉴定专家的遴选应当遵循公正、专业对口原则以及兼顾鉴定专家的工作量、个人意愿的原则。

1. 公正原则

医疗损害技术鉴定专家遴选的公正原则，就是强调鉴定专家的确定应当依法进行，在依据法律规定的前提下，制定本鉴定机构的专家遴选程序、遴选方法。从公正的角度来说，鉴定专家的遴选，应当尽可能考虑以下可能影响遴选的因素：一是让委托人、双方当事人参与，二是遴选专家的方法和程序公开，三是待遴选的鉴定专家姓名、工作单位及专业背景资料公开，四是遴选的过程和结果公开。在这四个需要考量的要素中，后三个要素都是公开，为什么不叫“公开原则”呢？这是因为第一个要素不是公开，而四个要素综合起来看，概括为公正原则更为合适。

2. 专业对口原则

医疗损害技术鉴定专家的遴选要求专业对口，就是指专家的专业背景与纠纷所涉专业相对应或者涵盖，纠纷无论是涉及单一专业还是多专业，尽可能要求遴选专家的专业与事先确定的专业对应。但是，纠纷涉及的临床专业与专家的专业不能对应时，实际上意味着本鉴定机构没

有相应的鉴定能力，因此，鉴定机构应当作退案处理。现实中有鉴定机构仍然受理其无能力鉴定的案件，没有相关学科的专家时就采取会诊的方式解决。这违背了鉴定人独立鉴定的原则。鉴定人需要请其他专家会诊，必须是鉴定需要解决是涉及的次学科的问题，否则确定司法鉴定执业目录就没有意义了。

3. 兼顾鉴定专家的工作量和个人意愿的原则

当然，鉴定专家毕竟是人，每个人的精力和工作时间是有限的，如果不考虑鉴定专家的个人情况，一味地按照委托人的要求指定鉴定专家，可能会导致有的鉴定专家不堪重负，或者在鉴定中压缩鉴定程序，偷工减料，不能保证鉴定质量。兼职鉴定专家、临时聘请的鉴定专家，更会面临此种情况。不过，在医学会鉴定模式中，这个问题相对简单，因为医学会采取的鉴定程序是即时完成鉴定成果，因此，一般不存在鉴定案件积压的问题。

（三）医疗损害技术鉴定专家的回避

《医疗事故处理条例》第26条规定，专家鉴定组成员有下列情形之一的，应当回避，当事人也可以以口头或者书面的方式申请其回避：（1）是医疗事故争议当事人或者当事人的近亲属的；（2）与医疗事故争议有利害关系的；（3）与医疗事故争议当事人有其他关系，可能影响公正鉴定的。所谓“是医疗事故争议当事人或者当事人的近亲属的”，是指鉴定专家库的专家就是患者或其近亲属，或者鉴定专家是具体对患者实施治疗的医务人员或其近亲属。“与医疗事故争议有利害关系的”，主要是指鉴定专家库中的专家与发生争议的医疗事件有关联，鉴定是否属于医疗事故，与鉴定专家有一定的利害关系，如鉴定专家系医疗事故争议所涉及的医疗机构的医务人员，鉴定专家对该患者本次疾病有过检查、会诊或者治疗。“与医疗事故争议当事人有其他关系，可能影响公正鉴定的”，主要是指鉴定专家与案件当事人或者医疗事故争议存在特定关系，会影响到公正鉴定，但主要应当将其理解为兜底条款，而非具体情形。

专家曾经在发生医疗事故争议的医疗机构工作过，后来因工作需要被调离该医疗机构的，虽然目前该专家不在该医疗机构工作，但由于其过去的工作背景，与被鉴定的医疗事件涉及的医疗机构之间存在着各种关系，如果从事鉴定，可能会对该医疗机构或者患者产生不利影响，因而该专家应当回避。

在鉴定的回避上，存在一种特殊的情形：有的鉴定专家既是地市一级医学会医疗事故技术鉴定专家库的专家，也是省级医学会医疗事故技术鉴定专家库的专家，还是中华医学会医疗事故技术鉴定专家库的专家。对于当事人不服下级医学会作出的鉴定结论而申请上一级医学会予以再次鉴定的，组织实施本次鉴定的医学会鉴定工作办公室的工作人员应当在抽签决定鉴定专家的时候，首先将前次鉴定涉及的鉴定专家予以“屏蔽”（回避），再由双方当事人对专家库中的鉴定专家提出回避申请。如果医学会鉴定工作办公室由于工作疏漏没有将前次鉴定涉及的鉴定专家回避掉，双方当事人在再次鉴定前抽取专家的过程中抽中该专家，则鉴定专家接到医学会的申请后，应当主动提出回避要求。鉴定专家主动提出回避申请，是鉴定专家的法定义务，也是鉴定专家的基本法律素质的体现。鉴定专家应该回避而没有回避，导致鉴定结论无效，给当事人造成损失的，该鉴定专家应当承担相应的法律责任。①

鉴定专家所在医疗机构与发生医疗事故争议的医疗机构属于一个大的工作单位系统的，如果单纯存在该因素，不属于该专家回避的法定情形，因为同工作单位系统的医疗机构数量比较多，各医疗机构之间关系独立，没有任何的行政隶属关系，也没有管理与被管理的关系。比

① 参见刘鑫、常林：《司法鉴定回避制度研究》，载何家弘主编：《证据学论坛》，第8卷，295～309页，北京，中国检察出版社，2004。

如，专家同属于军队系统，或同在某一个医科大学的教学医院任职等。

四、医疗损害技术鉴定会的召开

医疗损害技术鉴定会是鉴定专家了解医疗事故争议的主要环节，也是鉴定专家收集鉴定依据、作出技术判断的主要程序，因而召开鉴定会是鉴定的主要过程。目前召开鉴定会一般包括以下几个步骤。

（一）交代鉴定事项

医疗损害技术鉴定工作办公室工作人员或者医疗损害技术鉴定专家组成员，在鉴定之前应当将鉴定的受理经过、鉴定前期工作、鉴定过程、鉴定陈述事项、鉴定文书的完成及发放等事项向双方当事人进行告知和交代，尤其要告知参加鉴定的医患双方当事人及其代理人相关的权利和义务。这是鉴定开始之前的前置程序，也是保证鉴定会顺利进行的必要环节。

（二）医患双方陈述

医患双方的代表陈述各自的意见，列举医患双方手中所掌控的证据。一般而言，医患双方陈述时，原则上由患方先提出自己的观点和主张，然后由医方予以答辩。本着公平、公正的原则，鉴定专家组给医患双方的陈述时间必须相等，不可有偏袒或者有意压缩一方的陈述时间。在实践中，有时被告为多个医疗机构，应当分别将多个医疗机构视为独立的医方，因此，每一个医疗机构的陈述时间应当与患方的陈述时间相同。

实践中还会遇到患方或者医方提出有新的证据需要提交的情况，如患方提出有证人要在鉴定会上作证，患方手中有自己制作的医方有关人员的录音证据。鉴定专家组及医疗技术鉴定工作办公室的工作人员应当如何对待呢？由于鉴定委托的情况比较复杂，应视不同情形区别对待：鉴定是由人民法院或者卫生行政部门委托的，可以告知证据提供方将证据交由有关人民法院或者卫生行政部门，经它们审查或者质证之后，决定是否交由鉴定机构进行鉴定；如果是由医患双方共同委托鉴定，则应当征询对方当事人是否同意或者认可该证据，对方反对的，不得作为鉴定依据。

（三）医患双方补充意见及对质

无论是鉴定会还是庭审，其核心和实质就是让双方当事人能够有机会对对方的观点、意见和证据进行充分的评价、对质和反驳，因此，在一方陈述完毕之后，应当给对方提出质疑和反驳的机会，必须要让双方的观点和意见有一个互动。只有让双方的意见和观点进行正面接触和交锋，并经过多轮的对抗和答辩，事实真相才会越辩越清楚，从而使鉴定专家能够确定哪些主张是真实的、哪些是存疑的、哪些是虚假的，对于下一个环节——专家评议，很有帮助。但是我们注意到，在很多医学会组织的鉴定会上，只允许双方当事人进行一轮简单的控辩，之后，虽然对于医方的答辩患方存有异议，但也没有机会再进行发言，不能够通过双方的控诉、辩论的交锋来辨明事实真相，实际上失去了鉴定会召开的目的和价值。因此，目前医学会的医疗损害技术鉴定会程序还需要进一步改进与完善。

（四）鉴定专家提问

在鉴定专家提问阶段，鉴定专家在医患双方争论、辩论之后，对于医疗事故争议中的专业技术问题仍然有疑问的，通过向双方当事人提问来明确，以获得新的信息。由于医疗事故争议往往涉及医学专业问题，患方如果不具备基本的医学知识，很难察觉得到这些问题，当然也就不能发现其中的疑问。但是，鉴定专家都是相关学科的权威人士，他们对于相关技术领域中可能存在的问题能够及时、准确把握。因此，设立鉴定专家提问的程序，可以有效地揭示医疗事故争议的真相，弥补患方的专业知识缺陷。但是，鉴定专家提问必须要有针对性，而且应当与争议事实相关。在实际鉴定工作中，我们有时会看到一些鉴定专家提问实际上采一种知识问答的形式，要求到场的医务人员回答一些基本医学问题。这是徒劳的，没有任何实际意义。

当前医疗损害技术鉴定过程存在着一个亟须解决的问题，就是鉴定工作办公室的工作人员和鉴定专家组的专家不懂法律。有时由于缺乏中立的法律专业人员的参与，鉴定过程中涉及法律问题时当事人的律师产生的影响很大，造成鉴定过程的被动。我们可以借鉴国外的一些做法，采用"n+1"的办法来进行鉴定：所谓的"n"，就是当前医疗损害技术鉴定所指的鉴定专家人数，所谓的"1"，是指在鉴定过程中有一位法律专业人士，可以是律师、法官、法学教师等，他必须保持中立，主要是解答鉴定过程中遇到的一些法律问题，包括对鉴定中一方当事人提交的证据的效力的判断等，但该法律专业人士没有投票表决权。

五、医疗损害技术鉴定意见的评议

（一）医疗损害技术鉴定意见属于主观分析意见

医疗损害技术鉴定意见是一种专家意见，一般而言，应当是鉴定专家针对案件所争议的事实中的专门性问题发表的意见，这种意见建立在专家对案件情况和案件资料充分了解和掌握的基础之上。这种意见是一种主观性的意见，是针对案件资料依据专家经验所作出的主观性分析意见。这种意见应当与专家所掌握的案件资料密切相关，专家不得超出资料范围发表意见。而"推定"往往超出了案件资料范围，是一种缺乏事实根据的主观上想当然的做法。根据推定作出专家意见往往会误导案件的处理，甚至会直接导致冤假错案。基于这个理由，医疗损害技术鉴定中也就不应当适用"举证责任倒置"的法律规则。[①] 本质上，医疗损害技术鉴定意见是鉴定专家对用于鉴定的资料，尤其是病历资料所作的主观分析意见。

（二）医疗损害技术鉴定意见具有不确定性

人类目前所有的科学结论，实质上都是统计规律，即概率结论。早在20世纪60年代，英国法庭科学协会主席H. J. Walls就发表了非常精辟的论断：所有的科学结论都是概率问题，虽然在实践中很多时候，合理怀疑的空间已经微乎其微，但其确定性也仍然难以肯定，概率只是接近1。[②] 因此，在科学证据方面，没有百分之百的确定性，也没有绝对肯定的鉴定意见。任何鉴定机构及其鉴定人经过严谨的科学分析和研究，最终得出的鉴定意见，仍然是一种概率性的结论。即便是指纹同一认定、DNA鉴定，都是概率认定。

医疗损害技术鉴定意见的主要内容是判断医疗行为有无过错，医疗行为与损害后果之间有无因果关系，如果有因果关系，还要进一步判断因果关系的大小即参与度（原因力）。在分析医疗行为有无过错时，比较容易认定医疗行为存在错误的情形是医务人员承认其操作失误，或者从相关病历文件上看到记载的内容违反诊疗规范。这似乎没有概率问题。但是我们要问：难道该涉嫌的医务人员就没有记错？或者他出于某种我们不清楚的动机承认错误？当然有可能，但是这种可能性微乎其微，可以认定其错误的概率接近1。而在其他没有这些比较直观的证据可以证明的情形则难以判断医疗过错，参加鉴定的临床专家甚至是通过现象和依据经验来分析出错的可能性有多大，那更是一个概率问题。

对因果关系的分析属于通过现象看本质的揭示真相的鉴定。真相在哪里？在科学研究中可以做很多破坏性的实验，在法医病理学中可以对尸体进行解剖，而在医疗损害技术鉴定中，被

---

① 参见刘鑫：《医疗事故技术鉴定不宜用"举证责任倒置"》，载《中国医学论坛报》，2003-10-09，第23版。

② See Walls, H. J., " Whither Forensic Science?", 6 *Med.*, *Sci. and Law*, 183-189 (1966).

鉴定的患者是活体，鉴定方法不能具有伤害性、破坏性、侮辱性，故很多鉴定方法都不可能采用，更何况在很多情形下的鉴定都是对过去发生过的医疗行为的鉴定，现在已经看不到当初的医疗现象，只能看到该医疗行为之后患者身体上呈现的生理、病理现象，只能看到一些间接的表象证据。因此，对因果关系的分析基本上就是鉴定人依据临床医学理论知识，结合自己的实践经验，对医疗行为与损害结果之间的关联性作出可能性大小的判断。事实上，造成患者出现目前损害结果的原因很多，最终需要鉴定人判断有过错的医疗行为造成目前损害的可能性有多大。这也是概率问题。

六、医疗损害技术鉴定文书

我国知名的法医学家陈康颐教授对鉴定文书作出了这样的定义：鉴定人将公安、司法机关交验的案件材料（人或物），进行检验、鉴定后，根据检验、鉴定的经过、事实和确定结论，所写成的书面报告，是为鉴定文书。[①] 不同专家学者，对鉴定文书还有其他多种不同表述，但总的来看，基本上强调鉴定文书是承载鉴定专家实施鉴定活动的过程、鉴定发现的情况以及鉴定分析意见和鉴定结论等信息的载体。实际上鉴定文书是鉴定人完成鉴定委托合同的具体表现，是鉴定人对某一具体专门性问题所发表的应当负法律责任的科学意见。

医疗损害技术鉴定文书是鉴定文书的一种，具有一般鉴定文书的特点和内容要求，一般由首部、正文和尾部三部分组成。首部为鉴定文书名称、鉴定编号、鉴定相关事项，鉴定相关事项包括鉴定委托单位、委托日期、被鉴定人（物）一般情况、鉴定材料、鉴定的目的和要求、鉴定时间、鉴定地点等。正文包括前言、案情介绍、鉴定过程说明、鉴定材料摘抄、检查和鉴定所见、鉴定分析、鉴定意见（结论）等。尾部为鉴定人署名（含职称）、鉴定文书发布的日期、鉴定人资质介绍等。

根据相关法律法规的规定，医疗损害技术鉴定文书应当包括下列主要内容。[②]

1. 医疗损害技术鉴定文书的封面

医疗损害技术鉴定文书的封面应当写明鉴定机构的名称、鉴定文书的类别和鉴定许可证号，封二应当写明声明、鉴定机构的地址和联系电话。

2. 医疗损害技术鉴定文书的内容

（1）标题：写明鉴定机构的名称和委托鉴定事项。

（2）编号：写明鉴定机构缩略名、年份、专业缩略语、文书性质缩略语及序号。

（3）基本情况：写明委托人、委托鉴定事项、受理日期、鉴定材料、鉴定日期、鉴定地点、在场人员、被鉴定人等内容；鉴定材料应当客观写明委托人提供的与委托鉴定事项有关的检材和鉴定资料的简要情况，并注明鉴定材料的出处。

（4）检案摘要：写明委托鉴定事项涉及案件的简要情况。

（5）检验过程：写明鉴定的实施过程和科学依据，包括检材处理、鉴定程序、所用技术方法、技术标准和技术规范等内容。

（6）检验结果：写明对委托人提供的鉴定材料进行检验后得出的客观结果。

（7）分析说明：写明根据鉴定材料和检验结果形成鉴定意见的分析、鉴别和判断的过程。引用的资料应当注明出处。

（8）鉴定意见：应当明确、具体、规范，具有针对性和可适用性。

---

① 参见陈康颐：《应用法医学总论》，12页，北京，群众出版社，1995。

② 参见《医疗事故处理条例》第31条和《医疗事故技术鉴定暂行办法》第35条。

(9) 落款：由鉴定人签名或者盖章，并写明鉴定人的执业证号，同时加盖鉴定机构的鉴定专用章，并注明文书制作日期等。

(10) 附注：对鉴定文书中需要解释的内容，可以在附注中作出说明。

鉴定文书正文可以根据不同鉴定类别和专业特点作相应调整。

3. 医疗损害技术鉴定文书的附件

医疗损害技术鉴定文书附件应当包括与鉴定意见、检验报告有关的关键图表、照片等以及有关音像资料、参考文献等的目录、鉴定人介绍、鉴定机构及鉴定人执业证书等。附件是鉴定文书的组成部分，应当附在鉴定文书的正文之后。

第四节　医疗过错鉴定原则

一、医疗过错鉴定原则概述

对于医疗过错鉴定如何进行，哪些情况需要考虑，哪些情况属于正常的医疗风险，什么样的情况应当被认定为医疗事故，往往不同的人，甚至不同的医疗技术专业人员，都会有不同的看法。即使是具有相当丰富经验的临床专家，在医疗事故的认定上也会由于学术观点的不一致而持不同意见，因而，在医疗过错鉴定方面，必须统一认识，统一鉴定的依据和原则。

医疗过错鉴定的原则，就是在医疗过错鉴定过程中应当遵循的，用以指导鉴定人进行医疗行为过错和因果关系分析，以及作出是否构成医疗事故结论的判断的基本准则。医疗过错鉴定的原则，是鉴定人员在长期医疗过错鉴定过程中根据临床基本知识和经验，结合医学科学技术本身的风险特性和技术特点，平衡医患双方的利益而总结出来的智力成果。医疗过错鉴定的基本原则是医疗过错鉴定理论的精髓，同时它也随着临床医学的发展在发展，随着医疗事故处理法律法规和医疗过错鉴定的实践在不断进步和完善，其内容在实践中不断得到充实和完善。不过，由于目前我国在医疗过错鉴定方面尚缺乏相关理论和操作实务方面的专著，相关法律法规也没有对这个问题进行专门规定，本书所提出的医疗过错鉴定的基本原则为作者的粗浅认识。

二、医疗过错鉴定原则的内容

(一) 合法性原则

合法性原则，强调医疗行为的实施，必须要符合相关“法律”的要求。这里的“法律”既包括国家的卫生管理法律、法规、部门规章，也包括行业组织制定的技术性规程、操作规程和实施指南，还包括没有形成书面文件的行业操作惯例。

合法性原则，在医疗执业过程中也叫依法行医的原则，是依法行医原则在医疗损害技术鉴定中的具体体现。医疗执业要求必须按照法律的规定来实施，只要医务人员按照法律的规定执行医疗业务，无论最终出现什么样的结果，都难以从法律的角度追究医务人员医疗不当的责任，因而鉴定中也应当从医务人员实施医疗行为是否符合相关法律规定来考察。

合法性原则具体的要求，包括医务人员必须具有法定的身份和医疗行为符合卫生管理法律、法规、部门规章、诊疗护理规范和操作规程两个方面。医务人员的身份法定即是要求执行相关医疗业务的人员具有法定的资质，在我国实际上是要求相关机构和医务人员应当具有相关专业的执业许可证。首先，对于医疗机构而言，医疗机构不仅要具有相关行政机关颁发的“医疗机构执业许可证”，而且还必须在“医疗执业许可证”上所载明的相关的诊疗科目范围内实施医疗行为，没有相关诊疗科目而医疗机构实施了该科目的医疗行为的，视为不合法。当然，这可能与非法行医混淆。一般而言，非法行医所要求的是医疗机构没有诊疗资质，即没有“医疗机构执业许可证”，有了许可证，只是许可证上没有相关的诊疗科目的，一般不被认定为非法行医，而是被认定为医疗执业违反了合法性原则；给患方造成了损害的，应当被认定为医疗事故。其次，对于医务人员而言，如果是医师执行的医疗行为，该医务人员应当具有医师执业证书。根据《医师法》第 14 条的规定，医师经注册后，可以在医疗、预防、保健机构中按照注册的执业地点、执业类别、执业范围执业，从事相应的医疗、预防、保健业务。《医师法》第 13 条第 4 款规定：未经医师注册取得执业证书，不得从事医师执业活动。医师执业的基本要求是，必须按照医疗执业证书上载明的执业地点、执业类别、执业范围执业，从事相应的医疗、预防、保健业务。超出执业地点、执业类别、执业范围中任何一项，从事相应的医疗业务均被视为不合法。再次，如果医务人员为护理人员，则也要求具有“护士执业证书”，未取得“护士执业证书”的人员实施护理行为也被视为不合法。最后是药剂人员，医疗机构药物管理应当按照 2011 年 1 月 30 日实施的《医疗机构药事管理暂行规定》的要求，应当实施临床药师制，临床药师应当具有高等学校临床药学专业或者药学专业本科以上学历，并应当经过规范化培训。①

合法性原则的第二项要求，是医疗行为应当符合相关法律的要求。技术无国界，医疗技术更是如此。当前我国在医疗技术方面与国外医学发达的国家日益接近，国外先进的技术和诊疗规范对我国医疗工作的影响也越来越大，国外的一些行业组织、学会、协会制定的诊疗指南，甚至最新的修订版本的内容，常常被我国临床医务人员迅速采纳。在某种程度上说，医务人员应当执行这些最新的要求。不过考虑到我国的地域特殊性以及经济和医疗技术水平参差不齐的特点，这些从国外直接引进的先进的诊疗技术规范、指南尚不能够直接用来要求医务人员，只有经过我国的相关医学行业组织、学会、协会的专家研讨、吸收之后，制定成我们国家的诊疗指南，才能视为我国技术法规，医疗机构及其医务人员就应当执行。

（二）诊疗技术现有化原则

医务人员实施具体的医疗行为，都需要借助一定的技术和设备，而我国地域辽阔，各地之间的经济发展水平极不平衡，各地的医疗资源配备也不一致，因而各地的医疗条件、医疗设备、医疗技术和水平之间的差别很大。医疗机构实施医疗行为，必须以现有的技术和条件来实施，不可能超越自己的能力和技术。医疗损害技术鉴定也应当限于医疗机构现有的技术和条件来作技术性判断。

依诊疗技术现有化原则，对医疗行为的考察主要注重两个方面，即医疗机构的性质和级别。关于医疗机构的性质，主要考察医疗机构是综合性医院还是专科医院。一般而言，专科医院在某一临床专业领域范围内具有独到的技术实力，其技术先进性和规范程度应当超过综合性医院。关于医疗机构的级别，根据原卫生部《医院分级管理办法（试行）》第 4 条、第 5 条的规定，医院按功能、任务不同划分为一、二、三级，每一级又确定为甲、乙、丙三等。② 目前我国的医疗机构分级为三级九等制。按照我国现有医院等级的划分，三级甲等医院的技术实力最强。不过需要注意，即使医院的等级相同，由于地域不同也会表现出技术差异性。

对于医务人员而言，我国医师的技术职务划分为医士、住院医师、主治医师、副主任医

① 参见 2011 年 1 月 30 日卫生部和国家中医药管理局《医疗机构药事管理暂行规定》第 34 条的规定。

② 最初卫生部《医院分级管理标准》将医院确定为甲、乙、丙三等，三级医院增设特等，共三级十等。后在医院评审中将三级医院中的“特等”取消，因而共分为九个级别。

师、主任医师等级别，护理人员划分为护士、护师、主管护师、副主任护师、主任护师等级别。[①] 不过需要注意，即使医务人员的技术职务级别相同，由于地域不同、医院的级别和性质不同，也会表现出技术差异性。

诊疗技术现有化原则就是要求医疗损害技术鉴定专家在进行医疗损害技术鉴定的时候，应当对具体的医疗机构和医务人员进行个别性对待，即将该医疗机构和医务人员放在它所处的具体地理位置中去考察其技术能力和水平，从而判断医疗机构及其医务人员在实施医疗技术活动中是否尽到其应当尽到的义务，是否存在医疗不当和过失，从而进一步判断该医疗行为是否构成医疗事故。

（三）紧急处置原则

疾病对患者生命和健康的影响，可能会发生在迅雷不及掩耳之时，在人们来不及准备，甚至来不及反应的时候发生急速的变化，因此，在对患者病情进行处理的时候，有时需要争分夺秒，不可有丝毫的怠慢和耽误。在出现紧急情况时，由于医疗判断的时间紧促，对各种状态无法详尽地检查、观察、思考、判断，自难要求其与通常情况下的注意能力一致。[②] 因此，对于在紧急情况下所实施的医疗行为，法律对医务人员的注意程度的要求通常应当低于一般的医疗情形。[③]《民法典》第1224条第1款第2项的规定"医务人员在抢救生命垂危的患者等紧急情况下已经尽到合理诊疗义务"，充分体现了这层含义。

紧急处置原则强调医疗救治行为在时间上的紧迫性，由于时间紧、任务重，对患者的病情判断可能存在不周全之处，而只注重解决危及患者健康和生命的主要问题。同时，医务人员在实施具体的医疗行为时，也可能来不及采取周到而完备的技术准备工作，甚至采取的是一些不规范的医疗行为。出于救治患者生命的考虑，这些有别于正常情形下的医疗措施，应当视为正当，即使给患者造成一定的损害，甚至抢救失败，也不能据此认定为医疗事故。紧急救治是一种非正常情况下的医疗行为，不应当过多地从技术规范性上来苛求医务人员的医疗行为。

对于在紧急救治情况下对医务人员的宽容要求，域外有相关的法律规定。如在美国的Raybtun v. Day案[④]中，外科医师注意到可能有纱布遗留于患者腹腔中，在经努力查找未果的情况下，基于患者情况危急，未继续寻找而将手术切口予以缝合。法院在判决中认为，这属于紧急情况下的"诚实错误"，不能仅因纱布遗留于患者腹部即要求医师承担损害赔偿责任。我国《医疗事故处理条例》第33条第1项也规定：在紧急情况下为抢救垂危患者生命而采取紧急医学措施造成不良后果的，不属于医疗事故。

（四）容许危险原则

容许危险原则系指为实现某种有益于社会的目的，虽某行为在性质上含有某种侵害法益的抽象危险，但此种危险如在社会一般意义上认为相当时，即应容许该行为为适法行为。[⑤] 我国台湾地区学者邱聪智认为，从单纯的事实来说，医师之医疗行为，无论是药物之注射、输血、手术等，均系对患者的侵害，但从价值判断立场来说，无论在目前之社会通念或法学理论上，均认为其具有适法性。[⑥] 因此，医疗行为是典型的容许危险的适法行为，虽然医疗行为具有一定的

① 参见《卫生技术人员职务试行条例》和相关实施意见（职改［1986］第20号）。

② 参见邱聪智：《民法研究》（一），增订版，312页，北京，中国人民大学出版社，2002。

③ 参见田韶华、杨清：《专家民事责任制度研究》，301页，北京，中国检察出版社，2005。

④ Rayburn v. Day, 126 Or. 135, 268 P. 1002 (1928).

⑤ 参见李大平主编：《医事法学》，206页，广州，华南理工大学出版社，2007。

⑥ 参见邱聪智：《民法研究》（一），增订版，303～304页，北京，中国人民大学出版社，2002。

侵害性且可能对患者身体和健康带来负面影响，但其可能给患者带来治愈疾病、恢复健康的机会是更为有益的，因此，在进行医疗损害技术鉴定的时候，必须要充分考虑医疗行为中这种可能存在的危险的程度。医务人员实施医疗行为，只要是按照诊疗常规进行的，即使医疗行为给患者造成了损害，或者所实施的高难度医疗行为失败了，也不能被认定为医疗事故。

虽然医疗行为具有容许危险的合法性，但并不是说这种危险的存在是没有限度的，也不能将此作为任何情况下医疗事故的抗辩事由。衡量容许危险的标准有三：（1）被害法益的重要性；（2）迫切危险的重要性；（3）诊疗行为的目的正当性及有效性。① 据此可以认为，容许危险大多是指合理的风险和发展的风险。风险是否被容许，还需要考虑医务人员是否尽到其注意义务。医务人员的行为对社会生活具有的价值越高，其被容许的危险也越高。与此相适应，医务人员应有的注意义务也随之越高。容许危险原则，要求在医疗损害技术鉴定中，鉴定人员认识到，医学的进步使以往被认为难以治愈的绝症有了治愈的可能，但新药以及新技术的运用具有一定的实验性，其成熟有一个过程，再加上患者的体质差异、病情发展过程的变数，治病救人的诊疗过程同时伴生了侵袭患者生命、身体、健康的危险及风险，因此，要对这种容许危险给予充分、合理的考量，合理地判断和认定医务人员的注意义务。②

（五）法定免责事由优先适用原则

法定免责事由，是指行为人的行为虽然造成他人损害，但依法能够排除行为违法性的法定的客观事实。它具有排除行为违法性、抗辩侵权责任构成的作用。《民法典》第 1178 条规定，《民法典》和其他法律对不承担责任或者减轻责任的情形另有规定的，依照其规定。而医疗事故免责事由是法定免责事由的一种。所谓医疗事故的免责事由，也称为医疗事故的抗辩事由、医疗行为阻却违法事由，是指虽然在医疗行为过程中造成了患者身体或者健康上的损害，但法律明文规定不属于医疗事故的情形。医疗损害技术鉴定中，对于申请鉴定的医疗行为可以归入法定的不属于医疗事故的情形的，应当依法鉴定为不属于医疗事故。

关于法定免责事由，《民法典》第 1173 条～第 1176 条、第 1224 条规定了常见的免责情形；《医疗事故处理条例》第 33 条规定了六种情形。在有关学者的论述中，结合法理和其他法律的规定，将这种免责事由归结为职务授权行为、正当防卫、紧急避险、当事人同意、自助、受害人过错、第三人过错、不可抗力、意外事件等。③

案例 12－3

脑瘫引起的医疗损害诉讼多次鉴定的案件④

原告辛某于 1995 年 5 月 17 日在被告某县中医院妇产科出生。原告吕某香临产前多次在被告某县中医院做产前检查，均显示正常。1995 年 5 月 16 日下午 6 时许，原告吕某香羊水早破，进入临产状态，入住被告某县中医院待产。1995 年 5 月 17 日早晨 7 时许，原告吕某香宫口开全，被送入产房接产。根据病例记载，当日早晨 8 时许发现枕横位难产。一直到当天下午 2 点 40 分，原告辛某才被用产钳夹出。在长达 7 个多小时的接生过程中，被告某县中医院在常规接产没有效果的情况下，既没有采取措施尽快结束分娩，也没有转院，致使原告辛某被强行拉出时浑身青

① 参见邱聪智：《民法研究》（一），增订版，303～304 页，北京，中国人民大学出版社，2002。

② 参见付子堂、于嘉川、张永和等：《医疗纠纷案件审理之实证分析》，122 页，北京，人民法院出版社，2006。

③ 参见陈志华主编：《医疗纠纷案件律师业务》，272～278 页，北京，法律出版社，2007。

④ 本案系发回重审案件，参见甘肃省白银市中级人民法院（2018）甘 04 民初 21 号民事判决书，甘肃省高级人民法院（2020）甘民终 379 号民事判决书，最高人民法院（2020）最高法民申 5651 号民事裁定书。

紫、没有呼吸，经抢救才活过来。2003 年 3 月辛某在兰州大学第一医院就诊治疗时被怀疑其脑瘫可能与接生医院措施不当有关，故原告于 2003 年 6 月 25 日将被告某县中医院诉至法院。

本案经历多次诉讼和多次鉴定。2004 年 3 月 26 日某法院法医技术室作出《法医技术鉴定书》，鉴定结论为：某县中医院在接生过程中处理不当是造成原告辛某患脑瘫的直接原因，原告辛某已构成一级伤残。2004 年 12 月 29 日某市医学会作出了“不构成医疗技术事故”的鉴定结论。一审、二审人民法院均认定本案不属于医疗事故，医方无责，并驳回患者的诉讼请求。但甘肃省高级人民法院经再审认为，某法院法医技术室的鉴定程序违法，其鉴定结论不能作为有效证据；某市医学会作出的医疗事故鉴定，因 3 名鉴定人不具有《医疗事故技术鉴定暂行办法》第 6 条规定的鉴定人资格，鉴定主体不合法，不能成为认定案件事实和处理本案的证据。遂裁定发回重审。重审期间，某大学司法鉴定中心作出的鉴定结论为：某县中医院在对吕某香的诊疗过程中存在过错；某县中医院的诊疗过错系导致吕某香之子出生后重度窒息、缺血缺氧性脑病损害后果的主要因素。甘肃某司法医学鉴定所作出的鉴定结论为：被鉴定人辛某之损伤评定为一级伤残；被鉴定人辛某的护理依赖程度评定为完全护理依赖。法院判决：被告某县中医院在对吕某香接生过程中存在主要医疗过错，构成侵权，应赔偿原告各项损失。

最高人民法院经审理认为：关于原判决适用法律是否错误的问题。首先，关于某法院法医技术室作出的“法医技术鉴定书”能否作为本案定案依据问题。本案为医疗人身损害赔偿纠纷，根据《人民法院对外委托司法鉴定管理规定》第 10 条的规定，人民法院司法鉴定机构依据尊重当事人选择和人民法院指定相结合的原则，组织双方当事人进行司法鉴定的对外委托。本案中，原一审审理期间，某法院法医技术室进行鉴定，某市医学会作出医疗事故技术鉴定书。本案再审裁定发回重审后，经某县中医院申请，一审法院委托某大学司法鉴定中心就医疗过错及因果关系作出司法鉴定意见，甘肃某司法医学鉴定所对辛某的伤残等级及护理依赖的程度作出了鉴定结论。双方虽对某大学司法鉴定中心的鉴定意见和甘肃某司法医学鉴定所的鉴定结论亦有异议，但均未再申请重新鉴定。某大学司法鉴定中心的鉴定意见和甘肃某司法医学鉴定所的鉴定结论程序合法，且与某法院法医技术室“法医技术鉴定书”中的鉴定结论并不矛盾。一、二审判决将最终形成的该两份司法鉴定作为认定事实依据，并不违反法律规定。其次，关于案涉残疾赔偿金、护理费的计算标准及诉讼期间误工费、护理费、精神损害赔偿金的认定问题。本案系再审裁定撤销原判决发回重审的案件。在重审过程中，辛某等人变更了原审诉讼请求。一、二审法院综合考虑本案实际情况，按照辛某等人重审时提交的起诉状及附带材料确定相关赔偿标准，已充分保障了辛某等人的合法权益。辛某等人与此相关的申请再审主张，本院不予支持。最终裁定驳回辛某等人的再审申请。

思考题

1. 什么是医疗损害技术鉴定？医疗损害技术鉴定有何特点？
2. 简述医疗损害技术鉴定组织者和医疗损害技术鉴定实施者的区别与联系。
3. 简述对医疗损害技术鉴定文书及医疗损害技术鉴定意见的审查和质证。
4. 简述医疗损害技术鉴定的基本原则。
5. 简述医学会开展医疗损害技术鉴定与法医开展医疗损害技术鉴定之利弊。
6. 医疗损害技术鉴定的实质是什么？对鉴定意见的作出有何要求？

第十三章

医疗服务合同纠纷及解决

医患关系是一种平等、自愿、等价有偿的法律关系，属于民法调整的范畴。医患双方就医者提供医疗服务，另一方支付价款而获得服务达成一致，因而医患关系是民事法律关系中的有偿合同关系。但是医疗服务合同毕竟是一种特殊的合同，医疗服务合同的概念、特征、性质以及违约责任的认定和承担，都有其特殊性，本章将对这些问题予以讨论。至于医疗服务合同的内容，即医方和患方的权利与义务，在本书其他有关章节中有介绍，本章不再赘述。

第一节　医疗服务合同概述

一、医患关系是否为合同关系之争

长期以来，对于医患关系是不是一种合同关系，一直存在争议。赞成医患关系属于合同关系的一方认为，医方和患方在具体的诊疗活动中都是特定的当事人，双方自挂号等特定行为之后即形成了特定的权利义务关系：患方有权要求医方按约定或者诊疗规范尽其所能完成诊疗服务，同时，患方有义务完整陈述病情、服从医方的管理和支付诊疗费。医方有权按照医疗机构的规章制度对患者实施医疗行为及管理，要求患者陈述与病情相关的事项和及时支付医疗费；有义务按规定或约定为患者提供优质服务和保障患者在住院期间的健康、安全等。患者的挂号行为为合同的要约，医方给患者挂号即为合同的承诺，挂号完成医疗服务合同成立。①

反对将医患关系视为合同关系的一方则认为，如果认定医患关系是一种合同关系，那么合同文本在什么地方，医方的权利与义务、患方的权利与义务分别是什么，如何确定，尤其是作为合同重要因素之一的合同标的是什么，难以明确。同时他们还认为，如果医患关系是合同关系，那么当患方不履行其法定义务，比如患方拖欠医疗费时，医方是否有权拒绝诊疗，是否可以强制将患者推到医疗机构之外。

其实，关于医患关系是不是合同关系，在国外也存在一个争议和演变的过程。在美国，处理医疗损害所引发的民事责任纠纷，就经历了一个从医者承担对公众的责任到承担对患者个人的默示合同责任，进而到现在对患者承担侵权责任的转变。② 医疗服务提供者必须对期望能获得专业技能与审慎注意的医疗服务的患者负责，在现代合同法原则发展之前就已经被确定下来，并一直成为社会对医疗服务提供者所提出的希望和要求。随着现代合同法的演进，法院开始认为，医疗服务提供者应当遵循有效的合同并依据合同的条款承担责任。在早期，法院一般

---

① 参见李大平主编：《医事法学》，135 页，广州，华南理工大学出版社，2007。

② 参见唐德华主编：《〈医疗事故处理条例〉的理解与适用》，40 页，北京，中国社会科学出版社，2002。

认为医方对患方应当承担的义务源于因医患关系而建立的医疗服务合同。但是，即便法院将医方的责任建立在违反其应拥有并运用的技能及审慎的注意义务的默示协议的基础之上，也没有改变法律要求的技能及审慎注意义务的实际衡量标准。适当的注意水平从医方的责任被当作是对公众所负担的责任时起一直没有改变。可能仅仅因为医方负有一项承诺，法律就将一项技能与审慎注意的义务附加其上，令其承担。在大陆法系国家，对医疗机构因过失造成患者损害结果所应承担的法律责任，也有的主张依违约责任来处理。

二、医疗服务合同的概念、性质、特点和分类

（一）概念

关于医疗服务合同的概念比较多。在日本，有学者认为医疗契约是医师运用临床医学知识、技术，迅速、准确地诊断患者疾病的原因和痛苦之后，以采取适当的治疗行为等事务处理为目的的契约，没有特别的约定，就不能将良好的结果的达成包含在债务的内容里。[①] 国内学者李大平认为，医疗服务合同是指供方（机构或个体从医者）以医学理论知识和技术、信息、经验及可调动的其他医疗资源，依照国家有关法律、法规、规定和行业技术规范等，为解决患者的特定的健康问题而与患者签订的协议。[②] 蒲川等认为，医疗服务合同指医者为患者提供医疗服务，患方为此支付医疗费用的合同。[③] 还有更多的学者对医疗服务合同没有明确地下定义，而是套用一般契约的概念，如我国台湾地区学者黄丁全。[④]

作者认为，医疗服务合同是指医疗服务的提供方以其拥有的医学理论知识和技术、经验及其他可调动的医疗资源，依据国家有关法律、法规、规章及诊疗技术规范和操作规程，为解决患者特定的健康问题而与患者订立的协议。医疗保健范围的广泛性，民众健康需求的多样化，使医疗服务合同的类型也呈现出多样化的特点。

（二）性质

医疗服务合同，从其性质来说，属于服务合同。因此其合同标的、权利义务、违约责任的认定等，都与普通合同不一样。至于其属于哪种服务合同，在学术界仍然存有争议，目前有委任契约、准委任契约、雇佣契约、承揽契约、无名契约、准委任承揽雇佣相结合的非典型契约等多种学说。

在德国，一般认为医疗契约属于雇佣契约。因为德国民法将委任契约限定于无偿委任，因而将有偿性质的医疗契约视为雇佣契约便成为德国的通说。在英美法系国家中，认为医疗契约属于雇佣契约的观点也占主导地位。[⑤]

在日本，学理上和司法实践中一般认为医疗服务合同属于准委任契约。此为日本通说，并有司法判例予以支持。[⑥] 但也有将医疗服务合同解释为包含准委任契约与承揽契约两种契约的观点。不过该观点认为，一般情况下是准委任契约，以手术等一定明确事项完成为目的的医疗

---

① 参见［日］平林胜政：《医疗过误的契约构成和侵权行为构成》，郑严译，96页，东京，青林书院，1996。

② 参见李大平主编：《医事法学》，140页，广州，华南理工大学出版社，2007。

③ 参见蒲川、王安富主编：《医事法学》，37页，重庆，西南师范大学出版社，2008。

④ 参见黄丁全：《医事法》，157页，北京，中国政法大学出版社，2003。

⑤ 参见邱聪智：《医疗过失与侵权行为》，载郑玉波主编：《民法债编论文选辑》，中，589页，台北，五南图书出版公司，1984。

⑥ 神户地裁野支判昭和42年（1967年）1月25日下民集18卷1、2合并号，58页。

契约属于以完成该行为为目的的承揽契约。①

在我国，目前无论是理论界还是司法实务界，对医疗服务合同的性质都还没有形成固定的学说。人民法院在审理这类案件时，主要是针对每个医疗服务合同中的具体权利义务关系来判定责任的承担，对其性质的判定并没有影响医疗服务合同的民事法律关系的效力。而且在很多判例中，更多地通过认定医者与患者存在医疗服务合同关系，来确定医者在患者身上实施了医疗行为，从而作为医疗侵权责任构成的要件之一，最终按照医疗侵权纠纷来审理整个案件。

（三）特点

1. 医疗服务合同属于默示合同

医疗服务合同，从其表现形式来看，在我国《民法典》所列举的各类合同中并不存在，关于合同当事人的权利、义务没有明确的法律规定，在实际诊疗过程中，也看不到具体的合同文本，因而医疗服务合同属于默示合同，其权利、义务由相关法律法规等来确定。但只是在一般情况下如此，在一些特殊的医疗服务中，目前已经开始出现了合同文本，比如健康体检合同、孕期保健合同等，在合同文本中具体规定医患双方的合同权利和义务。

2. 医疗服务合同具有强制缔约性

在民法理论上，为了约束民事法律关系中占优势一方和保护处于弱势者的合法权益，一般都规定，只要一方发出了要约，另一方不得无故拒绝。此即强制缔约关系。在医疗服务合同关系中，医者拥有专业知识和技术，掌握着医疗设备和资源，而患者通常对医疗技术和诊疗过程知之甚少，为了平衡双方的关系，保障处于弱势一方的患者的基本医疗权，相关法律将医疗服务合同设定为强制缔约合同。医疗服务合同的强制缔约性，要求医疗机构在参加医疗服务的过程中不得无故拒绝对患者的诊治和救助，只要患者有要约的明确表示，医者就应当承诺实施医疗行为，否则就应当承担强制缔约过失责任。医疗服务合同的强制缔约性，有利于保障公民的生命健康权，维护社会公平正义；有利于杜绝医者拒诊患者、推诿患者、见死不救等行为。

3. 医疗服务合同的内容具有不确定性

医疗服务合同的内容，应当是围绕患者的健康问题所实施的一系列的诊疗行为。但是患者健康状况的不确定性、所患疾病的复杂性、诊疗手段的多样性等特点，决定了医疗行为不可能有一套预先设定的模式和方法来按部就班地实施。患者就医的要约，只能是一种概括性的、笼统的，甚至是模糊的要约，只能表达将疾病诊治清楚并治愈的愿望，至于是否能够确定诊断、治愈疾病以及采取什么方式、方法来诊断和治疗疾病，则需要医者根据患者的病情和当前该医疗机构拥有的技术和设备来综合考量，因而医疗服务合同的内容具有个别性、特殊性、不确定性的特点。即使当前很多医疗机构开始对医疗服务实施临床路径管理，对于一些常见病、多发病的诊疗程序、措施、方法和费用等予以规制，仍然不能千篇一律地套用在所有患者身上，就具体患者的诊疗服务的内容而言，仍然具有不确定性。

4. 医疗承诺履行的及时性和延续性

患者身患疾病或者遇到创伤，如果未及时处置，将使疾病或者创伤侵袭身体的范围扩大，加重对患者身体健康的损害，甚至危及患者的生命。因此，一旦患者作出就医的要约，或者以其行为表示了就医的要约，医者应当马上作出承诺并立即兑现其承诺。

医疗行为是一个需要耗费一定时间的过程，由挂号、体检、辅助检查、综合分析、实施治疗、再分析及调整治疗方案、康复等一系列环节组成，尤其是辅助检查和治疗方案的调整，需

---

① 参见［日］加藤一郎：《不法行为法的研究》，5页。转引自艾尔肯：《医疗损害赔偿研究》，35页，北京，中国法制出版社，2005。

要间隔几个小时甚至几天、数周的时间，一旦患者作出就诊的要约，医者就应当完成包含这所有医疗环节的医疗行为。这体现了医疗行为延续性的特点，除非在这一过程中遇到了可终止医疗行为的法定事由。

（四）分类

1. 医疗服务预约合同

预约挂号服务是近些年来医疗机构推行的方便患者就医、减少患者等待、增强患者就医获得感的重要措施。《民法典》第495条规定，当事人约定在将来一定期限内订立合同的认购书、订购书、预订书等，构成预约合同。当事人一方不履行预约合同约定的订立合同义务的，对方可以请求其承担预约合同的违约责任。患者预约挂号后未履行的，会面临承担违约责任的风险，医疗机构可能会采取一定的限制其接受服务的措施。

2. 一般医疗服务合同

一般医疗服务合同是医疗服务合同的主要类型，是指当患者的健康或者生理情况出现了问题的时候，包括身患疾病、遭遇创伤等，患者委托医者诊治疾病、创伤而成立的医疗服务合同。一般医疗服务合同是以诊疗服务作为订立合同的目的，双方的权利和义务也是围绕疾病的诊疗来设立的。

3. 院前医疗服务合同

根据《院前医疗急救管理办法》第2条的规定，院前医疗急救是指由急救中心（站）和承担院前医疗急救任务的网络医院（以下简称急救网络医院）按照统一指挥调度，在患者被送达医疗机构救治前，在医疗机构外开展的以现场抢救、转运途中紧急救治以及监护为主的医疗活动。患者及其他人员拨打急救呼叫电话，提供院前医疗急救服务的机构接到电话评估患者病情后，同意派出急救车前往患者所在地，双方即成立院前医疗服务合同。非因特殊情况，急救医疗服务机构不得擅自取消服务。

4. 特殊医疗服务合同

特殊医疗服务合同是基于患者的特殊生理需求，由患者提出明确的特殊医疗要约，医者承诺实施该医疗行为而订立的医疗服务合同。随着科技的进步和人们生活水平的提高，这类医疗服务合同的范围在扩大，包括整形美容、变性手术、器官移植、无痛分娩、终止妊娠、人工授精、试管婴儿培养等。

5. 保健服务合同

保健服务合同是以疾病的发现而非诊治为根本目的，以对患者的身体状况进行诊察而成立的医疗服务合同。有时它也伴随一定的诊疗行为，此时出于诊疗目的而设立的合同就成为该合同的附随合同。随着医学科技的发展和进步以及人们对健康的重视、生活质量水平的提高，人们对健康的保护需求在扩大，无论是普通百姓还是医疗工作者，都希望在疾病尚处于早期状态时就能检查出来，从而早诊断早治疗。这类合同包括为考试、入学、招工、保险所实施的健康检查合同，单位或者个人与医疗机构签订的定期健康检查合同，母婴保健合同，孕期检查合同，等等。另外，单纯到护理机构、康复机构去寻求护理、治疗和康复训练等的合同，也是保健服务合同。随着护士个人执业的普及护理机构的开设，这类合同将会更加普遍。

三、医疗服务法律关系

医疗服务法律关系，也即医疗法律关系、医患法律关系，是指医者受患者的委托或其他原因，对患者实施诊断、治疗等行为所形成的法律关系。一般而言，医疗法律关系是患者与医者之间的契约关系，该关系经由当事人的自由意思而成立。医疗服务合同的成立与一般的合同一样，经过要约和承诺达成合意，即患者提出医疗的要约，医者接受要求即承诺，医疗服务合同便成立。

既然医患关系是一种合同关系，那么医患双方的权利义务应该服从《民法典》合同编的调整。但是，在《民法典》中并没有“医疗服务合同”的概念，医疗服务合同在我国《民法典》中的地位怎样?《民法典》规定了19类合同，但这不是合同的全部。在这19类合同中，医疗服务合同既像技术合同，也像委托合同，还类似于加工承揽合同。一般而言，医疗服务合同中患者支付诊疗费，医者接受相关费用而提供专业的医疗技术服务，医者从中获得的是劳务报酬，因此，医疗服务合同具有委托合同的性质。但是也有一些在医疗过程中产生的现象难以解释，比如医者在给患者诊断之后出售药品和医疗器械的行为，对临床新药品、新技术进行的试验性医疗行为，基于无因管理而产生的医患法律关系。因此，我们只能说医疗服务合同具有委托合同的性质，可能兼具多种合同的内容。但是，无论对其定位如何，将医疗服务合同作为一种特定的合同来对待是国内外学者基本认同的。

在医疗法律关系中，也有因医者对患者事实上的医疗法律行为而产生的医疗法律关系，这种情形构成医者与患者间的无因管理关系。我国《民法典》合同编第二十八章规定了无因管理。其第979条第1款规定：管理人没有法定的或者约定的义务，为避免他人利益受损失而管理他人事务的，可以请求受益人偿还因管理事务而支出的必要费用；管理人因管理事务受到损失的，可以请求受益人给予适当补偿。没有法定或约定的义务，管理他人事务的行为，就是无因管理。医疗事务的无因管理，是指医者在没有约定义务和法定义务的情况下，为避免患者的生命健康利益受到损害，自愿为患者提供医疗服务的行为，因此行为而在医患之间产生一种债权债务关系。医疗事务无因管理关系，主要是基于以下四种情形：(1) 医务人员在医疗机构外没有履行医疗服务的义务，发现患者而加以治疗；(2) 对自杀未遂而不愿就医的患者予以救治；(3) 无监护人在场的情况下，医者直接针对无行为能力或者限制行为能力的“非急危”患者进行诊疗行为；(4) 国家基于医疗的特殊性和对国民生命和身体健康的维护，在法律上赋予医者以强制诊疗的权利和患者的强制受诊义务。此为公权力的行使，医者仅为国家使用人，故此时医疗法律关系应存在于国家和患者之间，这种医疗法律关系可称为强制医疗法律关系。

第二节　医疗服务合同的相关事项

一、医疗服务合同的主体

所谓合同的主体，也称为合同当事人，是指在合同法律关系中享有权利并承担义务的人。根据我国《民法典》第2条、第464条的规定，合同的当事人包括自然人、法人和非法人组织。在医疗服务合同中，合同的主体也应当包括以上这三类当事人。具体来说，医疗服务合同的主体包括医疗机构、患者及其关系人等。

（一）医疗机构

《医疗机构管理条例》第23条规定，任何单位或者个人，未取得“医疗机构执业许可证”或者未经备案，不得开展诊疗活动。这意味着在我国，医疗机构是医疗执业的主体，医师、护士必须在一个医疗机构内执业，没有取得“医疗机构执业许可证”，即使是取得“执业医师证”的医师，也不得擅自执业。因此，订立医疗服务合同的医者必然是医疗机构而非医护人员。根据《医疗机构管理条例》第2条，医疗机构包括医院、卫生院、疗养院、门诊部、诊所、卫生所（室）以及急救站等。

根据《医师法》第20条的规定，我国允许个体医师执业，但是个体医师执业也应当首先申请“医疗机构执业许可证”，以开设个体诊所为前提。因此，个体医师承担责任，实际上是由个体诊所承担责任。如果个体诊所具备法人资格，则该诊所是医疗服务合同的当事人；如果诊所不具备法人资格，则开设个体诊所的人就成为医疗服务合同的当事人。

一些企业、事业单位内部设立的医务室（所），甚至可能是医院，只要其具有“医疗机构执业许可证”，它就可以对外营业，但它不具有法人资格。此时医疗服务合同当事人为设立该医疗机构的具有独立法人地位的企业、事业单位。

（二）患者

一般情况下，患者是医疗服务合同的当事人，而不论其是否具有完全民事行为能力。无论患者是突然发病，无法行动，或者处于昏迷状态，没有就医的主动意识，还是患者是无民事行为能力人或者限制民事行为能力人，此时就医的仍然是患者，但是存在送医的一方，此时合同当事人是患者还是送医者呢？因为在该医疗服务合同关系中会涉及一系列权利和义务，如果患者不是合同当事人的话，那么医疗服务合同中应当承担诊疗费用的一方是患者本人还是送医者，就不好确定。在司法实践中可能出现以下两种情形。

1. 患者为完全民事行为能力人，突然昏迷不醒或者因发病失去行为能力

（1）患者的配偶送医。一般情况下认为，患者突发疾病，由其配偶送医的，其配偶系代理患者与医者订立医疗服务合同，患者本人仍是医疗服务合同当事人。在现代民法理论中，一般认为夫妻在日常事务中互为代理人，因而可以认为夫妻日常事务代理系法定代理关系。

（2）患者的亲属送医。一般情况下认为，患者突发疾病，由其近亲属送医的，近亲属系代理患者与医者订立医疗服务合同，患者本人仍是医疗服务合同当事人。此时近亲属与患者之间的关系仍是一种代理关系，这是一种表见代理关系。首先，表见代理为无权代理，患者近亲属与患者之间没有形成法律上的代理关系，也没有指定或者委托代理关系存在。其次，表见代理中要求客观上有使第三人相信表见代理人有代理权的外在现象。因为送医者是患者的近亲属，理所当然就会让医疗机构相信他们之间代理关系的存在。再次，表见代理中第三人须为善意且无过失。在医疗服务过程中，医者的医疗行为是有利于患者的行为。最后，表见代理的法律后果由被代理人本人承担。事实上在医疗服务过程中，最终医疗行为所产生的一切法律义务都由患者本人承担。

（3）患者的朋友送医。虽然患者的朋友送医时似乎有表见代理关系存在，但是朋友与近亲属毕竟不同，且朋友也有亲疏远近之别，因而朋友送医的，应当认定是患者与医者订立医疗服务合同关系，朋友与患者之间则为无因管理关系。

（4）路人或者警察送医。与朋友送医的情形类似，仍然应当认为患者是医疗服务合同关系当事人，路人或者警察与患者之间则为无因管理关系。

2. 患者为无民事行为能力人或者限制民事行为能力人

当患者为婴幼儿或者为无民事行为能力人时，其无法作出就医的意思表示，也没有能力承担医疗服务合同的义务。此时患者的监护人送患者就医，其监护人与医者成立医疗服务合同关系，其监护人是合同当事人。此为监护人为患者利益与第三方订立的医疗服务合同。

但是，当患者是限制民事行为能力人时，其还有一定的意思表示能力，应当将患者视为医疗服务合同的当事人，但在一定程度上要听取其法定代理人的意见，同时将其法定代理人作为医疗费支付债务的连带债务人。①

① 参见艾尔肯：《医疗损害赔偿研究》，41页，北京，中国法制出版社，2005。

（三）社会医疗保险中医疗服务合同主体

在社会医疗保险的情形下，作为被保险人的患者，须到社会保险机构指定的医疗机构就医。此时就形成了保险公司、医疗机构和患者三方关系。表面上看，保险公司支付诊疗费用，似乎是医疗服务合同的债务人，但实际上医疗服务仍然是建立在医患双方合意的基础之上，只不过患方是在保险公司指定的医疗机构的范围之内选择医疗机构，对于具体的医疗目的和医疗需求，还需要医患双方进行商定。因此，在这种情况之下，患者仍然是医疗服务合同的当事人。①

与该情形类似，患者因交通肇事受伤被送医救治，肇事方付诊疗费用，似乎是医疗服务合同的债务人，但实际上，仍然是患者与医疗机构之间形成权利义务关系，因此，在这种情况之下，患者仍然是医疗服务合同的当事人。

二、医疗服务合同的客体

合同的客体是指合同法律关系主体的权利和义务所指向的共同对象，它是联系法律关系主体间权利和义务的中介。一般而言，合同法律关系的客体包括物、行为、智力成果和人身利益。

与合同客体相关的概念是合同标的，二者有时难以区分，在学术上也引发较大争议。不过一般认为，合同关系的客体与标的是很难区分的，它们是从不同角度提出的不同概念。从静态上研究民事法律关系，其构成要素为主体、客体和内容；从动态上研究民事法律关系，其构成要素为主体、标的和内容。因此，就合同关系而言，合同关系的客体与标的也是从不同角度提出的概念，两者在内容上是相同的，都是指合同关系中权利、义务所指向的对象。②

在医疗服务合同关系中，当前争论比较大的就是医疗服务合同的标的到底是什么。医患双方在医疗服务过程中，没有物的交接，没有可视的有形利益存在，如何界定医疗服务合同？显然存在这种争议的关键在于没有认识清楚医疗服务合同的性质，将其简单地与一般物化的合司比较。事实上，医疗服务合同的定位点在于“服务”，它是一种服务合同，因而医疗服务合司的标的也是这种看不见、摸不着的“服务”。

在我们的现实生活中，服务合同非常多。比如律师代理当事人出庭应诉，就是一种服务合同——法律服务合同；旅游公司为游客提供旅游观光活动，双方订立的也是一种服务合同——旅游服务活动……在这众多的服务活动中，我们都无法看到具体的合同标的，但是存在实实在在的合同，且合同当事人之间也在各自履行自己的合同义务。医疗服务合同的合同标的，笼统地说就是医疗服务，是医者为患者提供的针对患者的身体条件、经济条件、自身要求和疾病状况而实施的医疗服务活动，包括具体的医疗行为和附随的非医疗行为。在医疗服务合同中，医者的义务是围绕医疗行为和附随的非医疗行为来设定的，医者运用专业知识和技能，尽最佳注意义务和危害结果回避义务，以保障医疗行为和附随的非医疗行为的质量；患者在接受医者提供的保证质量的医疗行为和附随的非医疗行为后，应当支付相应的诊疗费用，并应当尽到配合医疗行为实施的义务。

---

① 社会医疗保险涉及国家医疗保险行政管理、医疗卫生服务机构、医疗保险参加人员三方的利益。医保基金支付与个人承担费用等于医疗总费用，二者之间存在此消彼长、你多我少的联动关系。在医疗保险行政管理、医疗卫生服务机构、医疗保险参加人员中，存在三种法律合同关系：（1）参保者与医疗机构之间形成医疗服务合同；（2）参保者与医保部门之间形成行政合同关系；（3）医保部门与医疗机构之间形成行政合同关系（委托合同）。

② 参见李大平主编：《医事法学》，135页，广州，华南理工大学出版社，2007。

三、医疗服务合同的订立

合同的订立是指当事人按照要约和承诺的程序达成协议的行为和过程。合同的订立是达成协议的过程，反映的是“线”；合同的成立是达成协议的结果，反映的是“点”①。

一般而言，合同的订立都有明确的合意与合同签订的过程。但是在医疗服务合同上，鲜有这个过程存在：看不到双方的合意，也看不到双方的签字，更看不到双方达成的协议文本。这样一来，医患双方何时达成医疗服务协议，在认定上就显得比较困难。

（一）患方要约

所谓要约，是当事人一方希望与他人订立合同的意思表示。只要这种意思表示存在，即为要约。

根据当前医疗机构运作的程序和要求，患者就医首先应当挂号。据此，有的学者认为，患者前往医疗机构的挂号行为即为发出要约的行为，医疗机构给患者挂号，即为医疗机构的承诺，据此医疗服务合同成立。但也有学者持反对意见，认为患者的要约应当始于患者陈述症状，概括地请求医师为其诊断和治疗，请求范围应由当时医学上的专业判断决定，因此，一般医疗关系中，患者挂号尚未向医者表明主要症状，应当认为尚不属契约之意思表示。② 作者认为，医疗服务合同在内容上具有不确定性，患者就医只能是作出请求医者对其病症诊治的概括性要求，因此，当其作出就医的意思表示，即为要约发出，医者给予挂号，即为医者的承诺。这也符合我国医疗制度中所规定的首诊负责制的要求。

在特殊情况下，即使患者没有挂号，而是采用其他方式向医者作出请求诊治的意思表示，也视为患者发出了要约。比如患者来到医院急诊室，自己或者陪同人员请求对其诊治；或者患者在家中、医院之外的任何地方给医院打电话、发传真等，此时患者病情已经危急，来不及完成到医院挂号室挂号的行为，但要求诊治的愿望非常明显而迫切，此亦为患方的要约。

（二）医者承诺

所谓承诺，是指受要约人同意接受要约的全部条件以缔结合同的意思表示。我国《民法典》第479条规定，承诺是受要约人同意要约的意思表示。承诺的法律效力在于，一经承诺，合同即告成立。

但是在医疗服务合同中，往往在患者发出要约之后，医者并没有明确作出承诺，那么如何来认定医者的承诺呢？关于医者的承诺，可以从以下几种情况分别认定。

（1）一般情况下，只要患方挂了号，支付了挂号费，医者给患方一个编有序号的凭证，即使医者并没有为患者实施诊疗，也认为医者已经作出承诺，此时医疗服务合同成立。

（2）在急诊时，患者被送到医疗机构急诊室内，要求医师实施救治。此时虽然没有挂号凭证，但是患者已经作出的医疗救治请求被视为要约，医疗机构对患者实际实施的医疗救治行为，即为医者作出承诺，医疗服务合同就此成立。如果医疗机构缺乏救治的条件和设备，应当及时转诊。

（3）于出诊的情形，如何认定医疗服务合同成立呢？患者拨打电话，接通急救机构的电话终端，视为患者发出医疗要约。医者接到患者的求救电话，并答应出诊，也可视为医者的承诺。但是此时医疗机构前往患者所在地尚需要经历一定时间，在该时间段内显然无法实施医疗行为。如果其间患者发生了问题，医者是否应当承担违约责任呢？如果此情形下让医者就此承

---

① 孔祥俊：《合同法教程》，83页，北京，中国人民公安大学出版社，1999。

② 参见吴建梁：《医师与病患医疗关系之法律分析》，东吴大学1994年硕士学位论文，10页。

担责任，显然不合理。实际上，此时医患双方签订的医疗服务合同属于医疗救助服务合同，只要医者按照规定及时出车出诊，即为合同的履行，不能以医者是否实施医疗行为来考量。

案例 13-1

“120”的承诺应否兑现

某医院为树立自身形象、整顿医风，也为招揽患者、提高自身经济效益，自 2004 年 1 月 1 日起，公开向社会承诺：“凡拨打 120-1 电话，属城区的，救护车将在 5 分钟之内到达。”此后，医院还通过新闻媒体、户外广告、宣传单等多次、一再重申。2004 年 10 月 24 日，家住城区的王某突发脑出血，其丈夫赶紧拨打 120 电话，然而 5 分钟后，救护车并未赶到。此后，王某丈夫、女儿多次拨打，医院值班员一再表示“马上就到”。其间，王某丈夫、女儿曾考虑过拨打其他医院的急救电话，又认为这家医院离得最近，且已向社会作出承诺，应有信誉，加之若找另外的医院，这家医院的救护车又来了，将有愧于另外的医院。直到 50 分钟后，仍未见救护车的踪影，王某丈夫才拨打了另一医院的急救电话。然而，由于延误治疗，王某不幸去世。事后，王某丈夫、女儿找过这家医院要求赔偿，因医院表示拒绝而成讼。本案中，就医院应否赔偿患方的损失，有人认为，医院是公益性机构，其承诺应该是一种工作上追求的目标，不具有合同性质，加之当时系救护车出了故障，确实事出有因，属不可抗力；且王某之死是疾病所致，与该医院并没有直接因果关系，故医院不应赔偿损失。然而，本案中“120”对社会的承诺应当被视为医疗服务合同中的要约邀请，一经患方发出要约，该承诺即对医疗机构具有约束力。

请问：本案中医疗机构与患方建立的是什么合同？医疗机构的义务是什么？医疗机构承担违约责任的范围包括哪些内容？

四、医疗服务合同的终止或解除

（一）医患双方协议终止医疗服务合同

合同是双方当事人合意协商的产物，其产生和终止都可以由双方当事人共同一致的意思表示来决定。医疗服务合同基于医患双方合意而成立，也可以由双方协商而终止。

（二）患方单方面解除合同

对医疗机构而言，医疗服务合同具有强制缔约性，因而医疗机构在一般情况下不得擅自解除合同，只有患方可以单方面解除合同。患方单方面解除医疗服务合同，包括中止治疗、放弃治疗、出院、转院等。

对于医疗机构而言，只有当出现法定事由时，医疗机构才可以终止或者解除医疗服务合同。这样的法定事由包括两个方面：一方面，由于自身条件的限制，医疗机构不能胜任对患者的诊治，如患者患有传染性疾病，而医疗机构并非传染病医院；患者属于重性精神病，而医疗机构属于非精神病医院；患者所患疾病为疑难杂症，医疗机构的诊治能力、技术力量和设备有限。另一方面为患方的原因，如患者不配合医疗机构的医疗行为，违抗医嘱；患方有能力支付而拒绝支付医疗费用。

（三）医疗执业资格丧失

医疗机构必须具有国家颁发的“医疗机构执业许可证”，方可从事医疗执业工作。如果医疗机构被行政机关处以停业处罚，在停业期间就不能实施医疗行为，医疗服务合同解除或者中止执行；如果医疗机构被吊销执业资格，医疗服务合同终止执行或者解除。

（四）医疗行为实施完毕

当医疗机构按照医患双方的约定，实施了相应的医疗行为，达到了预定的医疗目的，医疗合同自动终止，但并不以完全治愈为前提。此为医疗服务合同终止之通说。

最近几年来，我国经常发生患者强占医疗机构病房的事件，医疗机构通过劝说及做工作，患者也不愿意腾退病房。在这样的情况下，医疗机构往往选择诉讼来解决问题，而医疗机构诉讼的案由就是医疗服务合同纠纷，诉讼的主要依据就是医疗行为已经实施完毕，患者病情已经痊愈或者病情稳定，不需要再实施特殊治疗。

案例 13－2

医院擅自更改医患双方约定的生产方式引发纠纷

2002 年 1 月 29 日，孕妇曹某入住某医院妇产科待产，双方签订了“住院病人同意书”。该日晚上 7 时 15 分，医院考虑到产妇为过期孕，先露下降延缓，从外形观察胎儿较大，决定行剖宫手术分娩。双方签订了“手术协议书”，对手术的必要性、手术中的可能意外及可能发生的主要并发症等进行了说明。晚上 7 时 45 分，医师检查决定胎吸助产。晚上 7 时 50 分，行会阴侧切加胎吸术，助娩一男婴。胎儿娩出后无自主呼吸，心率 150 次/分，略有肌张力，医师紧急清理呼吸道，气管插管，脐静脉注射，症状无好转。经治疗无效，患儿于晚上 8 时 30 分心跳消失。

本案经市、省两级医疗事故技术鉴定委员会鉴定，结论均为不属于医疗事故。曹某诉至法院，以医院违反医疗服务合同为由请求赔偿。

法院经审理认为：某医院在曹某生产困难的紧急情况下，双方签订了为曹某行剖宫手术分娩的协议书，该协议是双方的真实意思表示，合法有效，双方均应按照约定全面履行自己的义务。在协议书签订后，医院应当及时实施手术，保证胎儿顺利生产。但在准备手术的过程中，医院未与患者解除手术分娩协议而自主决定胎吸助产，致使新生婴儿窒息死亡，故对男婴的死亡应当承担全部责任。

依照《合同法》（已失效）相关条款之规定，一审法院判令医院赔偿曹某等因新生婴儿死亡造成的丧葬费 400 元、死亡补偿费 46 170 元，于判决生效后 3 日内履行完毕。

宣判后，双方当事人均不服判决，提起上诉。

二审法院经审理后，认为原审认定事实清楚、适用法律基本正确、审判程序合法、处理结果得当，遂判决驳回上诉、维持原判。

请问：在什么情况下医疗机构可以更改双方约定的医疗方案？

第三节　医疗服务合同纠纷的处理

一、医疗服务合同纠纷案由规定

最高人民法院《民事案件案由规定》将医疗纠纷案件分为两类——医疗服务合同纠纷、医疗损害责任纠纷，其中包含两项子案由：侵害患者知情同意权责任纠纷、医疗产品责任纠纷。因此，医疗纠纷的法定案由实际上是四种：医疗服务合同纠纷、医疗损害责任纠纷、侵害患者知情同意权责任纠纷、医疗产品责任纠纷，后三种均属于医疗侵权纠纷。除此之外，因医疗行为引起的民事纠纷，确定其他案由于法无据。

当医疗过失行为给患者造成损害时，对于患方的损害，到底是按照医疗服务合同纠纷来追究医者的违约责任，还是按照医疗损害责任纠纷来追究医者的侵权责任，一直存在较大争议。在美国，随着过失侵权作为一项侵权之诉的基础的发展，医疗损害的受害人享有两个独立的诉讼基础，即默示合同责任与过失侵权责任，患方可以从中加以选择。此外，医师也可能会因为担保治疗成功而承担默示的合同责任。不过，实践中只有非常愚蠢的医师才会在治疗中对患者担保治疗一定会成功。然而，即使有医师这样担保，法庭在审理时也会运用一些原则加以限制，例如要求这样的合同必须是书面的、有额外的对价而且这种担保的结果也必须是具体的。这样一来，医者承担民事合同责任的情形就大大减少了。在美国，几乎所有的医疗损害纠纷案件都被认为是过失侵权，并以过失侵权作为诉因。而且，所有的法院也都将"过失"看作是医疗损害纠纷案件的要旨，根本不去考虑当事人的诉讼请求中词汇的准确含义，即便过失侵权之诉与合同法有某种联系也是如此。由于医疗损害纠纷案件通常是产生于医者与患者之间的合意关系，因此仍有合同因素涉及在内。美国学者 Gordon L. Ohlsson 教授认为，"尽管合同法的气味伴随着当事人的诉讼请求，但是过失侵权已经居于现代医疗损害诉讼的核心地位"。因此，在当前美国的医疗损害诉讼实践中，当事人大都会以"医疗过失侵权"针对医师提起诉讼。①

实际上在我国的医疗纠纷诉讼中，患者以医疗损害赔偿纠纷提起诉讼为主，真正以医疗服务合同纠纷提起诉讼的较少。而医疗机构提起诉讼时则多以此案由针对患方提起诉讼。比如医疗机构向患方索要拖欠的医疗费用，医疗机构要求患者出院，医疗机构要求终止医疗服务合同关系。

二、医疗损害责任纠纷与医疗服务合同纠纷的区别②

医疗损害责任纠纷与医疗服务合同纠纷会产生民事责任竞合。民事责任竞合，是指某个违反民事义务的行为，符合两种或两种以上的民事责任的构成要件，这些责任既不能相互吸收，又不同时并处，只能选择承担其中的一项责任。医疗行为因为具有双重性质，所以既符合侵权民事责任的构成要件，也符合违约民事责任的构成要件。因为不同民事责任构成要件不同，在诉讼中就同一行为选择不同的承担责任方式会产生不同的结果。在医疗纠纷案件中，与侵权责任与违约责任发生竞合时，受害人可以选择追究医疗机构的其中一项责任，但不能同时要求医疗机构承担两项责任。选择追究医疗机构的何种责任，对于受害人来说意义重大，因为侵权责任与违约责任在构成要件、责任形式、责任范围、诉讼时效、诉讼管辖、举证责任等方面均有差异，受害人选择不同的责任形式会产生不同的法律后果。以下简要对比因医疗纠纷提起的诉讼中侵权责任与违约责任的区别。

（一）承担责任的前提不同

医疗违约责任以当事人间存在的合同关系为前提，即患者与医疗机构之间建立了医疗服务合同，并因该合同产生了权利、义务；医疗损害侵权责任并非依据当事人间建立的医疗服务合同关系，而是依据医疗侵权行为。

（二）侵犯的权利不同

医疗违约责任是侵犯债权人的债权而产生的民事责任，侵犯的是相对权；医疗损害侵权责任是侵犯他人的财产权或人身权而产生的民事责任，侵犯的是绝对权。

（三）依据的事实基础不同

医疗违约责任的成立不需要有损害事实的存在，医疗机构只要有违约行为就应承担责任；

① 参见唐德华主编：《〈医疗事故处理条例〉的理解与适用》，42 页，北京，中国社会科学出版社，2002。

② 参见马军、温勇、刘鑫：《医疗损害侵权案件认定与处理实务》，72～75 页，北京，中国检察出版社，2006。

而医疗损害侵权责任则一般要有损害事实存在，才成立。

（四）归责原则不同

一般认为，我国合同法采用无过错责任原则或者严格责任原则，因此，医疗违约责任主要适用无过错责任原则，即违约就应当产生责任。但应当注意，依医疗服务合同产生的是一种手段债务，并非结果债务，故而患者并不能依据合同要求医疗机构履行合同将其治愈，而是要求依合同义务审查医疗机构是否履行治疗义务和是否恰当地进行治疗。侵权责任主要适用过错责任原则，同时还有适用无过错责任、公平原则的例外情况。当前，医疗损害侵权责任主要适用过错推定责任。

（五）举证责任不同

医疗违约责任基于医疗服务合同而产生，故应当适用合同的举证责任。患者对合同关系成立并生效的事实负有举证责任，医疗机构对是否恰当履行合同承担举证责任。如在治疗过程中发生了合同关系的变更、解除、终止等情形，由主张该情形发生的一方承担举证责任。医疗损害侵权责任中由患者证明损害结果的存在，由医疗机构对医疗行为与损害结果之间不存在因果关系及不存在医疗过错承担举证责任。

（六）诉讼管辖不同

对医疗违约之诉可以按照《民事诉讼法》的规定约定管辖，约定由原告住所地、被告住所地、合同履行地、合同签订地、标的物所在地人民法院管辖，在没有约定的情况下一般主要是由被告住所地法院管辖，也有可能发生如上门提供医疗服务的情况，从而使上门服务合同的履行地法院也具有管辖权。医疗损害侵权之诉则主要是由侵权行为地或者被告住所地人民法院管辖。

（七）承担责任的范围不同

医疗违约责任的责任范围在于赔偿财产损害；医疗损害侵权责任不仅可以是财产责任，也可以是非财产责任，包括对人身损害造成的精神损害的赔偿。

（八）承担责任的方式不同

医疗违约责任的承担方式是实际履行、支付违约金、赔偿财产损失等责任；而医疗损害侵权责任的承担方式相对广泛，包括赔偿损失、消除影响、恢复名誉、赔礼道歉等形式。

（九）债务连带性上的不同

患者因为治疗疾病而到不同的医疗机构进行诊治，其依据医疗服务合同向不同的医疗机构主张权利，各医疗机构依各自与患者建立的医疗关系而分别承担责任；患者如依医疗损害侵权责任主张权利，则各医疗机构可能因自身行为承担相应责任，也可能因共同侵权行为承担连带责任。

三、医疗服务合同违约责任的承担

违约责任是违反合同的民事责任的简称，是指当事人一方不履行合同义务或者履行合同义务不符合合同约定，而应当承担的采取补救措施、赔偿损失、支付违约金等民事责任。医疗违约责任是指医疗服务合同当事人不履行合同约定的义务或者履行合同义务不符合合同约定，而应当承担的民事责任。需要注意的是，医患双方都可能存在不履行医疗服务合同约定的义务或者履行合同义务不符合合同约定的情况，因此，医患双方都有承担违约责任的可能。

医疗服务合同没有明确的合同文本，在《民法典》中也没有相关规定。如果在医疗服务合同履行过程中，一方当事人出现了违反合同约定的行为，如何承担违约责任呢？

（一）医者违反医疗服务合同的情形

医者违反医疗服务合同，主要是指医疗机构没有按照法律、法规、诊疗规范、操作规程的规定执行医疗业务，在诊疗过程中没有尽到对患者的注意义务和危害结果回避义务，给患者造成损害后果，因而应当承担违约责任。此情形与医疗损害侵权情形类似。

案例 13-3

患者强占病房被法院强制执行

2001 年 3 月 21 日，孙某因声带水肿到北京某医院就诊，在医师建议下住院并接受手术。孙某说，手术后病情反而严重，呼吸变得困难。她认为医师在治疗中有过失行为，便拒绝医院于同年 6 月 6 日提出的出院要求，并提出赔偿损失。在此期间，双方曾发生数次冲突，派出所也曾介入。

2004 年 5 月，北京某医院将孙某起诉至北京市××区人民法院。北京××医院认为，孙某已达出院条件。北京市××区人民法院判决孙某腾房。孙某不服判决，上诉到北京市第二中级人民法院。北京市第二中级人民法院维持一审判决，并主持双方达成协议：孙某于 2005 年 3 月 12 日腾房，医院免除其自 2001 年 6 月 7 日至腾房日的 10 万元住院费用。在腾房日，孙某反悔，拒绝搬出，反将医院告上法庭。北京市××区人民法院依照医院的申请下发了强制执行书。

4 年来，孙某购置了锅碗瓢盆等物，三个闺女和一个儿子，还有侄女轮流来陪她，并帮她做饭。为解闷，她将家里的电视搬了进来，还养起了花草和小鱼，周末时会回在六里屯的家看看，洗洗澡，和老邻居唠上一会儿。

2005 年 6 月 23 日，在北京某医院的申请下，北京市××区人民法院执行庭将 71 岁的孙某强行搬出病房，送回了家。

请问：医疗机构起诉患者的案由是什么？一般诉讼请求有哪些？

在患者住院过程中，医疗机构还具有保障患者人身安全、财产安全的义务。患者在住院期间发生人身伤害或者财物丢失事件，如果能够证明医疗机构存在管理上的缺陷，医疗机构应当承担违约责任。但是这种责任不能肆意扩大，比如患者由于不能忍受病痛折磨而跳楼自杀，无论医疗机构在医疗过程中有何缺陷，只要患者是完全民事行为能力人，就不能认定医疗机构承担违约责任。再比如，具有完全民事行为能力的患者私自离院外出，后发生意外事件而死亡，医疗机构在发现患者外出后及时告知患者家属的，医疗机构不承担任何责任。

在实际操作中，有的人错误地将医疗结果视为医疗服务合同的标的，因而将误诊、漏诊、患者疾病没有治愈，甚至死亡的发生，视为医疗机构违约。这是不对的。因为医疗行为具有很大的不确定性和风险性，而且医学科学技术的发展也有很大的局限性，医师在与疾病作斗争的过程中主要依靠临床经验，因而，对于患者病情诊断不清、治疗不了实乃无奈之举，不可苛求。我们强调医疗机构的合同义务主要是尽自己的能力提供医疗服务，尽到医疗业务上的注意义务和危害结果避免义务即可。

（二）患者违反医疗服务合同的情形

患者违反医疗服务合同，主要表现在以下几个方面。

（1）患者没有及时缴纳应当缴纳的医疗费用。近年来，患者欠费，尤其是恶意欠费的事件有增无减，甚至已经影响到医疗机构的正常经营和医疗业务的维持。这是我国现阶段特有的社会现象，其原因在于：一方面，我国经济水平不高而人口众多，医疗保障没有全面覆盖，患者就医主要由自己来承担费用，而经济状况差的患者自然无力支付昂贵的医疗费用。另一方面，患者无视法律规定，拒绝支付其应当支付的医疗费用；或者患者以医疗事故为由拒绝支付医疗费用。无论是什么原因导致的医疗欠费，从医疗服务合同的角度来看，只要医者为患者提供了相应的医疗服务，说明医者已经履行了其合同义务，患者就应当履行其相应的支付医疗费用的义务，如果患者没有支付医疗费用，医者就可以追究患者的违约责任。至于患者没有支付医疗费用医者是否可以中止医疗行为，这是一个值得讨论的问题。

（2）患者没有遵守医嘱，拒绝配合医者的诊疗行为。医疗行为的实施，有赖于患者的支持和配合。因此，患者配合医疗行为的实施，系患者在医疗服务合同中必须履行的义务。如果患者不配合医疗，甚至拒绝接受医者所实施的医疗行为，必然导致医疗行为实施困难，难以实现医疗目的。在这样的情况下，经医者劝说无效的，医患双方业已达成的医疗服务合同已经没有继续履行的价值，可以终止对合同的执行。

（3）患者违反医者的管理规定，不服从医者的管理安排，影响其他患者的生活，影响医者实施医疗行为，经制止和劝说无效的，视为对医疗服务合同的违反。比如患者在住院期间通宵达旦地观看电视，影响其他患者的生活或者医者实施医疗行为。

思考题

1. 医疗服务合同的概念是什么？简述其法律特征。
2. 医疗服务合同的终止或解除的情形有哪些？
3. 我国司法上对医疗纠纷的案由是如何规定的？
4. 简述医疗损害侵权之诉与医疗服务合同之诉的区别。
5. 分别叙述医者和患者违反医疗服务合同各自所应承担的违约责任。

第十四章

医疗损害责任纠纷及解决

医疗损害责任纠纷属于侵权纠纷，诉讼是我国当前解决医疗纠纷的最主要方式，大多数的医疗纠纷案件都是通过诉讼来解决的。本章主要讨论医疗损害责任的概念、分类和法律特征，《民法典》有关医疗损害责任的主要内容，医疗损害责任的构成、诉讼中举证责任的分担、赔偿项目及其具体计算等。

第一节　概　述

一、医疗损害责任的概念

医疗损害责任是《民法典》设定的医疗纠纷民事处理所用的概念，有别于过去医疗事故的概念。从立法层面对医疗纠纷法律处理相关的概念进行区分，对于避免医疗纠纷民事处理中不合理的二元化局面有着重要意义。医疗损害责任系医疗纠纷民事处理中的概念，医疗事故则具有医疗纠纷行政处理的色彩。

关于医疗损害责任或者医疗侵权行为概念，有不同的表述，如：有人认为医疗侵权行为是指医疗机构及其医务人员在诊疗护理过程中侵犯了患者的合法权益，并引起一定的法律后果的行为。[①] 也有人认为医疗侵权行为是指在医疗活动中，侵害就诊者的人身权利，医疗机构依法应当承担民事责任的违法行为。[②] 还有人认为医疗侵权行为是指行为主体在实施医疗行为的过程中，侵犯了患者的人身权益（因医疗活动系针对人的身体所实施的行为），而应承担责任的行为。[③] 医疗损害责任是指医疗机构及其医务人员在医疗过程中因过失，或者在法律规定的情况下无论有无过失，造成患者人身损害或者其他损害，应当承担的以损害赔偿为主要方式的侵权责任。[④]

这些观点都从某一个角度揭示了医疗损害责任的内涵，但并非全部。对医疗损害责任的界定，必须要考虑行为主体、行为性质、行为结果以及法律后果四个要素。因此，作者认为，医疗损害责任是医疗机构及其医务人员在对患者实施医疗行为的过程中存在过错，并导致患者出现了不良后果，依据法律规定所应当承担的侵权责任。

---

① 参见刘雪玲：《医疗侵权行为的民事责任与举证责任》，载《齐鲁医学杂志》，2002（3），267～268页。

② 参见郑力等：《论医疗侵权行为的归责原则与免责》，载《中国医院》，2006（10），38页。

③ 参见钱矛锐：《论医疗侵权行为的法律内涵》，载《西北医学教育》，2008（3），449～452页。

④ 参见杨立新：《医疗损害责任研究》，42页，北京，法律出版社，2009。

二、医疗侵权诉讼相关法律

（一）域外医疗侵权立法概况

目前，世界上还没有哪个国家对医疗侵权赔偿进行过专门立法，在侵权法中也没有直接规定医疗损害责任制度，差不多都是在执业医师法中作出规定，并且将其归入“专家责任”[①]。我们可以从美国、德国、日本的法律制度中发现这一点。

英美法系国家的法律制度是由判例构成的，比如在美国就没有专门的医疗侵权责任法，医疗损害赔偿的处理主要依据侵权责任法中的一般规定。[②] 在20世纪20年代以前，美国的医疗纠纷已经开始出现，但是医疗纠纷诉讼急剧增加始于20世纪20～60年代。[③] 美国医疗纠纷相关法律主要来自三方面：一是联邦的法律、法规和以往判例，二是各州的法律、法规和以往判例，三是联邦和各州法院的规定。医疗机构、医师、健康管理组织和保险公司大都由各州管辖，因此医疗纠纷诉讼都在各州法院进行。虽然英美法系国家以判例为主要审判依据，成文法较少且不够具体，但美国联邦层面涉及医疗纠纷的主要法规仍比较完备，主要有五个：一是《联邦侵权索赔法》（Federal Tort Claims Act），二是《志愿者保护法》（Volunteer Protection Act），三是《紧急医疗处置与分娩法》（Emergency Medical Treatment and Active Labor Act），四是《儿童预防接种伤害法》（National Childhood Vaccine Injury Act），五是《国家执业人员资料库》（National Practitioner Databank）。[④]

大陆法系国家的法律制度是由成文法构成的，但是同样没有哪个国家制定了专门的医疗侵权责任方面的法律。全国人大法工委在2006年曾经专门到德国进行过侵权责任立法考察。在德国，现在还没有一部专门的法律调整医疗纠纷的处理问题，都是以民法典的服务合同和雇主责任为模板，确定法律适用问题。至于医疗侵权的特殊性，则由司法具体化。[⑤] 在日本，医疗侵权的赔偿完全依据《日本民法典》第五章侵权行为部分，该章从第709条到第724条，共16条，没有关于医疗侵权的具体规定。1965年注释民法丛书（有斐阁）的第19卷出版发行，这是一部对《日本民法典》第709条至第724条的注释专著，对交通事故、事业灾害、制造物责任、医疗行为责任、生活妨害等，按照事故类型作了类型化尝试。[⑥]

（二）我国医疗侵权诉讼相关法律

长期以来，我国医疗损害赔偿诉讼呈现二元化态势，学界将其描述为三个“二元化”：诉讼案由二元化、鉴定途径二元化、法律适用二元化。[⑦] “二元化”产生的原因比较复杂，但是“二元化”合法化是非常明确的。最高人民法院于2003年1月6日发布的《关于参照〈医疗事故处理条例〉审理医疗纠纷民事案件的通知》（已失效），将医疗侵权纠纷案件划分为两大

---

① ［德］克雷斯蒂安·冯·巴尔：《欧洲比较侵权法》，下卷，焦美华译，张新宝审校，354～357页，北京，法律出版社，2004。

② 参见高野陶、吕略钧、陈进清：《中美医疗纠纷法律法规及专业规范比较研究》，95～106页，南京，南京大学出版社，2003；刘涓、王朝曦、宋文质：《美国医疗损伤责任纠纷相关法律》，载《中国医院》，2006（11），46～48页；［美］文森特·R. 约翰逊：《美国侵权法》，赵秀文等译，6页，北京，中国人民大学出版社，2004。

③ 参见陈志华、杨健：《回眸美国医疗过失诉讼历史》，载《中国医药指南》，2007（6），26～30页。

④ 参见张鸣、李南：《美国医疗纠纷处理与立法经验对我们的启示》，载《中华医院管理杂志》，2009（4），243～246页。

⑤ 参见杨立新：《医疗侵权法律与适用》，23页，北京，法律出版社，2008。

⑥ 参见于敏：《日本侵权行为法》，2版，29页，北京，法律出版社，2006。

⑦ 参见杨立新：《医疗损害责任研究》，7页，北京，法律出版社，2009。

类——医疗损害侵权纠纷和医疗事故以外的原因引起的其他医疗赔偿纠纷，从而引起了医疗侵权纠纷诉讼的“二元化”。2009 年 12 月 26 日，全国人民代表大会常务委员会颁布的《侵权责任法》，在医疗侵权诉讼的案由和法律适用方面终结了“二元化”的态势，但仍然遗留下医疗损害鉴定的“二元化”，详细情况见第十二章。

《民法典》侵权责任编规定了“医疗损害责任”，共计 11 条。医疗损害责任在《民法典》中以专章规定，这在世界上也是首创，是中国特色。总的来看，它确立了医疗损害责任的三大类型——医疗技术损害责任、医疗伦理损害责任、医疗产品损害责任。为了帮助读者了解和掌握相关内容，我们对其中的具体内容分布和要点予以归纳，详细情况见表 14-1、表 14-2。

表 14-1　《民法典》侵权责任编“医疗损害责任”的内容及条文分布

内容	条文	评价
医疗侵权责任构成 医疗侵权过错认定 医疗侵权过错排除	第 1218 条 第 1221 条、第 1222 条 第 1224 条	医者侵害患者健康权、生命权所应当承担的责任
医者诊疗过程中的告知义务 侵犯患方知情权、同意权责任 特殊情况下医者诊疗义务	第 1219 条第 1 款 第 1219 条第 2 款 第 1220 条	医者侵害患者知情权、同意权所应当承担的责任
患者病历知情权及医者的保障义务 患者病历隐私权及医者的保障义务	第 1225 条 第 1226 条	患者的病历权益及医者的保障义务，由此可能引发侵犯患者隐私权的纠纷
医疗用品质量责任	第 1223 条	医疗产品质量责任
医者不得实施过度医疗的义务	第 1227 条	一般性规定。有可能涉及医疗机构侵犯患者的财产权益而承担的责任
医者的合法权益受法律保护	第 1228 条	一般性规定

表 14-2　《民法典》侵权责任编“医疗损害责任”的内容要点

序号	概括	内容	说明
1	一个核心	医疗损害	结束二元，统归一元
2	两个重点	医疗告知，病历资料	各有 3 个法条规定
3	三种免责	第 1224 条规定的 3 种情形	可以扩展为若干种
4	四个要件	违法行为，损害后果，因果关系，过错	传统侵权责任构成理论
5	五项告知	病情，医疗措施，手术，特殊检查，特殊治疗	需要实施医疗告知的医疗内容及风险
6	六种推定	违法，隐匿病历，拒绝提供病历，伪造病历，篡改病历，销毁病历	从第 1222 条规定的 3 种情形提炼
7	七处责任	第 1218、1219、1221、1223、1224 条（赔偿责任），第 1226 条（侵权责任），第 1228 条（法律责任）	五赔、一侵、一法
8	八种文书	住院志，医嘱单，检验报告，手术及麻醉记录，病理资料，护理记录，医疗费用（单据），等	七种具体病历资料＋等，包含所有病历资料
9	九个概念	医疗损害赔偿责任，知情权，同意权，替代医疗方案，当时医疗水平，符合诊疗规范的诊疗，合理诊疗义务，当时的医疗水平难以诊疗，过度医疗	都是新概念，有的概念可能过去在法律、法规、规章出现过，但在民事立法中第一次出现

续表

序号	概括	内容	说明
10	十种情形	技术过失，侵犯知情权，侵犯同意权，泄露隐私，公开病历，过度医疗，药品缺陷，消毒药剂缺陷，医疗器械缺陷、血液缺陷	涉及承担民事责任的具体医疗活动，侵犯知情权包含不允许患者查阅、复印病历

目前，与《民法典》“医疗损害责任”一章有关的司法解释主要是最高人民法院《关于审理医疗损害责任纠纷案件适用法律若干问题的解释》，此外，其他有关《民法典》一般规定、损害赔偿、精神损害赔偿的司法解释，也适用于医疗侵权诉讼。

《民法典》虽然是一部重要的民事法律，其中“医疗损害责任”章的内容涉及医疗纠纷民事赔偿，但是它不能够完全代替《医疗事故处理条例》，毕竟《医疗事故处理条例》是一部行政法规，除有少量的民事赔偿的内容外（主要体现在第 48、49、50 条），大量的内容都属于医疗事故防范和医疗事故行政处理的范畴，这些内容仍然有效。从这个角度来说，医疗事故作为一个行政法上的概念有存在价值。不过，为了适应原《侵权责任法》的需要，依据《医疗事故处理条例》建立起来的一些医疗事故预防、处理的制度应当进行必要的改革，比如医疗事故技术鉴定制度。

三、医疗损害责任的构成

（一）关于医疗损害责任构成要件的学说

在法理上，关于侵权责任构成有三要件说和四要件说。① 以王利明教授为代表支持的三要件说认为，侵权责任构成要件包括损害事实、因果关系和过错，违法性不足以作为侵权责任的构成要件。② 这种主张源于法国和英美法系的侵权行为理论，对侵权责任构成学说作了新的阐释。③ 我国学者大多都主张侵权责任构成要件为四要件，即认为侵权责任构成须具备行为的违法性、违法行为人要有主观上的过错、损害事实存在、违法行为与损害事实之间具有因果关系。④ 本书采四要件说。

《民法典》第 1218 条规定，患者在诊疗活动中受到损害，医疗机构或者其医务人员有过错的，由医疗机构承担赔偿责任。有人据此解读为医疗损害责任的构成要件只有三个：医者的违法诊疗行为、患者受到损害以及医疗机构及其医务人员的过错，不要求违法诊疗行为与患者损害之间具有因果关系。这是对法律的误读。虽然《民法典》第 1218 条在字面意思上没有体现“因果关系”的含义，但是《民法典》第 1165 条作为侵权责任构成的一般性规定已经有交代，总则规定的内容在分则中可以不再重复。因此，医疗损害责任的构成要件仍然是四个：医疗机构及其医务人员在诊疗活动中的违法诊疗行为，患者受到损害，违法诊疗行为与患者损害之间具有因果关系，医疗机构及其医务人员的过错。简而言之，医疗侵权责任构成的四个要件是：违法行为，损害后果，因果关系，主观过错。只有在这四方面要件同时具备的情况下，医疗损

① 侵权责任构成三要件说以王利明教授为代表，四要件说以杨立新教授为代表。

② 参见王利明：《民法·侵权行为法》，136 页，北京，中国人民大学出版社，1993。

③ 参见杨立新：《侵权法论》，145 页，北京，人民法院出版社，2004。

④ 参见中央政法干校民法教研室编著：《中华人民共和国民法基本问题》，324～338 页，北京，法律出版社，1958；张新宝：《侵权责任法原理》，25 页，北京，中国人民大学出版社，2005；杨立新：《侵权法论》，145 页，北京，人民法院出版社，2004。

害责任才能成立，才需要由医疗机构承担赔偿责任。

（二）医疗损害责任构成要件

在侵权责任构成基本理论中，与“违反法律、行政法规、规章以及其他有关诊疗规范的规定”相关的要件，在三要件说中基本上比较明确，就是其中的过错要件。但是四要件说难以确定其应当体现在哪一个要件中，似乎违法行为与过错都有此含义。杨立新教授是四要件说的主要倡导者，他在将一般侵权责任构成理论运用于医疗损害责任时解释为以下四个具体要件：医疗机构及其医务人员在诊疗活动中的违法诊疗行为，患者受到损害，违法诊疗行为与患者损害之间具有因果关系，医疗机构及其医务人员的过错。①

从杨立新教授的解释来看，医疗机构及其医务人员在诊疗活动中的违法诊疗行为具有违法性，而且有别于过错。杨立新教授认为，认定医疗过错通常不是依主观标准，而是依客观标准，通常是以医疗卫生管理法律、行政法规、部门规章和诊疗护理规范、操作规程等对于医疗机构注意义务的规定为标准，或者以医疗机构及其医务人员应尽的告知、保密等法定义务为标准，或者以管理规范和管理职责为标准，只要医疗机构及其医务人员未履行或者违反这些义务，就被认为是有过失。② 虽然，目前关于过错的认定标准有主观标准与客观标准之分，违反法律、行政法规、规章以及其他有关诊疗规范的规定可以认定为客观标准，但是在医疗损害责任构成要件的内容分配上，违法性和过错两个要件似乎都涉及该内容。在这个意义上看，违法性和过错两个要件有重叠和交叉，似乎三要件说更为合适。不过，三要件说难以解释因果关系要件的含义和存在价值。因此，作者认为，医疗损害责任构成要件仍为四要件，不过，我们将第一个要件修正为“侵害行为”。这样更为合适：在医疗损害责任的构成上，侵害行为就等同于医疗行为，因为医疗行为几乎都存在侵害性。这样，医疗损害责任的四个构成要件就是侵害行为、损害后果、因果关系、医疗过错。这样，也就把当前医疗损害鉴定的内容与损害责任构成要件的内容联系起来了。我们把医疗损害责任的构成要件解析如表 14－3。③

表 14－3　一般侵权责任构成要件与医疗损害责任构成要件的比较

一般损害责任构成要件	医疗损害责任构成要件	医疗侵权责任构成要件
违法行为	医疗机构及其医务人员在诊疗活动中的违法诊疗行为	侵害行为，即医疗行为
损害后果	患者受到损害	损害后果
因果关系	违法诊疗行为与患者损害之间具有因果关系	医疗行为与患者损害之间具有因果关系
主观过错	医疗机构及其医务人员有过错	医疗机构及其医务人员的医疗行为违反诊疗规范

（三）医疗损害责任构成要件的内容

1. 侵害行为（医疗行为）

传统意义上，医疗损害责任中的医疗行为是医疗机构及其医务人员在诊疗活动中的违法诊疗行为，是指医疗机构及其医务人员实施的医疗行为违反了当前医疗卫生管理法律法规等，包括医疗卫生管理法律、行政法规、部门规章和诊疗护理规范、操作规程。考虑到医疗行为的专

① 参见杨立新：《医疗损害责任构成要件的具体判断》，载《法律适用》，2012（4），19～27页。
② 参见杨立新：《医疗损害责任构成要件的具体判断》，载《法律适用》，2012（4），19～27页。
③ 参见刘鑫、高鹏志：《医疗过错鉴定规则体系研究》，载《证据科学》，2012（3），261～277页。

业性，确定医疗侵权行为的违法性不仅要依据医疗专业的具体法律法规的规定，还要参照医疗行业的诊疗常规，故而医疗损害责任中的违法性是广义的。但我们主张本要件实质上应当是医疗行为，之所以将侵害行为替换为医疗行为，是因为医疗行为本身具有人身侵害性，如果不存在违法阻却事由，行为人是应当承担侵权责任的。

2. 损害后果

损害后果即指医疗损害事实，是指医疗机构及其医务人员的行为给患者的人身、财产造成的损失，既包括财产损害也包括精神损害，既包括直接损害也包括间接损害。直接损害又称积极的财产损失，是指受害人现有实际财产的减少。间接损害又称消极财产损失，是指受害人可得利益的减少。对人身的损害包括对生命、健康、隐私等的损害，而且医疗行为造成的人身损害往往会产生巨大的财产损失，如残疾赔偿金、被扶养人扶养费用等。医疗侵权诉讼中，患者应就医疗损害事实的存在与否举证，而医者则应当针对损害事实是损害还是疾病的自然发展等情况进行答辩，并对哪些属于与医疗行为有关的损害而哪些属于与医疗行为无关的损害进行具体分析，如过错输血造成丙肝，则要核对患者提供的是否均为治疗丙肝的药费单据、处方，是否还包括治疗其他疾病的费用。

3. 因果关系

医疗损害责任中的因果关系是指医疗行为与损害结果之间的客观联系，即特定的损害事实是由行为人的医疗行为引起的结果。只有当二者间存在因果关系时，行为人才应承担相应的民事责任。医疗损害责任中的因果关系是复杂多变的，往往一个损害后果是由多个原因引起的，既可能有主要原因也可能有次要原因，既可能有直接原因也可能有间接原因。在医疗侵权纠纷中我们往往将这些原因对结果的影响称为参与度，即使在医疗行为有过错的情况下，医疗行为对患者现状影响之大小，即医疗行为的原因力的大小，或者医疗行为对结果的参与度大小，将直接决定医者承担责任的比例和具体赔偿数额，故医患双方在诉讼中应对因果关系予以充分论证。

4. 主观过错

过错是侵权行为构成要件中的主观因素，反映了行为人实施侵权行为的心理状态。医疗过错分为故意与过失。故意，是指行为人预见到自己的行为可能产生的损害结果，仍希望其发生或放任其发生，如医疗机构为获利而出售假药、进行不该实施的手术。过失，是指行为人对其行为结果应当预见或能够预见而因疏忽大意未予预见，或虽已预见，但因过于自信，以为其不会发生，以致造成损害后果；是医疗机构未尽注意义务的表现。

根据法律对行为人要求的注意程度不同，医疗过失又可分为一般过失与重大过失。一般医疗过失是指行为人没有违反法律对一般人的注意程度的要求，但没有达到法律对具有特定身份人的较高要求。重大过失是指行为人不仅没有达到法律对他的较高要求，甚至连法律对普通人的一般要求也未达到。

在其他侵权行为中，一般而言，过错程度并不影响民事责任的成立与否，也不会影响赔偿责任的大小，只要行为人主观上有过错，无论是故意还是过失，是一般过失还是重大过失，其都应承担赔偿责任，其赔偿的范围由损害的结果决定，其赔偿责任不会因其过错较轻而减轻。但是，在医疗侵权纠纷中，过错程度可对医者承担何种程度的责任产生重大影响，医者的过错程度直接影响其作为侵权原因对损害结果的参与程度，进而成为其承担责任的重要依据。

《民法典》第 1218 条规定，患者在诊疗活动中受到损害，医务人员有过错的，由所属的医疗机构承担赔偿责任。那么，医疗侵权责任构成中的主观过错如何具体认定呢？《民法典》第 1221 条规定了医疗过错认定的基本原则，以医务人员未尽到与当时的医疗水平相应的诊疗义务作为判断的基本原则。但具体判断标准是什么，法律没有直接表述，不过从《民法典》第1222条有关过错推定的情况来看，这个问题还是比较清楚的。《民法典》第1222条第1项规定，医疗机构存在违反法律、行政法规、规章以及其他有关诊疗规范的规定的情形时，可以推定医疗机构存在过错。这种表述与《医疗事故处理条例》的表述如出一辙，可以被认定为医疗过错判定的基本标准。

医疗过错是医务人员的主观心态，但这种主观心态是难以确认的，目前在侵权法上一般采用客观认定标准，即通过行为人的违法行为加以认定。在医疗侵权责任中，这种违法性不是指医务人员违反一般的法律、法规、规章，医务人员违反医疗卫生管理法律、法规、规章只能推定医务人员有过错，并非当然过错，医务人员可以举证予以反驳。医务人员行为的违法性，应当指医务人员的医疗行为违反诊疗规范、操作规程、技术指南等。

案例 14－1

有关医疗机构过错责任比例的认定①

2016年6月13日，陈某春因骑自行车摔伤致腹部疼痛，当时腹部症状不重，未到医院就诊。后陈某春感腹疼症状加重，遂前往某县人民医院就诊，当日转黄山某医院就诊。黄山某医院在全麻下对陈某春行“回肠造口回纳术”。6月20日，因发生吻合口瘘，黄山某医院对陈某春又行“剖腹探查＋回肠吻合口切除＋回肠造口＋腹腔冲洗引流术”等治疗，后因出现肠坏死再次手术。鉴定意见是：黄山某医院在对陈某春诊疗的过程中存在二期手术时机选择不当等医疗过错，该过错与其吻合口瘘的发生并增加实施“回肠造口回纳术＋再次剖腹探查＋回肠吻合口切除并回肠再次造口术”等损害后果之间存在因果关系（系主要原因，医疗过错参与程度拟为60％左右），故黄山某医院依法应承担相应的赔偿责任。一审法院认为：考虑陈某春自身对其损害的发生亦存在一定过错，根据侵权责任法，被侵权人对损害的发生也有过错的，可以减轻侵权人的责任。故综合实际情况，酌情确定黄山某医院医疗过错参与度为75％。二审法院认为，关于赔偿责任比例，因司法鉴定意见书认定医疗过错参与程度拟为60％左右，一审判决黄山某医院承担75％的责任过高，根据双方对损害发生的过错情况，酌定黄山某医院承担赔偿65％的责任。

第二节　医疗损害责任的归责原则

一、医疗损害责任的归责原则

（一）侵权赔偿归责原则

任何国家的侵权法皆面临一个基本问题：因权益受侵害而发生的损害究竟应由被害人承担，抑或由加害人负损害赔偿责任？关于此点，各国法律多采相同原则，即被害人须自己承担所生的损害，仅于有特殊理由时，始得向加害人请求损害赔偿。② 所谓的特殊理由，是指应当将损害归由加害人承担，使其负赔偿责任的事由。学说上称之为损害归责事由或归责原则。③ 整个侵权法就是对现实生活中发生或者可能发生的应当承担侵权责任的“特殊理由”加以抽象

① 参见安徽省黄山市中级人民法院（2018）皖10民终737号民事判决书。

② 参见王泽鉴：《侵权行为法》，第1册，11页，北京，中国政法大学出版社，2002。

③ 参见王泽鉴：《民法学说与判例研究》（2），144～145页，北京，中国政法大学出版社，1998。

规制而展开的。

归责（imputatio，imputation），是指行为人因其行为和物件致他人损害的事实发生以后，应依何种根据使其承担责任。这种根据体现了法律的价值判断，即法律应以行为人的过错还是应以已发生的损害结果为价值判断标准，而使行为人承担侵权责任。[①] 归责原则（criterion of liability）是确定侵权人是否承担侵权损害赔偿责任的一般准则，它是在损害事实已经发生的情况下，确定侵权人对自己的行为所造成的损害，以及对自己所管领下的人或物所造成的损害，是否应当承担赔偿责任的原则。[②]

我国《民法典》对归责原则采取了二元的分类方法，即分为过错责任原则和无过错责任原则，将过错责任原则作为民事责任的一般归责原则，过错推定责任作为过错责任的一种特殊形式，被规定在过错责任中。因此，在《民法典》中，过错责任原则和过错推定原则同处于第1165条之中，并且在医疗损害责任的归责体系中，也是以过错责任原则为一般归责原则，以过错推定责任为例外的归责原则。

（二）医疗损害赔偿归责原则

医疗损害责任采过错责任原则的精神，体现在《民法典》第1218条之中。过错责任原则（fault liability）的基本含义是：过错是加害人承担民事责任的基础。之所以规定由加害人承担相应的民事责任，是因为其主观上具有可以归责的事由——故意或者过失。加害人如果主观上没有过错，当然就无须承担责任了。[③] 耶林曾经对过失或者过错责任作出过这样的经典表述：使人负损害赔偿的，不是因为有损害，而是因为有过失，其道理就如同化学上之原理——使蜡烛燃烧的，不是光，而是氧——一般的浅显明白。[④] 可见过错是抽象出来的“可归责事由”或者说是加害人承担民事责任的基础。

过错责任原则是一种主观归责原则，要求在判断加害人的责任时，应当依据加害人的主观心理状态来确定，而不是依据加害人的客观方面来确定。过错责任原则以加害人在主观上有无过错为归责的绝对标准。

二、因医疗物品提起的侵权诉讼可适用无过错责任原则

无过错责任原则，又称为严格责任原则，是在19世纪伴随着现代化工业大生产而发展起来的，指不考虑行为人主观上是否有过错，只要其行为与损害后果间存在因果关系，其就应当承担民事责任。无过错责任原则是社会本位逐渐代替个人本位的体现，强调对弱者利益的保护，主张作为既得利益者应当为其行为风险带来的损害承担责任。现代化生产条件下的产品，因其可能存在潜在的缺陷和危险而与无过错责任原则紧密相连。《民法典》第1166条规定，行为人造成他人民事权益损害，不论行为人有无过错，法律规定应当承担侵权责任的，依照其规定。

在医疗活动中，涉及产品质量责任的侵权诉讼有以下几种情况：（1）医疗机构经常使用医疗器械诊断、检查、治疗患者的疾病，如手术使用器具出现质量问题，造成手术延误甚至患者人身损害，或者仪器故障造成诊断错误以及引发治疗过错。（2）医疗机构对患者安装、植入人造产品以替代患者某些功能丧失或低下的器官，如给患者植入化疗泵或替换人工关节，由于产

① 参见王利明：《侵权法归责原则研究》，17～18页，北京，中国政法大学出版社，1992。
② 参见王利明：《侵权法归责原则研究》，17～18页，北京，中国政法大学出版社，1992。
③ 参见张新宝：《侵权责任法原理》，31页，北京，中国人民大学出版社，2005。
④ 参见王泽鉴：《民法学说与判例研究》（2），144～145页，北京，中国政法大学出版社，1998。

品质量出现问题造成不应有的损害后果。(3) 医疗机构使用药品治疗患者的疾病，如医疗机构的药品出现假药、劣药，造成患者病情恶化，甚至身体健康受到严重损害。上述三种情况都有第三方的产品介入医疗活动中，这些医疗器械、人造替代品、药品均属于产品，依我国法律规定，应当适用产品质量责任，其归责原则适用无过错责任原则或称严格责任与过错责任原则的双重归责原则。

医疗机构在侵权诉讼中承担产品质量责任时具有以下特点。

（一）医疗机构作为产品生产者时采无过错责任

《产品质量法》第 41 条第 1 款规定：因产品存在缺陷造成人身、缺陷产品以外的其他财产损害的，生产者应当承担赔偿责任。依此规定，生产者对其生产的缺陷产品造成他人人身或财产的损害按照无过错责任的归责原则来承担民事责任，也即无论生产者主观上有无过错，只要损害是由产品缺陷所致，生产者就应承担民事责任。医疗机构能够配制药剂，在此情况下其属于产品的生产者，其配制药品存在缺陷造成患者损害的，医疗机构承担无过错责任。

（二）医疗机构作为销售者时采过错责任或无过错责任

《产品质量法》第 42 条规定：由于销售者的过错产品存在缺陷，造成他人人身、财产损害的，销售者应当承担赔偿责任。销售者不能指明缺陷产品的生产者，也不能指明缺陷产品的供货者的，销售者应当承担赔偿责任。该条明确规定了销售者只有在其有过错造成产品缺陷而致损时，才承担赔偿责任，如医疗机构在植入产品过程中不慎损坏产品，造成产品质量出现问题时，其行为具有过错，故应适用过错责任原则，让医疗机构承担赔偿责任。反之，销售者没有过错则不承担赔偿责任。该条也规定销售者在不能指明生产者与供货者时，其应承担赔偿责任。也属于适用无过错责任。

（三）医疗机构作为产品使用者时采过错推定责任

在使用医疗仪器或器械进行治疗的过程中，医疗机构为产品使用者，对其医疗行为适用过错责任原则中的特殊方式——过错推定责任。医疗机构实施医疗行为时，其有义务确定进行检测、手术、治疗的仪器或器具具有相应功能，能够保障患者的健康安全。医疗机构未履行上述义务，导致使用的产品存在缺陷的，其危险隐患在实施医疗行为前已形成，如其能够及时检查并发现这些缺陷，则可以避免损失的发生，故而一旦产品缺陷造成患者损害，医疗机构属于有过错，依法应当适用过错原则中的特殊方式——过错推定责任。

三、医疗损害责任不适用公平责任原则

《民法典》并没有将公平责任作为一种独立的归责原则，很多学者也支持这种观点。[①]《民法典》第 1186 条是关于公平责任的规定，其被放在“损害赔偿”一章之中，而没有放在“一般规定”的第一章。这说明该条是关于公平补偿责任的一般规定，而不是公平归责原则。从该条规定的内容来看，“受害人和行为人对损害的发生都没有过错的，依照法律的规定由双方分担损失”。这里的法律规定是指《民法典》第 1188 条（监护责任）、第 1190 条（暂时丧失意思能力损害责任）、第 1254 条（高空抛物坠物责任）规定的情形，医疗损害责任并不在其列。公平责任原则是指在当事人双方均无过错，法律又无特别规定适用无过错责任原则时，法官根据公平观念，责令加害人对受害人的财产损害给予适当的补偿。公平责任原则是以“分配不幸”

① 有人认为，公平责任原则不是一种独立的归责原则。参见杨立新：《侵权法论》，2 版，118 页，北京，人民去院出版社，2004。

为主要功能的责任原则。适用公平责任原则处理案件，应当从严掌握，以有相应的法律规定为前提。医疗行为属于社会稀缺性资源，且具有公益性质和高风险性，在无法律规定的情况下，如果让医疗机构在无过错时承担患者自身疾病造成的后果，既违反民事法律的基本原则，又使医疗机构的有限医疗资源不能得到正常使用，使社会整体利益受损，故而医疗损害责任不适用公平责任原则。不过在实践中，尤其是涉及输血感染血源性疾病的案件中，我们偶尔可以看到法院在裁判中适用公平责任原则，在一些医疗纠纷案件中也有法院适用公平责任原则。这显然不合适。

第三节　医疗损害诉讼中的举证责任

一、举证责任概念

（一）举证责任的定义

举证责任，也称证明责任，是指当事人对自己在诉讼中提出的主张有收集或提供证据的义务，并有运用该证据证明其主张的案件事实成立或有利于自己的责任，否则将承担其主张不能成立的危险。1883年德国法学家 Julius Glaser 首次提出了客观举证责任概念，他将争议事实的真伪不明看作是诉讼中存在的一种客观状态，即使事实真伪不明，法官仍然要对案件作出裁决。法官在作出裁决前，必须确定哪一方当事人要承担因事实真伪不明而产生的实体法上的不利后果及责任。举证责任究竟是行为责任还是结果责任，是主观说与客观说争论的焦点。举证责任是诉讼中的重要制度，是法官裁判案件的重要原则。

（二）关于举证责任的学说[①]

（1）行为责任说。行为责任说认为，举证责任是指在诉讼中，当事人对于自己主张的事实，有提供证据、证词、材料、影像、音频、证人等以证明其行为真实性的责任。

（2）双重含义说。双重含义说认为，举证责任包括行为意义上的举证责任和结果意义上的举证责任这两层含义。前者是指对于诉讼中的待证事实，应当由谁提出证据加以证明的责任，又称形式上的举证责任、主观的举证责任、提供证据的责任；后者是指当待证事实的存在与否最终处于真伪不明状态时，应当由谁承担因此而产生的不利法律后果的责任，又称为实质上的举证责任、客观的举证责任、说服责任。

（3）危险负担说，又称为风险负担说、败诉风险说、结果风险说，认为当案件中的待证事实真伪不明时，承担举证责任的当事人一方所面临的败诉风险。

二、举证责任的渊源

举证责任制度最早产生于罗马法时代。罗马法中的举证规则在历经中世纪的寺院法的演变之后，到了德国普通法时代确立了原告就其诉讼原因的事实为举证，被告就其抗辩的事件事实为举证的一般原则。后英美法系、大陆法系国家广泛采纳，且采取宣誓制度作为法官解决疑难案件的配套和补充制度。

（一）罗马法的规定

举证责任制度最早产生于罗马法时代。罗马法上关于举证责任制度的规定可以概括为五句

① 参见江伟主编：《民事诉讼法》，5版，178页，北京，中国人民大学出版社，2011。

话："为主张之人负有证明义务，为否定之人则无之"，"事物之性质上，否定之人无须证明"，"原告不举证证明，被告即获胜诉"，"原告对于其诉，以及其诉请求之权利，须举证证明之"，"若提出抗辩，则就其抗辩有举证之必要"[①]。由此，罗马法就举证责任确认了两个基本原则：其一为"原告有举证责任之义务"，它是"无原告就无法官"这一古老法则在证据法上的映现；其二为"为主张之人有证明义务，为否定之人则无之"，即"肯定者应负举证，否定者不负举证责任"。可见，当时的证明责任制度已经比较健全。这些规定奠定了"谁主张，谁举证"的证明规则的基础，对后世举证责任规则及理论学说产生了巨大的影响。

（二）大陆法系的规定

德国的举证规则是在罗马法举证规则的基础上演变而来的，并以宣誓作为法官解决疑难案件的配套和补充制度。这种化解疑案的宣誓制度的引进，突破了古罗马时代法官各行其是的做法，为他们断定是非、解决疑案提供了明确可循的统一规则。这样就形成了证明责任制度和宣誓制度的双轨机制，使之在不同的领域结合起来，发挥各自独特的功能。

1883年，奥地利学者尤利乌斯·格拉查（Julijus Glaser）在其著作《刑事诉讼导论》中首次将举证责任分为主观的举证责任和客观的举证责任。[②] 主观的举证责任又称行为责任或形式上的举证责任，它是指当事人为避免败诉的风险，负有提供证据证明其主张的事实存在的责任。其目的在于要求当事人提供证据进行诉讼活动，而不是只主张事实而不提供证据加以证明，或者用证据以外的方法，如宣誓、决斗等方法，对事实作出证明。它强调的是当事人的举证行为而不涉及诉讼结果的问题。客观的举证责任又称结果责任或者实质上的举证责任，它是指当事实于最后仍处于真伪不明的状态时，主张该事实的人要承担不利的后果。其目的在于供法官解决案件事实真伪不明的疑难案件，即在诉讼程序结束的时候，如果案件事实处于真伪不明的状态，法官不得拒绝作出裁判，而必须根据证明责任的负担确定案件的胜败结果。它本身与诉讼结果有着密切的关系。这种学说的提出结束了靠宣誓制度解决疑难案件的历史，突破了此前人们一直把提供证据的责任作为举证责任本质的局限，从而使人们的认识推至与举证后的结果相联系的高度。客观证明责任理论进一步发展，很快成为德国理论界的通说，后来传到日本，影响到整个大陆法系，对英美法系也产生了重大影响。

（三）英美法系的规定

英美法系的证据制度亦是如此：起初并未对举证责任作实质与形式上的划分。1890年，美国学者塞耶在《证明责任论》中指出举证责任应当包含两种含义：其一，提出任何事实的人，如果该事实为对方所争执，他就有承担特殊责任的危险，如果在所有的证据都提出后，其主张仍不能得到证明，他就会败诉；其二，在诉讼开始时，或是在审判或辩论过程中的任何阶段，首先对争议事实提出证据的责任。[③] 目前英美法系国家的学者一般认为举证责任包含两个含义，即证明负担和举证负担。前者又称说服负担，是指当事人提供证据加以证明的结果，能够说服事实认定者，包括陪审团审理和没有陪审团时审判的法官，对该责任的负担者作出有利的认定。否则，如果需要证明的事实处于真伪不明的状态，对该事实负有举证责任的人将要承担由此而产生的败诉后果。举证负担又称提供证据的负担，是指双方当事人在诉讼过程中，应当根据诉讼进行的状态，就其主张的事实或者反驳的事实提供证据加以证明。如果主张的事实提出后主张者不提供证据加以证明，则法官拒绝将该事实提交陪审团审理和评议，对方也没有

① 林平雄：《租税争诉与举证责任》，79页，台北，五南图书出版公司，1981。

② 参见骆永家：《民事举证责任论》，46页，台北，"商务印书馆"，1981。

③ 参见秦策：《美国证据法上推定的学说与规则的发展》，载《法学家》，2004（4），115页。

反驳的义务。在这种情况下，法官将该事实作为法律问题处理，决定主张者承担败诉的后果，如果主张者就事实主张提供证据加以证明，对方当事人就负有提供证据加以反驳的义务。对方当事人如果不提供证据反驳，法官便认定该事实无争议，也把它作为法律问题，作出不提供证据一方当事人败诉的判决。只有在主张事实的一方当事人提供证据后对方当事人也提出证据加以反驳，从而使该事实形成争议，法官才决定把该事实交给陪审团审理。可以看出，在英美法系中，举证负担是当事人履行的第一次负担，只有履行第一次负担之后，才会产生说服负担。说服负担是依据实体法产生的，目的在于解决特定的事实争议，产生使陪审团作出事实成立的裁决的后果。

三、举证责任分配

（一）关于举证责任分配的学说

尤利乌斯·格拉查关于举证责任的分层理论学说虽是理论研究上的一大进步，但在解释举证责任分配上仍含糊不清。在20世纪初，为研究举证责任的分配问题，两大法系的学者创立了不同的学说，以期用独创的原则统一解决举证责任的分配问题。虽然学说林立，但根据其研究方法进行分类，较有影响的有三大学说：法规分类说、待证事实分类说、法律要件分类说。①

1. 法规分类说

该学说将实体法律规定划分为原则性的规定与例外性的规定，以此来决定证明责任在当事人之间的分配。一般来讲，实体法条文中的本文为原则性规定，但书则为例外性规定。该学说认为，凡当事人主张适用原则性规定的，仅就原则性规定所要求的要件事实的存在负证明责任，至于例外性规定所要求的要件事实的不存在，则不负证明责任；对方当事人主张例外性规定存在的，则应对该主张负证明责任。该学说虽有合理因素，但也有明显缺陷：其一，实体法在条文上并非都有原则及例外的一一对应关系；其二，实体法条文十分浩繁，其中何谓原则性规定、何谓例外性规定，难以逐个分辨；其三，现实中法律事实极多，仅以原则性规定与例外性规定为标准来确定举证责任的分配，在实务中很有局限性。

2. 待证事实分类说

待证事实分类说是依据待证事实的性质或内容来分配举证责任，其专就待证事实本身的性质加以研究，而对于待证事实在法律构成要件上处于何种地位则根本不予考虑。其将待证事实分为积极事实和消极事实、外界事实和内界事实。凡在性质、内容上不可能证明的事实，即消极事实和内界事实，当事人不必举证。

3. 法律要件分类说

1910年，德国民事诉讼法学家罗森伯格出版了《举证责任》一书，他认为民法规范本身已经具备了举证责任的分配规则，并将民法规范分为对立的两类：一类是基本规范，也称请求权规范，指那些发生4权利的法律规范；另一类是对立规范，即权利妨害规范，据此凡是主张权利的人，应就权利发生规范中的要件事实负证明责任，否认权利的人应就权利妨害规范、权利消灭规范和权利受制规范中的要件事实负证明责任。法律分类说在一些具有代表性的大陆法系国家或地区产生了重大影响，并作为司法审判实践中解决举证责任问题的理论依据存在。法律要件分类说是专就个别具体的法律构成要件的事实，按法律构成要件的性质内容，依据不同

① 参见毕玉谦：《举证责任分配体系构建》，载《法学研究》，1999（2），48～61页。

价值标准进行分类，凡是归属于某一类法律构成的事实，当事人就该事实负举证责任。法律要件说有很多分支学说，如因果关系说、通常事实发生说、最低限度事实说、全部事实说和特别要件说等，其中特别要件说为通说。依据特别要件说，民事实体法中的各种法律规范依其作用可以分为四类：一是权利发生规范，依此规范可以发生民事权利，比如订立合同；二是权利妨害规范，即对抗权利发生的规范，如无民事行为能力；三是权利消灭规范；四是权利受制规范，这种规范可以排除权利的作用。

（二）我国的举证责任分配制度

我国主体上属于大陆法系，而关于举证责任分配的法律要件分类说是罗马法中的举证责任分配法则在社会发展中的必然产物。我国《民事诉讼法》对相关证据和举证责任分配等问题的规定比较概括，最高人民法院《关于民事诉讼证据的若干规定》针对民事诉讼中证据立法的不足，规范了民事审判实践。

《民事诉讼法》第 67 条规定了“谁主张，谁举证”的分配规则，这是举证的行为责任，对于结果责任并没有确立起一般的分配规则。2019 年最高人民法院《关于民事诉讼证据的若干规定》第 1 条规定：“原告向人民法院起诉或者被告提出反诉，应当提供符合起诉条件的相应的证据。”这仍停留在举证的行为责任上。2001 年最高人民法院《关于民事诉讼证据的若干规定》第 2 条规定：“当事人对自己提出的诉讼请求所依据的事实或者反驳对方诉讼请求所依据的事实有责任提供证据加以证明。没有证据或者证据不足以证明当事人的事实主张的，由负有举证责任的当事人承担不利后果。”该条规定了两种意义的举证责任：前者指当事人的行为责任；后者指在事实真伪不明时，主张该事实的当事人承担不利诉讼后果的责任，即结果责任。2019 年最高人民法院《关于民事诉讼证据的若干规定》对举证责任的规定，淡化了结果举证责任。目前我国民事诉讼领域的结果责任仍然处于一种复杂的状态，受到法院自行调查取证、鉴定活动等因素的影响。

四、医疗过错举证责任的变化

（一）立法中的医疗损害责任诉讼举证

我国的医疗损害责任纠纷案件的举证规则有一段演变过程，共分为三个阶段。

第一阶段（2002 年 4 月 1 日以前），“谁主张、谁举证”阶段。我国法律对中医疗损害责任的举证分配没有特别规定，采民法上的一般举证规则，即“谁主张、谁举证”。

第二阶段（2002 年 4 月 1 日至 2010 年 7 月 1 日），“无条件的双项倒置”阶段。长期以来，困扰医疗界的问题是在诉讼中医疗损害责任的举证责任分配采取举证责任倒置的证明规则，这项制度在 2002 年 4 月 1 日实施的最高人民法院《关于民事诉讼证据的若干规定》第 4 条第 1 款第 8 项中确立：因医疗行为引起的侵权诉讼，由医疗机构就医疗行为与损害结果之间不存在因果关系及不存在医疗过错承担举证责任。也即只要患者启动医疗侵权诉讼，即由医者对医疗行为没有过错及医疗行为与损害后果不具有因果关系进行举证。这项举证规则可以简化为“无条件的双项倒置”。

第三阶段（2010 年 7 月 1 日至今），“附条件的单项倒置”阶段。在《侵权责任法》实施之后，根据《侵权责任法》第 58 条的规定，其采用的是“附条件的医疗过错举证倒置”。《民法典》第 1222 条沿袭这一规定。因此，从立法的角度来说，举证责任倒置没有被废除，它是医疗侵权诉讼中采用的“谁主张、谁举证”的补充和例外。但是，司法实践中的操作与立法有明显的不同。

（二）司法实践中的医疗损害责任诉讼举证

无论是上述2002年司法解释的规定，还是2010年《侵权责任法》的规定，在实践中都没有得到完全适用，审理案件的法官的一般做法是要求医疗机构提交其保存的病历资料，只有在提交了病历资料后医疗过错和因果关系仍然不清楚，需要启动司法鉴定程序时，法官才会按照举证责任分配的规则来确定哪一方垫付鉴定费，或者在最终鉴定意见出来后仍然不能分清楚医疗过错和因果关系时，法官才会按照举证责任分配规则进行程序性裁判。而且，即便是在启动鉴定的时候，如果负有举证义务的患方不提出鉴定申请，法官也难以以举证不能判决患方败诉，而是想方设法启动鉴定程序。

五、医疗损害责任构成要件的举证责任

（一）侵害行为

医疗损害责任的构成前提必须是医疗机构及其医务人员在诊疗活动中存在违法行为。这一要件事实上包括三方面的要素，即主体必须是医疗机构及其医务人员，必须发生在诊疗活动过程中，必须存在违法行为。

医疗行为虽然以拯救患者的生命健康为目的，但采用的检查方法、手段，治疗的方法以及使用的药物，不但对身体具有侵入性和损害性，如活体穿刺、手术切割等，而且对组织器官具有一定，甚至是明显的损害性，如抗癌放射性疗法和化学性疗法等。[①] 绝大多数医疗行为都具有侵害性，因此，在医疗损害诉讼中，患者对侵害行为的举证主要是要证明医患之间存在医疗服务合同关系，即医者确实在患者身上实施了相应的医疗行为。

那么，患者如何来证明医者在其身体上实施了医疗行为呢？一切可以证明医疗行为曾经在患者身上实施的直接甚至间接证据，包括患者的挂号凭证、病历手册、诊断证明、处方笺、病假条、收费清单、收费发票、出院证等，都可予以证明。如果是门诊病人，其在医疗机构就诊的时间距离损害结果的发生有相当长一段时间间隔，而就诊的相关手续及文件少，保管不当极易丢失，因此患者如果针对若干年前曾经发生的医疗行为提起诉讼的话，必须从这些方面来收集证据。

（二）损害结果

"无损害则无责任"，只有在损害后果发生的情况下，才需要考虑医疗机构及其医务人员是否存在过错，是否要由医疗机构承担医疗损害责任。损害后果必须是法律明确规定的后果，必须是侵害了患者的受法律保护的合法权利。根据《民法典》第3条的规定，民事主体的人身权利、财产权利以及其他合法权益受法律保护，任何组织或者个人不得侵犯。医疗损害责任侵害了患者生命权、健康权、财产权益，在一定情况下还会侵害患者的隐私权、监护权等权利。也就是说，医疗机构及其医务人员的行为必须侵害了患者的上述合法权利，产生了一定的损害后果，医疗损害责任才可能构成。

损害是指受害人因他人的加害行为（举动）或者物的内在危险之实现而遭受的人身或财产方面的不利后果。[②] 对于医疗损害赔偿责任构成所要求的损害结果，必须要把握两个问题：一是损害结果必须是实际已经发生的，而不是可能发生的。损害一般应当为现实的已经存在的"不利后果"，但法律另有规定时，即使实际损害尚未出现，也认为存在法律上的损害或

① 参见何颂跃：《医疗纠纷与损害赔偿新释解》，2版，43页，北京，人民法院出版社，2002。

② 参见张新宝：《侵权责任法原理》，53页，北京，中国人民大学出版社，2005。

者侵权行为的构成不以实际损害已经出现为要件。[①] 因此，在医疗机构及其医务人员实施了具有侵害性的医疗行为之后，如果患者没有发生实际损害后果，而仅以将来可能会出现损害为由起诉，不能得到法律上的支持。二是损害结果必须是肉眼可见或者可以通过仪器设备检测到的。对于患者是否实际发生了损害结果，在诉讼中是需要患者予以证明的，损害结果的举证责任在患者一方。那么患者如何证明损害结果已经发生了呢？对肉眼可见的损害可以事实存在为证明，无须特别举证。比如，患者在医疗过程中被截肢了，患者肢体的残缺状况自然就证明了损害结果的发生。但是，有时患者身上发生的损害通过肉眼或者肢体感官是难以察觉的，比如肝功能损害、智力损害、内脏器官缺失等，这时需要采用医学辅助检查、检测手段予以证明。

（三）因果关系和医疗过错

虽然在英美法系侵权责任法上有事实因果关系和法律因果关系的划分，但是我国侵权责任法没有接受法律上因果关系的理论[②]，因此医疗损害责任构成要求医疗机构及其医务人员的违法行为和患者的损害后果之间存在因果关系，就是要求医疗行为与损害结果之间具有事实上的内在逻辑联系，即二者之间具有引起与被引起的关系。

医疗过错是指医疗机构及其医务人员在医疗过程中对患者造成损害的一种可归责的心理状况，表现为故意和过失两种形式。

这两项内容具有非常强的专业性、科学性和隐蔽性，对于这两项内容需要通过启动鉴定程序来确定。由于医疗损害技术鉴定在医疗损害诉讼中占据核心位置，鉴定结论直接关系到侵权责任的成立与否，因此而各地的司法审判指导文件都有规定。本书在第十二章中有讨论，读者也可以参考相关论著进行学习。

第四节　侵犯知情同意权的民事责任

一、侵犯知情同意权之诉

目前我国的医疗诉讼已由过去单一的医疗事故侵权向多元化的诉讼形式转变。除传统的医疗损害侵权纠纷、医疗服务合同纠纷之外，又出现了侵犯患者隐私权纠纷、侵犯患者知情同意权纠纷的案例。在有的案件中，如果患者起诉医疗事故侵权，由于医疗技术的复杂性和局限性，患者要想获得胜诉非常困难，于是有的患者就选择了侵犯知情同意权之诉。目前，侵犯患者知情同意权之诉已经成为患者维权的另外一种重要的形式。

案例 14－2

患者肾脏移植后排异反应死亡案

张某于20××年9月28日入住北京某医院，医院诊断其为“尿毒症，肾功能衰竭”，遂决定实施肾脏移植手术，手术顺利。但术后三个月，张某发生了排异反应，最终医治无效，于第二年2月13日死亡。张某死后，其家属认为该肾脏移植手术是医疗事故，后经鉴定不属于医疗事故。张某的家属向法院提起诉讼，称术前院方未履行医疗告知程序，未履行家属签字手续，因而要求医院承担赔偿责任。

---

① 参见张新宝：《侵权责任法原理》，53页，北京，中国人民大学出版社，2005。

② 参见张新宝：《侵权责任法原理》，66页，北京，中国人民大学出版社，2005。

请问：本案中患方主张医疗机构侵犯了其什么权利？

综观本案，患者肾脏移植之后，情况良好，在术后三个月出现了排异反应，医院在抗排异反应的工作方面尽职尽责，没有违反诊疗规范的要求。患者出现的排异反应，属于患者病情异常和体质特殊的必然结果，根据《医疗事故处理条例》第33条第2项的规定，依法不属于医疗事故。同时，患者出现排异反应后，医院积极组织治疗和抢救，但回天无力，患者终因抢救无效而死亡。在目前的医疗技术领域，排异反应的消除乃一大医学难题，不仅我国没有好的解决办法，就是美国等医学发达的国家同样无能为力。这是器官移植技术的局限性。根据《医疗事故处理条例》第33条第3项的规定，这依法不属于医疗事故。因此，如果患方选择以医疗事故侵权起诉，难度非常之大，患方胜诉希望渺茫。鉴于医院提供的病历中缺乏本次手术的知情同意书，患方选择了以侵犯患者知情同意权来起诉。由于我国在知情同意权的民事法律责任认定上没有确切规定，案件的审理变得有利于患方。

二、侵犯知情同意权法律责任构成要件的特殊性

（一）关于侵权行为的认定

侵犯知情同意权行为本身就有过错的，因此，无论是三要素说还是四要素说，均主张侵犯知情同意权的医疗纠纷案件中涉及侵权行为的认定时，关键在于判断诊疗过程中是否存在医者违反告知义务，使患者的知情同意权得不到落实的情况。

考察美国法上关于医疗机构履行告知义务是否充分的判断标准后，可以看出，尽管患者主观标准在理论上较为理想，但采患者客观标准比较符合实际情况，即应以处于同样情形的一个理性的患者所需作为主要的判断标准，而不是任由患者主观陈述。在司法实践中，确实发生过这样的情形：医者在手术前没有尽到告知义务，通过手术切除了患者的病灶，手术成功，没有留下后遗症。但患方强调，如果医者事先告知，其不愿意做手术，即使对生命健康有严重影响也宁可选择保守治疗。但是在手术前患方会怎么选择，无法重复、重演。因此，采用客观化的患者标准，既体现了以患者为中心的服务理念，尊重了患者的自主决定权，也不会加重医者的说明负担。

司法实践中，医者是否充分履行了告知义务应当交由医学专家来认定。在通常情况下，医学专家的认定和判断主要考虑以下两方面内容，如果医者在告知方面有违反，则可以认定医者告知存在缺陷，医疗行为属于侵权行为。

第一，具有同等水平的医者在同样情况下是否会将可能影响患者作出医疗决定的有关信息和风险都无一例外地告知患者，而不是将所有的信息和风险告知患者。

第二，医者所告知的信息和风险，同时还要受到客观科学技术发展条件的限制。在医疗行为实施与纠纷处理之间存在时间差距，有时这种差距还比较大，所以在纠纷处理时认识到的一些风险在医疗行为实施时未必认识到；或者在纠纷处理时影响患者作出选择的重要性信息，但在医疗行为实施时还没有引起足够的重视。

医学专家在作出这种认定和判断的时候，应当以国家卫生行政部门、中华医学会等机构颁布的诊疗规范作为判断的依据；没有成文诊疗规范的，医学专家应以行业内认可的惯例、常规作为判断的依据。

（二）关于医疗损害事实的认定

如果因为医者未尽医疗告知义务，给患者的健康权、生命权造成了损害，侵权行为所造成的损害后果一目了然，侵权责任的承担也非常容易判断。但是，在医疗实践中常常会遇到以下

情况：医者侵犯了患者的知情同意权，但并未给患者造成健康权、生命权的损害。医者是否应当承担赔偿责任呢？最高人民法院《关于审理医疗损害责任纠纷案件适用法律若干问题的解释》第17条规定，医务人员违反《民法典》第1219条第1款规定义务，但未造成患者人身损害，患者请求医疗机构承担损害赔偿责任的，不予支持。作者认为，不能简单将其视为损害后果，而应当按照一个正常理性人的判断标准来确定是否有必要实施手术。一般情况下，如果一个正常的理性人也会作出实施手术的决定，组织器官的损害、缺如便不视为损害后果，比如患者患有胰腺癌，医者在对患者告知不充分的前提下对其实施了胰腺切除术，因胰腺切除术是治疗胰腺癌的必要方法，故此时不能认定患者胰腺缺失属于损害后果。

对于手术不可避免要切除的脏器及特殊检查、治疗、手术引起的并发症，是否属于损害后果，需要结合专家意见来认定。患者可能会说：如果医院征求我的意见我就不会同意手术，而医院在没有征求我的意见的前提下做了手术，切除器官，就是一种损害。关于患者是否“同意”，应当从实际治疗的效果来考察，以一个理智的人在通常情况下可能会作出的选择来考察，而不宜以患者事后的回答来认定。

案例 14-3

陈某眼科手术后眼睑下垂索赔案

陈某因左眼复发性结膜囊肿于××××年6月24日在上海甲医院施行左眼脂肪瘤摘除术，同年7月2日出院。术后陈某感到左眼上睑下垂，不能睁眼，遂于同年10月19日再次至上海甲医院就诊，于同月22日施行左眼上睑下垂矫正术。术后，陈某左眼能微睁，但仍受限。同月26日，陈某出院。随后，陈某到上海乙医院就诊，被告知其左眼上睑下垂系提上睑肌损伤所致。陈某遂以上海甲医院在治疗过程中有过错为由，向上海市某区医疗事故鉴定委员会申请医疗事故鉴定，该委员会于第二年8月28日出具鉴定书，鉴定结论为：(1) 上海甲医院的诊断与治疗并无不当；(2) 患者目前左眼上睑下垂属术后并发症，本医疗事件不属于医疗事故范畴。陈某收到鉴定书后未申请复议，而是于10月24日诉诸法院，认为上海甲医院在术前未向本人告知术后并发症，且在手术中割断了提上睑肌，要求上海甲医院承担过错的赔偿责任。

一审法院经过审理，驳回了陈某的诉讼请求。陈某依法提起上诉。二审法院查明，上海甲医院在为陈某施行左眼脂肪瘤摘除术前，未明确将术后可能产生提上睑肌断裂的并发症告知陈某。对陈某伤情进行鉴定，左眼上睑重度下垂，容貌毁损，构成九级伤残。二审法院经审理后认为：由于上海甲医院未完全向陈某明示术后风险，致使陈某丧失选择手术与否的机会，并造成严重后果，侵害了患者的知情权，所以上海甲医院应当就此承担民事侵权责任。对于陈某的上诉请求，二审法院部分予以支持：(1) 撤销原审法院判决；(2) 上海甲医院赔偿陈某医疗费、误工费、残疾者生活补助费、车旅费、精神损失费共计人民币62 388.47元。

请问：医疗机构告知内容判断的标准是什么？

本案涉及损害事实的确定问题。法医鉴定的九级伤残是根据患者左上睑下垂来评定的，并非手术切除的组织。在确定患者的损害事实时，必须区别正常手术切除组织、器官与手术失误造成的损害、手术扩大损失、并发症等。

（三）关于因果关系的判断

从事实因果关系来看，告知不当本身并不会造成损害。但是告知不当是医疗行为伴随义务中的缺陷，因此告知不当与医疗损害后果之间的因果关系，应当与告知的具体事项相联系。比如上述案例中，医疗机构在术前存在并发症告知不充分的缺陷，术后确实发生了该并发症——上睑下垂，因此二者因果关系可以确定。

有的案件中医疗机构存在告知缺陷，但是该告知缺陷与损害后果之间没有必然的对应关系，比如，医疗机构在术前只是笼统地告知患方手术失败可能会造成患者残废、死亡等风险，并没有确切指出是什么原因造成残废、死亡；再比如，术前确定施行剖腹探查术，手术方式视术中情况确定，且告知术中可能会切除患者重要脏器，但是术中没有进一步告知手术方式、切除器官情况，医疗机构擅自做主切除了患者的重要脏器，而该脏器是可能受累器官。此时的因果关系如何认定呢？有人认为应当采用"法律因果关系"来确定，这并不妥当，因为法律因果关系具有法律上的"规定性"，而目前侵犯知情同意权的案件所适用的法律，仅仅是一种参照法理的裁判。认定知情同意权纠纷中因果关系，应当从告知的"实质性""重要性""可认知性"上着手，考虑医疗机构如果告知患者手术切除该脏器，一个正常理性的患者是否会放弃手术。

三、侵犯知情同意权法律责任的承担

（一）责任程度

在侵犯患者知情同意权纠纷案件中赔偿数额必须根据责任程度来判定。这种责任程度的判断非常困难，需要考虑以下因素：(1) 医疗告知内容的现实性，即该手术风险在手术当时是否可能充分预见并重视；(2) 告知内容与损害后果之关联程度，即告知缺陷未及的风险正是手术所造成的损害事实；(3) 手术所造成的损害与手术创伤的关联性，即手术者避免该损害的能力差异性，如经验丰富的手术医师可以轻易避免。

（二）赔偿范围

一般来说，侵权赔偿的范围应与损害事实相一致，即与侵权行为所造成的经济损失相一致。但是在医疗侵权赔偿纠纷案件中，损害事实往往复杂而难以确定，一般来说可以考虑《民法典》第 1179 条所确定的赔偿项目，但是应当考虑以下因素：(1) 区分正常治疗、手术所造成的损害与不尽告知义务所造成的损害；(2) 区分正常治疗、手术所造成的损害与因告知缺陷扩大的损害；(3) 没有明确的与告知缺陷有关的损害事实，不予损害赔偿。

案例 14－4

体检"漏诊"被判侵犯患者知情权案

××××年 8 月 28 日，张某所在的工厂组织职工体检时，被告医院给张某出具的体检结果表明张某身体"正常"。因感觉身体不舒服，张某专程赶往其他医院检查。医院的 X 线报告单明确显示：张某患有肺结核。在休假和生活受到影响的情况下，张某把给自己出示体检正常报告的这家医院告到法院，要求赔偿体检结果不当造成的医疗费、误工费、精神损失费等共计 103 286 元。

法院经审理认为：该医院作为医疗机构，应当按照有关医事法律、医疗常规的要求，将真实的体检结果告知对方。在体检表明确记载张某"两上肺陈旧性肺结核"的情况下，却告知体检结果正常，侵犯了张某的知情权。法院同时认为，张某在得知体检结果的第二天即到医院就诊，并未因体检结果而延误治疗时机，故其要求赔偿医疗费的请求，法院不予支持。最终法院判令体检医院赔偿张某精神损害抚慰金、误工费、交通费共计 10 921 元。

第五节　医疗损害赔偿项目及计算

损害赔偿是医疗侵权诉讼中原告所追求的主要目标。确定损害赔偿的范围及数额非常复杂，影响赔偿数额的因素较多，比如患者的损害程度、残疾程度、扶养人情况、收入水平、是否存在医疗依赖、是否有护理依赖等。在《民法典》实施之后，医疗损害赔偿不再适用《医疗事故处理条例》，而是适用最高人民法院《关于审理人身损害赔偿案件适用法律若干问题的解释》（以下简称《人身损害赔偿司法解释》）。

一、医疗损害赔偿项目及其计算

《人身损害赔偿司法解释》规定的对人身损害赔偿的各个项目的计算方法见表 14－5。在具体赔偿范围、赔偿项目及计算标准上，还应当考虑案件的具体情况。比如在孕期保健服务纠纷中，出生儿童因残疾而导致其学习、生活之不便，损害赔偿的范围包括当事人作为合同对价支出的各项费用以及额外增加的抚育费、治疗费、护理费等纯粹财产上损失，但对纯粹财产上损失应根据其确定性、可预见性和合理性予以限制，并应当考虑损益同销、过失相抵等因素。① 所以在赔偿范围上，原则上应当赔偿该残疾儿抚育、教育、生活等增加的费用和精神损害赔偿。

表 14－4　《人身损害赔偿司法解释》中赔偿项目的计算方法

项目	计算方法
医疗费	医药费赔偿金额＝一审法庭辩论终结前实际发生的数额。以医疗机构出具的医药费、住院费等收款凭证为依据；对于后续必然发生的费用，结合病历和诊断证明等相关证据确定，凭据支付
误工费	有固定收入时误工费赔偿金额＝实际减少的收入； 无固定收入时误工费赔偿金额＝最近 3 年的平均收入； 无固定收入且无法举证：受诉法院所在地相同或相近行业上一年度职工平均工资
住院伙食费	住院伙食费赔偿金额＝住院时间×医疗纠纷发生地国家机关一般工作人员出差伙食补助标准； 外地就医不能住院的，赔偿受害人及陪护人员合理的住宿费、伙食费
陪护费	护理费＝护理人员的收入×护理人数×护理期限； 有收入：参照误工费规定； 无收入或雇工：同级别护理劳务费用
伤残赔偿金	残疾赔偿金＝伤残等级×受诉法院所在地上一年度城镇居民人均可支配收入×20 年；60 岁以上增 1 岁减 1 年，75 岁以上赔 5 年； 实际收入不减，或者影响就业的，应适当调整残疾赔偿金

① 最高人民法院民事审判第一庭：《因产前检查疏失导致缺陷儿出生相关医疗机构应否承担侵权责任》，载最高人民法院民事审判第一庭编：《民事审判指导与参考》，2008 年第 3 集（总第 35 集），153 页，北京，法律出版社，2008。

续表

项目	计算方法
残疾辅助器具费	残疾辅助器具费的赔偿金额＝普通适用器具标准；特殊需要、更换周期、赔偿期限，根据配置机构意见
丧葬费	丧葬费赔偿金额＝受诉法院所在地上一年度职工月平均工资标准×6个月
被扶养人生活费	被扶养人生活费赔偿金额＝被扶养人的人数×受诉法院所在地上一年度城镇居民人均消费性支出标准×扶养年限（未成年至18岁，其他成人20年，60岁以上增1岁减1年；75岁以上支付5年）
交通费	交通费赔偿金额＝实际必需的交通费用单据数额之和，凭据支付
住宿费	外地就医不能住院的，赔偿合理的住宿费
死亡赔偿金	死亡赔偿金＝受诉法院所在地上一年度城镇居民人均可支配收入×20年；60岁以上增1岁减1年；75岁以上支付5年
精神损害抚慰金	按照最高人民法院《关于确定民事侵权精神损害赔偿责任若干问题的解释》规定予以赔偿

案例 14－5

医师未依据职责提供孕妇的产前诊断，应承担相应的责任①

2003年10月6日，杜某到某医院进行孕期初诊，某医院为杜某建立了《××市孕产妇系统保健手册》（以下简称《保健手册》）。《保健手册》记载：初诊日期2003年10月6日，杜某孕次5次，产次1次，孕周18周＋2，预产期2004年3月16日（＋），身高160cm，体重75kg；医院还对杜某的血压、骨盆等进行了检查。对《保健手册》上孕期检查记录的项目，医院基本作了检查，但对尿蛋白未作检查，亦未进行高危评分。《保健手册》第13页印制了孕期危险因素评分表。根据该表，杜某年龄超过35岁应评15分，体重超过70公斤应评15分。《保健手册》第26页印制了如何及早知道宝宝是否患有先天愚型（21三体综合征）的内容，但未列明五种应做产前诊断的孕妇情形。2014年3月4日，杜某在医院住院并剖宫产下其子姚某。分娩记录上记载手术指征为羊水过少，生产时合并症为早破水。2015年7月7日，姚某经医院检查，初步诊断为21三体综合征。杜某遂于2005年7月诉至一审法院，请求判令杜某赔偿抚养费、教育费、医疗费等共计49.54万元。

一审法院经审理认为：杜某、医院即建立了以《保健手册》上载明的医疗保健项目为主要内容的服务合同关系。医院未按《保健手册》上规定的项目给杜某做尿蛋白等检查和高危评分虽然属于未完全履行合同义务的违约行为，但该行为与筛查先天愚型胎儿没有因果关系，且《保健手册》记载杜某未接触过可能导致胎儿先天缺陷的物质。故判决驳回杜某的诉讼请求。杜某不服，提起上诉。二审法院经审理认为，虽然上诉人杜某提出医院在对其进行产前检查时，存在违反《保健手册》的约定属实，但医院未按《保健手册》中规定的项目对杜某进行全面检查与其产下先天愚型的患儿没有因果关系。但医院没有书面对杜某进行产前诊断的有关指导和建议，对于杜某产下21三体综合征的姚某存在一定的过错，应承担相应的责任。另一方

① 湖北省宜昌市三峡坝区人民法院（2005）三民初字第171号民事判决书，湖北省宜昌市中级人民法院（2006）宜中民一终字第118号民事判决书。

面，杜某疏于阅读、了解《保健手册》中所附筛查先天愚型的宣传资料和进行产前诊断咨询，亦有责任。二审法院遂判决撤销一审判决，判令医院补偿杜某 50 000 元。

二、过错程度、责任程度、损害程度

过错程度、责任程度、损害程度是医疗损害赔偿纠纷案件中经常会遇到又经常会搞错的几个概念，在此需要进行辨析。

（一）过错程度

过错程度是针对医疗损害责任中行为人的主观过错而言的，与行为人违反医疗卫生管理法律、行政法规、部门规章、诊疗规范操作、规程的情节有关，是一般医疗技术人员容易犯的错误或者是技术操作难度大导致的错误，还是一般不容易忽略、难以出现的错误。过错程度对人身损害赔偿的影响，限于侵害除生命权、身体权和健康权外的人格权的民事责任。①

（二）责任程度

对责任程度有单纯从因果关系进行理解和综合案件诸因素进行理解两种。从因果关系角度看责任程度，是指在导致医疗损害结果发生的诸多因素中，医疗机构及医务人员的过失行为所占的比例。其理论依据在于许多医疗损害结果是多种因素所导致的，即人们常说的“多因一果”或“多因多果”。如果不考虑这一因素而要求医疗机构承担全部损害后果的责任是不公平的。与责任程度相关的概念是事件参与度，法医学界又称为“损伤参与度”，是指在医疗损害后果与患者自身疾病共同存在的情况下，前者在患者目前疾病状态中的介入程度。责任程度的划分不宜过细，应该采用模糊等级划分方法来划分责任等级。一般划分为 6 个等级，见表 14－5。但从案件处理角度看，案件处理者应当在鉴定意见的基础上，充分考察全案情况，综合认定责任程度，不宜将鉴定认定的参与度、原因力直接等同于裁判要认定的责任程度。

表 14－5　责任程度与赔偿比例对照表

责任程度等级	赔偿比例
无责任	0
轻微责任	10%
次要责任	30%
同等责任	50%
主要责任	80%
全部责任	100%

责任程度的等级划分是参照模糊数学的方法来划分的，因此，所确定的赔偿比例就不应当太细，而是一个粗线条的比例。比如与次要责任对应的赔偿比例为 30%，就不宜在 11%～

① 《民法典》第 998 条规定，认定行为人承担侵害除生命权、身体权和健康权外的人格权的民事责任，应当考虑行为人和受害人的职业、影响范围、过错程度，以及行为的目的、方式、后果等因素。

49%的范围内任意取值。

（三）损害程度

损害程度是针对患者最终的损害后果而言的，是一种对客观事实状态的判断，一般用伤残等级表示。即便在医疗事故行政处理需要确定赔偿数额的案件中，损害程度与医疗事故等级有关，最终需要用伤残等级来表示。

三个概念的区别见表 14-6。

表 14-6　过错程度、责任程度、损害程度的区别

比较项目	过错程度	责任程度	损害程度
表现	衡量行为过错的大小	对损害后果应承担责任的多少	对患者造成身体损害的后果
与行政责任的关系	有关	有关，但不明显	有关
与刑事责任的关系	有关	有关，但不明显	有关
与民事责任的关系	有关，但不明显	有关	有关
表达方式	违法严重性	参与度	事故等级或伤残等级
医疗损害鉴定	不认定	认定	认定
司法鉴定	认定	认定	认定

思考题

1. 简述医疗损害责任的概念和特征。
2. 试述医疗损害责任的归责原则体系。
3. 简述医疗损害诉讼中举证责任分配规则的变化。
4. 医疗机构侵犯患者的知情同意权应当如何承担法律责任？
5. 简述医疗损害赔偿项目计算标准。
6. 简述过错程度、责任程度、损害程度三个概念之间的区别。

第十五章
医事行政法律责任

医疗执业活动关系到民众的生命和健康，任何国家都会对医疗执业活动进行严格监管，对违反相关法律规定的医疗执业活动进行行政处理和处罚。本章针对我国医疗执业管理的现状，结合相关法律、法规的规定，讨论与医疗执业活动相关的行政法律责任。

第一节　医事行政法律责任概述

一、医事行政法律责任的概念

医疗执业行政法律责任，也可简称为医事行政法律责任，是指医事法律关系主体在施行医疗活动过程中，由于违反国家有关医疗行政管理方面的法律、法规，所必须承担的相应的行政法上的否定性法律后果。违法的医事法律行为或者不违法的某些特定的医事法律事实的存在，是医事法律关系主体承担医事行政法律责任的前提，否定性的医事行政法律后果则是医事行政法律关系主体承担医事行政法律责任的形式。

卫生行政部门和医疗机构及其医务人员是医事行政法律关系的主体，卫生行政部门是行政法律关系的管理者、处罚者，医疗机构及其医务人员是医事行政法律关系中的行政管理相对人。违法的医事法律行为或者不属违法的某些特定的医事法律事实则是医事行政法律关系的内容。在医事行政法律关系中，卫生行政部门和医疗机构及其医务人员的权利与义务则是医事行政法律关系的内容。

二、医事行政法律责任构成的含义

医事行政法律责任的构成，是指认定医事行政法律责任时所必须考虑的条件。由于法律责任会给责任主体带来法定的不利后果，表明了社会对责任主体的道德非难和法律处罚，因而必须科学、合理地确定法律责任的构成，以保障行为人的行为自由，保护责任主体的利益，实现法律的功能，维持社会秩序，促进社会发展。[①]

根据传统法学理论的归责原则，医事行政法律责任构成须具备四个方面的要件：行为具有违法性，造成了损害后果，违法行为与损害后果之间存在因果关系，行为人主观上有过错。在上述四项要件中，前三项是行为人承担责任的客观要件，后一项是行为人承担责任的主观要件。

---

① 参见张文显主编：《法理学》，124页，北京，高等教育出版社，1999。

三、医事行政法律责任形式

（一）医事行政法律责任的概念

医事行政法律责任，是指医事行政责任承担者对其违反法律、法规等的规定的行为依法承担的医疗行政管理上的责任。我国现行医事法律、法规规定的医事行政责任的主要形式包括医事行政处分和医事行政处罚。

（二）医事行政处分

医事行政处分，是指有管辖权的卫生行政部门或医疗机构的行政领导对下属人员违法、失职但尚未构成犯罪的行为实施的一种行政法律制裁。这里所讲的医事行政处分，只涉及公立医疗机构。公立医疗机构属于事业单位，目前对公立医疗机构一般工作人员实施纪律处分的法律依据是人力资源和社会保障部、监察部自2012年8月22日颁布并自2012年9月1日起施行的《事业单位工作人员处分暂行规定》；对医疗机构领导人员给予处分，参照国务院2007年4月22日发布并自2007年6月1日起施行的《行政机关公务员处分条例》的有关规定办理。私立医疗机构及其工作人员一般不涉及行政处分。

需要说明的是，行政处分与纪律处分不同：行政处分由国家主管行政部门作出，纪律处分则主要由除国家主管行政部门以外的单位、组织作出。例如，党的组织对党员、用人单位对员工等作出的处分称为纪律处分。易言之，医疗机构对本单位的医务人员进行处理，中国共产党组织对属于党员的医务人员作出的处分，称为纪律处分。卫生行政部门对下属医疗机构的违法医务人员的处分，称为行政处分。

1. 医事行政处分的特点

（1）实施医事行政处分的机构，必须是具有行政隶属关系和行政处分权限的政府卫生行政部门和医疗机构。“行政隶属关系”是一种行政上的领导与被领导关系，如果处分实施单位与受处分者之间没有隶属关系，则不能行使行政处分权。

（2）受行政处分者是实施了医事违法或渎职的卫生行政机关工作人员和医事行政相对人的个人，对单位不能实施医事行政处分。

（3）卫生行政机关工作人员和医事行政相对人的违法行为尚未构成犯罪。

（4）医事行政处分是一种违反医事法律法规的法律责任，属于行政责任。

（5）医事行政处分的依据是国家医事法律、法规、规章。

2. 医事行政处分的种类

（1）对政府相关部门任命的医疗机构工作人员，参照《行政机关公务员处分条例》进行处分。《行政机关公务员处分条例》规定，行政处分共分为六种：警告，记过，记大过，降级，撤职，开除。[①] 行政机关公务员受处分的期间为：警告，6个月；记过，12个月；记大过，18个月；降级、撤职，24个月。行政机关公务员在受处分期间不得晋升职务和级别，其中：受记过、记大过、降级、撤职处分的，不得晋升工资档次；受撤职处分的，应当按照规定降低级别。行政机关公务员受开除处分的，自处分决定生效之日起，其与单位的人事关系解除，不得再担任公务员职务。行政机关公务员受开除以外的处分，在受处分期间确有悔改表现，并且没有再发生违法违纪行为的，处分期满后，应当解除处分。解除处分后，晋升工资档次、级别和职务不再受原处分的影响。但是，解除降级、撤职处分的，不视为恢复原级别、原职务。

① 参见《行政机关公务员处分条例》第6条。

（2）对医务人员的行政处分，依据是《事业单位工作人员处分暂行规定》。《事业单位工作人员处分暂行规定》规定行政处分包括警告、记过、降低岗位等级或者撤职、开除，其中，撤职处分适用于行政机关任命的事业单位工作人员。[①] 受处分的期间为：警告，6个月；记过，12个月；降低岗位等级或者撤职，24个月。医务人员受到警告处分的，在受处分期间，不得聘用到高于现聘岗位等级的岗位；在作出处分决定的当年，年度考核不能确定为优秀等次。医务人员受到记过处分的，在受处分期间，不得聘用到高于现聘岗位等级的岗位，年度考核不得确定为合格及以上等次。医务人员受到降低岗位等级处分的，自处分决定生效之日起降低一个以上岗位等级聘用，按照事业单位收入分配有关规定确定其工资待遇；在受处分期间，不得聘用到高于受处分后所聘岗位等级的岗位，年度考核不得确定为基本合格及以上等次。医务人员受到开除处分的，自处分决定生效之日起，终止其与事业单位的人事关系。医务人员受到记过以上处分的，在受处分期间不得参加本专业（技术、技能）领域专业技术职务任职资格或者工勤技能人员技术等级考试（评审）。应当取消专业技术职务任职资格或者职业资格的，按照有关规定办理。医务人员同时有两种以上需要给予处分的行为的，应当分别确定其处分。应当给予的处分种类不同的，执行其中最重的处分；应当给予开除以外多个相同种类处分的，执行该处分，但处分期应当按照一个处分期以上、两个处分期之和以下确定。医务人员在受处分期间受到新的处分的，其处分期为原处分期尚未执行的期限与新处分期限之和，但是最长不得超过48个月。

3. 行政处分的救济

政府相关部门任命的参照《行政机关公务员处分条例》管理的医疗机构工作人员，其所受到的行政处分的救济，按照《公务员法》《行政机关公务员处分条例》的规定执行。

对于一般医务人员的行政处分的救济，依照中共中央组织部、人力资源和社会保障部于2014年6月27日发布并自2014年7月1日起施行的《事业单位工作人员申诉规定》的规定执行。医务人员对行政部门给予的行政处分不服的，可以依照该规定申请复核；对复核结果不服的，可以提出申诉、再申诉。提出复核和申诉的事项包括：处分，清退违规进人，撤销奖励，考核定为基本合格或者不合格，未按国家规定确定或者扣减工资福利待遇，法律、法规、规章规定可以提出申诉的其他人事处理决定。医务人员对人事处理不服，申请复核的，由原处理单位管辖。医务人员对主管部门或者其他有关部门作出的复核决定不服而提出的申诉，由同级事业单位人事综合管理部门管辖。医务人员对主管部门作出的申诉处理决定不服而提出的再申诉，由同级事业单位人事综合管理部门管辖。医务人员对市级、县级事业单位人事综合管理部门作出的申诉处理决定不服而提出的再申诉，由上一级事业单位人事综合管理部门管辖。

（三）医事行政处罚

医事行政处罚，是指行使医事行政监管职权的行政部门、法律法规授权组织，依法对违反医事法律法规、尚未构成犯罪的单位和个人实施的一种行政法律制裁。行政处罚遵循公正、公开的原则。设定和实施行政处罚必须以事实为依据，与违法行为的事实、性质、情节以及社会危害程度相当。对违法行为给予行政处罚的规定必须公布；未经公布的，不得作为行政处罚的依据。实施行政处罚，纠正违法行为，应当坚持处罚与教育相结合，教育公民、法人或者其他组织自觉守法。公民、法人或者其他组织对行政机关所给予的行政处罚，享有陈述权、申辩权；行政机关在作出行政处罚决定之前，应当告知当事人拟作出的行政处罚内容及事实、理由、依据，并告知当事人依法享有的陈述、申辩、要求听证等权利。行政机关不得因当事人陈

① 参见《事业单位工作人员处分暂行规定》第5条。

述、申辩而给予更重的处罚。对行政处罚不服的，有权依法申请行政复议或者提起行政诉讼。2021年1月22日修改后的《行政处罚法》对以下情况不予处罚：（1）违法行为轻微并及时改正，没有造成危害后果的；（2）初次违法且危害后果轻微并及时改正的；（3）当事人有证据足以证明没有主观过错的。

1. 医事行政处罚的特点

（1）医事行政处罚是一种强制性的法律制裁。所谓制裁，体现在对违反医事行政管理相对人的某种权利的限制，对其已获得的某种权益的剥夺，或者对其科以新的义务。

（2）医事行政处罚的前提是医事行政管理相对人实施了违反医事管理秩序的行为，而这种行为按照医事法律法规或规章的规定，应当受到行政处罚。

（3）实施医事行政处罚的主体只能是卫生行政部门或者法律法规和规章规定的其他行政机关，而且必须在行政主体法定的职权范围内，依据法定的程序实施行政处罚。

（4）医事行政处罚的对象是医事违法行为人。这里的“违法行为”应是广义的。医事行政管理相对人违反《药品管理法》《医师法》《传染病防治法》《献血法》等法律，应当追究法律责任的，当然要予以行政处罚；倘若违反医事管理法规、规章，只要这些法规、规章不与法律相抵触，且有行政处罚规定的，卫生行政部门也应当对这些违法行为实施行政处罚。这里的“行为人”不仅包括自然人，也包括法人和其他组织。只要法律规定予以行政处罚的，就是医事行政处罚的对象。

2. 医事行政处罚与医事行政处分的区别

医事行政处罚与医事行政处分虽然都属于行政法律制裁，并且都是对违反医事法律法规而应承担行政责任者实施的，但是两者也存在着明显的区别：

（1）作出决定的机关不同。医事行政处罚由卫生行政部门作出，而行政处分是由受处分者所在的医疗机构作出。

（2）针对的对象和违法的行为不同。医事行政处罚的对象是违反医事法律规范的相对人，而行政处分的对象是违法和失职的医疗机构工作人员。

（3）行为的性质不同。医事行政处罚是基于管理社会卫生公共事务的外部职权作出的行为，而行政处分则是基于医疗机构内部管理权限作出的行为。

（4）所依据的法律、法规不同。医事行政处罚依据的是国家关于对社会公共卫生事务进行管理的法律、法规、规章，而行政处分依据的是对医疗机构工作人员管理的法律规范。

（5）形式不同。医事行政处罚的形式是法律、法规规定的警告、罚款、没收、拘留、吊销执照等，与主体的基本权利有关；而行政处分的形式则主要是有关法律、法规规定的警告、记过、记大过、撤职、降级、开除等，与被处分者的职务有关。

（6）救济的方式和途径不同。不服医事行政处罚，可以申请行政复议或提起行政诉讼，而不服行政处分，只能按行政隶属关系申诉。

3. 医事行政处罚的种类

根据《行政处罚法》第9条的规定，我国的行政处罚包括：（1）警告、通报批评；（2）罚款、没收违法所得、没收非法财物；（3）暂扣许可证件、降低资质等级、吊销许可证件；（4）限制开展生产经营活动、责令停产停业、责令关闭、限制从业；（5）行政拘留；（6）法律、行政法规规定的其他行政处罚。按照行政处罚指向的相对人之权利的内容和性质，一般将上述几种行政处罚分为申诫罚、财产罚、能力罚和人身罚四大类。对人身自由的行政处罚（如行政拘留）只能由公安机关实施，其他各类行政主体均没有对人身自由的行政处罚权。因此，医事行政处罚的种类只有申诫罚、财产罚和能力罚。

（1）申诫罚。

申诫罚，也称为声誉罚，是影响相对人声誉或名誉的医事行政处罚，即以一定的方式对违反医事法律规范的相对人在声誉上或名誉上进行惩戒。目前医事行政处罚中申诫罚主要是警告。

警告，是指行政主体对实施了医事违法行为但情节较为轻微，并未造成实际危害后果的相对人的谴责和训诫。警告在违法行为轻微时一般单独适用，其目的是通过对相对人给予一种精神上的惩戒，申明其有违法行为，并促使其以后不再违法，否则，就要受到更加严厉的制裁。警告不同于一般的口头批评教育，是要式行政行为，必须由行政主体以书面形式作出，并向本人宣布和送达本人。《行政处罚法》规定，尚未制定法律、行政法规的，国务院部门规章对违反行政管理秩序的行为，可以设定警告、通报批评或者一定数额罚款的行政处罚。因此，我国目前所有的医事法律、法规和规章都有警告处罚的规定。

（2）财产罚。

财产罚，是指强制违反医事法律规范的相对人履行金钱给付义务或者剥夺其财产的处罚。财产罚包括：罚款、没收违法所得、没收非法财物。

罚款，是指行政主体强迫违法相对人缴纳一定数额的货币，依法使相对人的某些财产权遭到一定损失或被剥夺的处罚形式。罚款是追究行政责任时使用最广泛的一种形式，是对违法相对人合法财产权的剥夺。如果违法相对人的金钱所得本来就是非法收益，则必须依法加以没收。罚款所针对的行为并不局限于侵犯他人财产权的违法行为，行为人只要违反了医事法律、法规或者规章的规定，侵犯了医事管理秩序，就可以对其依法予以罚款。这里应当注意的是，不能将行政责任中的罚款与刑事责任中的罚金相混淆，两者的性质和适用对象有明显区别：罚金属于刑罚范畴，不是行政处罚。

没收违法所得，是指卫生行政部门依法将相对人通过违法行为获得的财产收归国有的处罚形式。没收违法所得与罚款的最大区别是：罚款指向的是合法财产，而没收违法所得指向的是非法财物。

没收非法财物，是指卫生行政部门依法将违禁物品或者违法相对人用以实施违法行为的工具予以收缴的处罚形式。违禁物品，是指法律、法规禁止生产、销售、储存、运输的物品。

（3）能力罚。

能力罚也称行为罚，是指影响相对人在医事行政法上的权力能力和行为能力的处罚，即限制或剥夺相对人的医事行政权利能力和行为能力的处罚，包括：责令停产停业，暂扣执业许可证、执照，吊销执业许可证、执照。

责令停产停业，是指卫生行政部门责令违法相对人停止相关生产经营活动，从而剥夺或者限制违法相对人从事某种生产经营活动的权利的处罚形式。责令停产停业具有以下特点：一是通过限制或者剥夺违法相对人从事某种活动的能力，间接影响其财产权；二是对违法相对人处以不作为的义务；三是只在一定时期内限制或剥夺违法相对人的生产经营权，违法相对人如果在法定期限内及时纠正、履行了法定义务，仍可继续从事曾被停止的生产经营活动；四是只适用于较严重的违法行为。

暂扣或者吊销许可证、执照，是指卫生行政部门依法暂时扣押或者撤销相对人已经获得的从事某种活动的资格证书，以限制或者剥夺相对人从事某种活动的特许权利和资格的处罚形式。暂扣许可证、执照，是卫生行政部门对相对人采取的暂时中止其从事某种活动的权利和资格的处罚形式。被处以暂扣许可证、执照的相对人，在其改正违法行为后或者经过一定时期，再发还证件，恢复其行为资格，允许其重新享有该权利和资格。吊销许可证、执照是对相对人的权利影响比较大、比较严重的一种处罚形式，因此要严格办理、慎重作出。

4. 医事行政处罚的救济

（1）行政复议。行政复议是指公民、法人或者其他组织不服行政主体作出的具体行政行为，认为行政主体的具体行政行为侵犯了其合法权益，依法向法定的行政复议机关提出复议申请，行政复议机关依法对该具体行政行为进行合法性、适当性审查，并作出行政复议决定的行政行为。行政复议是公民、法人或其他组织通过行政救济途径解决行政争议的一种方法。行政复议，由行政管理相对人向作出行政处罚机关的上一级行政机关或者作出行政处罚的行政机关所属的人民政府提出。我国《行政复议法》规定，行政复议遵守如下原则：独立复议原则，合法、公正、公开、及时、便民原则，一级复议原则，复议不停止执行原则，书面审理为主原则，合法与适当双重审查原则。

（2）行政诉讼。行政诉讼是个人、法人或其他组织认为国家机关作出的行政行为侵犯其合法权益而向法院提起的诉讼。行政诉讼依据《行政诉讼法》及其相关司法解释进行。行政诉讼遵循以下原则：选择复议原则，审查具体行政行为合法性原则，具体行政行为不因诉讼而停止执行原则，不适用调解原则，被告负举证责任原则，司法变更权有限原则。

第二节　与公共卫生相关的医事行政法律责任

一、传染病防治中的行政责任

（一）医疗机构、疾控机构可采取的特别措施

患甲类传染病、炭疽死亡的，应当将尸体立即进行卫生处理，就近火化。患其他传染病死亡的，必要时，应当将尸体进行卫生处理后火化或者按照规定深埋。

为了查找传染病病因，医疗机构在必要时可以按照国务院卫生行政部门的规定，对传染病患者尸体或者疑似传染病患者尸体进行解剖查验，并应当告知家属。

疫区中被传染病病原体污染或可能被污染的物品中，经消毒可以使用的，应当在当地疾病预防控制机构的指导下，进行消毒处理后，方可使用、出售和运输。

发生传染病疫情时，疾病预防控制机构和省级以上人民政府卫生行政部门指派的其他与传染病有关的专业技术机构，可以进入传染病疫点、疫区进行调查、采集样本、技术分析和检验。

（二）医疗机构的行政责任

《传染病防治法》规定，医疗机构发现甲类传染病时，应当及时采取下列措施：（1）对病人、病原携带者，予以隔离治疗，隔离期限根据医学检查结果确定；（2）对疑似病人，确诊前在指定场所单独隔离治疗；（3）对医疗机构内的病人、病原携带者、疑似病人的密切接触者，在指定场所进行医学观察和采取其他必要的预防措施。拒绝隔离治疗或者隔离期未满擅自脱离隔离治疗的，可以由公安机关协助医疗机构采取强制隔离治疗措施。医疗机构发现乙类或者丙类传染病病人，应当根据病情采取必要的治疗和控制传播措施。医疗机构对本单位内被传染病病原体污染的场所、物品以及医疗废物，必须依照法律、法规的规定实施消毒和无害化处置。

医疗机构违反《传染病防治法》的规定，有下列情形之一的，由县级以上人民政府卫生行政部门责令改正，通报批评，给予警告；造成传染病传播、流行或者其他严重后果的，对负有责任的主管人员和其他直接责任人员，依法给予降级、撤职、开除的处分，并可以依法吊销有

关责任人员的执业证书；构成犯罪的，依法追究刑事责任：（1）未按照规定承担本单位的传染病预防、控制工作、医院感染控制任务和责任区域内的传染病预防工作的；（2）未按照规定报告传染病疫情，或者隐瞒、谎报、缓报传染病疫情的；（3）发现传染病疫情时，未按照规定对传染病病人、疑似传染病病人提供医疗救护、现场救援、接诊、转诊的，或者拒绝接受转诊的；（4）未按照规定对本单位内被传染病病原体污染的场所、物品以及医疗废物实施消毒或者无害化处置的；（5）未按照规定对医疗器械进行消毒，或者对按照规定一次使用的医疗器具未予销毁，再次使用的；（6）在医疗救治过程中未按照规定保管医学记录资料的；（7）故意泄露传染病病人、病原携带者、疑似传染病病人、密切接触者涉及个人隐私的有关信息、资料的。

（三）疾病预防控制机构的行政责任

疾病预防控制机构未依法履行传染病监测职责及疫情报告职责的，或未主动收集、调查、分析疫情信息的，或发现传染病疫情时未及时采取措施的，或故意泄露传染病患者、病原携带者、疑似传染病患者、密切接触者的个人隐私的，由县级以上人民政府卫生行政部门责令限期改正，通报批评，给予警告；对负有责任的主管人员和其他直接责任人员，依法给予降级、撤职、开除的处分，并可以依法吊销有关责任人员的执业证书。

二、突发公共卫生事件应急处理中的行政责任

突发公共卫生事件是指突然发生，造成或者可能造成社会公众健康严重损害的重大传染病疫情、群体性不明原因疾病、重大食物和职业中毒以及其他严重影响公众健康的事件。

根据《突发公共卫生事件应急条例》的规定，有下列行为之一的，由卫生行政部门责令改正，通报批评，给予警告；情节严重的，吊销“医疗机构执业许可证”；对主要负责人、负有责任的主管人员及其直接责任者给予降级或撤职：（1）隐瞒、缓报、谎报；（2）不按规定及时采取控制措施；（3）不履行监测职责；（4）拒绝接受患者诊治的；（5）不服从突发事件应急处理指挥部调度的。

三、母婴保健活动中的行政责任

《母婴保健法》规定，任何医疗保健机构或任何人员，未取得卫生行政部门许可，擅自从事婚前医学检查、遗传病诊断、产前诊断、终止妊娠手术和医学技术鉴定或者出具有关医学证明，首先将被责令停止违法行为，同时将受到警告、没收非法所得、罚款的行政处罚。

已取得执业证书的母婴保健工作人员，如果出具虚假医学证明，将受到行政处分；有下列情形之一的，撤销其相应的母婴保健技术执业资格或医师执业证书：（1）因延误诊治，造成严重后果的；（2）给当事人身心健康造成严重后果的；（3）造成其他严重后果的。

违反规定进行胎儿性别鉴定的，由卫生行政部门给予警告，责令停止违法行为，其所在医疗保健机构的直接负责的主管人员和其他直接责任人员，将受到吊销母婴保健技术执业资格或医师执业证书的行政处罚。

四、与职业病防治有关的行政责任

根据《职业病防治法》的规定，未取得资质认证批准就从事职业卫生技术服务、职业健康检查、职业病诊断的，政府主管部门可以责令其停止违法行为，没收违法所得；违法所得在5 000元以上的，并处2至10倍罚款；违法所得不足5 000元的，并处5 000元至50 000元罚款。情节严重的，对直接负责的主管人员和其他直接责任人员，依法给予降级、撤职或者开除

的处分。

根据《职业病防治法》的规定，对超出资质认证批准范围而开展职业卫生技术服务、职业健康检查、职业病诊断的，或不履行法定职责的，或有出具虚假证明文件的医疗机构，予以警告，责令停止违法行为，没收违法所得；违法所得在5 000元以上的，并处2至5倍罚款；没有违法所得或违法所得不足5 000元的，并处5 000元至20 000元罚款。情节严重的，取消其资格；对直接负责的主管人员和其他直接责任人员，依法给予降级、撤职或者开除的处分；构成犯罪的，依法追究刑事责任。

根据《职业病防治法》的规定，职业病鉴定委员会成员收受当事人财物或其他好处的，予以警告，没收财物，可以并处3 000元至50 000元罚款，并取消其资格。

第三节　与医疗服务相关的医事行政法律责任

一、医师违法的行政法律责任

（一）执业注册与登记方面

在医师资格考试中有违反考试纪律等行为，情节严重的，1年至3年内禁止参加医师资格考试。以不正当手段取得医师资格证书或者医师执业证书的，由发给证书的卫生行政部门予以撤销，3年内不受理其相应申请。伪造、变造、买卖、出租、出借医师执业证书的，由县级以上人民政府卫生行政部门责令改正，没收违法所得，并处违法所得2倍以上5倍以下的罚款，违法所得不足1万元的，按1万元计算；情节严重的，吊销医师执业证书。

（二）违反执业规则方面

违反《医师法》的规定，医师在执业活动中有下列行为之一的，由县级以上人民政府卫生行政部门责令改正，给予警告；情节严重的，责令暂停6个月以上1年以下执业活动直至吊销医师执业证书：（1）在提供医疗卫生服务或者开展医学临床研究中，未按照规定履行告知义务或者取得知情同意；（2）对需要紧急救治的患者，拒绝急救处置，或者由于不负责任延误诊治；（3）遇有自然灾害、事故灾难、公共卫生事件和社会安全事件等严重威胁人民生命健康的突发事件时，不服从卫生行政部门调遣；（4）未按照规定报告有关情形；（5）违反法律、法规、规章或者执业规范，造成医疗事故或者其他严重后果。

违反《医师法》的规定，医师在执业活动中有下列行为之一的，由县级以上人民政府卫生行政部门责令改正，给予警告，没收违法所得，并处1万元以上3万元以下的罚款；情节严重的，责令暂停6个月以上1年以下执业活动直至吊销医师执业证书：（1）泄露患者隐私或者个人信息；（2）出具虚假医学证明文件，或者未经亲自诊查、调查，签署诊断、治疗、流行病学等证明文件或者有关出生、死亡等证明文件；（3）隐匿、伪造、篡改或者擅自销毁病历等医学文书及有关资料；（4）未按照规定使用麻醉药品、医疗用毒性药品、精神药品、放射性药品等；（5）利用职务之便，索要、非法收受财物或者牟取其他不正当利益，或者违反诊疗规范，对患者实施不必要的检查、治疗造成不良后果；（6）开展禁止类医疗技术临床应用。

违反《医师法》的规定，医师未按照注册的执业地点、执业类别、执业范围执业的，由县级以上人民政府卫生行政部门或者中医药行政部门责令改正，给予警告，没收违法所得，并处1万元以上3万元以下的罚款；情节严重的，责令暂停6个月以上1年以下执业活动直至吊销医师执业证书。

严重违反医师职业道德、医学伦理规范，造成恶劣社会影响的，由省级以上人民政府卫生行政部门吊销医师执业证书，或者责令停止非法执业活动5年，直至终身禁止从事医疗卫生服务或者医学临床研究。

医疗、预防保健机构未依照《医师法》的有关规定履行报告职责，导致严重后果的，由县级以上人民政府卫生行政部门给予警告，并对该机构的行政负责人依法给予行政处分。

卫生行政部门或者医疗、预防、保健机构的负责人或工作人员违反《医师法》有关规定，弄虚作假，玩忽职守，滥用职权，徇私舞弊，尚不构成犯罪的，由卫生行政部门或所在机构依法给予行政处分。

（三）非法行医方面

非法行医，在刑法和行政法中均有表述，但二者含义有一定区别。非法行医的核心，是开展医疗活动的主体不具有医疗执业资格，因而也叫无证行医、非医师（医疗机构）行医，与违法行医的内涵不同。《关于印发严厉打击非法行医专项整治工作方案的通知》（卫监督发［2004］149号）将超范围执业归入非法行医，显然不妥。行政法上的非法行医是指违反《医师法》《医疗机构管理条例》等法律法规所从事的违法医疗行为。行为主体包括法人和自然人。卫生行政部门查处无证行医，依照《无证行医查处工作规范》等规范进行。作者认为，对于非法行医的判断，首先需要确定行为人所实施的行为是不是医疗行为。只有行为人实施的行为是医疗行为才要求行为人应当具有医疗执业资格。关于医疗行为的判断，参照本书第二章内容。因此，关于非法行医的认定，应当强调需要具备几个条件：其一，行为人实施的行为是医疗行为；其二，行为人没有医疗执业资格；其三，行为针对不特定的对象实施；其四，行为人所实施的医疗行为具有长期性；其五，行为人以医疗活动为业。

1. 个人非法行医

《医师法》第59条规定：违反本法规定，非医师行医的，由县级以上人民政府卫生行政部门责令停止非法执业活动，没收违法所得和药品、医疗器械，并处违法所得2倍以上10倍以下的罚款，违法所得不足1万元的，按1万元计算。

2. 机构非法行医

《无证行医查处工作规范》第2条规定，依据法律、法规、规章对辖区内未经批准擅自开办医疗机构行医的单位和个人进行检查，依法追究其法律责任的行政执法活动。主要包括以下无证行医情形：（1）未取得“医疗机构执业许可证”开展诊疗活动的；（2）使用伪造、变造的“医疗机构执业许可证”开展诊疗活动的；（3）“医疗机构执业许可证”被撤销、吊销或者已经办理注销登记，继续开展诊疗活动的；（4）当事人未按规定申请延续以及卫生行政部门不予受理延续或者不批准延续，“医疗机构执业许可证”有效期届满后继续开展诊疗活动的；（5）法律、法规、规章规定的其他无证行医行为。

《基本医疗卫生与健康促进法》第99条规定：违反本法规定，未取得医疗机构执业许可证擅自执业的，由县级以上人民政府卫生行政部门责令停止执业活动，没收违法所得和药品、医疗器械，并处违法所得5倍以上20倍以下的罚款，违法所得不足1万元的，按1万元计算。违反本法规定，伪造、变造、买卖、出租、出借医疗机构执业许可证的，由县级以上人民政府卫生行政部门责令改正，没收违法所得，并处违法所得五倍以上15倍以下的罚款，违法所得不足1万元的，按1万元计算；情节严重的，吊销医疗机构执业许可证。

3. 注意区分非法行医与医师外出会诊

根据《医师外出会诊管理暂行规定》的规定，医师外出会诊是指医师经所在医疗机构批准，为其他医疗机构特定的患者开展执业范围内的诊疗活动。医师未经所在医疗机构批准，不得擅自外出会诊。医师擅自外出会诊或者在会诊中违反《医师外出会诊管理暂行规定》第17条之规定的，由所在医疗机构记入医师考核档案；经教育仍不改正的，依法给予行政处分或者纪律处分。

案例 15-1

医师在注册地点之外行医是否属于非法行医

甲因为患有股骨头坏死需进行双髋关节置换，遂来到某省三级甲等医院就诊。接诊医师乙告知甲：医院目前没有床位，如果希望近期手术可以先住到某二级医院，待自己周末休息时到该二级医院为甲手术。甲于是在医师乙的安排下来到某二级医院住院（该医院的诊疗科目范围不包括双髋关节置换术）。由于甲患有肝硬化，凝血机能欠佳，在实施了一侧髋关节置换手术时甲发生了非常严重的大出血。乙没有及时中止手术，也没有安排甲转院到上级医院，而是继续实施另一侧的髋关节置换术。最终，甲因为失血性休克死亡。乙担心甲家属追究其法律责任，而后要求其所在医院为其补办了和二级医院之间会诊的邀请手术通知。

试问：乙的行为是否构成非法行医，为什么？如果医院之间的会诊邀请是在乙手术前开具的，本案是否还属于非法行医？为什么？

二、乡村医生从业中的行政法律责任

根据《乡村医生从业管理条例》的规定，乡村医生在执业活动中有下列行为之一的，由县级人民政府卫生行政部门责令限期改正，给予警告；逾期不改正的，责令暂停3个月以上6个月以下执业活动；情节严重的，由原发证部门暂扣乡村医生执业证书：（1）执业活动超出规定的执业范围，或者未按照规定进行转诊的；（2）违反规定使用乡村医生基本用药目录以外的处方药品的；（3）违反规定出具医学证明，或者伪造卫生统计资料的；（4）发现传染病疫情、中毒事件不按规定报告的。

乡村医生在执业活动中，违反规定进行实验性临床医疗活动，或者重复使用一次性医疗器械和卫生材料的，由县级人民政府卫生行政部门责令停止违法行为，给予警告，可以并处1 000元以下的罚款；情节严重的，由原发证部门暂扣或者吊销乡村医生执业证书。

以不正当手段取得乡村医生执业证书的，由发证部门收缴乡村医生执业证书。未经注册在村医疗机构从事医疗活动的，由县级以上地方人民政府卫生行政部门予以取缔，没收其违法所得以及药品、医疗器械，违法所得5 000元以上的，并处违法所得1倍以上3倍以下的罚款；没有违法所得或者违法所得不足5 000元的，并处1 000元以上3 000元以下的罚款。

三、医疗事故处理中的行政法律责任

卫生行政部门经审核，对符合《医疗事故处理条例》规定的医疗事故技术鉴定结论，应当将其作为对发生医疗事故的医疗机构和医务人员进行行政处理的依据。行政处理分为对医疗机构的处理和对医务人员的处理。对于发生医疗事故的医疗机构，可以根据医疗事故的等级和情节，给予警告、罚款、限期停业整顿、吊销执业许可证。对发生医疗事故的医务人员，可以作出责令暂停执业、吊销执业证书等行政处罚。

四、医疗机构管理中的行政法律责任

（一）违反“医疗机构执业许可证”监管规定的法律责任

床位不满100张的医疗机构，其“医疗机构执业许可证”每年校验1次；床位在100张以上的医疗机构，其“医疗机构执业许可证”每3年校验1次。逾期不校验“医疗机构执业许可证”仍从事诊疗活动的，由县级以上人民政府卫生行政部门责令其限期补办校验手续；拒不校验的，吊销其“医疗机构执业许可证”。

违反《基本医疗卫生与健康促进法》的规定，有下列行为之一的，由县级以上人民政府卫生行政部门责令改正，没收违法所得，并处违法所得2倍以上10倍以下的罚款，违法所得不足1万元的，按1万元计算；对直接负责的主管人员和其他直接责任人员依法给予处分：（1）政府举办的医疗机构与其他组织投资设立非独立法人资格的医疗机构；（2）医疗机构对外出租、承包医疗科室；（3）非营利性医疗机构向出资人、举办者分配或者变相分配收益。

（二）医疗机构违反执业规则的行政法律责任

《医疗机构管理条例》及其实施细则、《医疗纠纷预防和处理条例》对医疗机构违反执业规则，有相应的处罚规定。

诊疗活动超出登记范围的，由县级以上人民政府卫生行政部门予以警告、责令改正，并可以根据情节处以3 000元以下的罚款；情节严重的，吊销其“医疗机构执业许可证”。

使用非卫生技术人员从事医疗卫生技术工作的，由县级以上人民政府卫生行政部门责令其限期改正，并可以处以5 000元以下的罚款；情节严重的，吊销其“医疗机构执业许可证”。

出具虚假证明文件的，由县级以上人民政府卫生行政部门予以警告；对造成危害后果的，可以处以1 000元以下的罚款；对直接责任人员由所在单位或者上级机关给予行政处分。

医疗机构篡改、伪造、隐匿、毁灭病历资料的，对直接负责的主管人员和其他直接责任人员，由县级以上人民政府卫生行政部门给予或者责令给予降低岗位等级或者撤职的处分，对有关医务人员责令暂停6个月以上1年以下执业活动；造成严重后果的，对直接负责的主管人员和其他直接责任人员给予或者责令给予开除的处分，对有关医务人员由原发证部门吊销执业证书；构成犯罪的，依法追究刑事责任。

医疗机构将未通过技术评估和伦理审查的医疗新技术应用于临床的，由县级以上人民政府卫生行政部门没收违法所得，并处5万元以上10万元以下罚款，对直接负责的主管人员和其他直接责任人员给予或者责令给予降低岗位等级或者撤职的处分，对有关医务人员责令暂停6个月以上1年以下执业活动；情节严重的，对直接负责的主管人员和其他直接责任人员给予或者责令给予开除的处分，对有关医务人员由原发证部门吊销执业证书；构成犯罪的，依法追究刑事责任。

医疗机构及其医务人员有下列情形之一的，由县级以上人民政府卫生行政部门责令改正，给予警告，并处1万元以上5万元以下罚款；情节严重的，对直接负责的主管人员和其他直接责任人员给予或者责令给予降低岗位等级或者撤职的处分，对有关医务人员可以责令暂停1个月以上6个月以下执业活动；构成犯罪的，依法追究刑事责任：（1）未按规定制定和实施医疗质量安全管理制度；（2）未按规定告知患者病情、医疗措施、医疗风险、替代医疗方案等；（3）开展具有较高医疗风险的诊疗活动，未提前预备应对方案防范突发风险；（4）未按规定填写、保管病历资料，或者未按规定补记抢救病历；（5）拒绝为患者提供查阅、复制病历资料服务；（6）未建立投诉接待制度、设置统一投诉管理部门或者配备专（兼）职人员；（7）未按规定封存、保管、启封病历资料和现场实物；（8）未按规定向卫生行政部门报告重大医疗纠纷；（9）其他未履行《医疗纠纷预防和处理条例》规定义务的情形。

第四节　与健康产品相关的医事行政法律责任

一、药品管理中的行政责任

（一）药品临床实验中的行政责任

药物非临床安全性评价研究机构、药物临床试验机构等未遵守药品生产质量管理规范、药品经营质量管理规范、药物非临床研究质量管理规范、药物临床试验质量管理规范等的，责令限期改正，给予警告；逾期不改正的，处10万元以上50万元以下的罚款；情节严重的，处50万元以上200万元以下的罚款，责令停产停业整顿直至吊销药品批准证明文件、药品生产许可证、药品经营许可证等，药物非临床安全性评价研究机构、药物临床试验机构等五年内不得开展药物非临床安全性评价研究、药物临床试验，对法定代表人、主要负责人、直接负责的主管人员和其他责任人员，没收违法行为发生期间自本单位所获收入，并处所获收入10%以上50%以下的罚款，10年直至终身禁止从事药品生产经营等活动。

（二）医院药品采购管理中的行政责任

知道或者应当知道属于假药、劣药或者本法第124条第1款第1项至第5项规定的药品，而为其提供储存、运输等便利条件的，没收全部储存、运输收入，并处违法收入1倍以上5倍以下的罚款；情节严重的，并处违法收入5倍以上15倍以下的罚款；违法收入不足5万元的，按5万元计算。

医疗机构未从药品上市许可持有人或者具有药品生产、经营资格的企业购进药品的，责令改正，没收违法购进的药品和违法所得，并处违法购进药品货值金额2倍以上10倍以下的罚款；情节严重的，并处货值金额10倍以上30倍以下的罚款，吊销药品批准证明文件、药品生产许可证、药品经营许可证或者医疗机构执业许可证；货值金额不足5万元的，按5万元计算。

医疗机构在药品购销中给予、收受回扣或者其他不正当利益的，药品上市许可持有人、药品生产企业、药品经营企业或者代理人给予使用其药品的医疗机构的负责人、药品采购人员、医师、药师等有关人员财物或者其他不正当利益的，由市场监督管理部门没收违法所得，并处30万元以上300万元以下的罚款；情节严重的，吊销药品上市许可持有人、药品生产企业、药品经营企业营业执照，并由药品监督管理部门吊销药品批准证明文件、药品生产许可证、药品经营许可证。医疗机构的负责人、药品采购人员、医师、药师等有关人员收受药品上市许可持有人、药品生产企业、药品经营企业或者代理人给予的财物或者其他不正当利益的，由卫生行政部门或者本单位给予处分，没收违法所得；情节严重的，还应当吊销其执业证书。

（三）医疗机构制剂管理中的行政责任

未取得医疗机构制剂许可证生产、销售药品的，责令关闭，没收违法生产、销售的药品和违法所得，并处违法生产、销售的药品（包括已售出和未售出的药品，下同）货值金额15倍以上30倍以下的罚款；货值金额不足10万元的，按10万元计算。医疗机构将其配制的制剂在市场上销售的，责令改正，没收违法销售的制剂和违法所得，并处违法销售制剂货值金额2倍以上5倍以下的罚款；情节严重的，并处货值金额5倍以上15倍以下的罚款；货值金额不足5万元的，按5万元计算。

（四）疫苗管理中的行政责任

《疫苗管理法》第十章规定了疾病预防控制机构、接种单位以外的单位在疫苗采购、运输、存储、接种、收费中未履行预防接种异常反应、疫苗安全事件报告义务的法律责任。比如，未经县级以上地方人民政府卫生行政部门指定擅自从事免疫规划疫苗接种工作、从事非免疫规划疫苗接种工作不符合条件或者未备案的，由县级以上人民政府卫生行政部门责令改正，给予警告，没收违法所得和违法持有的疫苗，责令停业整顿，并处10万元以上100万元以下的罚款，对主要负责人、直接负责的主管人员和其他直接责任人员依法给予处分。违反《疫苗管理法》规定，疾病预防控制机构、接种单位以外的单位或者个人擅自进行群体性预防接种的，由县级以上人民政府卫生行政部门责令改正，没收违法所得和违法持有的疫苗，并处违法持有的疫苗货值金额10倍以上30倍以下的罚款，货值金额不足5万元的，按5万元计算。

二、医疗器械管理中的行政责任

使用不符合强制性标准或者不符合经注册或者备案的产品技术要求的医疗器械，使用无合格证明文件、过期、失效、淘汰的医疗器械，或者使用未依法注册的医疗器械的，由县级以上人民政府食品药品监督管理部门责令改正，没收违法使用的医疗器械；违法使用的医疗器械货值金额不足1万元的，并处2万元以上5万元以下罚款；货值金额1万元以上的，并处货值金额5倍以上10倍以下罚款。

医疗器械使用单位未依照《医疗器械监督管理条例》规定建立并执行医疗器械进货查验记录制度的；对重复使用的医疗器械，医疗器械使用单位未按照消毒和管理的规定进行处理的；医疗器械使用单位重复使用一次性使用的医疗器械，或者未按照规定销毁使用过的一次性使用的医疗器械的；对需要定期检查、检验、校准、保养、维护的医疗器械，医疗器械使用单位未按照产品说明书要求检查、检验、校准、保养、维护并予以记录，及时进行分析、评估，确保医疗器械处于良好状态的；医疗器械使用单位未妥善保存购入第三类医疗器械的原始资料，或者未按照规定将大型医疗器械以及植入和介入类医疗器械的信息记载到病历等相关记录中的；医疗器械使用单位发现使用的医疗器械存在安全隐患未立即停止使用、通知检修，或者继续使用经检修仍不能达到使用安全标准的医疗器械的；医疗器械使用单位违规使用大型医用设备，不能保障医疗质量安全的；医疗器械使用单位未依照《医疗器械监督管理条例》规定开展医疗器械不良事件监测，未按照要求报告不良事件，或者对医疗器械不良事件监测技术机构、食品药品监督管理部门开展的不良事件调查不予配合的，由县级以上人民政府食品药品监督管理部门和卫生行政部门依据各自职责责令改正，给予警告；拒不改正的，处5 000元以上2万元以下罚款；情节严重的，责令停产停业。

违反规定开展医疗器械临床试验的，由县级以上人民政府食品药品监督管理部门责令改正或者立即停止临床试验，可以处5万元以下罚款；造成严重后果的，依法对直接负责的主管人员和其他直接责任人员给予降级、撤职或者开除的处分；该机构5年内不得开展相关专业医疗器械临床试验。医疗器械临床试验机构出具虚假报告的，由县级以上人民政府食品药品监督管理部门处5万元以上10万元以下罚款；有违法所得的，没收违法所得；对直接负责的主管人员和其他直接责任人员，依法给予撤职或者开除的处分；该机构10年内不得开展相关专业医疗器械临床试验。

案例15－2

使用非法入境的心脏起搏器的行政责任

20××年4月，某省心脏病患者甲在某家医院植入心脏起搏器。两年来，甲始终感到心脏不适，夜不能眠。起搏器在2002年的4月就已经植入甲的体内，而产品认证证明的签发时间却是20××年9月。随后，销售该起搏器的经销公司的前员工爆出内幕，有1 750台起搏器是走私进入中国的。国家质量监督管理部门经过对1 750台起搏器的序列号、发票号等资料的核对，发现1 747台属于非法入境的心脏起搏器。

试问：医疗机构是否应当核查医疗器械的来源是否合法？如果本案中的医师给甲使用了无产品注册证书或无合格证明的医疗器械，将追究哪些人的什么责任？

三、临床用血的相关行政法律责任

1. 非法采集血液的行政法律责任

《献血法》第18条规定，有下列行为之一的，由县级以上地方人民政府卫生行政部门予以取缔，没收违法所得，可并处10万元以下的罚款：（1）非法采集血液的；（2）血站、医疗机构出售无偿献血者血液的；（3）非法组织他人出卖血液的。

非法采集血液必须与医疗机构临床应急临时采集血液相区别。非法采集血液是指没有获得“血站执业许可证”“中心血库采供血许可证”，以营利为目的，非法从事组织、采集、供应、倒卖血液的活动。而根据《献血法》第15条第2款的规定，医疗机构应急临时采集血液作为临床抢救需要是允许的，但应当依照《献血法》的有关规定，确保采血用血安全。

2. 违反临床用血操作规程的行政法律责任

临床用血的包装、储存、运输，不符合国家规定的卫生标准和要求的，责令改正，给予警告，可以并处1万元以下的罚款。

3. 违反规定非法使用血液及血液制品的行政法律责任

医疗机构的医务人员违反《献血法》的规定，将不符合国家规定标准的血液用于患者的，责令改正；给患者健康造成损害的，对直接负责的主管人员和其他直接责任人员，依法给予行政处分。

第五节　与医疗保障相关的医事行政法律责任

一、概述

医疗保险制度是指一个国家或地区按照保险原则为解决居民防病、治病问题而筹集、分配和使用医疗保险基金的制度。医疗保障制度是关系每个患者切身利益的制度。与医疗保障相关的行政法律责任主要涉及政府相关部门对医疗机构及患者支付医疗费用的监管，主要由《社会保险法》及其实施细则、《医疗保障基金使用监督管理条例》调整。

二、基本医疗保险相关的行政法律责任

《社会保险法》第三章规定了基本医疗保险制度。目前我国的基本医疗保障体系由城镇职工基本医疗保险、城镇居民基本医疗保险、新型农村合作医疗和城乡医疗救助制度共同构成。

社会保险经办机构以及医疗机构、药品经营单位等社会保险服务机构以欺诈、伪造证明材料或者其他手段骗取社会保险基金支出的，由社会保险行政部门责令退回骗取的社会保险金，处骗取金额2倍以上5倍以下的罚款；属于社会保险服务机构的，解除服务协议；直接负责的主管人员和其他直接责任人员有执业资格的，依法吊销其执业资格。以欺诈、伪造证明材料或者其他手段骗取社会保险待遇的，由社会保险行政部门责令退回骗取的社会保险金，处骗取金

额2倍以上5倍以下的罚款。

《医疗保障基金使用监督管理条例》对作为定点经办机构的医疗机构及医务人员违反医保管理规定的情形作出了追究法律责任的规定。定点医药机构有下列情形之一的，由医疗保障行政部门责令改正，并可以约谈有关负责人；造成医疗保障基金损失的，责令退回，处造成损失金额1倍以上2倍以下的罚款；拒不改正或者造成严重后果的，责令定点医药机构暂停相关责任部门6个月以上1年以下涉及医疗保障基金使用的医药服务；违反其他法律、行政法规的，由有关主管部门依法处理：（1）分解住院、挂床住院；（2）违反诊疗规范过度诊疗、过度检查、分解处方、超量开药、重复开药或者提供其他不必要的医药服务；（3）重复收费、超标准收费、分解项目收费；（4）串换药品、医用耗材、诊疗项目和服务设施；（5）为参保人员利用其享受医疗保障待遇的机会转卖药品，接受返还现金、实物或者获得其他非法利益提供便利；（6）将不属于医疗保障基金支付范围的医药费用纳入医疗保障基金结算；（7）造成医疗保障基金损失的其他违法行为。

定点医药机构有下列情形之一的，由医疗保障行政部门责令改正，并可以约谈有关负责人；拒不改正的，处1万元以上5万元以下的罚款；违反其他法律、行政法规的，由有关主管部门依法处理：（1）未建立医疗保障基金使用内部管理制度，或者没有专门机构或者人员负责医疗保障基金使用管理工作；（2）未按照规定保管财务账目、会计凭证、处方、病历、治疗检查记录、费用明细、药品和医用耗材出入库记录等资料；（3）未按照规定通过医疗保障信息系统传送医疗保障基金使用有关数据；（4）未按照规定向医疗保障行政部门报告医疗保障基金使用监督管理所需信息；（5）未按照规定向社会公开医药费用、费用结构等信息；（6）除急诊、抢救等特殊情形外，未经参保人员或者其近亲属、监护人同意提供医疗保障基金支付范围以外的医药服务；（7）拒绝医疗保障等行政部门监督检查或者提供虚假情况。

定点医药机构通过下列方式骗取医疗保障基金支出的，由医疗保障行政部门责令退回，处骗取金额2倍以上5倍以下的罚款；责令定点医药机构暂停相关责任部门6个月以上1年以下涉及医疗保障基金使用的医药服务，直至由医疗保障经办机构解除服务协议；有执业资格的，由有关主管部门依法吊销执业资格：（1）诱导、协助他人冒名或者虚假就医、购药，提供虚假证明材料，或者串通他人虚开费用单据；（2）伪造、变造、隐匿、涂改、销毁医学文书、医学证明、会计凭证、电子信息等有关资料；（3）虚构医药服务项目；（4）其他骗取医疗保障基金支出的行为。

案例15-3

医疗保障行政部门是否应当追偿从医保报销的医疗费①

20××年6月3日，刘某开着苑灵公司的轿车穿行在一条街巷拐弯处时一名骑电动车的妇女已在汽车的碰撞中倒地，后送南京市第一医院诊治。经诊断：伤者左胫腓骨远端开放性骨折、左小腿皮肤挫裂伤、头部左肘部挫伤。伤愈后，伤者被鉴定为十级伤残。事后，交警部门认定刘某承担事故的全部责任。伤者伤愈后索赔未果，遂将刘某、苑灵公司以及为肇事车承保的保险公司一并诉至法院，请求法院判决三被告承担：医疗费8.4万多元，以及营养费、住院伙食补助费、交通费、残疾赔偿金、精神损害抚慰金、护理费、车损、误工费等各项损失。“请法庭注意，原告出示的8.4万多元医疗费票据中，从其自己口袋中掏出的仅30元，其余均是南京市基本医疗保险基金大病统筹支付的。”被告保险公司的代理律师字正腔圆地发表质证

① 邓光扬、罗正华：《“受害人”为啥不能支取医保费》，载《人民法院报》，2014-02-23，3版。

意见，进而在法庭辩论时说，“原告向苑灵公司、保险公司索赔医疗费时，应先将医保中支出的费用剔除，即只应索赔其自费的30元，否则按8.4万多元索赔，原告反而会因受伤而盈利，这有悖保险法的损失‘填平’原则”。

针对争议焦点，一审法院在判决书中指出：社会医疗保险是国家通过立法强制实施的，不以营利为目的，由国家给予适当经济帮助和医疗服务的一种社会保障制度，属于政策性保险。医保的费用按规定由用人单位和职工个人共同缴纳。受害人因侵权行为受伤住院治疗，由社会保险机构为其支付部分医疗费用，是其履行缴纳保险费义务后才享有的权利，属于受害人投保后带来的收益。况且，医保提供的只是最基本的医疗保障，有一定的限额，该基金的使用会直接影响到受害人以后就医时的自付部分的比例，因此，医保支付的医疗费属于受害人的实际损失，不应从其主张的医疗费中扣除。遂作出相应的判决。接到一审判决书后，苑灵公司、保险公司双双提起上诉：伤者从医保中支出的医疗费，并不是自费产生的实际损失，不能向侵权人索赔，否则伤者获取双份医疗费便是不当得利，与保险法和侵权责任法的“填平原则”相悖。

二审法院以“一审法院审理中未将南京市基本医疗保险基金管理机构追加为当事人，其判决结果有可能影响南京市基本医疗保险基金的利益”为由，裁定撤销一审判决，发回重审。后一审法院另行组成合议庭，经认真审理后作出判决，将前一次判决中的关于苑灵公司、保险公司向伤者赔付的医疗费改为返还南京市社保中心。

问题：患者已经从医疗保险基金报销了医疗事故导致的医疗费用，又从医疗机构获得赔偿，医疗保障行政部门是否应当向患者追偿、处罚？

思考题

1. 医事行政处罚的种类有哪些？请各举一例说明。

2. 简述医事行政处分、医事行政处罚的区别与联系。

3. 医疗机构发现甲类传染病时，应当及时采取哪些具体措施？

4. 根据《母婴保健法》的规定，医疗保健机构或任何人员，未取得卫生行政部门许可，擅自从事婚前医学检查、遗传病诊断、产前诊断、终止妊娠手术和医学技术鉴定或者出具有关医学证明的，会产生怎样的行政法律责任？

5. 根据《医师法》的规定，医师在执业活动中有哪些行为，县级以上地方人民政府卫生行政部门可以给予警告或者责令暂停6个月以上1年以下执业活动，情节严重的，吊销执业证书？

6. 根据《献血法》的规定，医疗机构的医务人员违反规定，将不符合国家规定标准的血液用于患者的，有什么行政法律责任？

第十六章
医事刑事法律责任

医疗机构及其医务人员在执行医疗业务的过程中，因主观上的故意或者过失，造成患者人身损害或者财产损失，或者破坏国家医疗管理秩序的，依法应当追究刑事责任。本章对与医疗事务相关的刑事责任理论及我国刑法关于医疗事务方面的犯罪规定进行讨论。

第一节　医事刑事法律责任概述

一、医事刑事法律责任的概念

刑事责任，是指行为人实施犯罪行为而必须承担的带有国家强制性的最严重的法律后果。刑事责任与民事责任、行政责任以及国家赔偿法律责任共同构成我国法律体系中法律责任的体系。近年来，关于刑事处罚与行政处罚的区别的讨论，更多地强调二者之间无本质区别，仅有量上的差异。[①] 医疗活动涉及公民的生命权、健康权，因此，国家对医疗行为采取严格管控的态势，对于有恶意并造成不良后果的不当医疗行为，如果在行政责任层面不足以惩治责任人，就有必要上升到刑事责任层面进行处罚。

医事刑事法律责任，系医疗执业事务刑事法律责任之简称，是指医务人员在医疗执业活动（医疗、预防、保健工作）中，因故意或过失违反有关刑事法律规定，造成了较严重的社会危害结果，而受到的一种刑事惩罚。

由于与医疗执业活动相关的犯罪有增加趋势，由此，产生了医事刑法的概念。所谓医事刑法，是指结合医学与刑法学之知识，以检讨医疗犯罪之刑法，但目前并无为医疗犯罪而制定的专门法律，故所谓医事刑法非指特别刑罚法律，而是指普通刑法与特别刑法等法律中的相关条文。[②] 在我国，涉及医事犯罪的规定，分布于刑法典和其他特别刑法等法律中。

二、医事刑事法律责任的构成

医事刑事法律责任的构成，即医务人员承担刑事责任的基本要件，又称犯罪构成，是指刑法规定的决定执业医务人员的某种执业行为构成犯罪所必须具备的主观和客观要件的总和。犯罪构成，是指依照我国刑法规定，决定某一具体行为的社会危害性及其程度，为该行为构成犯罪所必需的一切客观和主观要件的有机统一，是使行为人承担刑事责任的根据。简言之，犯罪构成即犯罪的法定标准，是区分罪与非罪、此罪与彼罪的标准。犯罪构成是罪刑

① 参见张红：《行政处罚与刑罚处罚的适用衔接》，载《行政法研究》，2011（4），109～114页。

② 参见蔡墩铭：《医事刑法要论·自序》，1页，台北，景泰文化事业有限公司，1995。

法定主义的产物。[①] 任何犯罪之构成都必须具备四个方面的构成要件[②]，医事犯罪构成也是如此。

（一）犯罪客体

犯罪客体，是指刑法所保护而为犯罪行为所侵犯的社会关系。执业医务人员的犯罪行为所侵犯的客体是复杂客体，它既侵犯了患者的生命健康权，又侵犯了国家对医疗机构的管理秩序和医疗执业制度，还侵犯了医疗机构的正常工作秩序，包括医疗机构的形象、声誉及名誉等。

（二）犯罪客观方面

犯罪客观方面，是指犯罪活动的客观外在表现。医事犯罪的客观方面具有自身的特殊性，主要表现在医师执业活动中，因执业医务人员违反有关法律法规及制度的规定，而造成严重后果的情形。

（三）犯罪主体

犯罪主体，是指实施犯罪并承担法律责任的人。医疗执业活动中的犯罪主体是特殊主体——执业医师、护士、药师和其他相关人员。在一些具体的与医疗执业行为直接相关的犯罪中，犯罪的主体只能是医务人员，甚至只能是医师。所谓医师是指依法取得医师资格，经注册在医疗机构中执业的专业医务人员，包括执业医师和执业助理医师。即依照《医师法》第二章“考试和注册”中的有关规定，取得执业医师资格或者执业助理医师资格，经注册取得医师执业证书，从事相应的医疗、预防、保健业务的专业人员，不包括医疗、预防、保健机构中从事医疗管理、后勤服务等工作的人员，也不包括虽有执业医师资格或者执业助理医师资格，但并不从事医师执业活动，而是进行医学教学、医学理论研究或者医疗管理等工作的人员，更不包括非法行医人员。

（四）犯罪主观方面

犯罪主观方面，是指犯罪主体对自己实施的危害社会的行为引起的危害社会的结果所持的心理态度，主要指罪过，也包括犯罪动机和目的。医师执业活动中的犯罪行为，其犯罪主观方面既包括故意也包括过失。

三、医事犯罪的内容

医事刑法学研究范围非常广泛，它对刑法领域中的医学与刑法学相互交差的问题作理论和实践研究，以探讨医疗问题中刑法应该介入的领域或场合，其目的在于保护国民的生命和健康。[③] 医事犯罪涉及面非常广泛。从犯罪主体来看，可以是特殊主体才能实施的犯罪，即医务人员，比如医疗事故罪；也可以是一般主体即可实施的犯罪，比如非法行医罪。从犯罪的客观表现来看，可以是实施具体医疗行为的犯罪，比如非法行医罪；也可以是为医疗行为的实施提供便利的犯罪，比如非法组织卖血罪，强迫卖血罪，非法采集、供应血液、制作、供应血液制品罪等。当然，医务人员还可以成为其他犯罪的共犯。医务人员所涉及医事犯罪的罪名见表 16－1。

---

① 参见张明楷：《刑法学》，3 版，34 页，北京，法律出版社，2007。

② 关于犯罪构成要件，学理上还有三阶层说（犯罪客观方面、犯罪主体和犯罪主观方面总共三个要件）、两要件说（犯罪构成理论仅仅包含犯罪客观方面要件和犯罪主观方面要件）等，甚至还有学者主张“推倒重建”。总体上看，四要件说仍然占据通说的地位。

③ 参见［日］甲斐克则：《医事刑法的基础理论》，刘建利译，载《法律科学》，2012（2），196～200 页。

表 16－1　医务人员所涉及医事犯罪的罪名一览表

罪名	《刑法》条文
生产、销售、提供假药罪	第 141 条
生产、销售、提供劣药罪	第 142 条
妨害药品管理罪	第 142 条之一
生产、销售不符合标准的医用器材罪	第 145 条
非国家工作人员受贿罪	第 163 条
合同诈骗罪	第 224 条
组织出卖人体器官罪	第 234 条之一第 1 款
侵犯公民个人信息罪	第 253 条之一
虐待被监护、看护人罪	第 260 条之一
诈骗罪	第 266 条
妨害传染病防治罪	第 330 条
传染病菌种、毒种扩散罪	第 331 条
妨害国境卫生检疫罪	第 332 条
非法组织卖血罪	第 333 条第 1 款
强迫卖血罪	第 333 条第 1 款
非法采集、供应血液、制作、供应血液制品罪	第 334 条第 1 款
采集、供应血液、制作、供应血液制品事故罪	第 334 条第 2 款
非法采集人类遗传资源、走私人类遗传资源材料罪	第 334 条之一
医疗事故罪	第 335 条
非法行医罪	第 336 条第 1 款
非法进行节育手术罪	第 336 条第 2 款
非法植入基因编辑、克隆胚胎罪	第 336 条之一
妨害动植物防疫、检疫罪	第 337 条第 1 款
污染环境罪	第 338 条
非法持有毒品罪	第 348 条
非法提供麻醉药品、精神药品罪	第 355 条
妨碍兴奋剂管理罪	第 355 条之一
受贿罪	第 385 条
单位受贿罪	第 387 条
传染病防治失职罪	第 409 条

第二节　与医疗服务相关的刑事法律责任

一、与医疗服务相关的犯罪概述

与医疗服务相关的犯罪，是指在医疗机构及其医务人员开展医疗活动的过程中，违反法律规定，过失造成患者损害，或者侵害国家对医疗服务的管理秩序，依法应当追究刑事责任的行为。与医疗服务有关的犯罪和危害公共卫生犯罪的最主要区别在于：与医疗服务相关的犯罪违反的是医疗管理法律、法规、规章、制度中的医疗规章制度，以过失犯罪为主；而危害公共卫生犯罪违反的是公共卫生管理法律与卫生制度，其中大多数是故意犯罪。①

二、医疗事故罪

（一）概念

医疗事故罪（《刑法》第335条）是指医务人员由于严重不负责任，造成就诊人死亡或者严重损害就诊人身体健康的行为。

（二）犯罪构成

1. 客体要件

本罪侵犯的客体是医疗机构的工作秩序，以及公民的生命健康权利。犯罪对象是生命健康、安全正遭受病魔侵害的患者。因此，倘若救治措施不能客观上起到控制病情发展的作用，则必然由于病情发展而引起对人体健康的更大损害，直至导致伤残、功能障碍和死亡结果。

2. 客观要件

本罪在客观方面表现为严重不负责任，造成就诊人死亡或者严重损害就诊人身体健康的行为。具体而言，包括以下几个方面的行为。

（1）医务人员在诊疗护理工作中有严重不负责任的行为。

严重不负责任，是指在诊疗护理工作中由于缺乏责任心而违反规章制度和诊疗护理常规。依2008年6月25日最高人民检察院、公安部联合发布的《关于公安机关管辖的刑事案件立案追诉标准的规定（一）》（公通字〔2008〕36号）第56条，“严重不负责任”是指如下情形：1）擅离职守的；2）无正当理由拒绝对危急就诊人实行必要的医疗救治的；3）未经批准擅自开展试验性医疗的；4）严重违反查对、复核制度的；5）使用未经批准使用的药品、消毒药剂、医疗器械的；6）严重违反国家法律法规及有明确规定的诊疗技术规范、常规的；7）其他严重不负责任的情形。

（2）严重不负责任的行为导致就诊人身体健康严重损害或死亡的结果。

危害结果的大小是衡量违法行为的社会危害性大小和区分罪与非罪的客观标准，构成本罪在客观上必须要求发生了就诊人重伤或死亡的结果。《关于公安机关管辖的刑事案件立案追诉标准的规定（一）》规定，“严重损害就诊人身体健康”是指造成就诊人严重残疾、重伤、感染艾滋病、病毒性肝炎等难以治愈的疾病或者其他严重损害就诊人身体健康的后果。

（3）严重不负责任的行为与就诊人重伤、死亡之间必须存在刑法上的因果关系。

医疗伤亡结果之形成与一般加害事件伤亡结果之形成不同，于后者是加害行为本身直接引

① 参见臧冬斌：《医疗犯罪比较研究》，6页，北京，中国人民公安大学出版社，2005。

起人体损伤，而于前者则多是由于医疗措施未能有效阻止病情发展而导致病情恶化，引起伤残或死亡，或者是医疗措施侵害人体，直接引起患者伤亡，或者医疗措施客观上加重了病情，促使患者伤亡。可见医疗伤亡结果的出现既同原患疾病有关，又同医疗行为有关。违法医疗行为对病情的实际作用可以是四种，即有效、无效、反效、直接破坏人体。

3. 主体要件

本罪主体为特殊主体，是达到刑事责任年龄并具有刑事责任能力、实施了违章医疗行为的医务人员。医务人员是指具有一定医学知识和医疗技能，取得行医资格，直接从事医疗护理工作的人员，包括在医院工作的医务人员及经批准的个体行医者。由于医务工作有极强的专业性、技术性和导致人身伤亡的危险性，所以，国家卫生行政部门向来十分重视对行医者任职资格的考核。事实上只有具备一定医疗知识和技能，才可能避免行医的特殊危险性，从而达到救死扶伤的目的。目前，社会上存在一些既无医疗技能又未取得行医许可证的非法行医者，这些人不属于医疗事故罪的主体。

4. 主观要件

本罪在主观方面表现为过失，即行为人主观上对患者伤亡存在重大业务过失。在这里，本罪要求行为人尽到高度注意义务，而不是一般注意义务。临床医疗活动本身有特殊的导致人身伤亡的危险性，医务人员稍有不慎即会发生不幸后果，加之医务人员受到过严格的医学专门训练，其理应尽到比普通人更高的注意义务。如果把一般注意义务确定为医疗事故罪的注意义务标准，于情理上有失公平，于法律上则有失于严苛。医务人员依照法律承担救死扶伤的职责，有义务对自己的医疗业务行为负责，即对患者的生命健康安全负责，而医务人员的业务能力实际是指其业务技术水平。因此，本罪的主观方面是指存在业务过失而不是普通过失，医务人员需尽高度注意义务而不是一般注意义务。

（三）处罚

犯医疗事故罪的，处 3 年以下有期徒刑或者拘役。

案例 16－1

包头市某村卫生室医医疗事故罪案①

2013 年 3 月 20 日患儿因咳嗽就诊潘某的卫生室。患儿奶奶自述：患儿咳嗽四五天，在家自己口服头孢、尼美舒颗粒和一些止咳药不见好转，口服药后呕吐吃不下，19 日晚仍发烧，随再次就诊要求输液治疗。10 时许潘医师对患儿进行检查后判断为急性上呼吸道感染，并询问患儿奶奶患儿是否有药物过敏，但患儿奶奶回答不清楚。随即潘医师开具处方氨溴索，先锋必（注射用头孢哌酮钠）2g＋病毒唑 2g＋地塞米松 2g。并且按照医疗规范对患儿进行先锋必皮试。皮试结果为正常，先给予氨溴索静脉滴注，约一二分钟后，患儿出现肚疼呕吐哭喊的症状，说肚子疼。潘医师考虑是胃肠道反应（因为氨溴索有胃肠道反应说明）。换另一组先锋必＋病毒唑（输液调节器未打开，此药物并未滴注），此时患儿奶奶发现患儿脸部有红点，潘医师说如果担心就不要继续输液了，随即拔掉针头。留观 20 分钟后患儿脸部红点消退，恢复正常。潘医师为患儿开了口服药后患儿奶奶带患儿回家。约一小时后潘医师接到患儿邻居的电话，称患儿出现高烧发抖症状。随即潘医师立即开车将患儿接到卫生室，拨打“120”。当时患儿体温达 40.5℃，潘医生采取物理降温、口服尼美舒颗粒、肛塞小儿退热栓等治疗方式。为

① 内蒙古自治区包头市东河区人民法院（2014）包东刑初字第 358 号刑事附带民事判决书，内蒙古自治区包头市中级人民法院（2015）包刑一终字第 28 号刑事附带民事裁定书。

节约时间潘医师亲自驾车将患儿送往包头市中心医院，半路遇到“120”救护车，转由救护车送往包头市中心医院。包头市中心医院接诊后初步考虑热源反应，当时给了5mg地塞米松入壶静滴。不一会患儿有些抽搐，持续十秒左右。接诊医师考虑病毒感染引起脑炎，随即给甘露醇及镇静剂（鲁米那、水合氯醛）。此时患儿心电图正常并哭喊着叫奶奶。患儿烦躁不安，要求坐起来。随着镇静剂的作用，患儿开始睡觉。此时已经是下午2点。大约下午4点钟，包头市中心医院告诉患儿家属，患儿呼吸衰竭。下午5点钟患儿各脏器功能衰竭。第二天患儿被宣布脑死亡。后患儿在包头市中心医院住院，维持性治疗一年多之后死亡。事发之后，包头市卫生局委托医学会先后组织了三次鉴定。第一次鉴定在2013年5月3日，鉴定结果认定此案为一级乙等医疗事故，潘某负次要责任。2013年11月5日，包头市医学会在未通知医患双方到场情况下组织内部鉴定，认定此案为一级乙等医疗事故，潘某负主要责任。2014年9月3日，内蒙古医学会组织鉴定，专家组认为：潘某的过失行为与患儿药物过敏反应加重至发生过敏性休克，直至死亡有直接因果关系；包头市中心医院的诊疗和用药符合诊疗常规。本案为一级甲等医疗事故，潘某负主要责任，包头中心医院无责任。随后，潘某被刑事拘留。包头市东河区人民法院认定潘某行为构成医疗事故罪，判处有期徒刑2年10个月，赔偿患儿家属115万多元。二审维持原判。但潘某一直在申诉。内蒙古自治区高级人民法院于2018年4月24日指定包头市中级人民法院再审，再审结果仍维持原判。

试问：本案中的医务人员是否会被以医疗事故罪追究刑事责任？为什么？

三、非法行医罪

（一）概念

非法行医罪（《刑法》第336条第1款），是指未取得医师执业资格的人非法行医，为他人治病，情节严重的行为。目前，2016年最高人民法院《关于审理非法行医刑事案件具体应用法律若干问题的解释》（以下简称《非法行医解释》）对《刑法》第336条作出的司法解释是司法实践中法律适用的重要依据。《关于公安机关管辖的刑事案件立案追诉标准的规定（一）》规定，未取得医师执业资格的人非法行医，涉嫌下列情形之一的，应予立案追诉：（1）造成就诊人轻度残疾、器官组织损伤导致一般功能障碍，或者中度以上残疾、器官组织损伤导致严重功能障碍，或者死亡的；（2）造成甲类传染病传播、流行或者有传播、流行危险的；（3）使用假药、劣药或不符合国家规定标准的卫生材料、医疗器械，足以严重危害人体健康的；（4）非法行医被卫生行政部门行政处罚两次以后，再次非法行医的；（5）其他情节严重的情形。

（二）犯罪构成

1. 客体要件

本罪的客体是复杂客体，其主要客体是公共卫生①，次要客体是医疗管理秩序。② 行医是关系人民生命健康的特殊职业，因此，国家对这一行业的管理极为严格。不仅对行医者的资格加以严格限制，要求行医者除要有良好的政治思想条件外，还要具备一定的技术资格，以保证医疗质量，保障人民的生命健康安全，而且还对行医活动制定了一整套管理工作规范及制度，以促进我国医疗卫生事业的健康发展。

① 从《刑法》分则第六章第五节“危害公共卫生罪”的节名就可以明确这一点。

② 从《刑法》分则第六章“妨害社会管理秩序罪”的章名就可以明确这一点。

2. 客观要件

本罪在客观方面表现为非法行医情节严重的行为。

根据《非法行医解释》的规定，“情节严重”是指：（1）造成就诊人轻度残疾、器官组织损伤导致一般功能障碍的；（2）造成甲类传染病传播、流行或者有传播、流行危险的；（3）使用假药、劣药或不符合国家规定标准的卫生材料、医疗器械，足以严重危害人体健康的；（4）非法行医被卫生行政部门行政处罚两次以后，再次非法行医的；（5）其他情节严重的情形。“严重损害就诊人身体健康”是指：（1）造成就诊人中度以上残疾、器官组织损伤导致严重功能障碍的；（2）造成3名以上就诊人轻度残疾、器官组织损伤导致一般功能障碍的。非法行医行为系造成就诊人死亡的直接、主要原因的，应认定为《刑法》第336条第1款规定的“造成就诊人死亡”。非法行医行为并非造成就诊人死亡的直接、主要原因的，可不认定为《刑法》第336条第1款规定的“造成就诊人死亡”。但是，根据案件情况，可以认定为《刑法》第336条第1款规定的“情节严重”。《非法行医解释》所称“轻度残疾、器官组织损伤导致一般功能障碍”“中度以上残疾、器官组织损伤导致严重功能障碍”，参照原卫生部《医疗事故分级标准（试行）》认定。另外，实施非法行医犯罪同时构成生产、销售假药罪，生产、销售劣药罪，诈骗罪等其他犯罪的，依照刑法处罚较重的规定定罪处罚。

3. 主体要件

本罪的主体为一般主体，但一般是未取得医师执业资格的人，即未取得医师资格证及医师执业证书的人。[①] 2022年3月29日国务院发布的《医疗机构管理条例》第23条规定：“任何单位或者个人，未取得“医疗执业许可证”或者未经备案。不得展开诊疗活动。”有学者据此认为，未取得“医疗机构执业许可证”的人开展诊疗活动，就是非法行医的行为。非法行医罪的犯罪主体是自然人，未取得医师执业资格的要求自然也是针对犯罪主体个人，而不是针对犯罪主体所在的单位。“医疗机构执业许可证”是医疗机构合法营业应具有的资格证书，与医师个人无关。将医师在非法医疗机构内执业认定为非法行医，其实是把法律对医疗机构的要求强加在医师个人身上。

关于非法行医罪的主体，《非法行医解释》第1条有明确规定：（1）未取得或者以非法手段取得医师资格从事医疗活动的；（2）被依法吊销医师执业证书期间从事医疗活动的；（3）未取得乡村医生执业证书，从事乡村医疗活动的；（4）家庭接生员实施家庭接生以外的医疗行为的。由此可以看出，对非法行医罪主体的认定，强调的是有没有医师资格这一关键性条件。但是对医师资格作何理解呢？在医政管理中，医疗执业强调要求具备两证：医师资格证、医师执业证书。医师资格证经过考试获得，医师执业证书则是获得医师资格证的人在卫生行政部门注册之后获得。那么，医师资格应当指前者、后者还是两者同时具备呢？从《非法行医解释》第1条的内容来看，出现了医师资格和医师执业证书两个概念，可见，司法解释起草者对这两个概念是非常清楚的。因此，《非法行医解释》第1条第1项强调的是医师资格，并非医师注册后获得的执业资格。至于《非法行医解释》第1条第2项规定“被依法吊销医师执业证书期间从事医疗活动”，司法解释者意在强调行医应当排斥资格“被吊销”者。医师执业资格被吊销的前提是医疗执业严重违法。《非法行医解释》第1条第3项对“乡村医生”执业资格的规定，是对乡村医生的严加管控。

① 关于“医师执业资格”具体指哪些证书的说法很多，但是，大多数的学者认为“医师执业资格”是医师资格＋执业证书。

4. 主观要件

本罪在主观方面表现为故意。行为人对患者伤亡结果存在间接故意的罪过而不是业务过失的罪过。因为，在认识因素上，行为人既对自己缺乏行医技能和控制病情发展的能力是明知的，又对患者在得不到有效、及时治疗时会伤残甚至死亡是明知的，所以不是疏忽大意的过失；在意志因素上，行为人对患者的伤残、死亡采取了漠然视之、听之任之的放纵态度。

（三）处罚

犯非法行医罪的，处3年以下有期徒刑、拘役或者管制，并处或者单处罚金，严重损害就诊人身体健康的，处3年以上10年以下有期徒刑，并处罚金；造成就诊人死亡的，处10年以上有期徒刑，并处罚金。

案例 16-2

三个实习生的行为是否构成非法行医罪

患者熊某在2006年1月13日因腰扭伤就诊于北京某大学附属医院，被诊断为腰4峡部裂Ⅰ度滑脱，于2006年1月23日入院治疗，行腰椎管减压、椎弓根钉内固定、植骨融合术。术后第六日（2006年1月30日）中午，熊某突感憋气、呼吸困难，医嘱给予吸氧后好转（晚6时左右撤去呼吸机）。当日晚10时35分，患者出现头晕、恶心呕吐，以及呼吸困难、烦躁、血压测不出等情况，经抢救治疗并开胸及开腹探查，终因抢救治疗无效死亡。死亡医学证明书中载明的死亡原因为急性肺栓塞。经过调查发现，病历所记载的抢救人员中有3个没有行医资格的在校医学生。

请问：这三个在校学生是否构成非法行医罪的主体？

四、侵犯公民个人信息罪

（一）概念

侵犯公民个人信息罪是指违反法律规定，向他人出售或者提供公民个人信息，情节严重的行为，或者是将在履行职责或者提供服务过程中获得的公民个人信息出售或者提供给他人的行为。违反国家有关规定，将在履行职责或者提供服务过程中获得的公民个人信息，出售或者提供给他人的，从重处罚。本罪是在《刑法修正案（七）》增设的罪名“出售、非法提供公民个人信息罪”的基础上，由《刑法修正案（九）》规定的新罪名。

（二）犯罪构成

1. 犯罪客体

本罪的客体是公民个人信息的安全，对象是公民个人信息，即指以任何形式存在的、与公民个人存在关联并可以识别特定个人的信息。最高人民法院、最高人民检察院《关于办理侵犯公民个人信息刑事案件适用法律若干问题的解释》（法释［2017］10号，以下简称《个信罪解释》）规定，“公民个人信息”是指以电子或者其他方式记录的能够单独或者与其他信息结合识别特定自然人身份或者反映特定自然人活动情况的各种信息，包括姓名、身份证件号码、通信通讯联系方式、住址、账号密码、财产状况、行踪轨迹等。

2. 犯罪客观方面

本罪在客观方面表现为违反国家规定，将公民个人信息，出售或者非法提供给他人，或者将履行职责或者提供服务的过程中获得的公民个人信息出售或者非法提供给他人，情节严重的行为。出售是指将自己掌握的公民信息卖给他人，自己从中牟利的行为。非法提供是指不应将自己掌握的公民信息提供给他人而予以提供的行为。情节严重，一般是指出售公民个人信息获利较大，出售或者非法提供多人信息，多次出售或者非法提供公民个人信息，以及公民个人信息被非法提供、出售给他人后，给公民造成了经济上的损失，或者严重影响到公民个人的正常生活，或者被用于违法犯罪活动等情形。《个信罪解释》规定，具有下列情形之一的，应当认定为“情节严重”：（1）出售或者提供行踪轨迹信息，被他人用于犯罪的；（2）知道或者应当知道他人利用公民个人信息实施犯罪，向其出售或者提供的；（3）非法获取、出售或者提供行踪轨迹信息、通信内容、征信信息、财产信息50条以上的；（4）非法获取、出售或者提供住宿信息、通信记录、健康生理信息、交易信息等其他可能影响人身、财产安全的公民个人信息500条以上的；（5）非法获取、出售或者提供第3项、第4项规定以外的公民个人信息5 000条以上的；（6）数量未达到第3项至第5项规定标准，但是按相应比例合计达到有关数量标准的；（7）违法所得5 000元以上的；（8）将在履行职责或者提供服务过程中获得的公民个人信息出售或者提供给他人，数量或者数额达到第3项至第7项规定标准一半以上的；（9）曾因侵犯公民个人信息受过刑事处罚或者2年内受过行政处罚，又非法获取、出售或者提供公民个人信息的；（10）其他情节严重的情形。《个信罪解释》规定，具有下列情形之一的，应当认定为“情节特别严重”：（1）造成被害人死亡、重伤、精神失常或者被绑架等严重后果的；（2）造成重大经济损失或者恶劣社会影响的；（3）数量或者数额达到上述第3项至第8项规定标准10倍以上的；（4）其他情节特别严重的情形。

3. 犯罪主体

本罪是一般主体，但是具有特定的职业身份的人，即国家机关或者金融、电信、交通、教育、医疗等单位的工作人员犯本罪，从重处罚。

4. 主观方面

本罪在主观上出于故意，过失不构成本罪。

（三）处罚

犯侵犯公民个人信息罪的，处3年以下有期徒刑或者拘役，并处或者单处罚金；情节特别严重的，处3年以上7年以下有期徒刑，并处罚金。

单位犯本罪的，对单位判处罚金，并对其直接负责的主管人员和其他直接责任人员，依照上述规定处罚。

五、受贿罪

（一）概念

受贿罪，是指国家工作人员利用职务上的便利，索取他人财物，或者非法收受他人财物并为他人谋取利益的行为。由于公立医疗机构不具有公共事务管理职能，因而公立医疗机构涉及的公务受贿罪主要是指经济受贿罪，即《刑法》第385条第2款规定的，国家工作人员在经济往来中，违反国家规定，收受各种名义的回扣和手续费，归个人所有的行为。

（二）犯罪构成

（1）客体要件。本罪侵犯的客体是复杂客体。其中，次要客体是国家工作人员职务行为的廉洁性，主要客体是国家机关、国有公司、企事业单位、人民团体的正常管理活动。

本罪的犯罪对象是财物。但不应狭隘地理解为现金、具体物品，而应看其是否含有财产或其他利益成分。这种利益既可以当即实现，也可以在将来实现。因此，作为受贿罪犯罪对象的财物，必须是具有物质性利益的，并以客观形态存在的一切财物。

（2）客观要件。本罪在客观方面表现为行为人利用职务上的便利，向他人索取财物，或者收受他人财物并为他人谋取利益的行为。

（3）主体要件。本罪的主体是特殊主体，即国家工作人员，包括当然的国家工作人员，即在国家机关中从事公务的人员，以及拟定的国家工作人员，即国有公司、企事业单位、人民团体中从事公务的人员，国家机关、国有公司、企事业单位委派到非国有公司、企事业单位、社会团体从事公务的人员，以及其他依照法律从事公务的人员。公立医疗机构的药品购销行政管理人员，例如院长、党委书记、药剂部门负责人、财务部门负责人，均在司法实践中被视为国家工作人员，从而具有受贿罪犯罪主体的适格条件。2016 年 4 月 18 日最高人民法院、最高人民检察院发布的《关于办理贪污贿赂刑事案件适用法律若干问题的解释》对受贿罪的法律适用作出了规定。需要注意的是，《刑法》第 387 条规定的是单位受贿罪，国家机关、国有公司、企业、事业单位、人民团体，索取、非法收受他人财物，为他人谋取利益，构成单位受贿罪。在经济往来中，在账外暗中收受各种名义的回扣、手续费的，以受贿论，以单位受贿罪处罚。

（4）主观要件。本罪在主观方面由故意构成，只有行为人是出于故意所实施的受贿行为才构成受贿罪，过失行为不构成本罪。

（三）处罚

《刑法》第 386 条对犯受贿罪的处罚作出了规定，即对犯受贿罪的，根据受贿所得数额及情节，依照《刑法》第 383 条（对犯贪污罪的处罚规定）、《关于办理贪污贿赂刑事案件适用法律若干问题的解释》及有关司法解释处罚。对于受贿罪根据所得数额及情节的不同作出不同处罚。

案例 16－3

医院院长收受好处的行为是否构成犯罪

A 是成都市 B 医院（国有事业单位）的院长，其在职期间，通过三种方式收取好处：其一是在购买设备时收受好处费 40.5 万元。成都某公司于 1999 年 3 月和 2000 年 9 月，先后卖给 B 医院彩超系统各一台，A 院长 3 次收受该公司经理 11.5 万元。1999 年 6 月至 2004 年 8 月期间，B 医院多次从四川某公司购买血液检测仪器，A 院长 4 次收受该公司经理 18 万元。2000 年 9 月 13 日，B 医院与重庆某公司签订协议购买膝关节镜一套，该公司经理将 8 万元送给 A 院长。其二是在采购药品中吃回扣 70 万元。四川某公司经理为感谢 A 院长对该公司业务的关照，在 5 个春节期间以“拜年”为名，送给 A 院长 26 万元。1997 年至 2001 年期间，A 院长 5 次收受成都某公司 33 万元。2000 年年底的一天，时任重庆某公司的董事为感谢 A 院长在该公司向 B 医院销售药品业务过程中给予的关照，送给 A 院长 10 万元。其三是在承建工程中收受感谢费 11.5 万元。达州某公司项目负责人在承建 B 医院车库、木工房及部分维修工程后，为感谢 A 院长的关照，于 2000 年的一天，在办公室找 A 院长签字划款时，将 1 万元的存折送给 A 院长。于 2005 年春节期间的一天，成都某公司宴请 A 院长后，在送 A 院长回家的车上将 10 万元送给了 A 院长。

试问：A 院长的行为是违法行为还是已经构成犯罪？如果构成犯罪，应定什么罪名？如果 B 医院非国有事业单位，而系民营医院，那么 A 院长的行为是违法行为还是已经构成犯罪？如果构成犯罪，应定什么罪名？

六、非国家工作人员受贿罪

（一）概念

非国家工作人员受贿罪（《刑法》第 163 条），是指公司、企业或者其他单位的工作人员利用职务上的便利，索取他人财物或者非法收受他人的财物，为他人谋取利益，数额较大的行为。

（二）犯罪构成

（1）客体要件。本罪的犯罪客体是公司、企业、其他单位的正常管理制度及其工作人员职务行为的廉洁性。本罪的犯罪对象是财物，既包括金钱和实物，也包括可以用金钱计算数额的财产性利益，如含有金额的会员卡、旅游费用等。

（2）客观要件。本罪表现为利用职务上的便利，索取他人财物或者非法收受他人财物，为他人谋取利益，数额较大的行为。“利用职务上的便利”，对于医务人员主要体现在，由于其在医患关系中所处的主导地位和职务便利，利用自己所掌握的权力（主要是诊疗权和处方权）、专业知识，具有对药品选择、医疗器械选择、检查项目取舍的相对决定权；“索取他人财物”，既包括医务人员公开向销售代表索要财物，又包括以暗示的方式向销售代表索要财物；“非法收受他人财物”，是指销售代表以谋取某种利益为代价向医务人员赠送财物，而医务人员将其所送财物收下，并为请托人谋取利益。

（3）主体要件。本罪的主体为特殊主体，即公司、企业或者其他单位的工作人员。“其他单位”是《刑法修正案（六）》新增加的内容。关于“其他单位”的范围，目前尚无立法解释和司法解释。我们理解，主要是指公司、企业外的其他非国有事业单位或者组织，如教育、科研、医疗、体育等单位。

（4）主观要件。犯本罪必须是出于故意。

（三）处罚

犯非国家工作人员受贿罪，处 5 年以下有期徒刑或者拘役；数额巨大的，处 5 年以上有期徒刑，可以并处没收财产。

案例 16-4

重庆一医师首获非国家工作人员受贿罪

重庆市某医院骨科主任张某带头和科室医师收受回扣共 7 万余元。其个人分得 1 万余元。2008 年年底，重庆市某区人民法院以非国家工作人员受贿罪判处张某有期徒刑 1 年，缓刑 1 年。这是该市首例对医师按非国家工作人员受贿罪定罪处罚案。

法院经审理查明：张某于 2001 年被重庆某医院聘任为骨科主任。2002 年年底，有医疗器械供应商向张某提出，按医院购买器械数额返点给他们回扣。张某召集科室的几个医疗小组组长开会，商讨如何收取和分配回扣。此后，医疗器械供应商按销售金额的 15%返点。张某收到钱后就把钱发给医疗小组组长，再由组长发给参加手术的医师。2004 年，重庆市医疗卫生系统对收受回扣现象开始进行整顿，张某等人赶忙收手。1 年后，张某见风声已过，又召集医疗小组组长开会商量收受回扣事宜，得到大家赞同后故伎重施。到 2007 年，张某带头收受回扣计 7 万余元，个人收受回扣 1 万余元，案发后全部退赃。

在法院审理时，张某辩称自己没有利用职务便利，是医疗器械供应商主动提出要给他们回扣，而科室医师也多次建议其收受回扣。他们虽是按 15%收的，但有部分回扣被作为科室资金，用于聘请专家会诊，并没有个人独占，应属单位受贿。

法院经审理认为，该案大部分回扣都是张某收来分的，不是单位受贿。张某与医院签订的是聘用合同，其骨科主任的职务并非国家主管的行政部门任命的，而是医院聘任的，其身份是医院的医务人员，属于非国家工作人员，其利用职务便利伙同他人收受回扣，构成非国家工作人员受贿罪。

第三节　与医疗保障相关的刑事法律责任

一、与医疗保障相关犯罪概述

医疗保障制度是指一个国家或地区按照保险原则为解决居民防病、治病问题而筹集、分配和使用医疗保险基金的制度。它是居民医疗保健事业的有效筹资机制，是构成社会保险制度的一种比较进步的制度，也是目前世界上应用相当普遍的一种卫生费用管理模式。随着社会的发展，人们生活水平的提高，政府对公众健康投入的加大，医疗保障制度越来越健全，覆盖面越来越广，医疗保障相关的犯罪也将越来越多。国家在进行医疗保障投入的同时，也在加强对医疗保障经费的监管，因而对严重的与医疗保障相关的犯罪行为必然要追究刑事责任。目前，与医疗保障相关的犯罪有诈骗罪（《刑法》第266条）、合同诈骗罪（《刑法》第224条）。

二、诈骗罪

（一）概念

诈骗罪，诈骗罪是指以非法占有为目的，使用欺骗方法，骗取数额较大的公私财物的行为。《刑法》第266条规定，诈骗公私财物，数额较大的，处3年以下有期徒刑、拘役或者管制，并处或者单处罚金；数额巨大或者有其他严重情节的，处3年以上10年以下有期徒刑，并处罚金；数额特别巨大或者有其他特别严重情节的，处10年以上有期徒刑或者无期徒刑，并处罚金或者没收财产。最高人民法院、最高人民检察院《关于办理诈骗刑事案件具体应用法律若干问题的解释》对其法律适用作出了规定。

（二）犯罪构成

本罪的客体是公私财物的所有权。本罪的犯罪对象非常广泛，可以是动产，也可以是不动产；可以是有体物，也可以是无体物。

由于采用虚构事实或隐瞒真相的方法而实施的诈骗行为，发生在社会生活的各个领域，发生在不同领域的诈骗行为又有不同的特点，所以《刑法》对某些发生在特殊领域的诈骗行为，已经另行规定为其他犯罪（如将骗取社会不特定对象的集资款、银行等金融机构的贷款、保险金的，分别规定为集资诈骗罪、贷款诈骗罪和保险诈骗罪）。在这种《刑法》另有规定的情况下，应当依据特别法优于一般法的原则，适用特别法的规定定罪量刑，而不能定诈骗罪。

案例16-5

黄某骗取社会医疗保险资金的行为是否构成犯罪①

2017年，黄某某与新余市某社区卫生服务中心签订聘用协议，双方合作建立康复科，每月按比例分成。黄某某在经营康复科期间，采取“挂床”住院、虚假住院、冒名住院、虚列诊疗检查项目、伪造病历和检查报告等方法，虚构住院事实，骗取社会医疗保险基金。2018年，黄某某共违规办理住院558人次，共计报销金额855 254.64元。经核算，黄某某骗取新余市医疗保障局社会医疗保险基金共计人民币151 451元。2019年4月1日，黄某某自动到公安机关投案，并如实供述了犯罪事实。案发后，黄某某退清了全部赃款，并取得了新余市医疗保障

① 江西省新余市渝水区人民法院（2020）赣0502刑初31号刑事判决书。

局的谅解。

请问：黄某某的行为是否构成犯罪？若构成，构成何罪？

案例 16 - 6

马某某等人骗取社会医保资金的行为是否构成犯罪①

甘肃省积石山保安族东乡族撒拉族自治县人民检察院起诉书记载：2016 年至 2019 年间，积石山县某医院院长马某某通过召开会议给全院职工下达每月 2 个“住院病人”任务，制定奖惩措施（完成任务，奖励 50 元；完不成则扣 100 元），授意全院职工用本人或亲友的医保证、参合发票等医保手续，在未实际住院的情况下“挂床”住院，虚开诊疗项目和治疗费用，制作虚假病例，骗取国家社会医保资金。马某某授意蒲某某（另案处理）、窦某（另案处理）等人虚构诊疗项目和医疗服务制作虚假病例。至每月底，马某某再安排积石县某医院医保办主任樊某某（另案处理）在负责统计当月医保差额后，由马乙（另案处理）、窦某组织马丙（另案处理）、梁某某等人利用月底突击制作虚假病例，要求化验科室提供病例检查报告单，配合完善虚假病例。化验科室负责人员为减轻责任，在未实际检查的病例化验单上用★△等符号进行标记。虚假病例由蒲某某、樊某某上报至县医保中心审核后将资金拨付至该医院医保专户，转入患者医保卡后再转回马某某账户。2016 年至 2019 年，该医院共制作虚假病例2 058 份，骗取国家新型农村合作医疗资金 4 367 576.23 元。梁某某参与制作虚假病例 141 份，报销金额达286 346.11 元。

思考题

1. 简述医事刑事责任的构成要件有哪些。
2. 用犯罪构成理论简述医疗事故罪的犯罪构成。
3. 试举例说明商业贿赂与受贿罪、非国家工作人员受贿罪的区别。
4. 用诈骗犯罪构成理论分析骗取医保资金犯罪。
5. 普通临床医师在诊疗过程中收受药企提供的回扣可能构成什么犯罪？

① 甘肃省积石山保安族东乡族撒拉族自治县人民检察院积县检刑不诉（2021）15 号不起诉决定书。

图书在版编目（CIP）数据

医事法学/刘鑫著. --3版. --北京：中国人民大学出版社，2022.10
21世纪普通高等教育法学系列教材
ISBN 978-7-300-31069-5

Ⅰ.①医… Ⅱ.①刘… Ⅲ.①医药卫生管理—法学—中国—高等学校—教材 Ⅳ.①D922.161

中国版本图书馆CIP数据核字（2022）第180998号

21世纪普通高等教育法学系列教材
医事法学（第三版）
刘　鑫　著
Yishifaxue

出版发行	中国人民大学出版社		
社　　址	北京中关村大街31号	**邮政编码**	100080
电　　话	010－62511242（总编室）		010－62511770（质管部）
	010－82501766（邮购部）		010－62514148（门市部）
	010－62515195（发行公司）		010－62515275（盗版举报）
网　　址	http://www.crup.com.cn		
经　　销	新华书店		
印　　刷	北京七色印务有限公司	**版　　次**	2009年5月第1版
开　　本	787 mm×1092 mm　1/16		2022年10月第3版
印　　张	17.5 插页1	**印　　次**	2024年11月第3次印刷
字　　数	457 000	**定　　价**	48.00元

《　　　　　　》※任课教师调查问卷

为了能更好地为您提供优秀的教材及良好的服务，也为了进一步提高我社法学教材出版的质量，希望您能协助我们完成本次小问卷，完成后您可以在我社网站中选择与您教学相关的1本教材作为今后的备选教材，我们会及时为您邮寄送达！如果您不方便邮寄，也可以申请加入我社的**法学教师QQ群：436438859（申请时请注明法学教师）**，然后下载本问卷填写，并发往我们指定的邮箱（cruplaw@163.com）。

邮寄地址：北京市海淀区中关村大街31号中国人民大学出版社806室收

邮　　编：100080

再次感谢您在百忙中抽出时间为我们填写这份调查问卷，您的举手之劳，将使我们获益匪浅！

基本信息及联系方式：※

姓名：________ 性别：________ 课程：________________

任教学校：________________ 院系（所）：________________

邮寄地址：________________ 邮编：________________

电话（办公）：________ 手机：________ 电子邮件：________

调查问卷：※

1. 您认为图书的哪类特性对您选用教材最有影响力？（　　）（可多选，按重要性排序）

A. 各级规划教材、获奖教材　　B. 知名作者教材

C. 完善的配套资源　　D. 自编教材

E. 行政命令

2. 在教材配套资源中，您最需要哪些？（　　）（可多选，按重要性排序）

A. 电子教案　　B. 教学案例

C. 教学视频　　D. 配套习题、模拟试卷

3. 您对于本书的评价如何？（　　）

A. 该书目前仍符合教学要求，表现不错将继续采用

B. 该书的配套资源需要改进，才会继续使用

C. 该书需要在内容或实例更新再版后才能满足我的教学，才会继续使用

D. 该书与同类教材差距很大，不准备继续采用了

4. 从您的教学出发，谈谈对本书的改进建议：________________

____

____

选题征集：如果您有好的选题或出版需求，欢迎您联系我们：

联系人：黄　强　宁丹丽　联系电话：010-62515955/5536

索取样书：书名：________________

书号：________________

备注：※ 为必填项。